中华人民共和国地方志

福建省志

人民代表大会志
（1998—2008）

福建省地方志编纂委员会 编

社会科学文献出版社

图书在版编目(CIP)数据

福建省志.人民代表大会志:1998~2008/福建省地方志编纂委员会编.—北京:社会科学文献出版社,2013.4
 ISBN 978-7-5097-3978-5

Ⅰ.①福… Ⅱ.①福… Ⅲ.①福建省-地方志 ②地方各级人民代表大会-工作概况-福建省-1998~2008 Ⅳ.①K295.7

中国版本图书馆CIP数据核字(2012)第264366号

福建省志·人民代表大会志（1998—2008）

编　　者／福建省地方志编纂委员会

出 版 人／谢寿光
出 版 者／社会科学文献出版社
地　　址／北京市西城区北三环中路甲29号院3号楼华龙大厦
邮政编码／100029

责任部门／皮书出版中心（010）59367127　　责任编辑／高　启　任文武
电子信箱／pishubu@ssap.cn　　　　　　　　　责任校对／杜若普
项目统筹／王　菲　陈　颖　　　　　　　　　　责任印制／岳　阳
经　　销／社会科学文献出版社市场营销中心（010）59367081　59367089
读者服务／读者服务中心（010）59367028

印　　装／北京盛通印刷股份有限公司
开　　本／787mm×1092mm　1/16　　　印　　张／22
版　　次／2013年4月第1版　　　　　　彩插印张／0.75
印　　次／2013年4月第1次印刷　　　　字　　数／451千字
书　　号／ISBN 978-7-5097-3978-5
定　　价／200.00元

本书如有破损、缺页、装订错误，请与本社读者服务中心联系更换
▲ 版权所有　翻印必究

1998年，参加省九届人大一次会议的代表步入会场

2003年，省十届人大一次会议会场

2002年1月23日,省人大常委会主任袁启彤主持省九届人大五次会议

2003年1月14日,省人大常委会主任宋德福在省十届人大一次会议上讲话

2007年1月24日,省人大常委会主任卢展工主持省十届人大五次会议

2004年，福建省纪念我国人民代表大会成立50周年，地方人大设立常委会25周年大会在福建会堂举行

2004年，省人大常委会邀请全国人大法律委员会主任委员杨景宇，在福建会堂作《宪法》知识专题讲座

省人大代表研究拟提交的议案

省人大代表选举投票

2000年，省人大常委会召开《福建省房屋消费者权益保护条例》新闻发布会

2006年，省人大常委会举行《福建省物业管理条例（草案）》立法听证会

2006年，省人大常委会听取省政府教育、发展改革、财政等部门汇报义务教育工作

2006年，省人大环保世纪行在泉州市举行视察采访活动座谈会

2000年，省人大常委会组织代表视察"三农"工作

2003年"非典"期间，省人大常委会组织在闽的全国人大代表视察福州市早餐车食品卫生

2007年，省人大常委会组织视察重点工程建设

2006年，全省县乡两级人大换届选举工作会议在福州举行

选民领取选票 　　　　　　　　　　　　选民填写选票

2007年，省人大常委会举办全省第27期市、县（区）人大常委会主任培训班

2007年，省人大常委会机关组织干部进行法律咨询活动

省九届人大常委会领导与部分机关工作人员合影

省十届人大常委会组成人员合影

福建省地方志编纂委员会

主　任：罗　健（专职）

副主任：陈祥健　陈书侨　李　强　陈　澍　江荣全（专职）
　　　　方　清（专职）

委　员：危廷芳　张宗云　翁　卡　杨丽卿　巩玉闽　林　真
　　　　林双先　石建平　胡渡南　王永礼　陈志强　蒋达德
　　　　黎　昕　晏露蓉

《福建省志·人民代表大会志（1998—2008）》编纂委员会

顾　问：（按届别先后排列）
　　　　袁启彤　王建双　施性谋　洪华生　宋　峻　方忠炳
　　　　郑义正　黄贤模　林　强
　　　　卢展工　张家坤　贾锡太　陈营官　朱亚衍　曹德淦
　　　　谢先文　曾喜祥　陈光普

主　任：刘德章　徐　谦

副主任：王美香　袁锦贵　郑道溪　庄　先　马潞生　张广敏
　　　　张　健　李　红

委　员：赵　洺　郁　成　刘文豪　游劝荣　蔡德奇　许长荣
　　　　陆志华　李元兴　张大共　詹　毅　黄建兴　李建国
　　　　朱　明　刘昌霖　王豫生　何锦龙　林多香　谢兰捷

《福建省志·人民代表大会志（1998—2008）》
编 辑 室

主　编：赖祖胜

副主编：陈起辉

编写人员：王　芳　冯　榕　杨泽毅　吴艺新　吴晓静　沈明福
　　　　　陈　义　陈蓉星　林云英　林　郁　林　格　林福灿
　　　　　林端宇　罗炳良　周　松　胡志世　谢清华　赖鸿梁

《福建省志·人民代表大会志（1998—2008）》
审 稿 人 员

江荣全　林蔚芬　陈书侨　吕秋心　刘祖陛

《福建省志·人民代表大会志（1998—2008）》
验 收 小 组

罗　健　江荣全　方　清

《福建省志》凡例

本志按国务院颁布的《地方志工作条例》和中国地方志指导小组制定的《地方志书质量规定》要求进行编纂。

一、以马克思列宁主义、毛泽东思想、邓小平理论和"三个代表"重要思想为指导，贯彻科学发展观，坚持辩证唯物主义和历史唯物主义的立场、观点和方法。

二、以福建省现行行政区划（未含金门、马祖）为记述的区域范围。

三、使用规范的现代语体文记述，行文除引文外，用第三人称记述。

四、1949年10月1日以前的纪年，标示朝代、年号、年份，括注公元纪年；1949年10月1日起，用公元纪年。

五、各个时期的政权机构、职务、党派、地名，均以当时名称或通用之简称记述。古地名均括注今地名，乡（镇）、村地名前冠以市、县（市、区）名。

六、除引文外的人名，直书姓名，不在姓名后加身份词；必须说明身份的，在其姓名前说明。

七、各种机构、会议、文件等专有名称使用全称，如多次出现需用简称的，在第一次出现时括注简称。

八、凡外国的国名、地名、人名、党派、政府机构、报刊等译名，均以新华社译名为准。新华社没有译名的，首次使用译名时括注外文全称，全书保持中文译名一致。

九、数字、量和单位、标点符号的使用，执行国家有关部门颁布的标准规定。书中同一名称、事实、数据、时间、度量衡、术语的表述，前后一致。

十、图、照、表突出存史价值,样式统一。

十一、采用国家统计部门公布的统计数据和业务主管部门的统计数据;如使用其他数据,则说明其来源。

十二、采用资料一般不注明出处;引文、辅文和需要注释的专用名词、特定事物加页末注释,注释形式全书统一。

编辑说明

一、本志系2003年出版的《福建省志·人民代表大会志》的续志，记述时间从1998年1月召开省九届人大一次会议起，至2008年1月省十届人大届满止。

二、本志的篇章结构与2003年出版的《福建省志·人民代表大会志》不同，下篇将人大主要工作，即立法、决定重大事项、监督、任免、代表工作、信访工作、指导联系市县乡人大工作等编列专章，常委会委、办、室、局不再专门记述，其工作纳入以上各章之中。

三、本志引述的省人民代表大会历次会议上各项工作报告，以及计划、预算报告的部分内容，系摘录原文。其中出现数据之间比例不合、小数点后位数不统一，以及用词不准确、语法不当之处，为体现原状，不作改动，但段落与标点符号有所调整。

四、本志记述的国家机关和重要会议名称按习惯简称，如人民代表大会简称人大（人民代表大会会议简称人代会），常务委员会简称常委会；福建省人民政府、福建省高级人民法院、福建省人民检察院简称省政府、省法院、省检察院，同时出现时简称"一府两院"；福建省第九届人民代表大会第一次会议、福建省第十届人民代表大会常务委员会第三十次会议，分别简称省九届人大一次会议、省十届人大常委会三十次会议等。本志记述的省人大委、办、室、局名称除第十四章附一、三采用全称外，均采用习惯简称。

五、本志记述的法律、法规、规范性文件名称除附录三外按习惯及方便简称，如《中华人民共和国宪法》、《福建省各级人民代表大会常务委员会办理人民群众来信来访工作条例》、《福建省实施〈中华人民共和国全国人民代表大会和地方各级人民代表大会代表法〉办法》,简称《宪法》、《福建省各级人大常委会办理人民群众来信来访工作条例》、《福建省实施〈代表法〉办法》等;省人大及其常委会通过的决定决议及其他规范性文件,在上下文意思明确情况下文件名称不出现制定机关,如《福建省人民代表大会常务委员会关于莆田市人民代表大会代表推迟换届选举的决定》,简称《关于莆田市人大代表推迟换届选举的决定》等。

六、本志所附的省人大常委会机关工作人员和设区的市人大常委会主任名单,未标明任职终止年月的,其任职时间超过2008年1月。

目　录

概　述 ··· 1

上　篇

第一章　省九届人大及其常委会会议 ·· 7
  第一节　省九届人大一次会议 ··· 7
  第二节　省九届人大常委会一至八次会议 ···································· 13
  第三节　省九届人大二次会议 ··· 19
  第四节　省九届人大常委会九至十六次会议 ································· 24
  第五节　省九届人大三次会议 ··· 28
  第六节　省九届人大常委会十七至二十四次会议 ·························· 34
  第七节　省九届人大四次会议 ··· 40
  第八节　省九届人大常委会二十五至三十次会议 ·························· 47
  第九节　省九届人大五次会议 ··· 51
  第十节　省九届人大常委会三十一至三十七次会议 ······················· 57
  附：一、省九届人大一至五次会议主席团、常务主席、
  　　　　秘书长名单 ·· 63
  　　二、省九届人大一至五次会议财政经济审查
  　　　　委员会名单 ·· 65
  　　三、省九届人大一至五次会议副秘书长名单 ························· 67

第二章　省十届人大及其常委会会议 ·· 68
  第一节　省十届人大一次会议 ··· 68
  第二节　省十届人大常委会一至七次会议 ···································· 74
  第三节　省十届人大二次会议 ··· 79
  第四节　省十届人大常委会八至十四次会议 ································· 85
  第五节　省十届人大三次会议 ··· 90
  第六节　省十届人大常委会十五至二十一次会议 ·························· 96

第七节　省十届人大四次会议……………………………………… 101
　　第八节　省十届人大常委会二十二至二十七次会议…………… 107
　　第九节　省十届人大五次会议……………………………………… 112
　　第十节　省十届人大常委会二十八至三十三次会议…………… 119
　　　附：一、省十届人大一至五次会议主席团、常务主席、
　　　　　　　秘书长名单……………………………………………… 123
　　　　　二、省十届人大一至五次会议财政经济审查
　　　　　　　委员会名单……………………………………………… 126
　　　　　三、省十届人大一至五次会议副秘书长名单……………… 127

第三章　人大代表与常委会组成人员………………………………… 129
　　第一节　人大代表的产生与结构…………………………………… 129
　　第二节　常委会组成人员的产生与结构…………………………… 130
　　　附：一、省九届人大代表名单………………………………… 131
　　　　　二、省十届人大代表名单………………………………… 137
　　　　　三、福建省选出的九届全国人大代表名单………………… 142
　　　　　四、福建省选出的十届全国人大代表名单………………… 143
　　　　　五、省九届人大常委会组成人员情况表…………………… 144
　　　　　六、省十届人大常委会组成人员情况表…………………… 146

第四章　主任会议与秘书长办公会议………………………………… 149
　　第一节　主任会议…………………………………………………… 149
　　第二节　秘书长办公会议…………………………………………… 151

第五章　法制委员会……………………………………………………… 152
　　第一节　设立与职责………………………………………………… 152
　　第二节　统一审议…………………………………………………… 152
　　　附：一、省九届人大法制委员会组成人员名单……………… 154
　　　　　二、省十届人大法制委员会组成人员名单……………… 154

第六章　代表资格审查委员会………………………………………… 155
　　第一节　设立与职责………………………………………………… 155
　　第二节　代表资格审查……………………………………………… 155
　　　附：一、省九届人大常委会代表资格审查委员会名单……… 157
　　　　　二、省十届人大常委会代表资格审查委员会名单……… 158

下 篇

第七章 立法 ... 161
- 第一节 制度建设 ... 161
- 第二节 立法规划（计划）与立法特色 ... 162
- 第三节 法规审议 ... 164
- 第四节 人大工作制度立法 ... 168
- 第五节 内务司法立法 ... 170
- 第六节 农业农村立法 ... 174
- 第七节 财政经济立法 ... 177
- 第八节 教科文卫立法 ... 180
- 第九节 侨台立法 ... 183
- 第十节 环境与城乡建设立法 ... 185
- 第十一节 法规清理 ... 188
- 第十二节 批准较大的市法规 ... 188
- 第十三节 法规询问与立法评估 ... 190

第八章 决定重大事项 ... 192
- 第一节 制度建设 ... 192
- 第二节 计划、预算事项 ... 193
- 第三节 民主法制建设事项 ... 196
- 第四节 经济社会发展事项 ... 197

第九章 监督 ... 199
- 第一节 制度建设 ... 199
- 第二节 专项工作报告 ... 200
- 第三节 计划、预算监督 ... 208
- 第四节 执法检查 ... 213
- 第五节 规章备案审查 ... 227
- 第六节 其他 ... 227

第十章 任免 ... 231
- 第一节 制度建设 ... 231
- 第二节 任命与去职 ... 231

第十一章 代表工作 ... 233
- 第一节 制度建设 ... 233
- 第二节 代表议案与建议 ... 233

第三节　代表活动与培训 …………………………………………… 241
　　　第四节　代表工作保障 …………………………………………… 243
第十二章　信访 …………………………………………………………… 245
　　　第一节　制度建设 ………………………………………………… 245
　　　第二节　受理与处理 ……………………………………………… 245
　　　第三节　信息与联系 ……………………………………………… 248
　　　附：省人大常委会信访工作领导小组成员名单 …………………… 249
第十三章　指导和联系市、县、乡人大工作 …………………………… 250
　　　第一节　指导市、县、乡人大选举工作 ………………………… 250
　　　第二节　联系市、县人大工作 …………………………………… 256
　　　附：一、福建省选举工作指导小组名单 …………………………… 258
　　　　　二、2007年设区的市人大及其常委会机构设置 ……………… 260
　　　　　三、设区的市人大常委会主任名单 …………………………… 261
第十四章　自身建设与其他 ……………………………………………… 263
　　　第一节　制度建设 ………………………………………………… 263
　　　第二节　组织建设 ………………………………………………… 264
　　　第三节　调研工作 ………………………………………………… 266
　　　第四节　宣传工作 ………………………………………………… 273
　　　第五节　外事活动 ………………………………………………… 278
　　　第六节　服务保障 ………………………………………………… 283
　　　附：一、2007年省人大及其常委会组织机构图 …………………… 286
　　　　　二、省人大常委会秘书长、副秘书长名单 …………………… 287
　　　　　三、省人大常委会委、办、室、局负责人名单 ……………… 287

附　录 …………………………………………………………………… 290
　　　一、大事年表 ……………………………………………………… 290
　　　二、重要文件辑录 ………………………………………………… 298
　　　三、地方性法规目录 ……………………………………………… 318
　　　四、重大事项决定决议目录 ……………………………………… 326
　　　五、专项工作报告目录 …………………………………………… 329
　　　六、执法检查目录 ………………………………………………… 332

编后记 …………………………………………………………………… 335

Contents

Summary / 1

Volume 1

Chapter 1　The Sessions of the 9th FJPC① and its Standing Committee / 7
  Section 1　The 1st Session of the 9th FJPC / 7
  Section 2　The 1st to the 8th Sessions of the 9th FJPC
    Standing Committee / 13
  Section 3　The 2nd Session of the 9th FJPC / 19
  Section 4　The 9th to the 16th Sessions of the 9th FJPC
    Standing Committee / 24
  Section 5　The 3rd Session of the 9th FJPC / 28
  Section 6　The 17th to the 24th Sessions of the 9th FJPC
    Standing Committee / 34
  Section 7　The 4th Session of the 9th FJPC / 40
  Section 8　The 25th to the 30th Sessions of the 9th FJPC
    Standing Committee / 47
  Section 9　The 5th Session of the 9th FJPC / 51
  Section 10　The 31st to the 37th Sessions of the 9th FJPC
    Standing Committee / 57
   Attachment: *1. Name List of Presidium, Executive Chairmen and Secretary-Generals of the 1st to 5th Sessions of the 9th FJPC / 63*
    2. Name List of Members of the Finance and Economic Commission of the 1st to 5th Sessions of the 9th FJPC / 65
    3. Name List of Deputy Secretary-Generals of the 1st to 5th Sessions of the 9th FJPC / 67
Chapter 2　The Sessions of the 10th FJPC and its Standing Committee / 68
  Section 1　The 1st Session of the 10th FJPC / 68

---

① Fujian Provincial People's Congress.

Section 2 The 1st to the 7th Sessions of the 10th FJPC Standing Committee / 74

Section 3 The 2nd Session of the 10th FJPC / 79

Section 4 The 8th to the 14th Sessions of the 10th FJPC Standing Committee / 85

Section 5 The 3rd Session of the 10th FJPC / 90

Section 6 The 15th to the 21st Sessions of the 10th FJPC Standing Committee / 96

Section 7 The 4th Session of the 10th FJPC / 101

Section 8 The 22nd to the 27th Sessions of the 10th FJPC Standing Committee / 107

Section 9 The 5th Session of the 10th FJPC / 112

Section 10 The 28th to the 33rd Sessions of the 10th FJPC Standing Committee / 119

Attachment: 1. *Name List of Presidium, Executive Chairmen and Secretary-Generals of the 1st to 5th Sessions of the 10th FJPC* / 123

2. *Name List of Members of Financial and Economic Review Commission of the 1st to 5th Sessions of the 10th FJPC* / 126

3. *Name List of Deputy Secretary-Generals of the 1st to 5th Sessions of the 10th FJPC* / 127

Chapter 3 Delegates of the People's Congress and Members of the Standing Committee / 129

Section 1 Election and Composition of Delegates of the People's Congress / 129

Section 2 Election and Composition of Members of the Standing Committee / 130

Attachment: 1. *Name List of Delegates of the 9th FJPC* / 131

2. *Name List of Delegates of the 10th FJPC* / 137

3. *Name List of Delegates of the 9th NPC[①] Elected by Fujian Province* / 142

4. *Name List of Delegates of the 10th NPC Elected by Fujian Province* / 143

---

① National People's Congress.

5. Form of the Composition of Members of the 9th FJPC Standing Committee / 144

6. Form of the Composition of Members of the 9th FJPC Standing Committee / 146

Chapter 4　Chairman Meeting and Secretary-General Office Meeting / 149

　　Section 1　Chairman Meeting / 149

　　Section 2　Secretary-General Office Meeting / 151

Chapter 5　Legislative Affairs Commission / 152

　　Section 1　Establishment and Responsibility / 152

　　Section 2　Unified Deliberation / 152

　　　　Attachment: 1. Name List of Members of Legislative Affairs Commission of the 9th FJPC / 154

　　　　　　　　2. Name List of Members of Legislative Affairs Commission of the 10th FJPC / 154

Chapter 6　Credentials Commission / 155

　　Section 1　Establishment and Responsibility / 155

　　Section 2　Review of Credentials of Delegates / 155

　　　　Attachment: 1. Name List of Members of Credentials Commission of the 9th FJPC Standing Committee / 157

　　　　　　　　2. Name List of Members of Credentials Commission of the 10th FJPC Standing Committee / 158

Volume 2

Chapter 7　Legislation / 161

　　Section 1　System Construction / 161

　　Section 2　Legislation Plan and Characteristics / 162

　　Section 3　Regulation Deliberation / 164

　　Section 4　Legislation on the People's Congress Working System / 168

　　Section 5　Legislation on Internal Affairs and Judiciary / 170

　　Section 6　Legislation on Agriculture and Rural Area / 174

　　Section 7　Legislation on Finance and Economy / 177

　　Section 8　Legislation on Education Science Culture and Health / 180

Section 9　Legislation on Overseas Chinese and Taiwan Affairs / 183

Section10　Legislation on Environment and Urban-Rural Development / 185

Section 11　Regulation Settlement / 188

Section 12　Approval to City Regulations / 188

Section 13　Inquiry and Legislation Appraisement of Regulations / 190

Chapter 8　Decisions on Major Issues / 192

Section 1　System Construction / 192

Section 2　Plan and Budget / 193

Section 3　Democratic and Legal Construction / 196

Section 4　Economic and Social Development / 197

Chapter 9　Supervision / 199

Section 1　System Construction / 199

Section 2　Special Work Report / 200

Section 3　Plan and Budget Supervision / 208

Section 4　Law Enforcement Inspection / 213

Section 5　Review of Regulations Recorded / 227

Section 6　Others / 227

Chapter 10　Appointments and Removals / 231

Section 1　System Construction / 231

Section 2　Appointments and Removals / 231

Chapter 11　Work of Delegates / 233

Section 1　System Construction / 233

Section 2　Bills and Proposals of Delegates / 233

Section 3　Activities and Training of Delegates / 241

Section 4　Guarantee of Delegates' Work / 243

Chapter 12　Letters and Visits / 245

Section 1　System Construction / 245

Section 2　Accepting and Handling Letter-or-visit Matters / 245

Section 3　Information and Contact / 248

　　　Attachment：Name List of Leaders of Petition Work of FJPC Standing Committee / 249

Contents

Chapter 13　Guide to and Contact with Municipalities, Counties and Towns / 250

　　Section 1　Guide to Election Work in Municipalities, Counties and Towns / 250

　　Section 2　Contact with People's Congress in Municipalities and Counties / 256

　　　Attachment: 1. Name List of Members of Guidance Group of Fujian Provincial Election / 258

　　　　　　　 2. Organization of the Municipal People's Congress and its Standing Committee in 2007 / 260

　　　　　　　 3. Members of Chairmen of the Municipal People's Congress / 261

Chapter 14　Self-Construction and Others / 263

　　Section 1　System Construction / 263

　　Section 2　Organization Construction / 264

　　Section 3　Investigation and Research / 266

　　Section 4　Publicity Work / 273

　　Section 5　Activities of Foreign Affairs / 278

　　Section 6　Service Guarantee / 283

　　　Attachment: 1. Chart of the Organization of FJPC and its Standing Committee in 2007 / 286

　　　　　　　 2. Name List of Secretary-Generals and Deputy Secretary-Generals of FJPC Standing Committee / 287

　　　　　　　 3. Name List of Director Generals of All Departments of FJPC Standing Committee / 287

Appendices / 290

　　Appendix 1　Chronology / 290

　　Appendix 2　Important Documents Compiled / 298

　　Appendix 3　Catalog of Local Regulations / 318

　　Appendix 4　Catalog of Decisions of Major Issues / 326

　　Appendix 5　Catalog of Special Work Report / 329

　　Appendix 6　Catalog of Law Enforcement Inspection / 332

Afterword / 335

概　　述

1998年1月至2008年1月，在福建省九、十届人大任期内，省人大及其常委会坚持党的领导、人民当家作主和依法治国的有机统一，把握正确的政治方向，发扬人民民主，维护和实现人民群众的根本利益，围绕中心、服务大局，发挥人大的职能作用，各项工作取得新的进展。

一、加强制度建设

1998年，省九届人大常委会以地方人大设立常委会20周年为契机，提出《做好省人大工作必须坚持的几条原则意见》，总结了7个方面的工作经验，中共中央办公厅、中组部党建研究室先后予以摘发。2004年11月，中共福建省委召开全省人大工作会议，随后出台《关于进一步加强人大工作的决定》（以下简称《决定》）[①]。《决定》从制度层面就各级党委加强对人大工作的领导提出明确的要求，就依法履职、组织保障、经费、人员编制等人大工作面临的问题作出具体规定。2005年，省委转发《省人大常委会党组关于学习贯彻中发〔2005〕9号文件[②]的实施意见》[③]。在省九、十届人大期间，省人大及其常委会先后制定《福建省人大及其常委会立法条例》、《福建省各级人大常委会讨论决定重大事项的规定》、《福建省人大代表建议、批评和意见办理工作规定》、《福建省各级人大常委会规范性文件备案审查规定》，修订《福建省人民代表大会议事规则》、《福建省人大常委会议事规则》等法规，保障各项工作有序开展。

二、依法行使地方立法权

省人大及其常委会坚持不抵触、有特色、可操作的地方立法原则，从实际出发加强地方立法工作，不断提高立法质量。在省九、十届人大期间，共制定与修改地方性法规110项，批准福州、厦门两市制定与修改的法规70项。在立法过程中，注重经济立法、民生与环境立法，加强涉台、涉侨立法。坚持科学

---

① 即闽委发〔2004〕16号文件。
② 中发〔2005〕9号文件全称是《中共中央转发〈中共全国人大常委会党组关于进一步发挥全国人大代表作用，加强全国人大常委会制度建设的若干意见〉的通知》。
③ 即闽委发〔2005〕10号文件。

立法、民主立法，有多项法规属全国率先立法，在众多法规中也有不少法律规范属于先行规定。为适应依法治国和建设社会主义市场经济、加入世界贸易组织，以及实施《行政许可法》的需要，省人大常委会先后三次开展法规集中清理工作。

三、依法行使重大事项决定权

省人大及其常委会坚持抓住本行政区域内具有根本性、全局性、长期性的重大事项，行使宪法和法律赋予的讨论决定重大事项的职权。1998年，省九届人大常委会作出关于依法治省的决定，推进依法治省进程；2005年和2007年，省十届人大三次和五次会议分别作出《关于促进海峡西岸经济区建设的决定》和《关于〈福建省建设海峡西岸经济区纲要〉的决议》，促进海峡西岸经济区建设重大决策的全面实施。在省九、十届人大期间，省人大常委会共作出决议、决定119项，内容涉及政治、经济和社会发展各个领域。

四、依法行使监督权

省人大及其常委会围绕改革发展稳定大局、涉及人民群众切身利益、社会普遍关注的重大问题，开展工作监督和法律监督。在省九、十届人大期间，省人大常委会听取和审议"一府两院"专项工作报告52项，开展执法检查52次（系列入常委会会议听取和审议议程，以及书面报告的执法检查），涉及法律法规62项（不含重复检查的法律法规），依法听取和审查计划、预算和审计工作等方面的情况报告，并开展了规范性文件的备案审查工作。在监督工作中，省人大常委会注意突出监督重点，增强监督实效，综合运用监督方式，把工作监督与法律监督、专项监督与综合监督、初次监督与跟踪监督、督促自行整改与依法纠正、开展执法检查与修改完善法规等结合起来。省人大常委会加强监督制度建设，先后出台多项规范人大监督工作的地方性法规。省人大常委会重视来信来访工作，在省九、十届人大期间，共受理来信近10万件、接待来访7万多人次。

五、依法行使选举任免权

省人大及其常委会坚持党管干部与依法选举任免干部的原则。在省九、十届人大期间，人代会共选举国家机关工作人员178人次，全国人大代表129人次；常委会共任免国家机关工作人员684人次。在行使任免权的过程中，省人大常委会注意改进方式、完善程序、加强规范。2002年，出台《福建省人大常委会任免国家机关工作人员条例》，并于2006年对该条例进行修改完善。

六、加强代表工作

在省九、十届人大期间，共办理代表提出的议案 193 件、建议 6077 件（含议案转建议）。不少立法议案进入了立法规划（计划），代表对各方面工作提出的建议、批评和意见促进了经济和社会发展，促进了国家机关工作。省人大常委会建立常委会组成人员分工联系代表、主任会议成员接待代表、代表列席常委会会议等多项制度。省人大常委会支持和保障人大代表依法履职，重视组织代表培训和开展闭会期间的活动，做好服务和保障工作。

七、重视自身建设

省人大常委会加强思想作风建设，开展学习和教育活动，1999 年和 2005 年先后开展了"三讲"教育、保持共产党员先进性教育活动。重视调研检查工作，先后两次在全省组织开展对省委《关于进一步加强人大工作的决定》贯彻落实情况的调研检查。重视加强组织建设，组织机构逐步健全，省人大设立了第一个常设的专门委员会——法制委员会，常委会成立了机关党组，还先后设立法制工作委员会、内务司法委员会，以及信访局和人民接待室等。重视制度建设，完善议事规则和各项工作、学习制度。

上　篇

第一章 省九届人大及其常委会会议

第一节 省九届人大一次会议

1998年1月7日下午，召开预备会议，主持人袁启彤。会议选举省九届人大一次会议主席团和秘书长，通过议程和财政经济审查委员会名单。预备会议后举行主席团第一次会议，推定常务主席，决定大会副秘书长。

1月8日上午，省九届人大一次会议在福州西湖影剧院召开。会期9天半，与会代表550人。共举行6次全体会议、6次主席团会议。全体会议的主持人分别是袁启彤、黄长溪、洪华生、黄文麟、宋峻、袁启彤。

14日下午和16日下午，第四、五次全体会议进行选举。1月17日上午，第六次全体会议通过关于省政府、省人大常委会、省法院、省检察院工作报告的决议，关于计划、预算的决议。袁启彤致大会闭幕词。

本次大会共收到代表团和代表提出的议案194件，代表提出的建议、批评和意见357件。

一、听取和审议工作报告

（一）听取和审议省政府工作报告

会议听取省政府省长贺国强所作的《高举伟大旗帜 动员全省力量 把福建社会主义现代化建设事业推向新世纪》的政府工作报告。

报告述：1997年，各级政府大力推进新一轮创业，集中力量抓好关系全局和长远发展的"加快发展现代农业、调整和优化经济结构、增创改革开放新优势"等三篇文章，围绕营造"十大环境"，提供"四项保证"，做好"十项工作"，制订一系列加快改革开放和经建设的政策措施，全省上下精神振奋，真抓实干，狠抓各项工作的落实，有力地推动了国民经济持续快速健康发展和社会全面进步。预计全省国内生产总值3000亿元，按可比价格计算，比上年增长14%左右，国民经济保持了"高增长、低通胀"的良好发展态势，实现了"稳中求进"的总体要求，省八届人大五次会议确定的国民经济和社会发展的各项指标可以全面完成。

1997年，农业生产形势较好，农村经济全面发展，全省农业增加值620亿元，增长8%；工业生产稳定增长，经济效益有所好转，全省工业增加值1049亿元，增长16%；固定资产投资适度增长，重点建设进展顺利，全省固定资产投资完成937亿元，增长18.6%；外贸出口增长较快，实际利用外资继续增加，全省进出口额达195亿美元，增长16.5%；财政预算执行良好，金融形势稳定，全省财政总收入251亿元，增长16.8%；市场供应充裕，城乡居民收入继续增加，城镇居民人均可支配收入6100元，增长11%，农村居民人均纯收入2800元，增长12%；各项社会事业进一步发展，科技"十大工程"取得进展，教育"两基"工作取得明显成效，文化建设得到加强，卫生工作"123健康工程"加快实施。1997年取得的成绩，是本届政府前四年工作的继续和发展。过去的五年，是福建省改革开放和现代化建设的重要时期，取得了令人瞩目的成绩，综合经济实力大大增强，经济社会发展和人民生活水平上了一个新台阶。在肯定成绩的同时，也清醒地看到，前进中还存在经济结构不合理的矛盾仍然比较突出等不少问题和困难。

1998年的工作任务：加强农业基础地位；打好国有企业改革攻坚战；大力拓展外经贸工作；切实加强闽台、闽港经贸合作与交流；加快经济结构调整步伐；集中力量加快重点项目建设；认真做好财政金融工作；积极推进社会各项事业发展；进一步加强社会主义民主法制建设；努力改善人民物质文化生活。1998年国内生产总值按可比价格增长11%。

根据代表审议意见，政府工作报告作了26处修改。其中，在有关1998年工作部分，增加了"积极抓好国务院批准的宁德开放促开发扶贫综合改革试验区和三明南方集体林区改革试验区等各项工作"，"增加教育投入"，将防洪工程中的"四江一溪"改为"五江一溪"（增加"赛江"）等。

会议通过决议，批准省政府工作报告。

（二）听取和审议省人大常委会工作报告

会议听取省人大常委会主任袁启彤所作的省人大常委会工作报告。

报告述：五年来，省八届人大常委会围绕中心，服务大局，认真履行宪法和法律赋予的各项职责，加强社会主义民主和法制建设，为保障和促进改革开放、经济建设和社会全面进步，发挥了重要的作用，顺利完成了省八届人大常委会的历史使命。

坚持和完善人民代表大会制度，促进民主和法制建设。加快立法步伐，努力提高立法质量，常委会制定和批准了103项地方性法规，同时修改和修订了50项、废止了16项，立法工作坚持把市场经济方面的立法作为重点，把涉侨涉台立法作为我省地方立法的优势和特色；加强监督力度，注重监督实效，常委会先后听取和审议了政府及其部门和两院的工作汇报91项，对60多项法律、法规的实施情况进行了检查监督，连续三年开展对政府部门及两院的工作评议；抓住事关全局的重大事项，认真行使决定权，常委会先后作出决定、决议54项；依法任免国家工作人员，共任免同级国家工作人员579人次，撤销职务的2人，届中选举、任命省级领导9人；密切联系代表，共办理代表议案、建议2758件，其中有16项立法案列入常委会会议议程，有5项被常委会采纳后，做出决定、决议；维护群众合法权益，共受理群众来信36000多件，接待群众来访7700多人次；加强人大制度和人大工作的宣传和研究，1994年在全省范围内开展以纪念人民代表大会成立40周年暨地方人大设立常委会15周年为主要内容的宣传活动；加强对全省各级人大工作的指导，每年都要召开一两次市人大常委会、地区人大工委主任座谈会，先后对1993年县、乡两级的换届选举，1996年乡级的换届选举和1997年部分设区的市的换届选举进行了指导。

紧紧围绕经济建设这个中心，促进和保障改革开放与经济发展。重视加强农业和农村工作，常委会连续五年开展对农业和农村工作方面的执法检查；努力改善法制环境，扩大对外开放，拓展闽台合作与交流，制定和批准了厦门经济特区土地管理条例等3项法规，积极为厦门市争取立法权；促进社会主义市场经济体制的建立和完善，常委会在制定法规时力求与建立市场经济体制相适应；促进以公有制为主体、多种所有制经济共同发展，常委会重视国有企业转换经营机制问题，制定法规，促进和保障非公有制经济健康发展。

贯彻"两手抓、两手都要硬"的方针，促进和保障社会各项事业的发展。积极推进科教兴省战略的落实，就素质教育方面的法律、法规进行执法检查，加强对科技法律的执法监督和宣传；重视计划生育和环境保护工作，常委会制定和修改了3项有关计划生育的法规并多次组织检查，连续五年组织中华环保世纪行（福建）活动；努力促进文化、卫生、社区文明等各项事业的发展，明确指出福建省社会事业发展滞后的问题，先后就食品卫生法等法律、法规开展执法检查。

今后的五年，人大及其常委会要把加强社会主义民主和法制建设作为根本任务；人大工作要严格遵循民主集中制原则，按法律程序办事；人大工作必须坚持群众路线、群众观点；人大工作要坚持党的领导。

会议经审议，通过决议，批准省人大常委会工作报告。

（三）听取和审议省法院工作报告

会议听取省法院院长方忠炳所作的省法院工作报告。

报告述：五年来，全省法院在党委领导和人大监督下，忠实地执行宪法和法律，坚持审判工作为经济建设和改革开放服务的指导思想，正确处理改革、发展、稳定的关系；坚持"两手抓、两手都要硬"的工作方针，努力提高审判质量和审判效率，努力提高队伍整体素质；坚持严格执法、热情服务的工作宗旨，不断加大法院自身改革力度，加强法院精神文明建设，努力塑造司法公正文明形象。五年间，全省法院共受理各类案件843165件，审结818538件，与前五年相比，分别增长

100.49%和95.62%。

五年来，共受理一审刑事案件72474件，审结71226件，判决发生法律效力的85504人，其中判处五年以上有期徒刑、无期徒刑和死刑（包括死缓）的31816人，判处五年以下有期徒刑、拘役、管制的52703人。五年来，共审结一审经济犯罪案件9775件，判决发生法律效力的8478人，为国家挽回直接经济损失1.75亿元。五年来，审理一审经济纠纷案件134526件，平均每年递增17.44%，争议标的金额达215.97亿元。五年来，共审结一审民事案件272488件，审理知识产权案件236件，审结一审行政案件4158件，审结国家赔偿案件15件，审理林业案件8585件，审结涉外、涉港澳台案件3543件，执行案件达206113件。

几年来，各地法院坚持向人大及其常委会报告工作，专题报告法院的重大活动、重大部署，认真办理人大代表建议以及督办查办的案件。本届人大会议期间，各级人大及其常委会通过评议方式，进一步加强对法院工作的监督。

今后一个时期，法院的主要任务：严肃执法，全面推进各项审判工作，积极进行法院改革，高标准、严要求建设好法官队伍，努力提高司法水平。

会议经审议，通过决议，批准省法院工作报告。

（四）听取和审议省检察院工作报告

会议听取省检察院检察长郑义正所作的省检察院工作报告。

报告述：五年来，各级检察院在各级党委的领导和人大及其常委会的监督下，坚决贯彻"严格执法，狠抓办案"的工作方针，认真履行法律监督职责，全面推进各项检察工作向前发展。

五年来，全省检察机关共立案侦查国家工作人员贪污、贿赂等职务犯罪案件10610件，立案侦查渎职、侵犯公民人身权利和民主权利等犯罪案件2415件，通过办案，为国家和集体挽回直接经济损失5.38亿元；五年来，共受理公安、国家安全机关提请批准逮捕案件59941件107896人，经审查批准逮捕56879件100889人，受理移送起诉案件59765件99786人，经审查提起公诉57018件93558人；五年来，检察机关对侦查活动中的违法情况提出纠正意见2930件次，对审判活动中的违法情况提出纠正意见348件次，对监狱、看守所和劳教所执法活动中的违法情况提出纠正意见5855件次，受理民事、行政申诉案件4249件，复查刑事申诉案件733件。

自觉接受人大及其常委会的监督，建立完善了全面工作定期报告，主要工作专题报告，交办案件优先查报，重大活动主动邀请指导等制度，坚决执行人大及其常委会的决议、决定，认真办理人大常委会交办事项和人大代表意见。

今后一个时期检察工作的基本思路：遵循一个指导思想，坚持"两个方针"两手抓，抓好三项重点工作，正确行使四项职权，执法思想五个统一，切实把握六个问题，妥善处理七个关系。

会议经审议，通过决议，批准省检察院工作报告。

二、审查和批准计划、预算

（一）计　划

会议听取省计划委员会主任余金满受省政府委托所作的《关于福建省1997年国经经济和社会发展计划执行情况与1998年国民经济和社会发展计划草案的报告》。

报告述：省八届人大五次会议审议通过的1997年国民经济和社会发展计划执行情况良好。国内生产总值预计达3000亿元①，增长14%左右，比年计划高3个百分点；地方级财政收入166亿元，完成预算105.7%，增长17.3%，比年计划高6.3个百分点；全社会固定资产投资完成937亿元，增长18.6%，比年计划高1.5个百分点；外贸出口115亿美元，超额完成110亿美元的计划目标；实际利用外资40亿美元，完成计划目标；社会商品零售价格总水平上涨0.5%以内，大大低于5.5%的控价目标；城镇居民人均可支配收入和农民人均纯收入初步预计分别达6100元和2800元左右，分别增长11%和12%，扣除物价因素分别增长8%和10%，超过年计划实际增长6%～9%的水平；失业人员9万～10万人，城镇登记失业率为2.3%左右，低于年计划2.7%的调控目标；年末总人口达3300万人，人口自然增长率可控制在7‰以内，分别低于年计划3316万人和10‰的调控目标。

1998年计划安排的主要调控目标是：国内生产总值增长11%；全社会固定资产投资增长17%；商品零售价格涨幅在4%以内，居民消费价格涨幅在6%以内；外贸出口总额130亿美元，实际利用外资40亿美元；地方级财政收入增长11.4%；城镇居民人均可支配收入和农民人均纯收入实际增长6%左右；城镇登记失业率2.7%左右；人口自然增长率10‰以内。

财政经济审查委员会审查报告认为，1998年国内生产总值和全社会固定资产投资增长的安排是适度的，其他各项指标也是积极且留有余地的，建议批准计划草案，同意计划报告。

会议经审议，并根据财政经济审查委员会审查报告，通过决议，批准省政府提出的1998年国民经济和社会发展计划，同意计划报告。

（二）预　算

会议听取省财政厅厅长庄友松受省政府委托所作的《关于福建省1997年财政预算执行情况和1998年财政预算草案的报告》。

---

① 据《福建统计年鉴（2008）》，1997年国内生产总值实际为2870.90亿元。

报告述：1997年预计全省财政收入251亿元①，完成预算102.9%，增长16.8%；其中地方级收入166.68亿元，完成预算105.7%，增长17.3%。全省财力227.8亿元，增长12.0%；财政支出225.03亿元，增支24.72亿元，增长12.3%，继续实现全省财政收支平衡。预计1997年省级地方级收入16.38亿元②，完成预算113.9%，增长27.9%；省本级支出完成50.40亿元，增支6.98亿元，增长16.1%，继续实现收支平衡，略有结余。

1998年代编的全省财政收入计划安排277.8亿元，增加27亿元，增长10.8%；其中地方级收入185.7亿元，增加19.01亿元，增长11.4%。总财力241.06亿元，增加21.23亿元，增长9.7%；安排支出241.06亿元，增长9.7%。1998年省级地方收入安排18.4亿元，增长12.3%；省级财力55.48亿元，增加5.07亿元，增长10.1%（中央专项补助下达后相应安排支出）；相应安排省本级支出55.48亿元，增长10.1%。

财政经济审查委员会审查报告认为，省人民政府提出的1998年省级预算草案，预算收入是积极的，预算支出是比较合适的，建议大会批准省级预算草案，同意预算报告。

会议经审议，并根据财政经济审查委员会审查报告，通过决议，批准省政府提出的1998年省级预算，同意预算报告。

三、讨论决定重大事项

1月7日下午，主席团第一次会议通过了《关于省九届人大常委会组成人员名额的决定（草案）》，并将决定草案提请各代表团会议审议。8日下午，第二次全体会议予以表决通过，决定组成人员名额为63名。

四、代表议案和建议

（一）议　案

省九届人大一次会议期间，代表团提出议案1件，代表提出议案193件。议案中：政法方面21件，财经方面127件，教科文卫方面12件，其他方面34件。大会主席团决定，11件议案交省人大常委会审议处理，183件议案转为建议处理。

（二）建　议

省九届人大一次会议期间，代表提出的建议连同议案转建议，共540件。闭会

---

① 省九届人大常委会四次会议批准的决算数为251.3亿元。
② 省九届人大常委会四次会议批准的决算数为16.52亿元。

期间，代表还提出建议19件。代表建议中：法制方面38件，农经方面110件，财经方面255件，教科文卫方面63件，侨台（指海外华侨、归侨、侨眷和台湾同胞，后同）方面15件，环境方面10件，综合方面68件。这些建议交"一府两院"和有关党群部门共89个承办单位办理。

五、选 举

省九届人大一次会议进行换届选举。本次大会选举任务：选举省九届人大常委会组成人员61名，其中主任1名、副主任9名、秘书长1名、委员50名；选举省政府省长1名，副省长7名；选举省法院院长1名；选举省检察院检察长1名；选举九届全国人大代表64名。大会选举办法规定：省九届人大常委会主任、秘书长，省政府省长，省法院院长，省检察院检察长的候选人数，一般应多一人，进行差额选举，如果提名的候选人只有一人，也可以等额选举；省九届人大常委会副主任、省政府副省长的候选人数应比应选人多一人；省九届人大常委会委员的候选人数应比应选人多十分之一；全国人大代表候选人数应比应选人多五分之一至二分之一。

根据大会选举办法，大会主席团提名、政党和人民团体联合提名的候选人人数均按应选名额提出。代表也依法联名提出了候选人，其中代表30人以上联名提出省人大常委会副主任候选人1名、委员候选人5名，省政府副省长候选人1名；代表10人以上联名提出全国人大代表候选人16名。

大会以无记名投票方式，选举袁启彤为省九届人大常委会主任，王建双、施性谋、洪华生（女）、宋峻、童万亨、方忠炳、郑义正、黄贤模、林强为副主任，曾喜祥为秘书长；选举贺国强为省政府省长，张家坤、潘心城、黄小晶、朱亚衍、曹德淦、丘广钟、汪毅夫为副省长；选举陈旭为省法院院长；选举鲍绍坤为省检察院检察长，依法报最高人民检察院提请全国人大常委会批准。

大会以无记名投票方式，选举省九届人大常委会委员50名、九届全国人大代表64名。

第二节　省九届人大常委会一至八次会议

省九届人大一至二次会议期间，共召开8次常委会会议。

一、省九届人大常委会一次会议

1998年1月18日召开，会期2天。组成人员出席59人，请假2人。共举行2次全体会议，主持人分别是袁启彤、王建双。

会议议程7项：向新一届省人大常委会组成人员，省政府组成人员，省法院院长、副院长,省检察院检察长、副检察长赠送《宪法》、《邓小平选集》、《高举邓小平理论伟大旗帜,把建设有中国特色社会主义事业全面推向二十一世纪》、《党员领导干部廉洁从政若干准则(试行)》、《党纪处分条例(试行)》;省委书记陈明义讲话;袁启彤讲话;审议《福建省九届人大常委会组成人员守则(草案)》;审议《福建省人大常委会1998年工作要点(草案)》;审议《福建省1998年度地方立法计划(草案)》;审议人事任免事项。

1月19日下午,第二次全体会议表决通过2个事项:《福建省九届人大常委会组成人员守则》;人事任免56人。任免事项中,免去省人大常委会副秘书长和办公厅、法制委员会、农村经济委员会、财政经济委员会、华侨(台胞)委员会主任(副主任)6人,任命省人大常委会副秘书长和办公厅、人事代表工作室、法制委员会、农村经济委员会、财政经济委员会、华侨(台胞)委员会、环境委员会主任8人;决定任命省政府秘书长和省计划委员会、经济贸易委员会、经济体制改革委员会、教育委员会、科学技术委员会、民族事务委员会(宗教事务局)、公安厅、国家安全厅、监察厅、民政厅、司法厅、财政厅、人事厅、劳动厅、建设委员会、物价委员会、机械工业厅、交通厅、农业厅、水利水电厅、水产厅、林业厅、贸易厅、粮食厅、对外经济贸易委员会、文化厅、广播电视厅、卫生厅、体育运动委员会、计划生育委员会、审计厅、统计局、工商行政管理局、土地管理局、环境保护局、新闻出版局(版权局)、旅游局、技术监督局、乡镇企业局、侨务办公室主任(厅长、局长)41人;免去检察人员1人。

二、省九届人大常委会二次会议

1998年3月30日召开,会期5天半。组成人员出席56人,请假5人。共举行5次全体会议,主持人分别是袁启彤、袁启彤、施性谋、童万亨、王建双。

会议议程14项:听取福建代表团团长袁启彤关于九届全国人大一次会议精神的汇报;省人大常委会副主任宋峻讲授《宪法》和关于制订地方性法规应注意问题的法制课;审议《福建省价格管理条例(草案修改稿)》;审议《福建省保护和奖励见义勇为条例(草案)》;审议《福建省流动人口治安管理条例(草案)》;审议《福建省劳动力市场管理条例(草案)》;审议《福建省无线电管理条例(草案)》;审议《福建省初级卫生保健条例(草案)》;审议省政府《关于提请调整1998年我省计划安排的物价调控指标的议案》;审议《关于办理省九届人大一次会议主席团决定交付省人大常委会审议的代表提出的11件议案的决定(草案)》;审议《关于福建省县级人大代表选举时间的决定(草案)》;审议《关于接受王宗华辞去省人大常委会委员职务的请求的决定(草案)》;听取和审议省政府关于当前春耕生产情况的汇报;审议人事任免事项。

4月4日上午,第五次全体会议表决通过6个事项:《福建省价格管理条例》;《关于调整1998年计划安排的物价调控指标的决定》;《关于福建省县级人大代表选举时间的决定》;《关于办理省九届人大一次会议主席团决定交付省人大常委会审议的代表提出的11件议案的决定》;《关于接受王宗华辞去省人大常委会委员职务的请求的决定》;人事任免21人。任免事项中,决定免去省工商行政管理局局长1人,决定任命省工商行政管理局、电子工业厅、地质矿产厅、外事办公室主任(厅长、局长)4人;任免审判人员4人;任免检察人员12人。

三、省九届人大常委会三次会议

1998年5月25日召开,会期5天。组成人员出席51人,请假9人。共举行4次全体会议,主持人分别是袁启彤、童万亨、方忠炳、王建双。

会议议程14项:审议《福建省奖励和保护见义勇为条例(草案修改稿)》;审议《福建省流动人口治安管理条例(草案修改稿)》;审议《福建省劳动力市场管理条例(草案修改稿)》;审议《福建省初级卫生保健条例(草案修改稿)》;审议《福建省商品交易市场管理条例(草案)》;审议《福建省公路路政管理条例(草案)》;审议《福建省保护华侨投资权益若干规定(草案)》;审议《福建省气象条例(草案)》;审议省政府《关于提请对城市公共消防设施配套费暂行减免的议案》;审议《关于福建省县级人大代表名额和常委会组成人员名额的决定(草案)》;审议《关于修改〈福建省县、乡两级人大代表直接选举实施细则〉的决定(草案)》;审议《省九届人大常委会代表资格审查委员会主任委员、副主任委员、委员名单(草案)》;审议人事任免事项;袁启彤讲话。

5月29日下午,第四次全体会议表决通过8个事项:《福建省奖励和保护见义勇为人员条例》;《福建省劳动力市场管理条例》;《福建省初级卫生保健条例》;《关于修改〈福建省县、乡两级人大代表直接选举实施细则〉的决定》;《关于对外商投资企业两年内暂行停征城市公共消防设施配套费的决定》;《关于福建省县级人大代表名额和常委会组成人员名额的决定》;《福建省九届人大常委会代表资格审查委员会主任委员、副主任委员、委员名单》;任命审判人员1人,任免检察人员7人。

会前,邀请全国人大常委会委员、财经委副主任委员、北京大学教授厉以宁作关于"东南亚金融风波和我们的对策"讲座,主持人宋峻。

四、省九届人大常委会四次会议

1998年7月27日召开,会期5天半。组成人员出席56人,请假4人。共举行4次全体会议,主持人分别是袁启彤、林强、黄贤模、王建双。

会议议程15项：审议《关于依法治省的决议（草案）》；审议《福建省流动人口治安管理条例（草案修改二稿）》；审议《福建省气象条例（草案修改稿）》；审议《福建省无线电管理条例（草案修改稿）》；审议《福建省保护华侨投资权益若干规定（草案修改稿）》；审议《福建省重要水生动物苗种亲体管理条例（草案）》；审议《福建省房屋产权登记条例（草案）》；听取和审议省人大常委会执法检查组关于《福建省台湾船舶停泊点管理办法》执法检查情况的汇报；听取和审议省财政厅关于1997年财政决算和1998年上半年财政预算执行情况的报告，审查和批准1997年省级决算；听取和审议省审计厅关于1997年省本级预算执行和其他财政收支情况的审计工作报告；听取和审议省水利水电厅关于闽江"98·6"抗洪救灾情况的汇报；听取和审议省经贸委关于福建省国有工业企业改革与管理情况的汇报；听取和审议省劳动厅关于国有企业下岗职工再就业情况的汇报；听取和审议《省九届人大常委会代表资格审查委员会关于另行选举代表的代表资格的审查报告》；审议省人大常委会环境委关于《海洋环境保护法》执法检查情况的汇报（书面）；审议人事任免事项。

8月1日上午，第四次全体会议表决通过8个事项：《关于依法治省的决议》；《福建省流动人口治安管理条例》；《福建省气象条例》；《福建省无线电管理条例》；《福建省保护华侨投资权益若干规定》；《关于批准1997年省级决算的决议》；《省九届人大常委会代表资格审查委员会关于另行选举代表的代表资格的审查报告》；任免审判人员5人。

会议期间，邀请中国亚太经济技术研究院主席吴明瑜教授作关于"知识经济"讲座，主持人郑义正。

五、省九届人大常委会五次会议

1998年9月21日召开，会期5天。组成人员出席57人，请假3人。共举行4次全体会议，主持人分别是袁启彤、施性谋、方忠炳、王建双。

会议议程16项：审议省政府《关于依法行政的实施规划（草案）》；审议省法院《关于实施依法治省决议的方案（草案）》；审议省检察院《关于实施依法治省决议的方案（草案）》；听取和审议袁启彤关于南平灾区的考察报告；听取和审议省人大常委会执法检查组关于《福建省建筑市场管理条例》执法检查情况的汇报；审议《福建省重要水生动物苗种亲体管理条例（草案修改稿）》；审议《福建省公路路政管理条例（草案修改稿）》；审议《福建省城市房屋产权登记条例（草案修改稿）》；审议省政府《关于提请增列1998年省重点建设项目、预备重点建设项目的议案》；审议省政府《关于提请修改企业职工失业保险费征收执法主体和执法权等问题的议案》；审议省政府《关于提请修改城镇企业职工基本养老保险费征收执法主体和执法权等问题的议案》；听取和审议省计委关于福建省1—8月份国民经济和社会发展计划执行情况的汇报；听取和审议省体委关于《认真贯彻体育法　全面振兴福建体育事业》的汇报；听取和审议省旅游局关于旅游重点产业发展情况的汇报；审议人事任免事项；袁启彤讲话。

9月25日下午，第四次全体会议表决通过7个事项：《关于批准〈福建省人民政府关于依法行政的实施规划〉的决议》；《关于批准〈福建省高级人民法院关于实施依法治省决议的方案〉的决议》；《关于批准〈福建省人民检察院关于实施依法治省决议的方案〉的决议》；《福建省重要水生动物苗种和亲体管理条例》；《关于追认增列1998年省重点建设项目和预备重点建设项目的决定》；《关于提高企业职工失业保险费征收比例和对企业职工失业保险费、养老保险费的征收工作可以由省人民政府暂时委托代征单位的决定》；人事任免14人。任免事项中，任命省人大常委会宁德地区工委副主任1人；决定免去、任命省农业厅、环境保护局长（厅长）各2人；任免审判人员9人。

会议期间，邀请全国人大法律委员会副主任委员、法工委主任顾昂然作关于《刑法》的法制讲座，主持人宋峻。

六、省九届人大常委会六次会议

1998年11月23日召开，会期4天。组成人员出席56人，请假4人。共举行4次全体会议，主持人分别是王建双、林强、方忠炳、施性谋。

会议议程12项：听取袁启彤关于学习贯彻党的十五届三中全会和省委六届九次全会精神的报告；审议《福建省城市房屋产权登记条例（草案修改二稿）》；审议《福建省实施〈母婴保健法〉办法（草案）》；审议《福建省保护商品住房消费权益条例（草案）》；审议《福建省农业机械管理条例（草案）》；听取和审议省人大常委会执法检查组关于检查《农业法》实施情况的报告；审议《关于召开省九届人大二次会议的决定（草案）》；审议《关于莆田市涵江区三江口镇、白塘镇、国欢镇人大代表换届选举时间的决定（草案）》；审议省政府《关于追加1998年省级支出预算的议案》；审议关于省九届人大一次会议主席团交付省人大常委会审议的代表提出的11件议案办理情况的报告（书面）；审议人事任免事项；袁启彤讲话。此外，会议还印发了关于《老年人权益保障法》、《促进科技成果转化法》执法检查报告（书面）、省侨办《关于我省侨务工作情况的汇报》（书面）。

11月26日下午，第四次全体会议表决通过5个事项：《福建省城市房屋产权登记条例》；《关于召开省九届人大二次会议的决定》；《关于莆田市涵江区三江口镇、白塘镇、国欢镇人大代表换届选举时间的决定》；《关于批准追加1998年省级支出预算的决定》；任命审判人员4人，任命检察人员1人。袁启彤讲话。

会前，邀请全国人大常委会委员、法工委主任、全国人大法律委员会副主任委员顾昂然作关于《刑事诉讼法》的法制讲座，主持人黄贤模。

七、省九届人大常委会七次会议

1998年12月23日召开，会期3天。组成人员出席56人，请假4人。共举行4次全体会议，主持人分别是袁启彤、郑义正、宋峻、王建双。

会议议程12项：传达贯彻中央和全省经济工作会议精神；审议省人民政府《关于提请调整我省"九五"重点大中型建设项目计划的议案》；听取和评议省公安厅交通警察总队关于接受省人大常委会评议自查情况的汇报；听取省人大常委会评议工作小组关于评议省公安厅交通警察总队的调查报告；听取和评议省劳动厅关于接受省人大常委会评议自查情况的汇报；听取省人大常委会评议工作小组关于评议省劳动厅的调查报告；听取和审议省法院关于全省法院系统队伍教育整顿情况的汇报；听取和审议省检察院关于全省检察机关队伍教育整顿情况的汇报；讨论修改《福建省人大常委会工作报告（讨论稿）》；审议《关于省九届人大一次会议主席团交付省人大常委会审议的代表提出的11件议案审议结果的报告（草案）》（书面）；审议《关于省九届人大一次会议代表建议、批评和意见办理情况的报告》（书面）；审议人事任免事项。

12月25日下午，第四次全体会议表决通过3个事项：《关于审查〈福建省人民政府关于提请调整我省"九五"重点大中型建设项目计划的议案〉结果的决定》；《关于省九届人大一次会议主席团交付省人大常委会审议的代表提出的11件议案审议结果的报告》；任免审判人员28人。

会议期间，就安装汽车尾气净化器受部门利益影响问题，省环保局局长到会接受询问。

八、省九届人大常委会八次会议

1999年1月24日召开，会期1天。组成人员出席58人，请假2人。共举行2次全体会议，主持人分别是袁启彤、王建双。

会议议程9项：听取和审议《省九届人大常委会代表资格审查委员会关于选举、补选代表的代表资格的审查报告》；听取和审议关于省九届人大二次会议安排意见的报告；审议《省九届人大二次会议主席团和秘书长名单（草案）》，决定提请省九届人大二次会议预备会议选举；《审议省九届人大二次会议议程（草案）》，决定提请省九届人大二次会议预备会议通过；审议《省九届人大二次会议财政经济审查委员会名单（草案）》，决定提请省九届人大二次会议预备会议通过；审议《省九届人大二次会议列席人员安排原则的决定（草案）》；审议《省人大常委会工作报告（稿）》，决定提请省九届人大二次会议审议；讨论省人大常委会1999年工作要点；审议人事任免事项。

1月24日下午，第二次全体会议表决通过7个事项：《省九届人大常委会代表资格审查委员会关于选举、补选代表的代表资格的审查报告》；《省九届人大二次会议主席团和秘书长名单（草案）》；《省九届人大二次会议议程（草案）》；《省九届人大二次会议财政经济审查委员会名单（草案）》；《省九届人大二次会议列席人员安排原则的决定》；《省人大常委会工作报告》；任命检察人员1人。

第三节　省九届人大二次会议

1999年1月26日下午，召开预备会议，主持人袁启彤。会议选举省九届人大二次会议主席团和秘书长，通过议程和财政经济审查委员会名单。预备会议后召开主席团第一次会议，推定常务主席，决定大会副秘书长。

1月27日上午，省九届人大二次会议在福州市福建省军区礼堂召开。会期7天，与会代表552人。共举行4次全体会议、3次主席团会议。全体会议的主持人分别是袁启彤、王建双、施性谋、袁启彤。

2月2日下午，第四次全体会议通过关于省政府、省人大常委会、省法院、省检察院工作报告的决议，关于计划、预算的决议。袁启彤致大会闭幕词。

本次大会共收到代表提出的议案124件及建议、批评和意见459件。

一、听取和审议工作报告

（一）听取和审议省政府工作报告

会议听取省政府省长贺国强所作的政府工作报告。

报告述：1998年，各级政府按照"稳中求进，再创新业"的工作思路，积极应对亚洲金融危机，抓住扩大内需的发展机遇，发扬伟大的抗洪精神，齐心协力，艰苦奋斗，克服困难，开拓前进，有力地推动了国民经济持续快速增长和社会全面进步，省九届人大一次会议确定的国民经济和社会发展的主要目标基本完成。

1998年，国民经济快速发展，全年国内生产总值3330亿元，比上年增长11.4%，人均突破1万元；各项改革稳步推进，以国有企业改革为中心的各项改革取得新的进展，完成了国企三年改革和摆脱困境的年度目标任务，全省医改方案已在研究制定，住房制度改革稳步开展，金融体制改革、投融资体制改革和完善财税制度的改革继续推进，农村改革继续深化，土地延包三十年工作进展顺利；对外开放继续扩大，全年新批外商投资合同金额50亿美元，增长10.2%，实际利用外资略超40亿美元，与上年基本持平，全省外贸出口业务统计为120.7亿美元，增长

4.4%；抗洪救灾取得全面胜利，受灾群众得到妥善安置，水毁农田、道路、工厂、通讯设施基本修复，5.35万户倒塌房屋的灾民春节前可迁入新居；社会事业全面进步，科技体制改革继续深化，"十大工程"取得新成绩，科技对经济增长的贡献率进一步提高，教育"两基"已通过国家验收，高等教育改革进一步深化，实施文化精品战略，"123健康工程"继续推进，计生工作连续八年较好地完成国家下达的主要指标，成功举办了第十一届省运会，环保工作力度加大，重点治理工程取得良好成效；精神文明和民主法制建设不断加强，"讲文明、树新风"活动和创建文明城市、文明乡镇活动普遍开展，制定了《关于依法行政的实施规划》，全年向省人大常委会提请审议地方性法规议案10项，各级政府坚持对人大及其常委会负责并报告工作，主动接受人大的依法监督。在肯定成绩的同时，也清醒地看到，经济和社会生活中还存在经济整体素质不高等不少困难和问题。

1999年政府工作任务：切实加强农业和农村工作；加大结构调整力度，提高经济增长质量和效益；抓好国企改革与发展，稳步推进各项配套改革；实施全方位对外开放战略，提高外经贸水平；认真做好财政工作，努力防范化解金融风险；认真实施科教兴省和可持续发展战略；进一步加强社会主义民主法制建设，维护社会政治稳定；推动精神文明建设再上新水平；努力改善人民物质文化生活。1999年全省国内生产总值增长10%，力争更快更好些。

根据代表审议意见，政府工作报告作了近10处修改。其中，在有关1999年工作部分，增加了"加强中医药工作"、"关心下一代工作"等。

会议通过决议，批准省政府工作报告。

(二) 听取和审议省人大常委会工作报告

会议听取省人大常委会副主任王建双所作的省人大常委会工作报告。

报告述：过去的一年，省人大常委会紧紧围绕全省的工作大局，认真行使宪法和法律赋予的各项职权，积极推进社会主义民主和法制建设，各方面工作都取得了新的进展，为促进和保障改革开放和现代化建设作出了积极贡献。一年来，常委会召开8次会议，审议通过法规11项、修改法规1项，作出各种决定、决议18项，开展15次执法检查，任命国家工作人员101人、免37人。

1998年常委会认真回顾和总结了地方人大设立常委会近20年来的工作经验，概括出省人大工作必须坚持的七条原则意见：在人大工作中，必须宣传和坚持中国共产党的领导和执政地位；充分发挥人大常委会的职能作用，保证党的路线、方针、政策在人大的贯彻落实；正确处理好监督与支持的关系，促进"一府两院"工作；坚持党管干部原则，做好人大选举、任免工作；坚持讲政治，密切联系人大代表和人民群众；认真贯彻稳定压倒一切的方针，维护全省社会稳定；贯彻依法治国方略，积极推进依法治省。

贯彻依法治国基本方略，推进依法治省进程。充分反映、广泛集中民意民智，作出依法治省决议；加强立法基础工作，提高地方立法质量，把立法与改革、发展和稳定的重大决策结合起来，在法规的立项、起草、论证到审议的整个立法过程，都坚持走群众路线，对涉及重大决策内容或有难度的立法采取三审制；建立健全监督机制，促进依法行政、公正司法，常委会审议通过了省政府关于依法行政的实施规划和省法院、省检察院关于实施依法治省决议的方案；推进民主法制宣传教育，为依法治省奠定基础。

围绕中心、服务大局，促进改革开放和现代化建设各项事业健康发展。积极促进国民经济发展目标的实现，面对前所未有的、极其复杂的国内外经济环境和严重的洪涝灾害，常委会督促、支持农业和农村工作、各项改革工作、侨台和对外开放工作、贯彻落实国家宏观经济的重大决策工作；推动科教兴省和可持续发展战略的贯彻实施，常委会就依法推进素质教育、促进科技成果向现实生产力的转化、高新技术产业的发展、可持续发展实验区建设、实施海洋环境保护开展调研、执法检查活动；加强对县级人大换届选举工作的指导，圆满完成了地方组织法、选举法修改后县级人大第一次单独进行的换届选举；关注社会热点、难点问题，努力维护社会稳定，常委会一年来共受理群众来信10230件，来访1397批3249人次。

在新的一年里，继续加强学习，提高政治理论素质；坚持党的领导，积极推进依法治省进程；继续加强地方立法特别是经济立法工作，切实提高立法质量；把监督工作放在重要位置，加大监督力度，增强监督实效；密切同代表和群众的联系，充分发挥他们的作用，维护社会政治稳定；继续解放思想、实事求是，创造性地开展工作。

会议经审议，通过决议，批准省人大常委会工作报告。

（三）听取和审议省法院工作报告

会议听取省法院院长陈旭所作的省法院工作报告。

报告述：1998年，在各级党委的领导和人大的监督下，全省法院忠实地执行宪法和法律，坚持审判工作服从服务于党和国家工作大局的政治方向，运用审判职能保障改革、发展、稳定；坚持依法治国基本方略，认真贯彻省委、省人大常委会关于依法治省的决定、决议，以确保司法公正为核心，精心构筑"铁案"工程；坚持"两手抓，两手都要硬"的工作方针，以集中教育整顿为重点，全面加强队伍建设，人民法院的各项工作取得了新的进展。

全年共受理各类案件285910件，审结266030件，分别比上年上升14.67%和17.19%。其中，审结一审刑事案件15988件，一审民事案件84141件，一审经济纠纷案件38467件，一审行政案件1574件，执结各类案件93522件。

省委、省人大常委会作出依法治省的决定、决议后，及时制定《关于贯彻依法治省决议的实施方案》。自觉接受人大监督，制定了《关于进一步加强同人大代表联系接受监督的若干意见》，并突出抓了以下四项工作：一是坚持向人大及其常委会报告工作；二是认真办理人大代表、政协委员的批评、建议和意见；三是建立人大代表和政协委员担任廉政监督员制度；四是密切与社会各界的联系。

1999年，全省法院应当牢固树立大局意识、公正意识、效率意识、廉政意识，继续推进"铁案"工程，认真开展"审判质量年"和"执行年"活动，努力确保司法公正。

会议经审议，通过决议，批准省法院工作报告。

（四）听取和审议省检察院工作报告

会议听取省检察院检察长鲍绍坤所作的省检察院工作报告。

报告述：1998年，各级检察院按照中央、高检院和省委的部署，深入开展队伍教育整顿；围绕党和国家工作大局，全面开展各项检察业务；积极推进检察改革，进一步改进和加强检察工作，各项检察工作和队伍建设都取得了新的进展。

一年来，共立案侦查涉嫌贪污贿赂、渎职等职务犯罪案件1154件，为国家和集体挽回直接经济损失4984万元，共受理公安、国家安全机关移送审查批准逮捕案件16257件26198人，经审查批准逮捕14511件23005人，受理移送审查起诉案件16038件24636人，经审查提起公诉14046件21048人；根据统一部署，积极投入反走私联合行动和专项斗争；立案监督力度进一步加大，刑事抗诉数量增多，质量提高，刑罚执行监督稳步开展，民事行政检察工作取得新的成效；积极探索新形势下开展预防犯罪工作的途径和方法。

自觉接受人大及其常委会监督，正确履行检察权。形成《福建省人民检察院关于实施依法治省决议的方案》，省检察院先后两次向省人大主任会议和常委会会议专题汇报检察机关开展队伍教育整顿情况，制定下发了《关于进一步加强与人大代表联系，自觉接受监督的意见》。

1999年，总的要求：全面加强法律监督工作，依法严厉打击各种犯罪活动，加大职务犯罪侦查和预防工作力度，积极推进检察改革，进一步加强检察队伍建设，大力加强基层检察院建设。

会议经审议，通过决议，批准省检察院工作报告。

二、审查和批准计划、预算

（一）计　划

会议听取省计划委员会主任郑立中受省政府委托所作的《关于福建省1998年国民经济和社会发展计划执行情况与1999年国民经济和社会发展计划草案的报告》。

报告述：省九届人大一次会议审议通过的1998年国民经济和社会发展计划执行情况总体良好，主要计划任务基本完成。国内生产总值3330亿元①，增长11.4%，略超计划目标；全社会固定资产投资完成1048.5亿元，增长16.7%；商品零售价格总水平下降1.5%；居民消费价格总水平下降0.3%；全年出口业务统计为120.7亿美元，增长4.4%，海关统计为99.6亿美元，下降3%，未完成年度计划，实际利用外资略超40亿美元，与上年基本持平；地方级预算内财政收入187.6亿元，增长12.2%；城镇居民人均可支配收入6486元，增长5.6%，农民人均纯收入2946元，增长5.8%，考虑物价下降因素，实际增速分别为6%左右和7%左右，基本实现计划目标；城镇登记失业率2.6%以内，年末总人口3299万人，人口自然增长率5.33‰，均实现计划控制目标。

1999年各项主要指标预定目标如下：国内生产总值增长目标10%，力争更快更好些；第一、二、三产业增加值分别增长5.5%、11.5%和10.5%；地方级预算内财政收入增长10.8%；全社会固定资产投资增长15%，固定资产投资率与上年基本持平；外贸出口（海关口径）力争100亿美元，比上年有所增长，实际利用外资40亿美元，与上年基本持平；城镇居民可支配收入和农民人均纯收入实际增长5%~6%；社会消费品零售总额增长14.5%，商品零售价格涨幅2%，居民消费价格涨幅4%；人口出生率控制在14‰以内，年末总人口3330万；城镇登记失业率控制在2.7%以内。

财政经济审查委员会审查报告认为，1999年国民经济和社会发展计划草案安排的各项主要预定目标基本上符合福建省的实际情况，提出的措施也是可行的，建议批准计划草案，同意计划报告。

会议经审议，并根据财政经济审查委员会审查报告，通过决议，批准省政府提出的1999年国民经济和社会发展计划，同意计划报告。

（二）预　算

会议听取省财政厅厅长庄友松受省政府委托所作的《关于福建省1998年预算执行情况和1999年预算草案的报告》。

报告述：据快报统计，1998年全省财政收入281.1亿元②，完成预算101.2%，增长11.8%；其中地方级收入187.6亿元，完成预算101%，增长12.2%。全省财力256.5亿元（包括中央专款等），增长9.7%；财政支出255.4亿元，增支27.1亿元，增长11.9%，继续实现全省财政收支平衡。1998年省本级地方级收入19.03

---

① 据《福建统计年鉴（2008）》，1998年国内生产总值实际为3159.91亿元。
② 省九届人大常委会十四次会议批准的决算数为282.89亿元。

亿元①,完成年初预算103.4%,比上年增收2.51亿元,增长15.2%,省本级地方级收入实际入库数为17.6亿元;省级财力57.5亿元;支出完成57亿元,增支5.17亿元,增长10%,继续实现收支平衡,略有结余。

1999年代编的全省财政收入计划预安排311.3亿元,增加30.3亿元,增长10.8%;其中地方级收入安排207.8亿元,增加20.3亿元,增长10.8%。总财力264.8亿元,增加21.5亿元,增长8.8%;安排支出264.8亿元,增长8.8%。1999年省级地方级收入安排19.5亿元,省级财力62.73亿元,增加5.25亿元,增长9.1%(中央专项补助下达后相应安排支出);安排省本级支出62.73亿元。

财政经济审查委员会审查报告认为,省级预算安排遵循"量入为出、尽力而为、收支平衡"的原则,注意了支出结构的调整与优化,建议批准省级预算草案,同意预算报告。

会议经审议,并根据财政经济审查委员会审查报告,通过决议,批准省政府提出的1999年省级预算,同意预算报告。

三、代表议案和建议

(一)议 案

省九届人大二次会议期间,代表共提出议案124件。其中政法方面20件,农经方面20件,财经方面42件,教科文卫方面的12件,侨台方面9件,环境方面3件,综合方面18件。大会主席团决定,7件议案交省人大常委会审议处理,117件议案转为建议处理。

(二)建 议

省九届人大二次会议期间,代表提出的建议连同议案转建议,共576件。闭会期间,代表还提出建议11件。代表建议中:法制方面46件,农经方面90件,财经方面259件,教科文卫方面74件,侨台方面15件,环境方面12件,综合方面91件。这些建议交"一府两院"和有关党群部门共94个承办单位办理。

第四节 省九届人大常委会九至十六次会议

省九届人大二至三次会议期间,共召开8次常委会会议。

一、省九届人大常委会九次会议

1999年3月17日召开,会期3天半。组成人员出席60人。共举行3次全体会

---

① 省九届人大常委会十四次会议批准的决算数为19.33亿元。

议，主持人分别是王建双、施性谋、袁启彤。

会议议程8项：听取关于九届全国人大二次会议精神的汇报；审议《福建省实施〈母婴保健法〉办法（草案修改稿）》；审议《福建省保护商品房屋消费权益条例（草案修改稿）》；审议福州市人大常委会报请批准的《福州市河道采砂管理办法》、《福州市人民警察巡察规定》；审议《关于办理省九届人大二次会议主席团交付省人大常委会审议的代表提出的7件议案的决定（草案）》；听取和审议省政府农办关于延长土地承包期工作情况的汇报；审议人事任免事项。

3月20日上午，第三次全体会议表决通过5个事项：《福建省实施〈母婴保健法〉办法》；《关于批准〈福州市河道采砂管理办法〉的决定》；《关于批准〈福州市人民警察巡察规定〉的决定》；《关于办理省九届人大二次会议主席团交付省人大常委会审议的代表提出的7件议案的决定》；人事任免34人。任免事项中，免去省人大常委会农村经济委员会副主任1人，任命省人大常委会办公厅、研究室、农村经济委员会、法制委员会副主任4人；任命审判人员7人；任免检察人员22人。省委书记陈明义讲话。

会前，省人大常委会组成人员分组学习了修改后的《宪法》。

二、省九届人大常委会十次会议

1999年5月30日召开，会期3天。组成人员出席59人，请假1人。共举行3次全体会议，主持人分别是袁启彤、施性谋、王建双。

会议议程10项：审议《福建省1998—2002年地方性法规立法规划暨1999年度地方立法计划（草案）》；审议《福建省公路路政管理条例（草案修改二稿）》；审议《福建省农业机械管理条例（草案修改稿）》；审议《福建省沿海船舶边防治安管理条例（草案修改稿）》；审议《福建省接受台湾学生就学的若干规定（草案修改稿）》；审议《福建省实施〈人民防空法〉办法（草案）》；审议《福建省实施〈土地管理法〉办法（草案）》；审议《福建省少数民族权益保障条例（草案）》；审议《关于乡级人大代表选举时间的决定（草案）》；听取和审议省人大常委会执法检查组关于《水法》和《防洪法》执法检查情况的汇报。

6月1日下午，第三次全体会议表决通过4个事项：《福建省农业机械管理条例》；《福建省招收台湾学生若干规定》；《福建省沿海船舶边防治安管理条例》；《关于乡级人大代表选举时间的决定》。袁启彤讲话。

三、省九届人大常委会十一次会议

1999年7月27日召开，会期3天。组成人员出席57人，请假3人。共举行3次全体会议，主持人分别是袁启彤、童万亨、施性谋。

会议议程9项：传达九届全国人大常委会十次会议精神；审议《福建省人大常委会主任会议议事规则（草案）》；审议《福建省实施〈土地管理法〉办法（草案修改稿）》；审议《福建省人民防空条例（草案修改稿）》；审议《福建省少数民族权益保障条例（草案修改稿）》；审议福州市人大常委会报请批准的《福州市人大常委会制定地方性法规的规定》；审议福州市人大常委会报请批准的《福州市城市规划条例》；审议《关于莆田市人大代表推迟换届选举的决定（草案）》；审议《关于莆田市人大代表名额及常委会组成人员名额的决定（草案）》。

7月29日下午，第三次全体会议表决通过4个事项：《福建省人大常委会主任会议议事规则》；《关于批准〈福州市人大常委会制定地方性法规的规定〉的决定》；《关于莆田市人大代表推迟换届选举的决定》；《关于莆田市人大代表名额及常委会组成人员名额的决定》。袁启彤讲话。

会后，邀请全国人大常委会副委员长成思危作关于"风险投资和高科技产业"的专题报告，主持人袁启彤。

四、省九届人大常委会十二次会议

1999年8月9日上午召开，会期半天。组成人员出席58人，请假2人。共举行4次全体会议，主持人袁启彤。

会议议程3项：审议省政府《关于提请习近平任职的议案》；审议《关于接受贺国强辞去省人民政府省长职务的请求的决定（草案）》；审议《关于省人民政府代理省长的决定（草案）》。

8月9日上午9：30，第二次全体会议表决通过2个事项：决定任命习近平为省政府副省长；《关于接受贺国强辞去省人民政府省长职务的请求的决定》。

8月9日上午10：00，第四次全体会议表决通过《关于省人民政府副省长习近平代理省长职务的决定》。袁启彤讲话。

五、省九届人大常委会十三次会议

1999年9月29日下午召开，会期半天。组成人员出席54人，请假6人。共举行2次全体会议，主持人袁启彤。

会议议程3项：学习贯彻党的十五届四中全会精神；听取袁启彤关于闽宁（福建和宁夏）对口帮扶协作的考察报告；审议《关于许可依法逮捕省九届人大代表杨前线并暂时停止其执行代表职务的决定（草案）》。

9月29日下午5：00，第二次全体会议表决通过《关于许可依法逮捕省九届人大代表杨前线并暂时停止其执行代表职务的决定》。

六、省九届人大常委会十四次会议

1999年10月18日召开，会期4天半。组成人员出席53人，请假7人。共举行4次全体会议，主持人分别是袁启彤、郑义正、方忠炳、施性谋。

会议议程15项：审议《福建省实施〈土地管理法〉办法（草案修改二稿）》；审议《福建省人民防空条例（草案修改二稿）》；审议《福建省少数民族权益保障条例（草案修改二稿）》；审议《福建省职工民主参与条例（草案）》；审议《福建省浅海滩涂水产增养殖管理条例（草案）》；审议福州市人大常委会报请批准的《福州市城市规划管理条例（修改稿）》；听取和审议省计委关于1999年1~9月福建省国民经济和社会发展计划执行情况的报告；听取和审议省财政厅关于1998年财政收支决算和1999年1~9月财政预算执行情况的报告，审查和批准1998年省级决算；听取和审议省审计厅关于1998年省级预算执行和其他财政收支情况的审计工作报告；听取和审议省政府关于实施科教兴省战略情况的汇报；审议《省九届人大常委会代表资格审查委员会关于补选代表的代表资格的审查报告》；审议《关于莆田市人大代表推迟换届选举的决定（草案）》；审议《关于南平市人大代表推迟换届选举的决定（草案）》；审议关于省九届人大二次会议主席团交付省人大常委会审议的代表提出的第001、051、061号议案办理情况的报告（书面）；审议人事任免事项。

10月22日下午，第四次全体会议表决通过9个事项：《福建省实施〈土地管理法〉办法》；《福建省人民防空条例》；《福建省少数民族权益保障条例》；《关于批准〈福州市城市规划管理条例〉的决定》；《关于批准1998年省级决算的决议》；《省九届人大常委会代表资格审查委员会关于补选代表的代表资格的审查报告》；《关于莆田市人大代表推迟换届选举的决定》；《关于南平市人大代表推迟换届选举的决定》；任免检察人员19人。袁启彤讲话。

七、省九届人大常委会十五次会议

1999年12月9日召开，会期2天。组成人员出席53人，请假7人。共举行3次全体会议，主持人分别是袁启彤、施性谋、王建双。

会议议程10项：审议《关于召开省九届人大三次会议的决定（草案）》；审议《福建省浅海滩涂水产增养殖管理条例（草案修改稿）》；审议福州市人大常委会报请批准的《福州市城市房屋拆迁管理办法》；听取和审议省人大常委会执法检查组关于开展《台湾同胞投资保护法》及福建省实施办法和《福建省保护华侨房屋租赁权益的若干规定》执法检查情况的报告；听取和审议省人大常委会执法检查组关于检查《大气污染防治法》实施情况的报告；听取和审议省人大常委会执法检查组

关于福建省建设工程质量执法检查情况的报告；听取和审议省法院关于全省法院执行工作的报告；讨论修改《福建省人大常委会工作报告（讨论稿）》；审议关于省九届人大二次会议主席团交付省人大常委会审议的代表提出的第032、054、114、119号议案办理情况的报告（书面）；审议人事任免事项。

12月10日下午，第三次全体会议表决通过2个事项：《关于召开省九届人大三次会议的决定》；免去检察人员2人。

八、省九届人大常委会十六次会议

2000年1月18日召开，会期1天。组成人员出席57人，请假3人。共举行2次全体会议，主持人分别是袁启彤、王建双。

会议议程10项：听取和审议《省九届人大常委会代表资格审查委员会关于补选代表的代表资格的审查报告》；听取和审议关于省九届人大三次会议安排意见的报告；审议《省九届人大三次会议主席团和秘书长名单（草案）》，决定提请省九届人大三次会议预备会议选举；审议《省九届人大三次会议建议议程（草案）》，决定提请省九届人大三次会议预备会议通过；审议《省九届人大三次会议财政经济审查委员会名单（草案）》，决定提请省九届人大三次会议预备会议通过；审议《省九届人大三次会议列席人员安排原则的决定（草案）》；审议《省人大常委会工作报告（稿）》，决定提请省九届人大三次会议审议；审议省人大常委会关于《省九届人大二次会议主席团交付省人大常委会审议的代表提出的7件议案审议结果的综合报告》；关于省九届人大二次会议代表建议、批评和意见办理情况的报告（书面）；关于对《水法》、《防洪法》执法检查中发现的问题进行整改的情况汇报（书面）。

1月18日下午，第二次全体会议表决通过7个事项：《省九届人大常委会代表资格审查委员会关于补选代表的代表资格的审查报告》；《省九届人大三次会议主席团和秘书长名单（草案）》；《省九届人大三次会议议程（草案）》；《省九届人大三次会议财政经济审查委员会名单（草案）》；《省九届人大三次会议列席人员安排原则的决定》；《福建省人大常委会工作报告》；《关于省九届人大二次会议主席团交付省人大常委会审议的代表提出的7件议案审议结果的综合报告》。袁启彤讲话。

第五节　省九届人大三次会议

2000年1月21日上午，召开预备会议，主持人袁启彤。会议选举省九届人大三次会议主席团和秘书长，通过议程和财政经济审查委员会名单。预备会议后召开主席团第一次会议,推定常务主席,决定大会副秘书长。

1月21日下午,省九届人大三次会议在福州福建会堂召开。会期6天半,与会代表539人。共举行5次全体会议、3次主席团会议。全体会议的主持人分别是袁启彤、施性谋、洪华生、王建双、袁启彤。

1月27日上午,第四次全体会议进行选举。下午,第五次全体会议通过关于省政府、省人大常委会、省法院、省检察院工作报告的决议,关于计划、预算的决议。袁启彤致大会闭幕词。

本次大会共收到代表提出的议案137件及建议、批评和意见451件。

一、听取和审议工作报告

(一) 听取和审议省政府工作报告

会议听取省政府代省长习近平所作的政府工作报告。

报告述:1999年是新中国成立50周年和澳门回归祖国之年。各级政府按照"坚定信心、再创佳绩,迎接新中国成立50周年"的要求,带领全省各族人民团结奋斗、开拓进取,克服了前进道路上的种种困难,基本完成了省九届人大二次会议确定的各项工作任务。

1999年,国民经济稳步发展。全年国内生产总值3628.04亿元,增长10%,增长速度居全国前列,人均国内生产总值提前一年实现比1980年翻三番的目标;经济结构调整取得新进展,确定了86个重点项目和86家重点扶持的企业及企业集团,新组建了一批骨干企业集团,加强山海协作,促进了区域经济结构调整,大力发展非公有制经济,全省所有制结构不断改善;各项改革继续深化,完成了国企改革和脱困的年度目标,国有企业下岗职工基本生活得到保障,再就业率达62%,养老保险覆盖面达70.68%,确定了部分地市的医改方案,房改方案和住房分配货币化办法已出台实施,农村土地延包发证工作基本完成;对外经贸在困难中开拓前进,全年出口103.76亿美元,增长4.1%,外汇从净售汇转为净结汇26.96亿美元,出口额和结汇均创历史最高水平,全年实际利用外资40亿美元,与去年持平,居全国前列;城乡人民生活水平进一步提高,城镇居民人均可支配收入6859.81元,农民人均纯收入3091元,实际分别增长7.2%和6%,造福工程搬迁3万人的任务如期完成,安置连家船民上岸定居1.3万人;社会事业全面推进。科技成果加快转化,素质教育全面推进,成功举办了第三届福建艺术节,医疗卫生设施条件得到改善,大力开展全民健身活动,计生工作基本实现了"三为主"目标,环保工作坚持污染防治与生态保护并重,基本实现耕地占补平衡,一批社会事业重点项目相继开工或建成;民主法制建设不断加强,积极推进依法治省,认真落实关于依法行政的实施规划,承办省人大代表建议587件,首次实现100%按期办复;社会主义精神文明建设取得新成效，三明、福州、厦门被评为全国创建文明城市工作先进城市，泉州等11个市县被授予全国双拥模范城（县）称号，在省政府及成员单位领导班子和领导干部中开展"三讲"教育，纠正了党性、党风方面存在的突出问题。在充分肯定成绩的同时，也清醒地看到，经济和社会发展中还存在经济结构调整步伐不快等一些困难和问题。

2000年政府工作任务：努力扩大投资和消费，有效拉动经济增长；调整优化经济结构，增强经济竞争力；加大农业结构调整力度，稳定和加强农业基础地位；打好国企改革和脱困攻坚战，增强国有企业活力；积极扩大出口和利用外资，努力提高对外开放水平；促进祖国统一大业，扩大福建与台港澳侨的合作与交流；认真抓好财政增收节支，科学运用财税和金融手段促进经济发展；认真实施科教兴省和可持续发展战略，增强经济发展的活力和后劲；建立健全社会保障体系，努力改善人民群众生活；坚持"两手抓，两手都要硬"的方针，切实维护社会稳定。在2000年全省国内生产总值增长9%，在提高效益的前提下，力争更快更好些。

根据代表审议意见，政府工作报告作了30多处修改。其中，在有关2000年工作部分，增加"继续发挥厦门经济特区的龙头作用，进一步办好经济特区"、"创建金融安全区"等内容。

会议通过决议，批准省政府工作报告。

（二）听取和审议省人大常委会工作报告

会议听取省人大常委会副主任王建双所作的省人大常委会工作报告。

报告述：1999年，省九届人大常委会积极履行宪法和法律赋予的各项职责，加强社会主义民主法制建设，围绕中心，服务大局，人大工作取得了新的进展。

贯彻依法治省决定决议，积极推进依法治省进程。对依法治省决议贯彻实施的督促检查，常委会成立了依法治省工作小组，制定了《福建省人大常委会依法治省年度工作要点》；1998年常委会提出关于做好省人大工作必须坚持的几条原则意见，常委会狠抓贯彻落实，并在实践中进一步坚持和完善；总结交流经验，召开了省、市、县（区）三级人大常委会主任参加的全省人大工作座谈会，这是省人大时隔十年后召开的一次重要会议。

加强和改进立法工作，努力提高立法质量，1999年共制定和批准了12项地方性法规，制定了1998—2002年地方性法规立法规划，全面清理地方性法规，共涉及162项法规；加大监督工作力度，提高监督实效，一年来开展了9次执法检查，听取和审议了6项政府、两院及有关部门工作报告或汇报；严格依法办事，认真做好人事任免工作，一年来共任免了政府组成人员3人次、常委会工作机构工作人员5人次、法院和检察院工作人员50人次，常委会改进了法院、检察院提请任免人选的表决方式；进一步拓宽渠道，密切联系人大代表和人民群众，代表议案7件，代表建议587件均已办复，常委会积极探索代表活动形式，组织代表围绕党的中心工作开展活动，常委会领导多次深入松溪县和革命老区，走访慰问革命基点村和"五老"人员，督促帮助解决困难与问题。加强人大制度与民主法制建设的宣传和研究，努力提高全社会的法制观念；加强与各级人大的联系，开展与外国地方议会的交往。

深入开展"三讲"教育，促进常委会自身建设。通过"三讲"教育，切实加强学习，提高理论素质，坚定理想信念，进一步加强常委会组织制度建设，常委会和机关出现了一个团结协作、积极进取的新面貌。

在新的一年里，牢固树立党的领导的观念，毫不动摇地坚持党对人大工作的领导，始终把握好民主法制建设和人大工作的正确方向；坚定不移地贯彻依法治国基本方略，切实加强人大的立法和监督工作；密切联系人大代表和人民群众，正确处理新形势下的人民内部矛盾；坚持讲学习、讲政治、讲正气，认真落实"三讲"教育整改措施，进一步加强常委会自身建设。

会议经审议，通过决议，批准省人大常委会工作报告。

(三) 听取和审议省法院工作报告

会议听取省法院院长陈旭所作的省法院工作报告。

报告述：1999年，全省各级法院通过自觉接受人大及其常委会的监督和政协的民主监督，认真改进工作，促进了审判工作和队伍建设的顺利进行。全年受理各类案件295003件，审结279217件，分别比上年上升3.26%和5.04%，为维护国家安全和社会稳定，保障改革，促进发展，保护公民、法人的合法权益，提供了有力的司法保障和法律服务。

去年全省法院受理各类刑事案件22358件，审结21915件，分别上升13.64%和13.95%；受理民事、经济、行政、海事、知识产权、国家赔偿等案件146609件，审结139758件，分别比上年上升3.1%和3.58%；受理执行案件107191件，执结98767件，执结金额56.74亿元，分别比上年上升1.46%、5.61%和35.71%，未结案件下降30.52%。

各级法院普遍制定了接受人大及其常委会监督的有关工作制度。省法院先后向省人大常委会专题汇报全国高级法院院长座谈会精神及贯彻意见、上半年工作和执行工作情况，设立专刊，按季度向代表报送法院工作情况。各地法院还聘请1200多名人大代表、政协委员担任廉政监督员。

2000年，全省法院要围绕"大力弘扬司法公正主旋律，进一步精心构筑'铁案'工程"的主线，抓服务大局、促工作，抓深化改革、促司法公正，抓基层基础、促全面发展，抓争创活动、促队伍建设。

会议经审议，通过决议，批准省法院工作报告。

（四）听取和审议省检察院工作报告

会议听取省检察院检察长鲍绍坤所作的省检察院工作报告。

报告述：1999年各级检察机关充分发挥检察职能作用，积极稳妥推进各项检察改革，大力加强基层检察院建设和检察队伍建设，各项检察工作取得了新的成绩。

依法打击刑事犯罪活动，全省检察机关受理提请批准逮捕犯罪嫌疑人29183人，经审查批准逮捕25542人，受理移送审查起诉30243人，经审查提起公诉25510人，批捕、起诉人数比上年分别上升11%和21.2%，依法打击"法轮功"邪教组织犯罪活动，及时批捕11人，起诉5人；坚决查办贪污贿赂、渎职等职务犯罪大案要案，受理举报线索7674件，已初查4691件，立案侦查职务犯罪案件1164件，其中贪污贿赂等经济犯罪案件1077件，同比上升4.3%，通过办案，为国家和集体挽回直接经济损失1.86亿元；进一步强化法律监督，对公安机关应当立案而不立案的，要求说明不立案理由512件，对侦查活动中的违法行为提出纠正意见346件次，对审判活动中的违法行为提出纠正意见126件次，对违法办理减刑、假释、保外就医等问题提出书面纠正意见992件次，受理公民、法人和其他组织不服民事、经济和行政裁判的申诉2552件。

自觉接受人大及其常委会的监督，促进检察工作健康发展。一是贯彻人大的决定、决议更加有力；二是报告、通报工作更加主动；三是办理人大交办事项和代表反映的问题更加及时；四是与人大代表联系更加密切。

2000年，总的要求：全力维护社会稳定，加大查办和预防职务犯罪力度，进一步强化法律监督，维护司法公正，继续深化检察改革，全面推进基层检察院建设，努力提高检察队伍整体素质。

会议经审议，通过决议，批准省检察院工作报告。

二、审查和批准计划、预算

（一）计　划

会议听取省计划委员会主任郑立中受省政府委托所作的《关于福建省1999年国民经济和社会发展计划执行情况与2000年国民经济和社会发展计划草案的报告》。

报告述：省九届人大二次会议审议通过的1999年国民经济和社会发展计划主要预期目标基本完成。根据统计快报，国内生产总值3628亿元①，比上年增长10%，达到计划目标；其中一、二、三产业分别增长6%、11.5%和9.8%；全年财

---

① 据《福建统计年鉴（2008）》，1999年国内生产总值实际为3414.19亿元。

政收入312.57亿元,增长11.2%,超额完成年度预算目标;全年预计完成全社会固定资产投资1120亿元,增长6.8%,比计划少完成86亿元;外贸出口103.76亿美元,同比增长4.1%,超额完成计划目标,实际利用外资40亿美元;城镇居民人均可支配收入6860元,农民人均纯收入3091元,实际增幅达到预期目标;社会消费品零售额增长10%,考虑物价下降因素,实物销售量增幅接近年度预期目标;社会商品零售价格水平比上年下降3.5%,居民消费价格总水平比上年下降0.9%;人口出生率11.06‰,年末总人口3316万人;城镇登记失业率2.7%。

2000年国民经济和社会发展的主要预期目标是:国内生产总值增长9%,在提高效益的前提下,力争更快更好些;全社会固定资产投资增长8%;商品零售价格和居民消费价格保持或略高于去年水平;外贸出口增长3%,实际利用外资40亿美元;财政总收入增长9.2%,其中地方级收入增长8.5%;社会消费品零售总额增长10.5%;城镇居民人均可支配收入和农民人均纯收入实际增长5%;城镇登记失业率控制在3.3%以内;年末总人口3360万人,人口出生率控制在14‰以内。

财政经济审查委员会审查报告认为,2000年国民经济和社会发展计划草案提出的各项预期指标基本符合社会和经济发展的客观实际,提出的措施也是可行的,建议批准计划草案,同意计划报告。

会议经审议,并根据财政经济审查委员会审查报告,通过决议,批准省政府提出的2000年国民经济和社会发展计划,同意计划报告。

(二) 预 算

会议听取省财政厅厅长庄友松受省政府委托所作的《关于福建省1999年预算执行情况和2000年预算草案的报告》。

报告述:据快报统计,1999年全省财政收入312.57亿元[①],完成预算100.4%,可比增收31.47亿元,增长11.2%;其中地方级收入208.92亿元,完成预算100.5%,增长11.4%;预计全省总财力284.8亿元,增长9.7%;财政支出278.71亿元,增长9.4%,继续实现全省财政收支平衡。1999年省本级地方级收入19.55亿元[②],完成预算100.3%,可比增收1.95亿元,增长11.1%;省级财力63亿元;省本级支出59.74亿元,增长5%,省级财政收支平衡,略有结余。

2000年代编的全省财政收入预安排333.86亿元,增加28.12亿元,增长9.2%;地方级收入安排219.26亿元,增长8.5%;全省财力278.26亿元,增加19.15亿元,增长7.4%;相应安排支出278.26亿元,增长7.4%。安排省级收入

---

① 与省九届人大常委会二十次会议批准的决算数相同。
② 与省九届人大常委会二十次会议批准的决算数相同。

（省级当年预算财力）64.07亿元，增加1.29亿元，增长2.1%；相应安排省级支出64.07亿元（中央专项补助下达后还将相应安排支出）。

财政经济审查委员会审查报告认为，省级预算安排基本符合国务院预算编制的要求和福建省的实际，提出的各项措施也是比较积极的，建议批准省级预算草案，同意预算报告。

会议经审议，并根据财政经济审查委员会审查报告，通过决议，批准省政府提出的2000年省级预算，同意预算报告。

三、代表议案和建议

（一）议　案

省九届人大三次会议期间，代表共提出议案137件。其中政法方面37件，农经方面23件，财经方面53件，教科文卫方面18件，侨台方面6件。大会主席团决定，14件议案交省人大常委会审议处理，123件议案转为建议处理。

（二）建　议

省九届人大三次会议期间，代表提出的建议连同议案转建议，共574件。闭会期间，代表还提出建议13件。代表建议中：法制方面57件，农经方面115件，财经方面245件，教科文卫方面90件，侨台方面18件，环境方面10件，综合方面52件。这些建议交"一府两院"和有关党群部门共93个承办单位办理。

四、选　举

省九届人大三次会议选举任务：补选省政府省长1名。根据《地方组织法》关于补选的规定，本次大会决定补选省长实行等额选举，候选人由大会主席团提名。大会以无记名投票方式，选举习近平为福建省政府省长。

第六节　省九届人大常委会十七至二十四次会议

省九届人大三至四次会议期间，共召开8次常委会会议。

一、省九届人大常委会十七次会议

2000年2月15日召开，会期1天。组成人员出席59人，请假1人。共举行4次全体会议，主持人袁启彤。

会议议程2项：审议省政府《关于提请贾锡太任职的议案》；审议《关于许可依法逮捕省九届人大代表刘丰并暂时停止其执行代表职务的决定（草案）》。

2月15日上午，第二次全体会议表决通过1个事项，决定任命贾锡太为省政府副省长。

2月15日下午，第四次全体会议表决通过《关于许可依法逮捕省九届人大代表刘丰并暂时停止其执行代表职务的决定》。袁启彤讲话。

二、省九届人大常委会十八次会议

2000年3月28日召开，会期5天。组成人员出席59人，请假1人。共举行4次全体会议，主持人分别是袁启彤、施性谋、袁启彤、王建双。

会议议程13项：传达学习九届全国人大三次会议精神；审议《福建省实施〈村民委员会组织法〉办法（草案）》；审议《福建省村民委员会选举办法修正案（草案）》；审议《福建省村集体财务管理条例（草案）》；审议《福建省浅海滩涂水产增养殖管理条例（草案修改二稿）》；审议《福建省保障企业职工民主参与权利规定（草案修改稿）》；审议《福建省组织公民献血条例（草案）》；听取和审议省人大常委会执法检查组关于《高等教育法》执法检查情况的报告；听取和审议省人大常委会关于征求加强代表工作意见的情况报告；听取和审议省人大常委会关于征求地方立法工作意见的情况报告；听取和审议省人大常委会关于征求执法检查工作意见的情况报告；审议《关于办理省九届人大三次会议主席团交付省人大常委会审议的代表提出的14件议案的决定（草案）》；审议人事任免事项。

4月1日下午，第四次全体会议表决通过5个事项：《福建省浅海滩涂水产增养殖管理条例》；《关于办理省九届人大三次会议主席团交付省人大常委会审议的代表提出的14件议案的决定》；《关于省人民政府机构改革人事任免事项的决定》；《关于接受徐一帆辞去省人大常委会委员职务的请求的决定》；人事任免32人。任免事项中，免去省人大常委会财经委员会、教科文卫委员会副主任3人；决定免去省政府秘书长和民政厅、财政厅、人事厅、交通厅、林业厅、文化厅、卫生厅、审计厅厅长9人，决定任命省政府秘书长和发展计划委员会、教育厅、科学技术厅、民族与宗教事务厅、民政厅、财政厅、人事厅、劳动和社会保障厅、国土资源厅、建设厅、交通厅、信息产业厅、水利厅、林业厅、对外贸易经济合作厅、文化厅、卫生厅、审计厅厅长（主任）19人；任命审判人员1人。袁启彤讲话。

会议期间，邀请全国人大法律委员会副主任委员、法工委主任顾昂然作关于《立法法》的法制讲座，主持人宋峻。

三、省九届人大常委会十九次会议

2000年5月23日下午召开，会期3天。组成人员出席55人，请假4人。共举行4次全体会议，主持人分别是袁启彤、王建双、施性谋、王建双。

会议议程10项：学习贯彻江总书记重要讲话，传达省琅岐专题会议精神；审议《福建省实施〈村民委员会组织法〉办法（草案修改稿）》；审议《福建省村民委员会选举办法修正案（草案修改稿）》；审议《福建省公民献血条例（草案修改稿）》；审议《福建省促进科技成果转化条例（草案）》；审议《关于废止〈福建省人大常委会工作条例（试行）〉等四项地方性法规的决定（草案）》；审议《关于宁德市人大代表名额及常委会组成人员名额的决定（草案）》；审议《关于罢免谢永武的九届全国人大代表职务的议案》；补选九届全国人大代表；审议人事任免事项。

5月24日上午，第二次全体会议表决通过2个事项：《关于罢免谢永武的九届全国人大代表职务的决定的表决办法》；《关于罢免谢永武的九届全国人大代表职务的决定》。

5月25日下午，第三次全体会议表决通过《省九届人大常委会十九次会议补选全国人大代表办法》。

5月26日上午，第四次全体会议进行选举，补选习近平为九届全国人大代表。表决通过4个事项：《福建省公民献血条例》；《关于废止〈福建省人大常委会工作条例（试行）〉等四项地方性法规的决定》；《关于宁德市人大代表名额及常委会组成人员名额的决定》；任免检察人员12人。袁启彤讲话。

会前，邀请省委常委、省政府常务副省长张家坤作关于加入世贸组织有关知识讲座，邀请全国人大内务司法委员会委员、国家行政学院教授应松年作关于依法行政的法制讲座，主持人袁启彤。

四、省九届人大常委会二十次会议

2000年7月24日召开，会期5天。组成人员出席56人，请假3人。共举行3次全体会议，主持人分别是袁启彤、施性谋、王建双。

会议议程18项：审议《关于授权法制委员会负责地方性法规草案统一审议工作的决定（草案）》；审议《福建省促进科技成果转化条例（草案修改稿）》；审议《福建省实施〈村民委员会组织法〉办法（草案修改二稿）》；审议《福建省村民委员会选举办法修正案（草案修改二稿）》；审议《福建省村集体财务管理条例（草案修改稿）》；审议《福建省保障企业职工民主参与权利规定（草案修改二稿）》；审议省人民政府《关于建议废止〈福建省八个基地建设纲要〉等9项地方性法规的议案》；审议福州市人大常委会报请批准的《福州市城市房屋拆迁管理办法（修改稿）》；审议福州市人大常委会报请批准的《福州市私营企业权益保护条例》；审议福州市人大常委会报请批准的《福州市城市供水管理办法》；审议福州市人大常委会报请批准的《福州市城市道路建设与管理办法》；听取和审议省人大常委会执法检查组关于检查《产品质量法》实施情况的报告；听取和审议省人大常委会执法检

查组关于检查《森林法》实施情况的报告;审议省政府关于调整2000年全社会固定资产投资总量预期目标的报告;听取和审议省财政厅关于1999年财政决算和2000年上半年预算执行情况的报告,审查和批准1999年省级决算;听取和审议省审计厅关于1999年省级预算执行和其他财政收支情况的审计工作报告;审议《关于泉州市泉港区人大代表名额和常委会组成人员名额的决定(草案)》;审议人事任免事项。

7月28日下午,第三次全体会议表决通过12个事项:《关于授权法制委员会负责地方性法规草案统一审议工作的决定》;《福建省实施〈村民委员会组织法〉办法》;《关于修改〈福建省村民委员会选举办法〉的决定》;《福建省保障企业职工民主参与权利规定》;《关于废止〈福建省八个基地建设纲要〉等九项地方性法规的决定》;《关于批准〈福州市城市房屋拆迁管理办法〉的决定》;《关于批准〈福州市私营企业权益保护条例〉的决定》;《关于批准〈福州市城市供水管理办法〉的决定》;《关于批准〈福州市城市道路建设与管理办法〉的决定》;《关于批准1999年省级决算的决议》;《关于泉州市泉港区人大代表名额和常委会组成人员名额的决定》;决定免去、任命省监察厅厅长各1人。袁启彤讲话。

会后,邀请省人大常委会法制委副主任徐平作关于贯彻《立法法》和地方立法的讲座,主持人方忠炳。

五、省九届人大常委会二十一次会议

2000年9月18日召开,会期4天。组成人员出席57人,请假2人。共举行3次全体会议,主持人分别是袁启彤、方忠炳、王建双。

会议议程11项:审议《福建省促进科技成果转化条例(草案修改二稿)》;审议《福建省村集体财务管理条例(草案修改二稿)》;审议《福建省地方立法条例(草案)》;审议《福建省个体工商户和私营企业权益保护条例(草案)》;审议《福建省计划生育条例修正案(草案)》;审议福州市人大常委会报请批准的《关于修改〈福州市城市内河管理办法〉的决定》;审议福州市人大常委会报请批准的《福州市城市古树名木保护管理办法》;听取省发展计划委关于福建省"十五"计划编制工作开展情况的汇报、关于2000年1—8月份国民经济和社会发展计划执行情况的报告;听取和审议省人大常委会执法检查组关于检查《行政诉讼法》实施情况的报告;审议人事任免事项。

9月21日下午,第三次全体会议表决通过5个事项:《福建省促进科技成果转化条例》;《福建省村集体财务管理条例》;《关于批准〈福州市人大常委会关于修改《福州市城市内河管理办法》的决定〉的决定》;《关于批准〈福州市城市古树名木保护管理办法〉的决定》;任命检察人员5人。袁启彤讲话。

会议期间，邀请省人大常委会副主任、厦门大学海洋环境学重点实验室主任洪华生作"关于可持续发展理念及信息技术应用知识"的讲座，主持人童万亨。

六、省九届人大常委会二十二次会议

2000年11月15日召开，会期3天半。组成人员出席49人，请假10人。共举行3次全体会议，主持人分别是袁启彤、童万亨、王建双。

会议议程16项：审议《关于召开省九届人大四次会议的决定（草案）》；审议《福建省个体工商户和私营企业权益保护条例（草案修改稿）》；审议《福建省人大及其常委会立法条例（草案修改稿）》；审议《关于修改〈福建省计划生育条例〉的决定（草案）》；审议《福建省房屋消费者权益保护条例（草案修改二稿）》；审议《福建省水政监察条例（草案）》；审议《福建省人大常委会执法检查工作规定（草案）》；审议《关于修改〈福建省各级人大常委会办理人民群众来信来访工作条例〉的决定（草案）》；审议《福建省保护华侨房屋租赁权益的若干规定修正案（草案）》；审议《福建省城镇企业职工基本养老保险条例修正案（草案）》；审议《福建省企业职工失业保险条例修正案（草案）》；听取和审议省政府《关于调整2000年省级预算的议案》；听取和审议省农业厅关于乡镇企业发展情况的汇报；审议《关于南平市人大代表名额和漳州市、泉州市、南平市人大常委会组成人员名额的决定（草案）》；审议关于省九届人大三次会议主席团交付省人大常委会审议的代表提出的14件议案的办理情况的报告（书面）；审议人事任免事项。

11月18日上午，第三次全体会议表决通过10个事项：《关于召开省九届人大四次会议的决定》；《关于修改〈福建省计划生育条例〉的决定》；《福建省房屋消费者权益保护条例》；《关于修改〈福建省各级人大常委会办理人民群众来信来访工作条例〉的决定》；《关于修改〈福建省保护华侨房屋租赁权益的若干规定〉的决定》；《关于修改〈福建省城镇企业职工基本养老保险条例〉的决定》；《关于修改〈福建省企业职工失业保险条例〉的决定》；《关于批准调整2000年省级预算的决定》；《关于南平市人大代表名额和漳州市、泉州市、南平市人大常委会组成人员名额的决定》；人事任免9人。任免事项中，任命省人大常委会副秘书长2人，免去省人大常委会办公厅副主任2人；决定免去省信息产业厅厅长1人；免去审判人员1人；任免检察人员3人。袁启彤讲话。

七、省九届人大常委会二十三次会议

2001年1月9日召开，会期3天。组成人员出席53人，请假6人。共举行3次全体会议，主持人分别是袁启彤、施性谋、王建双。

会议议程11项：听取省政府省长习近平关于起草政府工作报告和"十五"计

划纲要草案的情况报告;审议《福建省个体工商户和私营企业权益保护条例(草案修改二稿)》;审议《福建省人大及其常委会立法条例(草案修改二稿)》;审议《关于加强对法律法规执行情况检查监督的规定(草案修改稿)》;审议《福建省水政监察条例(草案修改稿)》;审议《福建省森林条例(草案)》;审议福州市人大常委会报请批准的《福州市科学技术协会条例》;讨论《福建省人大常委会工作报告(讨论稿)》;审议《关于省九届人大三次会议主席团交付省人大常委会审议的代表提出的14件议案审议结果的综合报告》;听取和审议《省九届人大常委会代表资格审查委员会关于选举、补选代表的代表资格的审查报告》;审议人事任免事项。

1月11日下午,第三次全体会议表决通过5个事项:《福建省个体工商户和私营企业权益保护条例》;《关于提请省九届人大四次会议审议〈福建省人大及其常委会立法条例(草案)〉的议案》;《省九届人大常委会代表资格审查委员会关于选举、补选代表的代表资格的审查报告》;《关于省九届人大三次会议主席团交付省人大常委会审议的代表提出的14件议案审议结果的综合报告》;人事任免8人。任免事项中,任命省人大常委会法制工作委员会、内务司法委员会主任、副主任5人,免去省人大常委会法制委员会主任、副主任3人。袁启彤讲话。

八、省九届人大常委会二十四次会议

本次常委会会议在会前召开预备会议。袁启彤就本次会议关于常委会三位副主任和两位委员因年龄到限辞去现职的议程,进行通气和说明。

2001年2月4日常委会会议召开,会期1天。组成人员出席59人。共举行2次全体会议,主持人分别是袁启彤、王建双。

会议议程11项:听取和审议《省九届人大常委会代表资格审查委员会关于选举、补选代表的代表资格的审查报告》;听取和审议关于省九届人大四次会议安排意见的报告;审议《省九届人大四次会议主席团和秘书长名单(草案)》,决定提请省九届人大四次会议预备会议选举;审议《省九届人大四次会议建议议程(草案)》,决定提请省九届人大四次会议预备会议通过;审议《省九届人大四次会议财政经济审查委员会名单(草案)》,决定提请省九届人大四次会议预备会议通过;审议《省九届人大四次会议列席人员安排原则的决定(草案)》;审议《省人大常委会工作报告(稿)》,决定提请省九届人大四次会议审议;审议《省人大常委会2001年工作要点(草案)》;审议《关于接受宋峻等辞去省人大常委会副主任职务的请求的决定(草案)》;审议《关于接受詹毅等辞去省人大常委会委员职务的请求的决定(草案)》;审议人事任免事项。

2月4日下午,第二次全体会议表决通过9个事项:《省九届人大常委会代表资格审查委员会关于选举、补选代表的代表资格的审查报告》;《省九届人大四次会议主席团和秘书长名单（草案）》;《省九届人大四次会议议程（草案）》;《省九届人大四次会议财政经济审查委员会名单（草案）》;《省九届人大四次会议列席人员安排原则的决定》;《福建省人大常委会工作报告》;《关于接受宋峻等辞去省九届人大常委会副主任职务的请求的决定》;《关于接受詹毅等辞去省九届人大常委会委员职务的请求的决定》;任命检察人员1人。袁启彤讲话。

第七节　省九届人大四次会议

2001年2月6日下午，召开预备会议，主持人袁启彤。会议选举省九届人大四次会议主席团和秘书长，通过议程和财政经济审查委员会名单。预备会议后召开主席团第一次会议，推定常务主席，决定大会副秘书长。

2月7日上午，省九届人大四次会议在福州福建会堂召开。会期8天，与会代表539人。共举行5次全体会议、3次主席团会议。全体会议的主持人分别是袁启彤、施性谋、洪华生、王建双、袁启彤。

2月11日上午，第三次全体会议通过《关于设立省九届人大法制委员会的决定》。

2月14日上午，第四次全体会议进行选举。下午，第五次全体会议通过关于省政府工作报告及"十五"计划纲要的决议，关于省人大常委会、省法院、省检察院工作报告的决议，关于计划、预算的决议，《福建省人大及其常委会立法条例》。袁启彤致大会闭幕词。

本次大会共收到代表提出的议案116件及建议、批评和意见443件。

一、听取和审议工作报告

（一）听取和审议省政府工作报告

会议听取省政府省长习近平所作的《团结奋进　务实创新　为实现我省国民经济和社会发展第十个五年计划而奋斗》的政府工作报告。

报告述：2000年是世纪交替之年，全省各级政府团结全省各族人民，扎实工作，开拓进取，如期完成了省九届人大三次会议提出的2000年国民经济和社会发展的主要任务。

2000年，国民经济保持较快增长，全年国内生产总值3920亿元，增长9.5%，超过了年初预定增长9%的目标；经济结构调整步伐加快，农业种植结构调整取得较大成效，高新技术产业对全省经济发展的带动作用日益增强，工业新增长点项目全年新增产值占全部工业新增产值的45%；各项改革取得重大进展，突破国企改革难点，国有企业下岗职工再就业率达66%，居全国前列，国有资产管理监督营运体制改革方案出台，省级党政机构改革顺利完成，取消省级政府审批事项222项，废止省政府规范性文件340件；对外经贸和利用外资稳步发展，全年进出口总额212.24亿美元，增长20.5%，实际利用外商直接投资38.04亿美元，完成预定目标；重点建设力度加大，全年完成固定资产投资1110.1亿元，增长2.3%，10个"重中之重"项目完成投资年度计划的100.3%，一批重大项目前期工作取得新进展；社会事业加快发展，科技、教育投入分别增长17.5%和17%，文化精品创作有新的突破，环保工作基本实现"一控双达标"目标，耕地实现年度占补平衡；城乡人民生活水平进一步提高，全年城镇居民人均可支配收入达7432元，增长8.3%，全年农民人均纯收入3230元，增长4.5%；精神文明和民主法制建设继续加强，深入开展"致富思源，富而思进"教育，"三五"普法任务基本完成，全年提请审议的地方性法规草案7项，提请修订5项、废止9项，在县级以上政府领导班子和领导干部中认真开展"三讲"集中教育。

2000年工作任务的完成，标志着"九五"计划的胜利实现。五年来，国民经济保持持续、快速、健康发展，国内生产总值年均增长11.8%，超过"九五"计划年均增长11%的目标，人均国内生产总值也提前于1999年实现比1980年翻三番的目标。经济和社会生活的一些重要方面发生了显著变化。在充分肯定五年来所取得重大成就的同时，也要清醒地认识到，经济社会生活中还存在经济发展后劲不足等一些矛盾和问题。

省政府广泛征求意见，形成了《福建省国民经济和社会发展第十个五年计划纲要（草案）》。"十五"期间，全省国内生产总值年均增长9%，争取在实际执行中更快更好些。

2001年的主要工作安排：把加强农业基础地位和增加农民收入作为经济工作的首要任务；调整优化产业结构；切实加强固定资产投资；努力扩大消费需求；深化以国有企业改革为重点的综合改革；大力发展外向型经济；大力推进山区开放开发；继续执行积极的财政政策和稳健的货币政策；大力发展科技教育，推进文化、卫生、体育等各项社会事业的发展；认真落实人口、土地、环保三大国策，促进可持续发展；建立健全社会保障体系，改善人民群众生活；坚持"两手抓"，切实维护社会稳定。2001年全省国内生产总值增长9%，力争更快更好些。

根据代表审议意见，政府工作报告作了20多处修改。其中，在有关2001年工作部分，在"完善城市基础设施体系"后加上"重视保护城市历史风貌"，在"切实改善社会公共服务"后加上"发展经济适用房和廉租房"，在"努力建设'廉洁、勤政、务实、高效'的政府"后加上"树立形象，凝聚人心，锐意进取，开拓创新"等内容。

会议通过决议,批准省政府工作报告。

(二) 听取和审议省人大常委会工作报告

会议听取省人大常委会副主任王建双所作的省人大常委会工作报告。

报告述:一年来,省人大常委会紧紧围绕中心,坚持和贯彻依法治省决议和"做好省人大工作必须坚持的几条原则意见",把提高地方立法质量、改进执法检查、加强代表工作作为常委会工作的重点,各项工作都取得了新的进展。一年来,常委会共制定和批准了地方性法规13项,修改了7项,废止了13项;开展了3项执法检查,听取和审议了8项政府及有关部门和"两院"的工作报告;作出决定决议16项;依法进行人事任免77人次。

突出立法重点,提高地方性法规质量。去年2月,组织专题调研,征求对地方立法工作的意见,这次调研规模大,效果好,就完善地方立法提出了许多针对性、可操作性强的建议,常委会及时调整立法工作思路,确定了立法工作重点,明确提出把推动科技进步、促进非公有制经济发展、健全社会保障制度、加强社区建设等方面的立法作为这两年立法工作的重点。加强监督,督促和支持"一府两院"工作。常委会继续把监督工作摆在重要位置,去年初,常委会专门组织力量征求执法检查工作意见,深入分析了执法检查工作的状况,研究探讨执法检查的制度建设,确定了以《森林法》、《产品质量法》、《行政诉讼法》的实施情况作为执法检查的重点。密切联系人大代表和人民群众,充分发挥代表作用。常委会牢固树立依靠代表做好常委会工作的观念,制定了《关于加强代表工作的若干意见》,建立了常委会组成人员联系人大代表制度,成立了人民接待室,建立常委会组成人员约访群众制度。加强同市县(区)人大常委会的联系,共同推进地方人大工作的开展。去年11月,召开了各市人大常委会主任工作座谈会,回顾了"九五"期间福建省地方人大工作取得的新进展,及时指导和帮助市县(区)人大工作。

加强常委会自身建设,适应新世纪发展的要求。不断深化理论学习,努力提高理论素养,举办了与行使职权有密切关系的立法法及相关的地方立法、世界贸易组织知识、依法行政、可持续发展理念及信息技术的应用知识等方面的讲座;常委会认真开展"三讲"教育"回头看",进一步完善整改措施。

新一年的主要工作任务:围绕中心工作,突出地方特色,提高立法质量;完善监督形式,注重监督实效;密切同人大代表和人民群众的联系,夯实常委会工作基础;继续加强自身建设,提高依法履行职责的水平。

会议经审议,通过决议,批准省人大常委会工作报告。

(三) 听取和审议省法院工作报告

会议听取省法院院长陈旭所作的省法院工作报告。

报告述:2000年,全省各级法院在党委领导、人大及其常委会的监督和人民政协民主监督下,坚持审判工作为大局服务的政治方向,狠抓办案质量和效率,加大构筑"铁案"工程力度,积极推进法院改革,大力加强法院队伍建设和基层建设,各项工作取得了新进展。

全年共受理各类案件323473件,审结301445件,分别比上年上升9.65%和7.96%,取得了法律效果与政治效果、社会效果的有机统一。审结一审刑事案件19639件,判处犯罪分子23886人,依法审理厦门特大走私案及相关案件;审结一审经济纠纷案件39551件,解决争议标的金额156.75亿元;审结一审民事案件95108件;审结知识产权案件102件;审结一审行政案件2215件;清结超审限诉讼案件464件,执行案件3694件,完成了93%的清案任务;共受理执行案件123683件,比上年上升15.39%,已执结109633件,执行标的总金额76.81亿元;全年审结的156589件一审案件中,当事人上诉案件比上年下降2.21个百分点。

自觉接受人大及其常委会的法律监督和工作监督,及时报告法院工作部署和重大案件的审判情况;省法院办理的代表建议、政协提案,领导逐一审阅,亲自督办;去年12月,30多位省人大代表首次组团到省法院视察工作。

2001年,重点抓好以下几项工作:大力维护社会稳定;依法调节经济、社会关系;加快法院改革步伐;努力建设高素质的法官队伍。

会议经审议,通过决议,批准省法院工作报告。

(四) 听取和审议省检察院工作报告

会议听取省检察院检察长鲍绍坤所作的省检察院工作报告。

报告述:2000年,各级检察机关坚持"公正执法,加强监督,依法办案,从严治检,服务大局"的检察工作方针,全力维护社会稳定,加大查办和预防职务犯罪力度,进一步强化诉讼监督,继续深化检察改革,全面推进基层检察院建设,努力提高检察队伍整体素质,检察工作有了新的发展。

全年共批准逮捕各类刑事犯罪嫌疑人28073人,提起公诉27055人,比上年分别上升9.9%和6.1%。开展"举报宣传周"活动,组织检察长接待日活动3216次;共立案侦查贪污贿赂、渎职等职务犯罪案件1336件,比上年上升15.2%,通过办案挽回直接经济损失2.47亿元,全省检察机关抽调170多名办案骨干积极参与厦门特大走私案专案查处工作;对侦查活动、审判活动和刑罚执行活动中的各类违法情况提出纠正意见4633件次;立案侦查司法人员贪赃枉法、滥用职权等职务犯罪案件106件。去年,省检察院制定了《福建省检察改革三年实施方案》,在实施中着重抓了完善办案责任机制、建立侦查指挥和协作机制、加强执法规范化建设、健全接受监督机制四项工作。

更加自觉地接受各级人大及其常委会监督,省检察院先后向省人大常委会汇报检察工作和队伍建设情况、贯彻依法治省情况以及重大案件办理情况;全省检察机关共办理各级人大交办事项和代表反映的案件和问题474件,已办结反馈429件,其中省检察院办理的省人大常委会和人大代表交办件33件。

2001年,全系统要以强化监督、公正执法为主题,以深化检察改革为动力,以提高队伍素质、改善执法条件为保障,以加强基层检察院建设为基础,以服务大局,维护人民利益为根本出发点,全面正确履行法律监督职责。

会议经审议,通过决议,批准省检察院工作报告。

二、审查和批准计划、预算

(一) 计　划

会议听取省发展计划委员会主任郑立中受省政府委托所作的《关于福建省2000年国民经济和社会发展计划执行情况及2001年计划草案的报告》。

报告述:2000年计划执行情况是好的,省九届人大三次会议审议通过的预期目标基本完成,并胜利完成了"九五"计划。根据统计快报,国内生产总值3920亿元[①],比上年增长9.5%,超过计划目标0.5个百分点;全社会固定资产投资1110.10亿元,比上年增长2.3%;居民消费价格水平比上年上涨2.1%;外贸出口增长24.7%,吸收外商直接投资38.04亿美元,新签合同外资43.14亿美元;全省财政总收入369.53亿元,增长20.9%;社会消费品零售总额增长10.2%,扣除物价因素,实际增长11.4%;城镇居民人均可支配收入和农民人均纯收入分别达到7432元和3230元,分别比上年增长8.3%和4.5%,扣除物价因素,分别实际增长4.9%和3.8%;城镇登记失业率2.6%;人口出生率控制在11.6‰。

2001年国内生产总值预期增长目标为9%,力争更快更好些;全社会固定资产投资增长5%;社会消费品零售总额增长11%;外贸出口总额增长8%~10%;利用外商直接投资38亿美元左右;地方级财政收入增长9%;居民消费价格涨幅3%左右;城镇居民人均可支配收入和农民人均纯收入实际增长4%~6%;城镇登记失业率控制在3.5%以内;人口自然增长率控制在8‰以内。

财政经济审查委员会审查报告认为,2001年国民经济和社会发展计划草案提出的国内生产总值预期目标,对新世纪第一年全省经济和社会发展是十分必要的,其他的主要预期目标和任务是积极的,建议批准计划草案,同意计划报告。

会议经审议,并根据财政经济审查委员会审查报告,通过决议,批准省政府提出的2001年国民经济和社会发展计划,同意计划报告。

(二) 预　算

会议听取省财政厅厅长马潞生受省政府委托所作的《关于福建省2000年预算

---

① 据《福建统计年鉴(2008)》,2000年国内生产总值实际为3764.54亿元。

执行情况及 2001 年预算草案的报告》。

报告述：据快报统计，2000 年全省财政总收入 369.53 亿元①，占年初预算的 110.7%，比上年增收 63.79 亿元，增长 20.9%；其中地方级收入 234.03 亿元，占年初预算的 106.7%，比上年增收 31.95 亿元，增长 15.8%。全省实际总财力 293.03 亿元；全省财政支出 322.77 亿元（包括中央补助收入和上年结转安排的支出），比上年增支 46.18 亿元，增长 16.7%。省本级收入 23.05 亿元②，占预算 104%，比上年增收 3.5 亿元，增长 17.9%；省本级支出 78.72 亿元（包括中央专款和上年结转支出），比上年增支 18.98 亿元，增长 31.8%。

2001 年代编的全省财政地方级收入计划为 255 亿元，增加 20.97 亿元，增长 9%；全省总财力 318.81 亿元，比上年实际增加 25.78 亿元，增长 8.8%；相应安排支出 318.81 亿元，增长 8.8%。2001 年省本级收入安排 27.24 亿元，可比增长 9.2%；省本级财力 73 亿元，增加 5.33 亿元，增长 7.9%；相应安排省本级支出 73 亿元。

财政经济审查委员会审查报告认为，2001 年省级收入预算保持了与全省财力的协调增长，支出结构进一步优化，建议批准省级预算草案，同意预算报告。

会议经审议，并根据财政经济审查委员会审查报告，通过决议，批准省政府提出的 2001 年省级预算，同意预算报告。

三、审议通过地方性法规

2 月 11 日上午，主席团常务主席宋峻在第三次全体会议上作《福建省人大及其常委会立法条例（草案）》的说明。主要介绍了制定草案的依据、基本情况，以及条例草案的主要内容等。各代表团分组审议了条例草案。2 月 13 日上午，宋峻在主席团第三次会议上作条例草案审议结果的报告。根据各代表团的审议意见，报告建议对条例草案中有关立法宗旨、法规草案公布、较大的市地方性法规的批准等内容作出修改。主席团会议通过了这个报告。2 月 14 日下午，第五次全体会议表决通过了该条例。条例共六章四十八条，对立法原则、立法权限、立法程序和较大的市地方性法规的批准、政府规章的备案审查、地方性法规与省政府规章的适用、法规解释等作了具体规定。其中不少条款是多年地方立法经验的总结。

四、讨论决定重大事项

（一）批准《福建省国民经济和社会发展第十个五年计划纲要》

2 月 7 日上午，福建省政府省长习近平在第一次全体会议上作的政府工作报告

---

① 省九届人大常委会二十七次会议批准的决算数为 390.7 亿元。
② 与省九届人大常委会二十七次会议批准的决算数相同。

中,报告了《福建省国民经济和社会发展第十个五年计划纲要(草案)》的指导思想、奋斗目标和主要任务等。2月10日上午,根据各代表团的审议意见,主席团第二次会议通过了《关于政府工作报告及〈福建省国民经济和社会发展第十个五年计划纲要〉的决议(草案)》,并将决议草案提请各代表团审议。2月14日下午,第五次全体会议表决通过了这一决议。决议认为,纲要草案提出的今后五年发展的指导思想、奋斗目标、主要任务和保障措施,既有时代特征,又有创新精神,具有宏观性、战略性和可操作性,决定予以批准。

(二)通过《关于设立省九届人大法制委员会的决定》

2月10日上午,大会秘书长王建双在主席团第二次会议上作《关于设立省九届人大法制委员会的决定(草案)的说明》,介绍了法制委员会的性质与职责等。主席团会议通过了决定草案,并将决定草案提请各代表团会议审议。2月11日上午,第三次全体会议表决通过了这一决定。

五、代表议案和建议

(一)议 案

省九届人大四次会议期间,代表共提出议案116件。其中法制方面36件,农经方面12件,财经方面39件,教科文卫方面16件,侨台方面10件,环境方面3件。大会主席团决定,18件议案交省人大常委会审议处理,98件议案转为建议处理。

(二)建 议

省九届人大四次会议期间,代表提出的建议连同议案转建议,共541件。闭会期间,代表还提出建议29件。代表建议中:法制方面108件,农经方面84件,财经方面253件,教科文卫方面75件,侨台方面20件,环境方面16件,综合方面14件。这些建议交"一府两院"和有关党群部门共79个承办单位办理。大会主席团从大会期间代表提出的建议中确定4件建议作为重点建议。

六、选举和通过人选

省九届人大四次会议选举任务:补选省九届人大常委会副主任1名、委员6名;九届全国人大代表1名;通过省九届人大法制委员会组成人员人选,其中主任委员1名、副主任委员1名、委员8名。根据《地方组织法》、《选举法》关于补选的规定,本次大会决定补选省人大常委会副主任、委员和全国人大代表实行等额选举,候选人由大会主席团、政党团体联合提名。

大会以无记名投票方式,选举黄松禄为省九届人大常委会副主任,庄友松、陈元春、陈光普、陈祖武、林克敏、曾乃航为省九届人大常委会委员,宋德福为九届全国人大代表;合并表决通过省九届人大法制委员会组成人员名单。

第八节　省九届人大常委会二十五至三十次会议

省九届人大四至五次会议期间，共召开6次常委会会议。

一、省九届人大常委会二十五次会议

2001年3月27日召开，会期3天半。组成人员出席56人，请假4人。共举行4次全体会议，主持人分别是袁启彤、王建双、黄松禄、施性谋。

会议议程13项：传达学习九届全国人大四次会议精神；审议《关于加强对法律法规执行情况检查监督的规定（草案修改二稿）》；审议《福建省水政监察条例（草案修改二稿）》；审议《福建省禁毒条例（草案）》；审议《关于废止〈福建省人大常委会关于地区工作委员会工作的暂行规定〉的决定（草案）》；审议厦门市人大常委会报请批准的《厦门市人大及其常委会立法条例》；审议福州市人大常委会报请批准的《福州市人大及其常委会立法条例》；审议福州市人大常委会报请批准的《福州市环境保护条例（修订）》；审议《福建省2001年度地方性法规立法计划（草案）》；审议《福建省人大常委会2001年度执法检查和评议计划（草案）》；审议《关于办理省九届人大四次会议主席团交付省人大常委会审议的代表提出的18件议案的决定（草案）》；听取和审议省改革开放办公室、省审批审核制度改革工作小组关于省级行政审批制度改革工作情况报告；审议人事任免事项。

3月30日上午，第四次全体会议表决通过8个事项：《关于加强对法律法规执行情况检查监督的规定》；《福建省水政监察条例》；《关于废止〈福建省人大常委会关于地区工作委员会工作的暂行规定〉的决定》；《关于批准〈厦门市人大及其常委会立法条例〉的决定》；《关于批准〈福州市人大及其常委会立法条例〉的决定》；《关于批准〈福州市环境保护条例（修订）〉的决定》；《关于办理省九届人大四次会议主席团交付省人大常委会审议的代表提出的18件议案的决定》；人事任免4人。任免事项中，任命省人大常委会教科文卫委员会副主任1人；决定免去、任命省发展计划委员会主任各1人；任命审判人员1人。袁启彤讲话。

二、省九届人大常委会二十六次会议

2001年5月28日召开，会期2天半。共举行3次全体会议，主持人分别是袁启彤、黄贤模、黄松禄。

会议议程8项：审议《福建省路政管理条例（草案修改三稿）》；审议《福建省森林条例（草案修改稿）》；审议《福建省禁毒条例（草案修改稿）》；审议《福

建省旅游管理条例（草案）》；审议福州市人大常委会报请批准的《关于修正〈福州市城市园林绿化管理办法〉的决定》；审议福州市人大常委会报请批准的《关于修改〈福州市河道防洪岸线管理若干规定〉的决定》；听取和审议省人大常委会农经委关于农民增收减负"百村"调研情况的报告；审议人事任免事项。

5月30日上午，第三次全体会议表决通过4个事项：《福建省公路路政管理条例》；《关于批准〈福州市人大常委会关于修正《福州市城市园林绿化管理办法》的决定〉的决定》；《关于批准〈福州市人大常委会关于修改《福州市河道防洪岸线管理若干规定》的决定〉的决定》；人事任免6人。任免事项中，决定免去、任命省国土资源厅厅长各1人；任免检察人员4人。袁启彤讲话。

会后，邀请全国人大常委会预算工委副主任苏宁作"关于财政预算监督制度的知识"的讲座，主持人黄松禄。

三、省九届人大常委会二十七次会议

2001年7月24日召开，会期3天。组成人员出席58人，请假2人。共举行6次全体会议，主持人分别是袁启彤、袁启彤、王建双、黄松禄、童万亨、王建双。

会议议程9项：学习江泽民总书记在庆祝中国共产党成立八十周年大会上的讲话，传达省委六届十三次全体会议精神；审议《福建省禁毒条例（草案修改二稿）》；听取和审议省财政厅关于2000年决算和2001年上半年预算执行情况的报告，审查和批准2000年省级决算；听取和审议省审计厅关于2000年省级预算执行和其他财政收支情况的审计工作报告；审议《关于福州市仓山区、晋安区、马尾区人大代表推迟换届选举的决定（草案）》；审议《关于南安市省新镇、永春县东关镇、将乐县水南镇人大代表推迟换届选举的决定（草案）》；审议《关于漳州市龙文区人大常委会组成人员名额的决定（草案）》；审议省人民政府《关于提请丘广钟免职的议案》；审议人事任免事项。

7月24日下午，第三次全体会议表决通过免去丘广钟省人民政府副省长职务。

7月26日下午，第六次全体会议表决通过6个事项：《福建省禁毒条例》；《关于福州市仓山区、晋安区、马尾区人大代表推迟换届选举的决定》；《关于南安市省新镇、永春县东关镇、将乐县水南镇人大代表推迟换届选举的决定》；《关于漳州市龙文区人大常委会组成人员名额的决定》；《关于批准2000年省级决算的决议》；任免审判人员5人。袁启彤讲话。

四、省九届人大常委会二十八次会议

2001年9月16日召开，会期5天半。组成人员出席56人，请假4人。共举行4次全体会议，主持人分别是袁启彤、黄贤模、施性谋、王建双。

会议议程 16 项：审议《福建省森林条例（草案修改二稿）》；审议《福建省旅游条例（草案修改稿）》；审议《福建省人才市场管理条例（草案）》；审议《福建省基本农田保护条例修正案（草案）》；审议《福建省环境保护条例修正案（草案）》；审议《关于加强预算审查监督工作的决定（草案）》；审议《福建省人大代表建议、批评和意见办理条例（草案）》；审议厦门市人大常委会报请批准的《厦门市人大代表建议、批评和意见办理办法》；审议《关于进一步开展法制宣传教育的决议（草案）》；听取和审议省人大常委会关于《关于依法治省的决议》实施情况的检查报告；听取和审议省政府、省法院关于省九届人大四次会议主席团交办的重点建议办理情况的报告；听取和审议省发展计划委员会关于 2001 年 1—8 月份国民经济和社会发展计划执行情况的报告；听取和审议省政府关于农民增收减负工作情况的报告；听取和审议省政府关于推进粮食购销市场化改革的报告；听取和审议省司法厅关于"三五"法制宣传教育基本情况和"四五"法制宣传教育意见的报告；审议人事任免事项。

9 月 21 日上午，第四次全体会议表决通过 5 个事项：《福建省森林条例》；《福建省人大代表建议、批评和意见办理工作规定》；《关于批准〈厦门市人大代表建议、批评和意见办理办法〉的决定》；《关于进一步开展法制宣传教育的决议》；人事任免 6 人。任免事项中，任命省人大常委会副秘书长和办公厅、法制工作委员会、财经委员会副主任 4 人；任命检察人员 2 人。袁启彤讲话。

五、省九届人大常委会二十九次会议

2001 年 11 月 12 日召开，会期 3 天。组成人员出席 53 人，请假 7 人。共举行 3 次全体会议，主持人分别是袁启彤、林强、王建双。

会议议程 12 项：审议《关于召开省九届人大五次会议的决定（草案）》；审议《福建省基本农田保护条例修正案（草案修改稿）》；审议《福建省法律援助条例（草案）》；审议《福建省保护武夷山世界文化与自然遗产条例（草案）》；审议《福建省华侨捐赠兴办公益事业管理条例修正案（草案）》；审议福州市人大常委会报请批准的《福州市私营企业工会若干规定》；审议省政府《关于 2001 年省级超收追加支出的议案》；审议省政府《关于提请审议"省石"的议案》；审议《关于龙岩市人大常委会组成人员名额的决定（草案）》；审议关于省九届人大四次会议主席团交付省人大常委会审议的代表提出的 18 件议案办理情况的报告（书面）；讨论《福建省人大常委会工作报告（讨论稿）》；审议人事任免事项。

11 月 14 日下午，第三次全体会议表决通过 7 个事项：《关于召开省九届人大五次会议的决定》；《关于修改〈福建省基本农田保护条例〉的决定》；《关于批准〈福州市私营企业工会若干规定〉的决定》；《关于批准 2001 年省级预算超收追加

支出的决定》;《关于确定福州寿山石为"省石"的决定》;《关于龙岩市人大常委会组成人员名额的决定》;任命审判人员2人。袁启彤讲话。

六、省九届人大常委会三十次会议

2002年1月18日召开,会期3天。组成人员出席59人,请假1人。共举行4次全体会议,主持人分别是袁启彤、施性谋、黄松禄、王建双。

会议议程18项:审议《福建省人大常委会关于密切联系群众应当坚持和完善的几项制度(草案)》;审议《福建省环境保护条例修正案(草案修改稿)》;审议《福建省法律援助条例(草案修改稿)》;审议《福建省华侨捐赠兴办公益事业管理条例修正案(草案修改稿)》;审议厦门市人大常委会报请批准的《厦门市农村集体财务审计条例》;审议省人大法制委员会《关于提请审议废止〈福建省财产拍卖条例〉等地方性法规和部分决定决议及法规解释的议案》;审议省政府《关于提请审议废止〈福建省保障和发展邮电通信条例〉等三项地方性法规的议案》;听取和审议省九届人大常委会代表资格审查委员会关于补选代表的代表资格的审查报告;听取和审议关于省九届人大五次会议安排意见的报告;审议省九届人大五次会议主席团和秘书长名单(草案),决定提请省九届人大五次会议预备会议选举;审议省九届人大五次会议建议议程(草案),决定提请省九届人大五次会议预备会议通过;审议省九届人大五次会议财政经济审查委员会人员名单(草案),决定提请省九届人大五次会议预备会议通过;审议省九届人大五次会议列席人员安排原则的决定(草案);审议省人大常委会工作报告(稿),决定提请省九届人大五次会议审议;审议省人大常委会关于省九届人大四次会议主席团交付省人大常委会审议的代表提出的18件议案审议结果的综合报告;关于省九届人大四次会议代表建议、批评和意见办理情况的报告(书面);审议《关于许可将省九届人大代表朱清龙依法交付刑事审判并暂时停止其执行代表职务的决定(草案)》;审议人事任免事项。

1月20日下午,第四次全体会议表决通过15个事项:《关于〈福建省人大常委会关于密切联系群众应当坚持和完善的几项制度〉的决议》;《关于修改〈福建省环境保护条例〉的决定》;《关于修改〈福建省华侨捐赠兴办公益事业管理条例〉的决定》;《福建省法律援助条例》;《关于废止〈福建省保障和发展邮电通信条例〉等地方性法规和部分决定决议及法规解释的决定》;《关于批准〈厦门市农村集体财务审计条例〉的决定》;《省九届人大常委会代表资格审查委员会关于补选代表的代表资格的审查报告》;《省九届人大五次会议主席团和秘书长名单(草案)》;《省九届人大五次会议议程(草案)》;《省九届人大五次会议财政经济审查委员会人员名单(草案)》;《省九届人大五次会议列席人员安排原则的决定》;《福建省人大常委会工作报告》;《关于省九届人大四次会议主席团交付省人大常委会审议的代表提出的 18 件议案审议结果的综合报告》;《关于接受袁启彤辞去省九届人大常委会主任职务的请求的决定》;免去检察人员 1 人。省委书记宋德福讲话。袁启彤讲话。

第九节　省九届人大五次会议

2002 年 1 月 22 日下午,召开预备会议,主持人袁启彤。会议选举省九届人大五次会议主席团和秘书长,通过议程和财政经济审查委员会名单。预备会议后召开主席团第一次会议,推定常务主席,决定大会副秘书长。

1 月 23 日上午,省九届人大五次会议在福州福建会堂召开。会期 6 天半,与会代表 534 人。共举行 5 次全体会议、3 次主席团会议。全体会议的主持人分别是袁启彤、施性谋、黄松禄、王建双、宋德福。

1 月 28 日下午,第四次全体会议进行选举。29 日上午,第五次全体会议通过关于省政府、省人大常委会、省法院、省检察院工作报告的决议、关于计划、预算的决议。宋德福致大会闭幕词。

本次大会共收到代表提出的议案 107 件及建议、批评和意见 488 件。

一、听取和审议工作报告

(一) 听取和审议省政府工作报告

会议听取省政府省长习近平所作的《坚定信心　奋发有为　把福建的现代化建设事业继续推向前进》的政府工作报告。

报告述:过去的一年,是实施"十五"计划和现代化建设第三步战略部署的起始年。各级政府团结全省各族人民,迎难而上,开拓进取,如期完成了省九届人大四次会议确定的主要任务,实现了新世纪和"十五"计划的良好开局。

过去的一年,国民经济平稳增长,全省国内生产总值 4258.37 亿元,增长 9%,实现了预定的增长目标,高出全国平均水平 1.7 个百分点;经济结构进一步优化,第一、二、三产业增加值占 GDP 的比重由上年的 16.3:43.7:40.0 调整为 15.3:44.7:40.0;各项改革继续深化,现代企业制度建设步伐加快,加快社会保障制度改革,"两个确保"走在全国前列;对外经贸在困难中稳定发展,认真做好"入世"的应对准备工作,全年外贸出口 139.26 亿美元,增长 7.9%,高于全国 1.1 个百分点,合同利用外资 50.07 亿美元,实际到资 39.18 亿美元,分别增长 16.1% 和 3.0%;重点建设取得重大进展,全省在建重点建设项目有 17 个建成或部分建成投产,完成千公里江堤建设任务,福建省成为全国第一个县级以上城区基本达到国家设防标准的省份;整顿和规范市场经济秩序成效显著,区域性、群体性的制假售假违法活动得到有效遏制，治理"餐桌污染"工作基本实现年度目标；社会事业加快发展，全面实施素质教育，高等教育办学规模继续扩大，产学研结合、科技攻关和应用基础研究取得一批新成果，县级医疗机构和乡镇中心卫生院建设有新进展，基层文化事业迈上新台阶；人民生活水平有新提高，全年城镇居民人均可支配收入8313.08元，实际增长10.8%，农民人均纯收入3380.72元，实际增长5.2%；精神文明和民主法制建设不断推进，全年提请审议的地方性法规草案5项，提请修订的6项，全面清理地方性法规、规章及规范性文件，以思想道德建设为核心，深入开展社会主义精神文明建设；政府职能转变取得新成效，省级政府部门已减少审批事项606项，改革面达55.7%，全省所有的县（市、区）、乡全面实行政务公开。成绩来之不易，也清醒地看到，存在国民经济整体素质和效益还不高等许多困难和问题。

2002年必须着重做好的工作：继续抓好农业和农村工作，促进农民增收；进一步调整和优化工业结构，着力提升整体素质和竞争力；大力开拓市场，进一步扩大消费需求；努力激活多元投资，促进固定资产投资较快增长；推进体制创新，加快市场化进程；以"入世"为契机，提高对外开放水平；加快推进城市化，促进区域经济共同发展；搞好财政增收节支，加大金融对经济发展的支持力度；继续整顿和规范市场经济秩序，努力建设信用文化；认真实施科教兴省和可持续发展战略，促进经济社会协调发展；健全社会保障体系，进一步改善人民群众生活；坚持"两手抓"，加快依法治省和以德治省步伐。2002年全省国内生产总值增长8.5%，力争更快更好些。

根据代表审议意见，政府工作报告作了10余处修改。其中，在有关2002年工作部分，增加了"打响旅游品牌，发展壮大旅游产业"以及"企业经营者熟悉和掌握世贸组织有关知识"等内容。

会议通过决议，批准省政府工作报告。

（二）听取和审议省人大常委会工作报告

会议听取省人大常委会副主任王建双所作的省人大常委会工作报告。

报告述：2001年，省人大常委会围绕中心，服务大局，紧扣发展主题、结构调整主线，依法履职，扎实工作。按照省委的统一部署，认真开展"提高为人民服务质量"专题调研，既为省委提供了决策参考，也带动了人大的各项工作。

坚持法制统一，提高立法的质量和效率。一年来，共制定了地方性法规7项，修改3项，废止5项，审查批准了福州市、厦门市地方性法规8项；适应加入世界贸易组织的需要，认真开展地方性法规清理工作，一年来，修改废止了5项法规，同时废止了13项有关决定、决议，以及5项有关法规解释。

突出重点，增强监督的实效。一年来，共组织了2项执法检查，听取和审议了11项政府及有关部门和法院、检察院的工作报告；紧紧把握发展主题，建议政府重视固定资产投资乏力、外贸出口下降等问题,对审计中暴露出来的挤占挪用资金等问题,督促政府有关部门认真整改;继续开展中华环保世纪行(福建)活动,促进了一些历史遗留的环保问题的解决;始终抓住依法治省决定、决议的贯彻落实,去年8月,常委会组织了对依法治省决议贯彻实施三周年的执法检查;密切关注困难群体的生产、生活和社会热点问题,继前年之后,再次组织了以农民增收减负为主题的"百村调研"活动。

抓住事关全局的大事,依法行使决定权。常委会作出批准2001年省级预算超收追加支出的决定,要求将超收收入主要用于增加支农、社会保障补助等;推动"四五"普法工作的开展,努力实现由提高公民法律意识向提高公民法律素质转变、由注重依靠行政手段管理向注重运用法律手段管理转变的目标;常委会一年来共任免常委会有关机构负责人、省政府组成人员、省法院、省检察院有关人员25人次。

改进代表工作,更好地体察民情,了解民意,集中民智。制定了《福建省人民代表大会代表建议、批评和意见办理工作规定》,听取和审议了省政府、省法院关于扶持闽西北山区经济开发等4件人大代表重点建议办理情况的报告,督促有关部门认真解决问题;加强常委会同代表、代表同原选举单位的联系,一年来先后邀请了43位省人大代表列席常委会会议,在省人大代表中开展"回家"活动;常委会制定了《关于改进省人大代表集中视察工作的意见》,10月底至11月初,常委会部分组成人员和省人大代表视察宁德、南平、龙岩、漳州等地的千公里江堤建设情况,促进了千公里江堤的建设。

适应新形势的要求,加强自身建设。加强学习,振奋精神,与时俱进;坚持制度创新,进一步密切联系人民群众;深化干部人事制度改革,加强机关干部队伍建设。

2002年,要加强对宪法的学习、宣传和贯彻,推进依法治省进程;充分发扬民主,认真履行法定职责,推动经济社会全面发展;坚持群众路线,密切联系人民群众和人大代表;加强与市县(区)人大的联系,共同推进人大工作;加强自身建设,提高履职水平。

会议经审议,通过决议,批准省人大常委会工作报告。

(三)听取和审议省法院工作报告

会议听取省法院院长陈旭所作的省法院工作报告。

报告述:2001年全省各级法院在党委的领导下,在人大及其常委会的监督和政协的民主监督下,紧紧围绕"公正与效率"主题,以构筑"铁案"工程为主线,抓好审判工作、法院改革和队伍建设三件大事,为改革、发展、稳定的大局提供了有力的司法保障。

去年,全省各级法院共受理各类案件322551件,审、执结302871件,其中审结一审刑事案件21618件，民商事案件128510件，行政案件2602件；审结各类二审、再审和减刑、假释案件等39712件；执结各类案件110429件。省高级法院全年共受理一审、二审、死刑复核、审判监督、执行等案件2672件，审、执结2384件。去年全省法院共调解结案34569件，多数人民法庭的案件调解结案率达到70%以上，全年依法对当事人减、缓、免交诉讼费的案件共5809件，金额达1580余万元。

正确处理好自觉接受人大监督、政协民主监督与依法独立公正行使审判权的关系。去年，省法院向省人大常委会报告了全省法院一年来的工作，办理人大代表建议21件，制定了《福建省各级人民法院办理人大代表来信的暂行规定》，按季度向代表寄送《法院工作情况》等。

2002年，全省法院工作的主要任务：继续坚持"公正与效率"主题，深入开展"严打"整治斗争和整顿规范市场经济秩序工作，全面抓好各项审判工作和执行工作，积极推进法院改革，大力加强队伍建设和基层建设。

会议经审议，通过决议，批准省法院工作报告。

（四）听取和审议省检察院工作报告

会议听取省检察院检察长鲍绍坤所作的省检察院工作报告。

报告述：2001年，各级检察机关以强化监督、公正执法为主题，积极履行检察职能，全力投入"严打"整治斗争，加大查办和预防职务犯罪力度，进一步强化诉讼监督，继续深化检察改革，大力加强检察队伍建设，检察工作在服务大局中稳步推进，取得了新的进展。

全年共批准逮捕刑事犯罪嫌疑人31160人，提起公诉29960人，其中4月"严打"集中行动以来，批准逮捕25406人，提起公诉24422人；全年共立案侦查贪污贿赂、渎职等职务犯罪案件1264件，通过办案挽回直接经济损失9341万元；要求公安机关说明不立案理由858件，通知立案93件；决定追捕441人，追诉211人；提出刑事抗诉197件；纠正违法减刑、假释、暂予监外执行70人次，纠正违反规定不及时交付执行刑罚76人次；对超期羁押提出纠正意见4558人次；对侦查、审判和刑罚执行活动中各类违法情况提出纠正意见369件次；提出民事行政申诉案件抗诉311件。

不断增强接受人大及其常委会监督的自觉性。去年，省检察院向省人大常委会汇报检察工作和队伍建设情况、贯彻实施依法治省决议情况，向600多名在闽全国、省人大代表定期寄送《闽检要况》，赠送《福建检察》。一年来，全省检察机关共向各级人大代表发出征求意见函9091份，组织座谈、邀请视察472场次。

2002年，检察工作要突出强化监督、公正执法主题，全力维护社会政治稳定，深入推进"严打"整治斗争，加大查办和预防职务犯罪工作力度，加强和规范诉讼监督,进一步深化检察改革,狠抓检察队伍作风建设和基层检察院规范化建设。

会议经审议,通过决议,批准省检察院工作报告。

二、审查和批准计划、预算

(一)计　划

会议听取省发展计划委员会主任苏增添受省政府委托所作的《关于福建省2001年国民经济和社会发展计划执行情况及2002年计划草案的报告》。

报告述:省九届人大四次会议审议通过的2001年国民经济和社会发展计划主要预期目标基本完成,实现了"十五"计划的良好开局。初步统计,国内生产总值4258.37亿元①,按可比价格计算,增长9%,达到年初预期目标;全社会固定资产投资增长5%左右;社会消费品零售总额1499.46亿元,增长9.2%;外贸出口139.26亿美元,增长7.9%;实际利用外商直接投资39.18亿美元;地方级财政收入269.45亿元,增长15.1%;居民消费价格总水平下降1.3%;城镇居民人均可支配收入实际增长10.8%,农民人均纯收入实际增长5.2%;城镇登记失业率3.8%;人口自然增长率6.04‰。

2002年国民经济和社会发展的主要预期目标:国内生产总值增长8.5%,其中第一、二、三产业增加值分别增长3.5%、10%和9.5%;全社会固定资产投资增长5%;社会消费品零售总额增长9%;外贸出口增长高于全国平均水平;实际利用外商直接投资38亿美元;地方级财政收入增长9%;居民消费价格总水平基本持平;城镇居民人均可支配收入实际增长5%~6%;农民人均纯收入实际增长4%~5%;城镇登记失业率控制在4.5%以内;人口自然增长率控制在8‰以内。

财政经济审查委员会审查报告认为,2002年国民经济和社会发展计划草案确定的11项主要预期目标是适当的,提出的措施是可行的,建议批准计划草案,同意计划报告。

会议经审议,并根据财政经济审查委员会审查报告,通过决议,批准省政府提出的2002年国民经济和社会发展计划,同意计划报告。

(二)预　算

会议听取省财政厅厅长马潞生受省政府委托所作的《关于福建省2001年预算执行情况及2002年预算草案的报告》。

报告述:据快报统计,2001年全省地方级财政收入269.45亿元②,完成预算

---

① 据《福建统计年鉴(2008)》,2001年国内生产总值实际为4072.85亿元。
② 与省九届人大常委会三十三次会议批准的决算数相同。

105.7%，比上年增加35.42亿元，增长15.1%；全省总财力336.25亿元；全省财政支出373.94亿元（含中央专款和上年结转等支出），比上年增加51.17亿元，增长15.9%。2001年省本级收入29.5亿元①，完成预算103.4%，比上年增加6.45亿元，增长28%；省本级总财力77.86亿元；省本级支出97.16亿元（含中央专款和上年结转等支出），比上年增加18.44亿元，增长23.4%。

2002年代编的全省地方级财政收入计划为262.21亿元，可比增长9%；全省总财力360.58亿元，增长7.2%；相应安排全省支出360.58亿元，增长7.2%。省本级收入计划27.86亿元，可比增长8.6%；省本级财力83.58亿元，增长7.4%；相应安排省本级支出83.58亿元。

财政经济审查委员会审查报告认为，2002年省级预算草案，保持了与全省财力的协调增长，提出预算执行的各项措施是积极、稳妥的，建议批准省级预算草案，同意预算报告。

会议经审议，并根据财政经济审查委员会审查报告，通过决议，批准省政府提出的2002年省级预算，同意预算报告。

三、代表议案和建议

（一）议　案

省九届人大五次会议期间，代表共提出议案107件。其中法制方面41件，农经方面13件，财经方面35件，教科文卫方面15件，侨台方面3件。大会主席团决定，21件议案交省人大常委会审议处理，86件议案转为建议处理。

（二）建　议

省九届人大五次会议期间，代表提出的建议连同议案转建议，共574件。闭会期间，代表还提出建议14件。代表建议中：法制方面122件，农经方面66件，财经方面272件，教科文卫方面73件，侨台方面20件，环境方面10件，综合方面25件。这些建议首次通过代表议案建议综合信息网交"一府两院"和有关党群部门共81个承办单位办理。

四、选　举

省九届人大五次会议选举任务：补选省九届人大常委会主任1名。根据《地方组织法》关于补选的规定，本次大会决定补选实行等额选举，候选人由大会主席团提名。大会以无记名投票方式，选举宋德福为省九届人大常委会主任。

---

① 与省九届人大常委会三十三次会议批准的决算数相同。

第十节　省九届人大常委会三十一至三十七次会议

省九届人大五次会议至省十届人大一次会议期间，共召开7次常委会会议。

一、省九届人大常委会三十一次会议

2002年3月25日召开，会期4天。组成人员出席59人，请假1人。共举行4次全体会议，主持人分别是宋德福、王建双、施性谋、黄松禄。

会议议程26项：传达学习九届全国人大五次会议精神；审议《福建省旅游条例（草案修改二稿）》；审议《福建省人才市场管理条例（草案修改稿）》；审议《福建省保护武夷山世界文化与自然遗产条例（草案修改稿）》；审议《福建省乡镇人大工作若干规定（草案）》；审议《福建省农业生态环境保护条例（草案）》；审议《福建省建设工程质量管理条例（草案）》；审议福州市人大常委会报请批准的《福州市大气污染防治办法》；审议福州市人大常委会报请批准的《福州市水工程管理条例》；审议《福建省实施〈渔业法〉办法修正案（草案）》；审议《福建省测绘管理条例修正案（草案）》；审议《福建省建筑市场管理条例修正案（草案）》；审议《福建省农业投资条例修正案（草案）》；审议《福建省蘑菇菌种管理规定修正案（草案）》；审议《福建省东山经济技术开发区条例修正案（草案）》；审议《福建省公证工作若干规定修正案（草案）》；审议《福建省实施〈归侨侨眷权益保护法〉办法修正案（草案）》；审议《福建省保护华侨投资权益若干规定修正案（草案）》；审议省政府《关于提请审议废止〈福建省食品商贩和城乡集贸市场食品卫生管理办法〉等六项地方性法规的议案》；审议省人大法制委员会《关于提请审议废止〈厦门经济特区与内地经济联合的规定〉的议案》；审议《关于福建省乡级人大代表选举时间的决定（草案）》；审议《关于莆田市城厢区、涵江区人大代表提前换届选举的决定（草案）》；审议《关于莆田市城厢区、涵江区、荔城区、秀屿区人大代表名额和常委会组成人员名额的决定（草案）》；审议《关于办理省九届人大五次会议主席团交付省人大常委会审议的代表提出的21件议案的决定（草案）》；审议人事任免事项；宋德福讲话。

3月28日下午，第四次全体会议表决通过17个事项：《福建省旅游条例》；《关于修改〈福建省实施《渔业法》办法〉的决定》；《关于修改〈福建省测绘管理条例〉的决定》；《关于修改〈福建省建筑市场管理条例〉的决定》；《关于修改〈福建省农业投资条例〉的决定》；《关于修改〈福建省蘑菇菌种管理规定〉的决定》；《关于修改〈福建省公证工作若干规定〉的决定》；《关于修改〈福建省实施《归侨侨眷权益保护法》办法〉的决定》；《关于修改〈福建省保护华侨投资权益若

干规定〉的决定》;《关于废止〈福建省食品商贩和城乡集贸市场食品卫生管理办法〉等七项地方性法规的决定》;《关于批准〈福州市大气污染防治办法〉的决定》;《关于批准〈福州市水工程管理条例〉的决定》;《关于福建省乡级人大代表选举时间的决定》;《关于莆田市城厢区、涵江区人大代表提前换届选举的决定》;《关于莆田市城厢区、涵江区、荔城区、秀屿区人大代表名额和常委会组成人员名额的决定》;《关于办理省九届人大五次会议主席团交付省人大常委会审议的代表提出的21件议案的决定》;人事任免4人。任免事项中,决定免去朱亚衍的省政府副省长职务,决定任命刘德章、陈芸为省政府副省长;任命省人大法制委员1人。宋德福讲话。

会后,邀请全国人大常委会委员、全国人大教科文卫委副主任委员朱丽兰作"21世纪的科学"专题讲座,主持人林强。

二、省九届人大常委会三十二次会议

2002年5月27日召开,会期5天。组成人员出席56人,请假4人。共举行4次全体会议,主持人分别是宋德福、洪华生、童万亨、黄贤模。

会议议程23项:审议《福建省人才市场管理条例(草案修改二稿)》;审议《福建省武夷山世界文化和自然遗产保护条例(草案修改二稿)》;审议《关于加强预算审查监督工作的决定(草案修改稿)》;审议《福建省乡镇人大工作若干规定(草案修改稿)》;审议《福建省农业生态环境保护条例(草案修改稿)》;审议《福建省建设工程质量管理条例(草案修改稿)》;审议《福建省东山经济技术开发区条例修正案(草案修改稿)》;审议《福建省人大常委会任免工作条例(草案)》;审议《福建省城市房屋拆迁管理条例(草案)》;审议《福建省民用燃气管理条例(草案)》;审议《福建省海洋环境保护条例(草案)》;审议《关于修改〈福建省县、乡两级人大代表直接选举实施细则〉的决定(草案)》;审议《福建省计划生育条例修正案(草案)》;审议《福建省公共场所治安管理办法修正案(草案)》;审议福州市人大常委会报请批准的《福州长乐国际机场保护条例》;审议福州市人大常委会报请批准的《关于修改〈福州市经济技术开发区条例〉的决定》;审议福州市人大常委会报请批准的《关于修改〈福清融侨经济技术开发区条例〉的决定》;审议福州市人大常委会报请批准的《关于修改〈福州保税区条例〉的决定》;审议福州市人大常委会报请批准的《关于修改〈福州市科学技术进步若干规定〉的决定》;审议福州市人大常委会报请批准的《关于废止〈福州市城镇房产纠纷仲裁办法〉的决定》;审议省政府关于《调整福建省国民经济和社会发展第十个五年计划纲要部分指标(草案)》的议案;审议人事任免事项;宋德福讲话。

5月29日上午，第二次全体会议表决通过人事任免50人。任免事项中，决定免去省林业厅、审计厅厅长2人，决定任命省信息产业厅、林业厅、审计厅厅长3人；任免审判人员35人；任免检察人员10人。

5月31日下午，第四次全体会议表决通过12个事项：《福建省人才市场管理条例》；《福建省武夷山世界文化和自然遗产保护条例》；《关于加强预算审查监督工作的决定》；《关于修改〈福建省县、乡两级人大代表直接选举实施细则〉的决定》；《关于修改〈福建省东山经济技术开发区条例〉的决定》；《关于批准〈福州长乐国际机场保护条例〉的决定》；《关于批准〈福州市人大常委会关于修改《福州市经济技术开发区条例》的决定〉的决定》；《关于批准〈福州市人大常委会关于修改《福清融侨经济技术开发区条例》的决定〉的决定》；《关于批准〈福州市人大常委会关于修改《福州保税区条例》的决定〉的决定》；《关于批准〈福州市人大常委会关于修改《福州市科学技术进步若干规定》的决定〉的决定》；《关于批准〈福州市人大常委会关于废止《福州市城镇房产纠纷仲裁办法》的决定〉的决定》；《关于调整省国民经济和社会发展第十个五年计划纲要部分指标的决定》。宋德福讲话。

三、省九届人大常委会三十三次会议

2002年7月22日召开，会期5天。组成人员出席56人，请假4人。共举行4次全体会议，主持人分别是宋德福、林强、王建双、王建双。

会议议程19项：审议《福建省农业生态环境保护条例（草案修改二稿）》；审议《福建省建设工程质量管理条例（草案修改二稿）》；审议《福建省人口与计划生育条例（修订案草案修改稿）》；审议《福建省人大常委会任免国家机关工作人员条例（草案修改稿）》；审议《福建省城市房屋拆迁管理条例（草案修改稿）》；审议《福建省燃气管理条例（草案修改稿）》；审议《福建省海洋环境保护条例（草案修改稿）》；审议《福建省各级人大常委会讨论、决定重大事项的规定（草案）》；审议《关于加强社会保障工作监督的决定（草案）》；审议《福建省消防条例修正案（草案）》；审议《福建省实施〈工会法〉办法（修订草案）》；审议《关于省十届人大代表选举问题的决定（草案）》；审议《关于福州市、厦门市、三明市和福州市仓山区、晋安区、马尾区人大常委会组成人员名额的决定（草案）》；审议关于省九届人大五次会议主席团交付省人大常委会审议的代表提出的第0003号议案办理情况的报告；听取和审议省政府关于落实"三条保障线"和就业情况的报告；听取和审议省财政厅关于2001年决算和2002年上半年预算执行情况的报告；听取和审议省审计厅关于2001年省级预算执行和其他财政收支情况的审计工作报告；审议人事任免事项；宋德福讲话。此外，会议还印发了《福建省实施〈归

侨侨眷权益保护法〉办法》、《福建省保护华侨房屋租赁权益的若干规定》、《福建省各级人大常委会信访工作条例》执法检查报告（书面）。

7月26日下午3：30，第三次全体会议表决通过8个事项：《福建省农业生态环境保护条例》；《福建省建设工程质量管理条例》；《福建省人口与计划生育条例》；《关于省十届人大代表选举问题的决定》；《关于福州市、厦门市、三明市和福州市仓山区、晋安区、马尾区人大常委会组成人员名额的决定》；《关于批准2001年省级决算的决议》；《关于接受鲍绍坤辞去省人民检察院检察长职务的请求的决定》；人事任免32人。任免事项中，决定免去、任命省国家安全厅厅长各1人；任命审判人员19人；任免检察人员11人。

7月26日下午4：30，第四次全体会议表决通过《关于倪英达代理省人民检察院检察长职务的决定》。宋德福讲话。

四、省九届人大常委会三十四次会议

2002年9月23日召开，会期5天。组成人员出席53人，请假7人。共举行3次全体会议，主持人分别是宋德福、施性谋、黄松禄。

会议议程20项：审议《福建省人大常委会任免国家机关工作人员条例（草案修改二稿）》；审议《福建省城市房屋拆迁管理条例（草案修改二稿）》；审议《福建省燃气管理条例（草案修改二稿）》；审议《福建省海洋环境保护条例（草案修改二稿）》；审议《福建省各级人大常委会讨论决定重大事项的规定（草案修改稿）》；审议《关于加强社会保障工作监督的决定（草案修改稿）》；审议《福建省消防条例（修正）（草案修改稿）》；审议《福建省实施〈工会法〉办法（修订）（草案修改稿）》；审议《福建省机关效能建设工作暂行条例（草案）》；审议《福建省防洪条例（草案）》；审议《福建省档案条例（草案）》；审议福州市人大常委会报请批准的《福州市结核病防治条例》；听取和审议省人大常委会执法检查组关于整顿和规范市场经济秩序工作情况执法检查的报告；听取和审议省人大常委会执法检查组关于严打整治斗争情况执法检查的报告；听取和审议省发展计划委员会关于2002年1—8月份国民经济和社会发展计划执行情况的报告；审议《关于泉州市鲤城区、丰泽区、洛江区人大常委会组成人员名额的决定（草案）》；审议《关于诏安县梅洲乡人大换届选举时间的决定（草案）》；审议关于省九届人大五次会议主席团交付省人大常委会审议的代表提出的8件议案办理情况的报告；审议人事任免事项；宋德福讲话。

9月27日下午，第三次全体会议表决通过11个事项：《福建省人大常委会任免国家机关工作人员条例》；《福建省城市房屋拆迁管理条例》；《福建省燃气管理条例》；《福建省海洋环境保护条例》；《福建省各级人大常委会讨论决定重

大事项的规定》;《关于加强社会保障工作监督的决定》;《关于修改〈福建省消防条例〉的决定》;《关于批准〈福州市结核病防治条例〉的决定》;《关于泉州市鲤城区、丰泽区、洛江区人大常委会组成人员名额的决定》;《关于诏安县梅洲乡人大换届选举时间的决定》;任免审判人员5人,任命检察人员1人。宋德福讲话。

五、省九届人大常委会三十五次会议

2002年10月13日下午召开,会期半天。组成人员出席57人,请假3人。共举行4次全体会议,主持人宋德福。

会议议程4项:审议《关于接受习近平辞去省人民政府省长职务的请求的决定(草案)》;审议省人大常委会主任会议《关于提请决定任命卢展工为省人民政府副省长的议案》、《关于提请决定省人民政府代理省长的议案》;宋德福讲话。

10月13日下午4:00,第二次全体会议表决通过2个事项:《关于接受习近平辞去省人民政府省长职务的请求的决定》;任命卢展工为省政府副省长。

10月13日下午4:50,第四次全体会议表决通过《关于卢展工代理省人民政府省长职务的决定》。卢展工代省长作供职发言。宋德福讲话。

六、省九届人大常委会三十六次会议

2002年12月13日召开,会期4天半。组成人员出席55人,请假5人。共举行4次全体会议,主持人分别是宋德福、童万亨、黄贤模、王建双。

会议议程22项:审议《关于召开省十届人大一次会议的决定(草案)》;审议《福建省实施〈工会法〉办法(修订)(草案修改二稿)》;审议《福建省防洪条例(草案修改稿)》;审议《福建省档案条例(草案修改稿)》;审议《福建省青年志愿者条例(草案)》;审议福州市人大常委会报请批准的《福州市寿山石资源保护办法》;审议福州市人大常委会报请批准的《关于修改〈福州市消防安全管理办法〉的决定》;审议厦门市人大常委会报请批准的《厦门市海上交通安全管理条例》;听取和审议省人大常委会执法检查组关于《福建省促进科技成果转化条例》实施情况的检查报告;听取和审议省人大常委会执法检查组关于《福建省森林条例》实施情况的检查报告;听取和审议省政府关于开展山海协作和老区、少数民族地区工作情况的报告;听取和审议省发展计划委员会关于基础设施和重点项目建设工作情况的报告;听取和审议省经济体制改革与对外开放委员会办公室关于行政审批制度改革情况的报告;听取和审议省财政厅、省农村税费改革领导小组办公室关于农村税费改革试点工作情况的报告;听取和审议省九届人大常委会代表资

格审查委员会关于省十届人大代表的代表资格的审查报告;审议关于省九届人大五次会议主席团交付省人大常委会审议的代表提出的12件议案办理情况的报告;听取和审议省政府关于省九届人大五次会议代表建议、批评、意见办理情况的报告;听取和审议省法院关于省九届人大五次会议代表建议、批评、意见办理情况的报告;听取和审议省检察院关于省九届人大五次会议代表建设、批评、意见办理情况的报告;讨论《福建省人大常委会工作报告(讨论稿)》;审议人事任免事项;宋德福讲话。

12月17日上午,第四次全体会议表决通过9个事项:《关于召开省十届人大一次会议的决定》;《福建省人大常委会公告》;《福建省实施〈工会法〉办法》;《福建省防洪条例》;《福建省档案条例》;《关于批准〈福州市寿山石资源保护办法〉的决定》;《关于批准〈福州市人大常委会关于修改《福州市消防安全管理办法》的决定〉的决定》;《关于批准〈厦门市海上交通安全管理条例〉的决定》;人事任免18人。任免事项中,任命审判人员3人,任免检察人员15人。宋德福讲话。

七、省九届人大常委会三十七次会议

2003年1月5日上午召开,会期半天。组成人员出席56人,请假4人。共举行2次全体会议,主持人分别是宋德福、王建双。

会议议程9项:听取和审议关于省十届人大一次会议安排意见的报告;审议《省十届人大一次会议主席团和秘书长名单(草案)》,决定提请省十届人大一次会议预备会议选举;审议省十届人大一次会议建议议程(草案),决定提请省十届人大一次会议预备会议表决;审议省十届人大一次会议财政经济审查委员会人员名单(草案),决定提请《省十届人大一次会议预备会议表决;审议省十届人大一次会议列席人员安排原则的决定(草案);审议《省人大常委会工作报告(稿)》,决定提请省十届人大一次会议审议;审议关于《省九届人大五次会议主席团交付省人大常委会审议的代表提出的21件议案审议结果的综合报告》;关于省九届人大五次会议代表建议、批评和意见办理情况的综合报告(书面);宋德福讲话。

1月5日上午,第二次全体会议表决通过6个事项:《省十届人大一次会议主席团和秘书长名单(草案)》;《省十届人大一次会议议程(草案)》;《省十届人大一次会议财政经济审查委员会人员名单(草案)》;《省十届人大一次会议列席人员安排原则的决定》;《福建省人大常委会工作报告》;《关于省九届人大五次会议主席团交付省人大常委会审议的代表提出的21件议案审议结果的综合报告》。宋德福讲话。

附：

一、省九届人大一至五次会议主席团、常务主席、秘书长名单

（一）省九届人大一次会议

主席团（58人，按姓名笔画排列）：

王克明	王建双	王美香（女）	方忠炳	石兆彬
叶家松	丘广钟	毕振东	吕团孙	吕良弼
刘钦锐	李伟民	李秀记	吴　城	余金满
宋　峻	张济宇	张振郎	陈训敬	陈刚挺
陈明义	陈建平	陈　奎	陈修茂	陈俊杰
陈祖辉	陈营官	林汝照	林克敏	林国良
林鼎富	林　强	欧云远	周天明	郑义正
赵守箴	赵学敏	赵觉荣	荆福生	钟雷兴
施性谋	洪华生（女）	贺国强	袁启彤	聂全林
涂瑞南	黄小晶	黄长溪	黄文麟	黄双月（女）
黄贤模	曹德淦	童万亨	曾喜祥	雷爱美（女）
简少玉（女）	詹　毅	潘心诚		

常务主席：

陈明义	袁启彤	王建双	黄长溪	黄文麟
施性谋	洪华生（女）	宋　峻	童万亨	方忠炳
郑义正	黄贤模	林　强		

秘书长：宋　峻

（二）省九届人大二次会议

主席团（57人，按姓名笔画排列）：

王克明	王建双	王美香（女）	方忠炳	石兆彬
叶家松	毕振东	吕团孙	吕良弼	刘钦锐
苍震华	李伟民	李秀记	李敏忠	李德海
吴　城	何立峰	余金满	宋　峻	张济宇
张振郎	张燮飞	陈训敬	陈刚挺	陈明义
陈建平	陈　奎	陈修茂	陈俊杰	陈祖辉
陈营官	林汝照	林克敏	林国良	林鼎富
林　强	欧云远	周天明	郑义正	赵守箴
赵学敏	荆福生	钟雷兴	施性谋	洪华生（女）
袁启彤	聂全林	涂瑞南	黄长溪	黄文麟
黄双月（女）	黄贤模	童万亨	曾喜祥	雷爱美（女）
简少玉（女）	詹　毅			

常务主席：

陈明义	袁启彤	王建双	施性谋	洪华生（女）
宋　峻	童万亨	方忠炳	郑义正	黄贤模
林　强	曾喜祥			

秘书长：王建双

(三) 省九届人大三次会议

主席团（57人，按姓名笔画排列）：

王克明	王建双	王美香（女）	方忠炳	石兆彬
叶家松	毕振东	吕团孙	吕良弼	刘钦锐
苍震华	李伟民	李秀记	李敏忠	李德海
吴　城	何立峰	余金满	宋　峻	张济宇
张振郎	张燮飞	陈训敬	陈刚挺	陈明义
陈建平	陈　奎	陈修茂	陈俊杰	陈祖辉
陈营官	林汝照	林克敏	林国良	林鼎富
林　强	欧云远	周天明	郑义正	赵守箴
赵学敏	荆福生	钟雷兴	施性谋	洪华生（女）
袁启彤	聂全林	涂瑞南	黄长溪	黄文麟
黄双月（女）	黄贤模	童万亨	曾喜祥	雷爱美（女）
简少玉（女）	詹　毅			

常务主席：

陈明义	袁启彤	王建双	施性谋	洪华生（女）
宋　峻	童万亨	方忠炳	郑义正	黄贤模
林　强	曾喜祥			

秘书长：王建双

(四) 省九届人大四次会议

主席团（60人，按姓名笔画排列）：

王克明	王建双	王美香（女）	方忠炳	叶家松
毕振东	吕团孙	吕良弼	刘钦锐	刘德章
汤龙光	苍震华	李　川	李伟民	李秀记
李德海	吴　城	何立峰	余金满	宋　峻
宋德福	张济宇	张振郎	张燮飞	陈元春
陈训敬	陈光普	陈刚挺	陈建平	陈　奎
陈修茂	陈俊杰	陈祖辉	陈营官	林克敏
林国良	林鼎富	林　强	欧云远	周天明
郑义正	赵守箴	赵学敏	荆福生	钟雷兴
施性谋	洪永世	洪华生（女）	袁启彤	聂全林

| 黄长溪 | 黄文麟 | 黄双月（女） | 黄松禄 | 黄贤模 |
| 童万亨 | 曾乃航 | 曾喜祥 | 雷爱美（女） | 简少玉（女） |

常务主席：

宋德福	袁启彤	王建双	施性谋	洪华生（女）
宋　峻	童万亨	方忠炳	郑义正	黄贤模
林　强	曾喜祥			

秘书长：王建双

（五）省九届人大五次会议

主席团（63人，按姓名笔画排列）：

王克明	王建双	王美香（女）	方忠炳	卢展工
叶家松	毕振东	吕团孙	吕良弼	刘钦锐
刘德章	苍震华	李　川	李伟民	李秀记
李　宏	李德海	吴　城	何立峰	余金满
宋　峻	宋德福	张济宇	张振郎	张燮飞
陈元春	陈训敬	陈光普	陈刚挺	陈建平
陈　奎	陈修茂	陈俊杰	陈祖辉	陈营官
林国良	林鼎富	林　强	欧云远	周天明
郑义正	郑立中	赵守箴	荆福生	钟雷兴
施性谋	洪永世	洪华生（女）	袁启彤	聂全林
黄长溪	黄文麟	黄双月（女）	黄松禄	黄贤模
黄瑞霖	梁绮萍（女）	童万亨	曾乃航	曾喜祥
雷爱美（女）	简少玉（女）	薛祖亮		

常务主席：

| 宋德福 | 袁启彤 | 王建双 | 施性谋 | 黄松禄 |
| 洪华生（女） | 童万亨 | 黄贤模 | 林　强 | 曾喜祥 |

秘书长：王建双

二、省九届人大一至五次会议财政经济审查委员会名单

（一）省九届人大一次会议财政经济审查委员会

主任委员：黄长溪

副主任委员：林鼎富

委　员（按姓名笔画排列）：

申学光	朱永康	刘钦锐	杨缅昆	吴　城
陈丽群（女）	陈　奎	陈祖武	欧云远	封建安
胡平西	郭成土	储榕霖	谢先文	蓝益江
魏忠义				

(二) 省九届人大二次会议财政经济审查委员会

主任委员：施性谋

副主任委员：余金满　陈修茂　林鼎富

委　　员（按姓名笔画排列）：

申学光	叶文鉴	朱永康	刘钦锐	杨缅昆
李伟民	吴　城	陈文钊	陈丽群（女）	陈　奎
陈祖武	欧云远	封建安	郭成土	储榕霖
谢先文	蓝益江	魏忠义		

(三) 省九届人大三次会议财政经济审查委员会

主任委员：施性谋

副主任委员：余金满　陈修茂　林鼎富

委　　员（按姓名笔画排列）：

申学光	叶文鉴	毕振东	朱永康	刘钦锐
杨缅昆	李伟民	吴　城	陈文钊	陈丽群（女）
陈　奎	陈祖武	欧云远	封建安	郭成土
储榕霖	谢先文	蓝益江	魏忠义	

(四) 省九届人大四次会议财政经济审查委员会

主任委员：施性谋

副主任委员：余金满　陈修茂　林鼎富

委　　员（按姓名笔画排列）：

申学光	叶文鉴	毕振东	朱永康	庄友松
刘钦锐	苏玉泰	李伟民	吴　城	陈子诚
陈文钊	陈丽群（女）	陈　奎	陈祖武	欧云远
封建安	郭成土	储榕霖	谢先文	蓝益江
魏忠义				

(五) 省九届人大五次会议财政经济审查委员会

主任委员：施性谋

副主任委员：余金满　陈光普　陈修茂　林鼎富

委　　员（按姓名笔画排列）：

申学光	叶文鉴	毕振东	朱永康	庄友松
刘钦锐	苏玉泰	李伟民	吴　城	陈子诚
陈元春	陈文钊	陈丽群（女）	陈　奎	陈祖武
欧云远	周真平（女）	封建安	赵觉荣	郭成土
储榕霖	谢先文	蓝益江	魏忠义	

三、省九届人大一至五次会议副秘书长名单

（一）省九届人大一次会议副秘书长

| 曾喜祥 | 陈光普 | 张燮飞 | 陈祖辉 | 黄诗筠 |

（二）省九届人大二次会议副秘书长

曾喜祥　　　陈光普　　　李育兴　　　黄诗筠　　　张振郎
李德海

（三）省九届人大三次会议副秘书长

曾喜祥　　　陈光普　　　李育兴　　　黄诗筠　　　张振郎
李德海　　　陈祖辉

（四）省九届人大四次会议副秘书长

曾喜祥　　　李育兴　　　陈　芸　　　张振郎　　　李德海
陈祖辉　　　黄诗筠　　　赵　洤　　　杜成山

（五）省九届人大五次会议副秘书长

曾喜祥　　　李育兴　　　陈　芸　　　张振郎　　　李德海
陈祖辉　　　黄诗筠　　　赵　洤　　　杜成山

第二章　省十届人大及常委会会议

第一节　省十届人大一次会议

2003年1月7日下午，召开预备会议，主持人宋德福。会议选举省十届人大一次会议主席团和秘书长，通过议程和财政经济审查委员会名单。预备会议后召开主席团第一次会议，推定常务主席，决定大会副秘书长。

1月8日上午，省十届人大一次会议在福州福建会堂召开。会期8天，与会代表546人。共举行6次全体会议、5次主席团会议。全体会议的主持人分别是宋德福、施性谋、黄松禄、王建双、童万亨、宋德福。

1月14日上午和15日上午，第四、五次全体会议进行选举。15日下午，第六次全体会议通过关于省政府、省人大常委会、省法院、省检察院工作报告的决议，关于计划、预算的决议。宋德福致大会闭幕词。

本次大会共收到代表提出的议案190件及建议、批评和意见480件。

一、听取和审议工作报告

（一）听取和审议省政府工作报告

会议听取省政府代省长卢展工所作的《与时俱进　开拓创新　向全面建设小康社会宏伟目标迈进》的政府工作报告。

报告述：2002年，各级政府着力构建三条战略通道，按三个层面推进发展，经过全省人民的共同努力，实现了省九届人大五次会议确定的国民经济和社会发展预期目标。2002年是经济和社会发展取得明显成效的一年，国民经济呈现良好发展态势，国内生产总值4682亿元，增长10.5%，农林牧渔业增加值增长2.7%，工业增加值增长15.5%，全社会固定资产投资1210亿元，增长6.7%，外贸出口171亿美元，增长23%，实际利用外商直接投资41亿美元，增长5%，财政总收入472亿元，可比增长11%，其中，地方财政收入268亿元，增长10.5%，社会消费品零售总额增长10.5%，居民消费价格总水平下降0.5%，城镇居民人均可支配收入增长9.5%，农民人均纯收入增长4.4%，城镇登记失业率4.5%，人口自然增长率控制在5.6‰，金融运行平稳，各项改革不断深化，整顿和规范市场经济秩序取得进展，科教兴省和可持续发展战略继续推进，社会事业稳步发展。

过去的五年,经济社会发展跃上一个新台阶。国民经济持续快速健康发展,五年内国内生产总值年均增长10%,提前于1999年实现人均国内生产总值比1980年翻三番的目标,基础设施建设力度加大,各项改革稳步推进,社会事业全面进步,城乡居民生活水平继续提高。在充分肯定成绩的同时,也清醒地认识到还存在产业结构不尽合理等不少困难和问题。

本世纪头二十年是必须紧紧抓住并且可以大有作为的重要战略机遇期,福建省全面建设小康社会的目标是:在优化结构和提高效益的基础上,年均经济增长速度保持比全国高1~2个百分点;按2000年可比价格计算,到2008年国内生产总值力争达到7800亿元,实现第一个翻番;到2017年达到17000亿元,比全国提前3年翻两番,综合经济竞争力明显增强。

2003年,必须扎实做好以下九个方面的工作:继续扩大内需,促进投资和消费增长;加快工业化,推进企业改革发展;加强农业和农村经济工作,努力促进农民增收;加快城镇化进程,推进县域经济发展;拓展对外经贸,进一步提高对外开放水平;认真做好财税工作,加大金融对经济增长的支持力度;加强就业和社会保障工作,不断改善人民生活条件;实施科教兴省和可持续发展战略,促进经济社会协调发展;切实加强精神文明建设和民主法制建设,维护社会安定稳定。预期国内生产总值增长9%。

根据代表审议意见,政府工作报告作了近10处修改。其中,在有关2003年工作部分,增加"认真做好军转干部、退伍军人的安置工作"、"提高行政能力"等内容。

会议通过决议,批准省政府工作报告。

(二)听取和审议省人大常委会工作报告

会议听取省九届人大常委会副主任王建双所作的省人大常委会工作报告。

报告述:五年来,常委会围绕中心,服务大局,以民为本,依法履职,各项工作都有了新进步、新提高,为推进依法治省进程,保障和促进改革开放和现代化建设事业的顺利进行,发挥了地方国家权力机关积极的作用。本届常委会任期内,共制定地方性法规47项,修订23项,废止25项,批准较大的市地方性法规29项;作出74项有关重大事项决议、决定;组织对17项法律法规和有关法律问题决定的实施情况的检查,听取和审议同级政府及其部门和法院、检察院工作报告48项;任免和批准任免国家机关工作人员409人次。

立法工作成绩明显。突出经济立法,促进物质文明建设;加强民主制度立法,促进政治文明建设;加快社会事业立法,促进精神文明建设;适应形势发展要求,加大对地方性法规的清理、修改力度,从1999年起,连续三年进行全面清理和修订,共涉及169项法规,为适应我国加入世贸组织,又修订和废止了一批法规。

监督工作得到加强。围绕经济建设和改革开放的重大问题进行监督,对国有企业改革、经济结构调整、农业和农村经济发展、社会保障制度等重大问题和重要工作,组织开展视察、执法检查和听取工作报告;围绕可持续发展和科教兴省战略实施进行监督,组织环境和资源保护执法检查,连续十年开展中华环保世纪行(福建)宣传活动,听取和审议治理中小学乱收费等专项工作报告,组织开展促进科技成果转化条例执法检查;围绕行政执法、司法工作进行监督,就《行政诉讼法》、《刑法》、《治安管理处罚条例》等开展执法检查。

讨论决定重大事项和人事任免工作有序进行。批准了"十五"计划纲要,调整"九五"重点大中型建设项目计划、调整"十五"计划纲要部分指标;作出了依法治省的决议,批准了省政府依法行政实施规划和省法院、省检察院贯彻依法治省决议的实施方案,作出了进一步开展法制宣传教育的决议;作出了关于对外商投资企业两年内暂行停征城市公共消防设施配套费的决定;作出关于加强社会保障工作监督的决定;在不断改进人事任免工作的基础上,制定了常委会任免国家机关工作人员条例。

联系代表和人民群众工作有所创新。加强对代表法执行情况的监督检查,认真办理代表议案、建议,做好跟踪落实,建立了常委会组成人员联系代表、代表列席常委会会议等工作制度;常委会作出了关于密切联系群众应当坚持和完善的几项制度的决议,受理人民来信近5万件,接待群众来访32000多人次;加强同市县(区)人大的联系,搞好指导和服务,1999年,召开了三级人大常委会主任参加的全省人大工作座谈会,积极帮助市县(区)人大解决行使职权过程中出现的一些疑难问题和具体困难,认真组织指导县乡两级人大换届选举工作。

自身建设不断推进。切实加强学习;着力推进组织和制度建设;深入开展调查研究;认真做好人大宣传工作。

会议经审议,通过决议,批准省人大常委会工作报告。

(三)听取和审议省法院工作报告

会议听取省法院院长陈旭所作的省法院工作报告。

报告述:1998年省九届人大一次会议以来,全省法院在党委领导、人大监督下,认真实施依法治国基本方略和依法治省决议,精心构筑"铁案"工程,克服困难,锐意改革,与时俱进,较好地完成了各项任务。审判工作取得新进展,共受理各类案件1448851件,审、执结1425955件,分别比前五年上升64.93%和66.52%,一审刑事、民商事案件在审限内结案的分别占98.97%和99.73%;法院改革有了新突破,适时制定120多件业务指导性文件;队伍素质得到新提高,全省法院人员中,大专以上的占89.3%,比1998年增长17.9%。

审结一审刑事案件97729件,判决生效117596人,分别比前五年上升32.68%

和 33.88%；审结一审民商事案件 631465 件，解决讼争标的 915.25 亿元，分别比前五年上升 49.22% 和 292.71%；审结一审行政案件 10906 件，比前五年上升 147.92%；执结各类案件 510405 件，标的金额 342.14 亿元，分别比前五年上升 133.02% 和 479.7%；多渠道参与社会治安综合治理，通过非讼渠道调处纠纷 5206 件。

在党委领导下，接受人大监督是做好法院工作的重要保证。各级法院普遍制定了接受人大及其常委会监督的工作制度，设立人大代表联络机构；根据省人大关于依法治省决议，专门制定了具体工作方案；根据人大代表的建议，省法院于 2000 年组织全省法院开展了大规模的清理积案工作，基本实现了不把积案拖到 21 世纪的目标。

今后五年，省法院的主要任务是：认真实施依法治国基本方略和依法治省决议，继续紧紧围绕"公正与效率"的主题，与时俱进，全面加强审判、执行工作，进一步深化法院改革，稳步推进法官职业化建设，切实保障社会公平正义。

会议经审议，通过决议，批准省法院工作报告。

（四）听取和审议省检察院工作报告

会议听取省检察院代检察长倪英达所作的省检察院工作报告。

报告述：五年来，全省检察机关在省委和高检院的领导下，认真贯彻执行依法治省的决定、决议，公正执法，加强监督，依法办案，从严治检，服务大局，全面正确履行检察职责。

五年来，共批捕各类刑事犯罪嫌疑人 136187 人，起诉 133999 人，其中，批捕重特大刑事犯罪嫌疑人 38160 人，起诉 36264 人，批捕破坏市场经济秩序犯罪嫌疑人 5537 人，起诉 4971 人，批捕危害国家安全犯罪和"法轮功"邪教组织犯罪嫌疑人 356 人，起诉 302 人；共立案侦查贪污贿赂、渎职等职务犯罪案件 6054 件，挽回直接经济损失 6.6 亿元，集中力量做好远华特大走私案的检察工作；督促公安机关立案侦查刑事犯罪案件 2007 件，追捕 1603 人，追诉 588 人，刑事审判抗诉 381 件，纠正违反规定不交付执行和违法减刑、假释、暂予监外执行 543 人次，清理纠正超期羁押 19079 人次，提出民事行政案件抗诉 2136 件。

各级检察机关更加自觉地把检察工作置于人大及其常委会的监督之下。全面工作、重大部署和重要事项主动报告，交办的事项统一管理，专人负责，专项督查，限期反馈。人大代表建议及时研究办理，逐件反馈。省检察院坚持向在闽全国、省人大代表寄送《闽检要况》、《福建检察》，积极走访人大代表。

当前和今后一个时期，全省检察机关要突出"强化监督、公正执法"主题，全面正确履行检察职责，继续深化检察改革，完善检察业务工作机制、队伍管理机制和检务保障机制。

会议经审议，通过决议，批准省检察院工作报告。

二、审查和批准计划、预算

（一）计 划

会议听取省发展计划委员会主任苏增添受省政府委托所作的《关于福建省2002年国民经济和社会发展计划执行情况与2003年计划草案的报告》。

报告述：省九届人大五次会议审议通过的2002年国民经济和社会发展计划主要预期目标如期完成或超额完成。初步统计，国内生产总值4682亿元①，按可比价格计算增长10.5%，比预期目标高2个百分点；全社会固定资产投资1210亿元，增长6.7%，超预期目标；社会消费品零售总额增长10.5%，超预期目标；外贸出口171亿美元，增长23%；利用外商直接投资41亿美元，增长5%，超预期目标；居民消费价格总水平下降0.5个百分点；城镇居民人均可支配收入9100元，增长9.5%，超预期目标；农民人均纯收入3530元，增长4.4%，完成年初预期目标；城镇登记失业率控制在4.5%以内的预期目标；人口自然增长率5.6‰，控制在预期目标。

2003年国民经济和社会发展的预期目标是：国内生产总值增长9%；全社会固定资产投资增长6%；社会消费品零售总额增长10%；外贸出口增长7%以上；实际利用外商直接投资40亿美元；地方级财政收入可比口径增长9%；居民消费价格总水平上升1%左右；城镇居民人均可支配收入实际增长7%；农民人均纯收入实际增长4%～5%；城镇登记失业率控制在4.5%以内；人口自然增长率控制在7‰以内。

财政经济审查委员会审查报告认为，2003年国民经济和社会发展计划草案确定的主要预期目标是积极稳妥的，提出的措施也是可行的，建议批准计划草案，同意计划报告。

会议经审议，并根据财政经济审查委员会审查报告，通过决议，批准省政府提出的2003年国民经济和社会发展计划，同意计划报告。

（二）预 算

会议听取省财政厅厅长马潞生受省政府委托所作的《关于福建省2002年预算执行情况及2003年预算草案的报告》。

报告述：预计2002年全省地方级财政收入268.59亿元②，完成预算102.4%，可比增长10.5%；全省总财力361.42亿元；全省财政支出402.33亿元（含中央专款和上年结转等支出），比上年增加29.14亿元，增长7.8%。预计2002年省本级

---

① 据《福建统计年鉴（2008）》，2002年国内生产总值实际为4467.55亿元。
② 省十届人大常委会四次会议批准的决算数为272.89亿元。

收入 34.71 亿元①，完成预算 101.9%，比上年增加 1.61 亿元，同比增长 4.9%；省本级总财力 85.13 亿元；省本级支出 97.07 亿元（含中央专款和上年结转等支出），比上年增加 0.15 亿元，增长 0.2%。

2003 年代编的全省地方级财政收入计划 274.19 亿元，可比增长 9%；全省总财力 380.7 亿元，增长 5.3%；安排全省支出 380.7 亿元，增长 5.3%。2003 年省本级收入计划 31.9 亿元，可比增长 7%；省本级财力 90.7 亿元，比上年增加 5.57 亿元，增长 6.5%；安排省本级支出 90.7 亿元。

财政经济审查委员会审查报告认为，2003 年省级预算草案保持了与全省财力的协调增长，提出预算执行的各项措施是比较积极稳妥的，建议批准省级预算草案，同意预算报告。

会议经审议，并根据财政经济审查委员会审查报告，通过决议，批准省政府提出的 2003 年省级预算，同意预算报告。

三、讨论决定重大事项

（一）通过《关于省十届人大常委会组成人员名额的决定》

1 月 7 日下午，主席团第一次会议通过了《关于省十届人大常委会组成人员名额的决定（草案）》，并将决定草案提请各代表团会议审议。1 月 8 日下午，第二次全体会议予以表决通过，决定组成人员名额为 63 名，在本届人大任期内不再变动。

（二）通过《关于设立省十届人大法制委员会的决定》

1 月 7 日下午，主席团第一次会议通过了《关于设立省十届人大法制委员会的决定（草案）》，并将决定草案提请各代表团会议审议。1 月 8 日下午，第二次全体会议表决通过了这一决定。

四、代表议案和建议

（一）议　案

省十届人大一次会议期间，代表共提出议案 190 件。其中法制方面 28 件，农经方面 29 件，财经方面 103 件，教科文卫方面 21 件，侨台方面 1 件，环境方面 2 件，其他方面 6 件。大会主席团决定，15 件议案交省人大常委会审议处理，175 件议案转为建议处理。

（二）建　议

省十届人大一次会议期间，代表提出的建议连同议案转建议，共 655 件。闭会期间，代表还提出建议 19 件。代表建议中：法制方面 73 件，农经方面 107 件，财

---

① 省十届人大常委会四次会议批准的决算数为 35.58 亿元。

经方面333件，教科文卫方面84件，侨台方面4件，环境方面29件，综合方面44件。这些建议交"一府两院"和有关党群部门共83个承办单位办理。

五、选举和通过人选

省十届人大一次会议进行换届选举。本次大会选举任务：选举省十届人大常委会组成人员58名，其中主任1名、副主任8名、秘书长1名、委员48名；选举省政府省长1名、副省长7名；选举省法院院长1名；选举省检察院检察长1名；选举十届全国人大代表63名；通过省十届人大法制委员会组成人员人选，其中主任委员1名、副主任委员1名、委员6名。大会选举办法规定：省十届人大常委会主任、秘书长，省政府省长，省法院院长，省检察院检察长的候选人数，一般应多一人，进行差额选举，如果提名的候选人只有一人，也可以等额选举；省十届人大常委会副主任、省政府副省长的候选人数应比应选人多一人；省十届人大常委会委员的候选人数应比应选人多十分之一；全国人大代表候选人数应比应选人多五分之一至二分之一。

根据大会选举办法，大会主席团提名、政党和人民团体联合提名的候选人均按应选名额提出。代表也依法联名提出了候选人名单，其中代表30人以上联名提出省人大常委会副主任候选人1名、委员候选人5名，省政府副省长候选人1名；代表10人以上联名提出全国人大代表候选人13名。

大会以无记名投票方式，选举宋德福为省十届人大常委会主任，张家坤、贾锡太、洪华生（女）、黄贤模、林强、曹德淦、谢先文、曾喜祥为副主任，陈光普为秘书长；选举卢展工为省政府省长，黄小晶、汪毅夫、刘德章、陈芸、王美香（女）、叶双瑜、李川为副省长；选举陈旭为省法院院长；选举倪英达为省检察院检察长，依法报最高人民检察院提请全国人大常委会批准。

大会以无记名投票方式，选举省十届人大常委会委员48名、十届全国人大代表63名；合并表决通过省十届人大法制委员会组成人员名单。

第二节　省十届人大常委会一至七次会议

省十届人大一至二次会议期间，共召开7次常委会会议。

一、省十届人大常委会一次会议

2003年1月16日召开，会期1天。组成人员出席58人。共举行2次全体会议，主持人分别是宋德福、张家坤。

会议议程2项：宋德福讲话；审议人事任免事项。

1月16日下午，第二次全体会议通过人事任免37人。其中，免去、任命省人大常委会办公厅、研究室、法制工作委员会、农村经济委员会、财政经济委员会、教科文卫委员会、华侨委员会（台胞工作委员会）、环境委员会主任各8人；决定任命省发展计划委员会、教育厅、民族与宗教事务厅、公安厅、国家安全厅、监察厅、民政厅、司法厅、财政厅、人事厅、劳动和社会保障厅、建设厅、信息产业厅、农业厅、林业厅、对外贸易经济合作厅、文化厅、卫生厅、计划生育委员会、审计厅厅长（主任）20人；免去审判人员1人。宋德福讲话。

二、省十届人大常委会二次会议

2003年3月31日召开，会期2天。组成人员出席52人，请假6人。共举行3次全体会议，主持人分别是张家坤、洪华生和贾锡太。

会议议程9项：传达学习十届全国人大一次会议精神；审议《福建省青年志愿服务条例（草案修改稿）》；审议《福建省特种行业和公共场所治安管理办法（修订）（草案修改稿）》；审议《福建省地质灾害防治条例（草案）》；审议《福建省牲畜屠宰管理条例修正案（草案）》；审议《关于办理省十届人大一次会议主席团交付省人大常委会审议的代表提出的15件议案的决定（草案）》；审议《省十届人大常委会代表资格审查委员会组成人员名单（草案）》；审议人事任免事项；张家坤讲话。

4月1日下午，第三次全体会议表决通过4个事项：《福建省青年志愿服务条例》；《关于办理省十届人大一次会议主席团交付省人大常委会审议的代表提出的15件议案的决定》；《省十届人大常委会代表资格审查委员会组成人员名单》；任命审判人员1人，任免检察人员6人。张家坤讲话。

省人大代表林枝森、陈振志、徐海土、陈全顺、邹明泉、林玉树、黄以西、许沂炎、杨金柱列席本次常委会会议。

三、省十届人大常委会三次会议

2003年5月26日召开，会期3天。组成人员出席49人，请假9人。共举行3次全体会议，主持人分别是张家坤、黄贤模、贾锡太。

会议议程8项：审议《福建省地质灾害防治条例（草案修改稿）》；审议《福建省牲畜屠宰管理条例修正案（草案修改稿）》；审议《福建省预防职务犯罪条例（草案）》；审议《福建省出生人口性别比异常防治条例（草案）》；审议福州市人大常委会报请批准的《福州市食用农产品质量安全管理办法》；审议福州市人大常委会报请批准的《关于修改〈福州市市容和环境卫生管理办法〉的决定》；审议《关于厦门市辖区人大代表名额和常委会组成人员名额的决定（草案）》；张家坤讲话。

5月28日下午,第三次全体会议表决通过4个事项:《关于修改〈福建省牲畜屠宰管理条例〉的决定》;《关于厦门市辖区人大代表名额和常委会组成人员名额的决定》;《关于批准〈福州市食用农产品质量安全管理办法〉的决定》;《关于批准〈福州市人大常委会关于修改《福州市市容和环境卫生管理办法》的决定〉的决定》。张家坤讲话。

省人大代表施榕斌、陈鹭、赵文权、陈春买、郑红星、郭新环、白炳义、张树涛、叶荣云列席本次常委会会议。

会后,邀请省人大常委会原副主任、省人大制度研究会会长宋峻作关于"宪法政治"的法制讲座,主持人林强。

四、省十届人大常委会四次会议

2003年7月28日召开,会期4天。组成人员出席56人,请假2人。共举行5次全体会议,主持人分别是张家坤、林强、张家坤、曹德淦、贾锡太。

会议议程22项:审议《福建省预防职务犯罪条例(草案修改稿)》;审议《福建省禁止非医学需要的胎儿性别鉴定和选择性别的人工终止妊娠条例(草案修改稿)》;审议《福建省特种行业和公共场所治安管理办法(修订)(草案修改二稿)》;审议《关于加强公共卫生工作的决定(草案)》;审议《福建省外商投资企业工会条例(修订)(草案)》;审议《福建省私营企业工会若干规定(修订)(草案)》;审议《福建省劳动合同管理规定修正案(草案)》;审议福州市人大常委会报请批准的《福州市气象探测环境和设施保护规定》;审议厦门市人大常委会报请批准的《厦门市城市规划条例》;审议厦门市人大常委会报请批准的《厦门市砂、石、土资源管理规定》;审议厦门市人大常委会报请批准的《厦门市海域使用管理规定》;审议厦门市人大常委会报请批准的《厦门市华侨捐赠兴办公益事业管理条例》;审议《关于福建省县、市、区人大常委会组成人员名额的决定(草案)》;审议《关于惠安县人大代表名额的决定(草案)》;听取和审议省人大常委会执法检查组关于《传染病防治法》、《食品卫生法》实施情况的检查报告;听取和审议省人大常委会执法检查组关于《义务教育法》实施情况的检查报告;听取和审议省人大常委会执法检查组关于《固体废物污染环境防治法》实施情况的检查报告;听取和审议省财政厅关于2002年决算和2003年上半年预算执行情况的报告;听取和审议省审计厅关于2002年省级预算执行和其他财政收支情况的审计工作报告;省人大常委会外向型农业调研组关于福建省外向型农业发展情况的报告(书面);审议人事任免事项;张家坤讲话。

8月1日下午,第五次全体会议表决通过13个事项:《关于加强公共卫生工作的决定》;《福建省外商投资企业工会条例》;《福建省私营企业工会若干规定》;

《关于批准〈福州市气象探测环境和设施保护规定〉的决定》；《关于批准〈厦门市城市规划条例〉的决定》；《关于批准〈厦门市砂、石、土资源管理规定〉的决定》；《关于批准〈厦门市海域使用管理规定〉的决定》；《关于批准〈厦门市华侨捐赠兴办公益事业管理条例〉的决定》；《关于福建省县、市、区人大常委会组成人员名额的决定》；《关于惠安县人大代表名额的决定》；《关于批准 2002 年省级决算的决议》；《关于接受冯声康辞去省人大常委会委员职务的请求的决定》；人事任免 8 人。任免事项中，决定任命省政府秘书长和经济贸易委员会、科学技术厅、国土资源厅、交通厅、水利厅厅长（主任）6 人，决定免去省监察厅厅长 1 人；免去检察人员 1 人。张家坤讲话。

省人大代表林亮、黄文传、张崇道、周延安、蔡志明、郑新平、王历、蓝勇、雷美美列席本次常委会会议。

会议期间，邀请北京大学教授、博士生导师陈瑞华作"关于司法改革的几个问题"的法制讲座，主持人曾喜祥。

五、省十届人大常委会五次会议

2003 年 9 月 22 日召开，会期 3 天。组成人员出席 43 人，请假 14 人。共举行 3 次全体会议，主持人分别是张家坤、林强、黄贤模。

会议议程 8 项：审议《福建省禁止非医学需要鉴定胎儿性别和选择性别终止妊娠条例（草案修改二稿）》；审议《福建省劳动合同管理规定修正案（草案修改稿）》；审议《福建省流动人口治安管理条例（修正案）（草案）》；审议《福建省社会治安综合治理条例（修正案）（草案）》；审议福州市人大常委会报请批准的《福州市人大常委会立法听证办法》；审议福州市人大常委会报请批准的《关于修改〈福州市统计工作管理条例〉的决定》；听取和审议省人大常委会执法检查组关于《福建省个体工商户和私营企业权益保护条例》实施情况的检查报告；听取和审议省发展计划委员会关于 2003 年 1—8 月国民经济和社会发展计划执行情况的报告。

9 月 24 日下午，第三次全体会议表决通过 6 个事项：《福建省禁止非医学需要鉴定胎儿性别和选择性别终止妊娠条例》；《关于修改〈福建省劳动合同管理规定〉的决定》；《关于修改〈福建省流动人口治安管理条例〉的决定》；《关于修改〈福建省社会治安综合治理条例〉的决定》；《关于批准〈福州市人大常委会立法听证办法〉的决定》；《关于批准〈福州市人大常委会关于修改《福州市统计工作管理条例》的决定〉的决定》。张家坤讲话。

省人大代表丁毅黎、陈昌生、陈少青、郑云梅、钟才文、黄梦龙、林景华、郭丽珍、林建强列席本次常委会会议。

六、省十届人大常委会六次会议

2003年11月25日召开，会期4天。组成人员出席52人，请假5人。共举行3次全体会议，主持人分别是张家坤、曹德淦、贾锡太。

会议议程20项：审议《关于召开省十届人大二次会议的决定（草案）》；审议《福建省渔港和渔业船舶管理条例（草案）》；审议《福建省专利保护条例（草案）》；审议《福建省红十字会条例（草案）》；审议福州市人大常委会报请批准的《关于修改〈福州市流动人口计划生育管理办法〉的决定》；审议厦门市人大常委会报请批准的《厦门市归侨侨眷权益保障条例》；审议厦门市人大常委会报请批准的《厦门市市政工程设施管理条例》；审议厦门市人大常委会报请批准的《厦门市教育督导条例》；审议厦门市人大常委会报请批准的《厦门市风景名胜资源保护管理条例》；审议省人民政府《关于2003年省级超收追加支出的议案》；听取和审议省人大常委会执法检查组关于《台湾同胞投资保护法》及实施办法实施情况的检查报告；听取和审议省人大常委会执法检查组关于《归侨侨眷权益保护法》及实施办法实施情况的检查报告；听取和审议省人大常委会执法检查组关于《未成年人保护法》及实施办法实施情况的检查报告；听取和审议省人大常委会执法检查组《预防未成年人犯罪法》实施情况的检查报告；听取和审议省政府关于农业产业化经营情况的报告；听取和审议省政府、省法院关于省十届人大一次会议代表建议、批评和意见办理情况的报告；审议关于省十届人大一次会议主席团交付省人大常委会审议的代表提出的15件议案办理情况的报告（书面）；讨论省人大常委会工作报告（讨论稿）；补选十届全国人大代表；审议人事任免事项。

11月26日下午，第二次全体会议表决通过《省十届人大常委会第六次会议补选全国人大代表办法》。

11月28日下午，第三次全体会议选举1个事项，补选何锦龙为十届全国人大代表。表决通过8个事项：《关于召开省十届人大二次会议的决定》；《关于批准〈福州市人大常委会关于修改《福州市流动人口计划生育管理办法》的决定〉的决定》；《关于批准〈厦门市归侨侨眷权益保障条例〉的决定》；《关于批准〈厦门市市政工程设施管理条例〉的决定》；《关于批准〈厦门市教育督导条例〉的决定》；《关于批准〈厦门市风景名胜资源保护管理条例〉的决定》；《关于批准2003年省级超收追加支出的决议》；决定任命省监察厅厅长1人。

省人大代表郑勇、种俐俐、赵璟、苏银楼、熊星、林锦魁、王建花、杨金柱列席本次常委会会议。

七、省十届人大常委会七次会议

2004年1月5日上午召开，会期半天。组成人员出席53人，请假4人。共举行2次全体会议，主持人分别是贾锡太、张家坤。

会议议程9项：听取和审议《省十届人大常委会代表资格审查委员会关于选举、补选代表的代表资格的审查报告》；听取和审议关于省十届人大二次会议安排意见的报告；审议《省十届人大二次会议主席团和秘书长名单（草案）》，决定提请省十届人大二次会议预备会议选举；审议《省十届人大二次会议建议议程（草案）》，决定提请省十届人大二次会议预备会议表决；审议《省十届人大二次会议财政经济审查委员会组成人员名单（草案）》，决定提请省十届人大二次会议预备会议表决；审议关于《省十届人大二次会议列席人员安排原则的决定（草案）》；审议《省人大常委会工作报告（稿）》，决定提请省十届人大二次会议审议；审议关于《省十届人大一次会议主席团交付省人大常委会审议的代表提出的15件议案审议结果的综合报告》；关于省十届人大一次会议代表建议、批评和意见办理情况的综合报告（书面）。

1月5日上午，第二次全体会议表决通过7个事项：《省十届人大常委会代表资格审查委员会关于选举、补选代表的代表资格的审查报告》；《省十届人大二次会议主席团和秘书长名单（草案）》；《省十届人大二次会议建议议程（草案）》；《省十届人大二次会议财政经济审查委员会组成人员名单（草案）》；《关于省十届人大二次会议列席人员安排原则的决定》；《福建省人大常委会工作报告》；《关于省十届人大一次会议主席团交付省人大常委会审议的代表提出的15件议案审议结果的综合报告》。

第三节　省十届人大二次会议

2004年1月7日下午，召开预备会议，主持人张家坤。会议选举省十届人大二次会议主席团和秘书长，通过议程和财政经济审查委员会名单。预备会议后召开主席团第一次会议，推定常务主席，决定大会副秘书长。

1月8日上午，省十届人大二次会议在福州福建会堂召开。会期5天半，与会代表546人。共举行4次全体会议、2次主席团会议。全体会议的主持人分别是张家坤、贾锡太、洪华生、张家坤。

1月13日上午，第四次全体会议通过关于省政府、省人大常委会、省法院、省检察院工作报告的决议，关于计划、预算的决议。张家坤致大会闭幕词。

本次大会共收到代表提出的议案160件及建议、批评和意见484件。

一、听取和审议工作报告

（一）听取和审议省政府工作报告

会议听取省政府省长卢展工所作的《统筹发展 一心为民 再创改革开放和现代化建设新业绩》的政府工作报告。

报告述：2003年面对突如其来的非典疫情和历史罕见的持续干旱，面对复杂的国际形势和繁重的改革发展稳定任务，各级政府坚持把发展作为富民强省的第一要务，坚持解放思想、实事求是、与时俱进，坚持正确处理改革、发展和稳定的关系，坚持执政为民，努力建设对人民负责的政府，经过全省人民共同努力，实现了省十届人大一次会议确定的国民经济和社会发展的各项目标任务。国内生产总值5229亿元，增长11.4%。

一年来，主要工作和成效是：与时俱进推出发展新举措，认真构建三条战略通道，推出实施项目带动战略和加快县域经济发展等重大举措，把实施项目带动战略作为推进全省经济社会发展的重要抓手，着力县域经济发展，分类指导，整体推进，转变职能，简政放权；齐心协力抗"非典"、抗大旱，在防治"非典"实践中逐步形成了具有福建特色的"四个二、四个三"的做法，在遭遇严重的特大旱灾面前，全省上下迎难而上，群策群力，科学调度，合力抗旱，使灾害损失降低到最低程度；结构调整步伐加快，三次产业结构进一步优化，第二产业比重上升1.5个百分点，农业和农村经济结构调整继续推进，工业经济主导作用进一步增强，运用现代经营方式和先进技术改造传统服务业，城镇化水平达到45.1%；固定资产投资较快增长，全社会固定资产投资增长幅度比上年提高13.5个百分点，各类投资主体积极性进一步调动，民间投资增长30%以上；体制机制创新成效显现，全面推进农村税费改革试点，全省农民受益20亿元，推进集体林权制度改革，正确处理经济建设与耕地保护的关系，深化国有企业改革，积极扶持民营经济发展；外向型经济取得新进展，完善"大通关"工作机制，优化出口产品结构，机电产品和高新技术产品出口额占全省出口的比重分别比上年提高2.1个和3.6个百分点，利用外资规模进一步扩大，项目技术含量明显提高，闽台经贸、文化交流进一步密切；城乡居民生活进一步改善，全年城镇居民人均可支配收入9989元，农民人均纯收入3730元，税改后农民人均减负率达80%以上；各项社会事业继续发展，建成一批高技术产业示范工程，高中阶段教育发展加快，重点流域、重点区域污染整治取得阶段性成效，连续4年实现耕地总量动态平衡；民主法制、精神文明和社会稳定工作得到加强，推进政务、村务、厂务、校务、院务等办事公开制度，开展效能建设"八闽行"活动。在肯定成绩的同时，也清醒地看到，经济社会生活中还存在产业结构不合理的状况尚未根本改善等不少困难和问题。

以科学的发展观推进2004年各项工作：努力建设对外开放、协调发展、全面繁荣的海峡西岸经济区。扩大内需，调整结构，努力保持经济较快增长；深化改革，锐意创新，为加快发展提供新动力；扩大开放，加强合作，不断拓宽发展空间；统筹兼顾，注重协调，促进经济社会的可持续发展；扩大就业，加强保障，切实关心群众生活；繁荣文化，维护稳定，营造改革和发展的良好环境。2004年预期全省国内生产总值增长9%。

根据代表审议意见，政府工作报告作了4处修改。其中，有关2004年工作部分，在人才队伍建设中增加"用好"人才、"扎实做好国防动员工作"等内容。

会议通过决议，批准省政府工作报告。

（二）听取和审议省人大常委会工作报告

会议听取省人大常委会副主任张家坤所作的省人大常委会工作报告。

报告述：过去的一年，常委会解放思想、实事求是、与时俱进，把坚持党的领导、人民当家作主和依法治国有机地统一起来，认真履行宪法和法律赋予的职责，各方面工作都取得了新的进展。一年来，常委会共召开7次会议，制定地方性法规和法规性决定3项、修订6项、废止1项，审议法规草案6项；依法审查和批准福州市、厦门市地方性法规14项，备案审查省政府及较大的市的政府规章9项；先后组织7个检查组，对11部法律法规实施情况进行检查；听取和审议省政府及其部门、省法院、省检察院的工作报告7项；作出有关重大事项决定、决议8项；审议代表议案15件；组织办理代表建议674件；任免和批准任免国家机关工作人员53人次，完成了省十届人大一次会议确定的各项任务。

坚持服务发展大局，依法行使各项职权。听取和审议省政府及其部门工作报告，对贯彻实施扩大内需方针、加快经济结构调整、实施项目带动、发展县域经济、确保粮食安全、增加农民收入等多方面提出了意见和建议；加强有关完善社会主义市场经济体制、促进社会可持续发展、维护安定稳定的立法工作，为发展提供法制保障；加大执法检查力度，在执法检查时要求切实维护个体工商户和私营企业的合法权益，促进了一些影响生态环境建设重大问题的解决；做好人事任免工作，保证了国家机关工作的正常开展。

坚持从人民群众根本利益出发，维护公民的合法权益。常委会专题听取了省政府关于防治"非典"工作情况的报告，及时调整年度立法计划，迅速组织力量起草并审议通过了关于加强公共卫生工作的决定，增加了《传染病防治法》的执法检查；常委会针对肉食品污染问题，对牲畜屠宰管理条例进行了修订，针对台胞侨胞改善投资环境的要求、未成年人犯罪和未成年人受侵害案件比较突出的情况、社会关注的教育问题等开展执法检查。

坚持与时俱进，增强人大工作活力。实行开门立法，常委会制定了五年立法规划,将法规草案向社会公布,对法规草案中的重大或有争议的问题,加强研究和协调;增强监督工作的针对性和实效性,在项目选择上,紧紧围绕经济社会发展中的重大问题和人民群众关心的热点、难点问题,在工作方法上,坚持深入实际、调研先行、贴近群众,在提高监督成效上,着力抓好督促整改,促进建立长效机制;加强和改进代表工作,开展建议办理工作"回头看"活动,重点落实"已经解决或正在解决的问题"和"列入规划将逐步解决的问题",针对代表关心的防治"非典"、早餐工程、大学城建设等组织视察。

坚持与各级人大的密切联系,共同推进人大制度建设。自觉接受全国人大常委会的监督与指导;认真做好县级人大换届选举工作;加强对市、县(市、区)人大常委会的工作指导;加强对人大制度的宣传工作。

坚持从自身做起,加强学习、改进作风。把学习摆在更加突出的位置;加强调查研究;重视机关建设。

2004年是我国人民代表大会制度建立50周年、地方人大设立常委会25周年,主要工作任务:加强立法工作,提高立法质量;加大监督力度,增强监督实效;密切联系群众,做好代表工作;认真学习《宪法》,深入开展人大制度研究和宣传工作;加强自身建设,提高履职水平。

会议经审议,通过决议,批准省人大常委会工作报告。

(三) 听取和审议省法院工作报告

会议听取省法院院长陈旭所作的省法院工作报告。

报告述:2003年,全省各级法院在党委领导、人大及其常委会的法律监督和人民政协的民主监督下,紧紧围绕"公正与效率"的主题,狠抓审判、执行工作,精心构筑"铁案"工程,大力强化自身建设,各项工作取得了新的进展。

一年来,共受理各类案件286602件,结案268282件。在办结案件中,各类刑事案件41867件,各类民商事案件127170件,行政及国家赔偿等案件6289件,执行案件92956件。打防并举,维护稳定,共审结黑社会性质组织犯罪等"严打"重点案件11641件,判处罪犯12753人,审结土地征用等各类群体性矛盾纠纷案件1116件;保障改革,促进发展,审结破坏市场经济秩序犯罪案件748件1420人,审结贪污、贿赂、挪用公款等腐败犯罪案件683件894人,妥善处理企业改制过程中出现的产权转让等案件449件,审结涉及"三农"案件5451件,审结各类金融纠纷案件2911件,审结专利、商标、著作权等纠纷案件203件,审理涉外、涉港澳台纠纷案件和海事海商案件3503件;以人为本,维权护民,审结婚姻家庭纠纷案件31577件,审结侵权及交通等事故引发的案件7339件,审理劳动争议和劳动报酬案件4099件,审结农民工追讨劳动报酬案件2357件,涉及金额达1369.1万元。全面清理超审限案件,截至去年11月,全省法院超期羁押案件208件406人,已全部清理完毕。

自觉接受人大法律监督。全省法院办复各级人大代表来信445件,各级人大常委会的交办件710件,接待代表来访544人次,走访人大代表2542人次,邀请849名各级人大代表旁听公开审理案件137件,直接听取代表对案件审判的意见。

2004年,全省法院要紧紧围绕公正与效率工作主题,落实司法为民要求,充分发挥审判职能作用,构建大稳定工作格局,建设"平安福建"。

会议经审议,通过决议,批准省法院工作报告。

(四) 听取和审议省检察院工作报告

会议听取省检察院检察长倪英达所作的省检察院工作报告。

报告述:2003年,全省检察机关在省委、高检院的坚强领导下,围绕"强化法律监督,维护公平正义"主题,忠实履行《宪法》和法律赋予的职责,积极推进检察改革和机制创新,大力加强检察队伍建设,各项检察工作有了新的发展。

全年共批捕刑事犯罪嫌疑人26326人,提起公诉28964人,批捕利用"非典"从事犯罪活动、"法轮功"邪教活动等犯罪嫌疑人14人,起诉12人;对轻微犯罪、未成年犯、初犯、偶犯等加大教育挽救力度,依法不捕1670人,不诉873人;立案侦查贪污贿赂、渎职侵权等职务犯罪案件1192件,内有百万元以上大案30件;监督公安机关立案444件,依法追捕、追诉449人,提出刑事抗诉93件,纠正违法减刑、假释、暂予监外执行和违反规定交付执行42人次,纠正超期羁押1190人次,提出民事行政诉讼抗诉164件。

自觉接受人大及其常委会的监督。认真执行省人大及其常委会的决定、决议,坚持全面工作、重大部署、重要问题主动报告,积极开展走访人大代表、邀请视察检察工作,人大代表反映的案件和问题均已办结反馈。

2004年,要牢固树立"立检为公、执法为民"的思想,紧紧围绕"强化法律监督,维护公平正义"主题,全面正确履行检察职责,提高执法水平和办案质量,深入推进检察改革和机制创新,全面加强检察机关党的建设、执法能力建设和执法规范化建设。

会议经审议,通过决议,批准省检察院工作报告。

二、审查和批准计划、预算

(一) 计　划

会议听取省发展计划委员会主任苏增添受省政府委托所作的《关于福建省2003年国民经济和社会发展计划执行情况及2004年国民经济和社会发展计划草案的报告》。

报告述:经省十届人大一次会议审议通过的2003年国民经济和社会发展计划

主要预期目标如期完成或超额完成。初步统计，国内生产总值5229亿元①，增长11.4%；全社会固定资产投资1500亿元，增长22%；社会消费品零售总额1740亿元，增长12.8%；外贸出口210.6亿美元，增长21.2%；实际利用外商直接投资按同比口径为49.9亿美元，增长17.5%；地方级财政收入304.6亿元，可比增长16.8%；居民消费品价格总水平上升0.8%；城镇居民人均可支配收入9989元，增长9%；农民人均纯收入3730元，增长5.5%；城镇登记失业率4.1%；人口自然增长率控制在5.85‰。

2004年国民经济和社会发展的预期目标是：国内生产总值增长9%；全社会固定资产投资增长12%；社会消费品零售总额增长10%；外贸出口增长10%；实际利用外商直接投资与上年持平；地方级财政收入增长10%；居民消费价格总水平上升2%左右；城镇居民人均可支配收入增长8%；农民人均纯收入增长4%~5%；城镇登记失业率控制在4.5%以内；人口自然增长率控制在7‰以内。

财政经济审查委员会审查报告认为，2004年国民经济和社会发展计划草案提出的主要目标任务是恰当的，措施也是切实可行的，建议批准计划草案，同意计划报告。

会议经审议，并根据财政经济审查委员会审查报告，通过决议，批准省政府提出的2004年国民经济和社会发展计划，同意计划报告。

（二）预　算

会议听取省财政厅厅长马潞生受省政府委托所作的《关于福建省2003年预算执行情况及2004年预算草案的报告》。

报告述：据快报统计，2003年全省地方级财政收入304.65亿元②，完成预算111.1%，可比增长16.8%；全省总财力420.3亿元；全省财政支出452.07亿元（含中央专款和上年结转等支出），比上年增加54.51亿元，增长13.7%。2003年省级地方级财政收入39.81亿元③，完成调整后预算100.5%，比上年增加7.51亿元，可比增长23.3%；省级总财力98.61亿元；省本级支出108.08亿元（含中央专款和上年结转等支出），比上年增加11.99亿元，增长12.5%。

代编2004年全省预算草案：全省地方级财政收入计划为299.12亿元，可比增长10%；全省总财力442.35亿元，增长5.2%；相应安排全省支出442.35亿元。2004年省级预算草案：省级地方级财政收入计划为42.18亿元，增长6%；省级财力103.65亿元，比上年增加5.04亿元，增长5.1%；相应安排省本级支出103.65

---

① 据《福建统计年鉴（2008）》，2003年国内生产总值实际为4983.67亿元。
② 省十届人大常委会十次会议批准的决算数为304.71亿元。
③ 省十届人大常委会十次会议批准的决算数为39.82亿元。

亿元。

财政经济审查委员会审查报告认为，2004年省本级收入预算安排是比较稳妥的，预算支出安排坚持有所为、有所不为，调整了支出结构，提出预算执行的各项措施是比较积极的，建议批准省级预算草案，同意预算报告。

会议经审议，并根据财政经济审查委员会审查报告，通过决议，批准省政府提出的2004年省级预算，同意预算报告。

三、代表议案和建议

（一）议　案

省十届人大二次会议期间，代表共提出议案160件。其中法制方面36件，农经方面16件，财经方面66件，教科文卫方面22件，侨台方面3件，环境方面10件，其他方面7件。大会主席团决定，26件议案交省人大常委会审议处理，134件议案转为建议处理。

（二）建　议

省十届人大二次会议期间，代表提出的建议连同议案转建议共618件。闭会期间，代表还提出建议15件。代表建议中：法制方面66件，农经方面113件，财经方面296件，教科文卫方面85件，侨台方面7件，环境方面14件，综合方面52件。这些建议交"一府两院"和有关党群部门共84个承办单位办理。

第四节　省十届人大常委会八至十四次会议

省十届人大二至三次会议期间，共召开7次常委会会议。

一、省十届人大常委会八次会议

2004年3月30日召开，会期1天半。组成人员出席54人，请假3人。共举行2次全体会议，主持人分别是张家坤、贾锡太。

会议议程6项：传达学习十届全国人大二次会议精神；审议《福建省渔港和渔业船舶管理条例（草案修改稿）》；审议《福建省专利保护条例（草案修改稿）》；审议《福建省红十字会条例（草案修改稿）》；审议《关于办理省十届人大二次会议主席团交付省人大常委会审议的代表提出的26件议案的决定（草案）》；审议人事任免事项。

3月31日上午，第二次全体会议表决通过2个事项：《关于办理省十届人大二次会议主席团交付省人大常委会审议的代表提出的26件议案的决定》；人事任免11人。任免事项中，决定免去省发展计划委员会、计划生育委员会主任2人，决定任命省发展和改革委员会、人口和计划生育委员会主任2人；任免检察人员7人。

省人大代表王芬珍、郑平坚、陈志聪、丁韵芳、欧宗荣、李知文、黄明、黄雄列席本次常委会会议。

二、省十届人大常委会九次会议

2004年5月31日召开，会期3天。组成人员出席45人，请假12人。共举行4次全体会议，主持人分别是张家坤、谢先文、黄贤模、贾锡太。

会议议程9项：审议《福建省渔港和渔业船舶管理条例（草案修改二稿）》；审议《福建省专利保护条例（草案修改二稿）》；审议《福建省红十字会条例（草案修改二稿）》；审议《福建省企业女职工劳动保护条例（草案）》；审议《福建省民族民间文化保护条例（草案）》；审议厦门市人大常委会报请批准的《厦门市环境保护条例》；审议厦门市人大常委会报请批准的《厦门市最低生活保障办法》；听取和审议省人大常委会执法检查组关于《防震减灾法》和《福建省防震减灾条例》实施情况的检查报告；听取和审议省政府关于防治高致病性禽流感工作情况的报告。

6月2日下午，第四次全体会议表决通过5个事项：《福建省渔港和渔业船舶管理条例》；《福建省专利保护条例》；《福建省红十字会条例》；《关于批准〈厦门市环境保护条例〉的决定》；《关于批准〈厦门市最低生活保障办法〉的决定》。张家坤讲话。

省人大代表黄小如、王聪明、张峥嵘、李玉珍、卓月珍、陈丽华、陈鼎成、林新玉、尤长铃列席本次常委会会议。

三、省十届人大常委会十次会议

2004年7月19日召开，会期4天。组成人员出席50人，请假7人。共举行4次全体会议，主持人分别是张家坤、林强、曹德淦、贾锡太。

会议议程17项：审议《福建省特种行业和公共场所治安管理办法（修订）（草案修改三稿）》；审议《福建省民族民间文化保护条例（草案修改稿）》；审议《福建省财政监督条例（草案）》；审议《福建省人才市场管理条例修正案（草案）》；审议《福建省劳动力市场管理条例修正案（草案）》；审议福州市人大常委会报请批准的《福州市广播电视设施建设与管理若干规定》；审议厦门市人大常委会报请批准的《厦门市无居民海岛保护与利用管理办法》；听取和审议省政府关于提请审议通过的省地方性法规设定的行政许可清理情况的报告；听取和审议省人大常委会关于福建省地方性法规行政许可事项清理工作的报告；听取和审议省人大常委会执法检查组关于《动物防疫法》和《进出境动植物检疫法》实施情况的检查

报告；听取和审议省人大常委执法检查组关于《统计法》和《审计法》实施情况的检查报告；听取和审议省政府关于农村路网建设和车辆超限超载治理工作情况的报告；听取和审议省财政厅关于2003年省本级决算和2004年上半年预算执行情况的报告，审查和批准2003年省本级决算；听取和审议省审计厅关于2003年省本级预算执行和其他财政收支情况的审计工作报告；审议关于省十届人大二次会议第0009号议案办理情况的报告（书面）；省人大常委会消防工作视察组、内务司法委员会关于《消防法》和《福建省消防条例》实施情况的视察检查报告（书面）；审议人事任免事项。

7月22日下午，第四次全体会议表决通过事项7项：《福建省特种行业和公共场所治安管理办法》；《关于修改〈福建省人才市场管理条例〉的决定》；《关于修改〈福建省劳动力市场管理条例〉的决定》；《关于批准〈福州市广播电视设施建设与管理若干规定〉的决定》；《关于批准〈厦门市无居民海岛保护与利用管理办法〉的决定》；《关于批准2003年省本级决算的决议》；任命审判人员1人，任免检察人员10人。

省人大代表陈子华、颜达成、简博士、颜伟劲、张娅芳、肖国聪、陈来茂、张秋蕙、陈仁春列席本次常委会会议。

四、省十届人大常委会十一次会议

2004年9月21日召开，会期4天。组成人员出席50人，请假7人。共举行4次全体会议，主持人分别是张家坤、谢先文、曾喜祥、贾锡太。

会议议程17项：学习贯彻十六届四中全会精神；审议《福建省民族民间文化保护条例（草案修改二稿）》；审议《福建省财政监督条例（草案修改稿）》；审议《福建省企业女职工劳动保护条例（草案修改稿）》；审议《福建省遗体和器官捐献条例（草案）》；审议《福建省实施〈消费者权益保护法〉办法（修订草案）》；审议福州市人大常委会报请批准的《福州市除四害条例》；福州市人大常委会报请批准的《关于修改部分地方性法规行政许可的决定》；听取和审议省人大常委会执法检查组关于《水污染防治法》实施情况的检查报告；听取和审议省人大常委会执法检查组关于《福建省禁毒条例》实施情况的检查报告；听取和审议发展和改革委员会关于2004年1—8月国民经济和社会发展计划执行情况的报告；听取和审议省法院关于加强基层法院建设情况的报告；听取和审议省检察院关于加强基层检察院建设情况的报告；审议关于省十届人大二次会议主席团交付省人大常委会审议的代表提出的有关议案办理情况的报告（书面）；省人大常委会执法检查组关于《职业病防治法》及《福建省职业病防治条例》实施情况的检查报告（书面）；审议《关于接受黄晓炎辞去省人大常委会委员职务的请求的决定（草案）》；审议人事任免事项。

9月24日下午，第四次全体会议表决通过5个事项：《福建省民族民间文化保护条例》；《关于批准〈福州市除四害条例〉的决定》；《关于批准〈福州市人大常委会关于修改部分地方性法规行政许可的决定〉的决定》；《关于接受黄晓炎辞去省人大常委会委员职务的请求的决定》；人事任免3人。任免事项中，免去省人大常委会环境委员会（机构名称职能改变，故重新任免）主任1人，任命省人大常委会环境与城乡建设委员会主任1人；任命审判人员1人。张家坤讲话。

省人大代表林枝森、唐海平、严逸芳、赵小梅、陈永富、陆丽钦、吴克荣、张树涛、林斌喜列席本次常委会会议。

会后，邀请全国人大华侨委法案室主任毛起雄作"关于《归侨侨眷权益保护法》的相关法律知识"的法制讲座，主持人林强。

五、省十届人大常委会十二次会议

2004年11月30日召开，会期3天半。组成人员出席52人，请假4人。共举行4次全体会议，主持人分别是张家坤、洪华生、黄贤模、贾锡太。

会议议程15项：审议《关于召开省十届人大三次会议的决定（草案）》；审议《福建省企业女职工劳动保护条例（草案修改二稿）》；审议《福建省遗体和器官捐献条例（草案修改稿）》；审议《福建省实施〈消费者权益保护法〉办法（修订）（草案修改稿）》；审议福州市人大常委会报请批准的《福州市物业管理若干规定》；审议福州市人大常委会报请批准的《福州市预防和查处窃电行为条例》；听取和审议省政府关于全面推行农村税费改革试点情况的报告；听取和审议省司法厅关于实施《福建省人大常委会关于进一步开展法制宣传教育的决议》情况的报告；听取和审议省政府关于省十届人大二次会议代表建议、批评和意见办理情况的报告；听取和审议省法院关于省十届人大二次会议代表建议、批评和意见办理情况的报告；听取和审议省检察院关于省十届人大二次会议代表建议、批评和意见办理情况的报告；审议《关于许可依法逮捕涉嫌受贿犯罪的省十届人大代表李知文并暂时停止其执行代表职务的决定（草案）》；审议省人大常委会农业综合开发调研组关于农业综合开发情况的调研报告（书面）；审议省人大常委会农民增收调研组关于农民增收情况的调研报告（书面）；讨论《福建省人大常委会工作报告（稿）》。

12月3日上午，第四次全体会议表决通过5个事项：《关于召开省十届人大三次会议的决定》；《福建省企业女职工劳动保护条例》；《关于批准〈福州市物业管理若干规定〉的决定》；《关于批准〈福州市预防和查处窃电行为条例〉的决定》；《关于许可依法逮捕涉嫌受贿犯罪的省十届人大代表李知文并暂时停止其执行代表职务的决定》。

省人大代表林枝森、唐海平、严逸芳、赵小梅、陈永富、陆丽钦、吴克荣、简焕镇、林斌喜列席本次常委会会议。

六、省十届人大常委会十三次会议

2004年12月16日上午召开，会期半天。组成人员出席52人，请假4人。共举行4次全体会议，主持人分别是张家坤、张家坤、贾锡太、张家坤。

会议议程3项：省委书记卢展工讲话；审议《关于接受卢展工辞去省人民政府省长职务的请求的决定（草案）》；审议省人大常委会主任会议《关于提请决定黄小晶代理省人民政府省长职务的议案》。

12月16日上午，第二、四次全体会议表决通过《关于接受卢展工辞去省人民政府省长职务的请求的决定》和《关于黄小晶代理省人民政府省长职务的决定》。

七、省十届人大常委会十四次会议

2005年1月14日上午召开，会期半天。组成人员出席49人，请假6人。共举行2次全体会议，主持人分别是贾锡太、张家坤。

会议议程11项：审议《关于接受宋德福辞去省人大常委会主任职务的请求的决定（草案）》；听取和审议《省十届人大常委会代表资格审查委员会关于补选代表的代表资格的审查报告》；听取和审议关于省十届人大三次会议安排意见的报告；审议《省人大关于促进海峡西岸经济区建设的决定（草案）》，决定提请省十届人大三次会议审议；审议《省十届人大三次会议主席团和秘书长名单（草案）》，决定提请省十届人大三次会议预备会议选举；审议《省十届人大三次会议建议议程（草案）》，决定提请省十届人大三次会议预备会议表决；审议《省十届人大三次会议财政经济审查委员会组成人员名单（草案）》，决定提请省十届人大三次会议预备会议表决；审议《关于省十届人大三次会议列席人员安排原则的决定（草案）》；审议《省人大常委会工作报告（稿）》，决定提请省十届人大三次会议审议；审议关于《省十届人大二次会议主席团交付省人大常委会审议的代表提出的26件议案审议结果的综合报告》；关于省十届人大二次会议代表建议、批评和意见办理情况的综合报告（书面）。

1月14日上午，第二次全体会议表决通过9个事项：《关于接受宋德福辞去省人大常委会主任职务的请求的决定》；《福建省人大常委会公告》；《省十届人大三次会议主席团和秘书长名单（草案）》；《省十届人大三次会议建议议程（草案）》；《省十届人大三次会议财政经济审查委员会组成人员名单（草案）》；《关于省十届人大三次会议列席人员安排原则的决定》；《关于提请省十届人大三次会议审议〈福建省人大关于促进海峡西岸经济区建设的决定（草案）〉的议案》；《福建省人大常委会工作报告》；《关于省十届人大二次会议主席团交付省人大常委会审议的代表提出的 26 件议案审议结果的综合报告》。

第五节　省十届人大三次会议

2005 年 1 月 16 日下午，召开预备会议，主持人张家坤。会议选举省十届人大三次会议主席团和秘书长，通过议程和财政经济审查委员会名单。预备会议后召开主席团第一次会议，推定常务主席，决定大会副秘书长。

1 月 17 日上午，省十届人大三次会议在福州福建会堂召开。会期 7 天，与会代表 547 人。共举行 5 次全体会议、4 次主席团会议。全体会议的主持人分别是张家坤、贾锡太、洪华生、黄贤模、卢展工。

1 月 23 日上午，第四次全体会议进行选举。下午，第五次全体会议通过关于省政府、省人大常委会、省法院、省检察院工作报告的决议，关于计划、预算的决议，《关于促进海峡西岸经济区建设的决定》。卢展工致大会闭幕词。

本次大会共收到代表提出的议案 139 件及建议、批评和意见 522 件。

一、听取和审议工作报告

（一）听取和审议省政府工作报告

会议听取省政府代省长黄小晶所作的《抓住机遇　奋发有为　全面推进海峡西岸经济区建设》的政府工作报告。

报告述：2004 年是树立和落实科学发展观，建设海峡西岸经济区的第一年。各级政府齐心协力，克服困难，求真务实，统筹发展，经过全省人民共同奋斗，实现了省十届人大二次会议确定的国民经济和社会发展的各项目标。预计全年生产总值 6053 亿元，增长 12.1%，比上年提高 0.5 个百分点。

一年来的主要工作和成效是：全面实施《海峡西岸经济区建设纲要》，着力建设产业发展、基础设施、城镇建设、社会事业、对外开放、区域协作、生态环境、防灾减灾、和谐社会等九大支撑体系；加强和改善宏观调控，经济运行质量继续提高，撤销各类开发区 196 个，占总数的 60%，农林牧渔业增加值增长 4.5%，工业增加值增长 15.5%，电子信息、机械装备、石油化工三大主导产业实现产值占规模以上工业产值的比重达 46.7%；全力以赴战胜困难，面对禽流感威胁，面对持续严重干旱，面对煤电油运紧张，面对"艾利"强台风的正面袭击，最大限度地降低灾害损失；优化投资结构，重点建设取得重大进展，全省基本建设、更新改造和其他投资项目比上年增加 1646 个，在建总规模 4256.79 亿元，增长 33%；扩大对外开放，率先实施由省级财政全额负担地方应承担出口退税的政策，出口增幅高出全国平均水平3.7个百分点,新批千万美元以上外商投资项目271个;各项改革稳步推进,"高位嫁接、重心下移、互动联动、一体运作"的农村工作经验在各地推广,集体林权制度改革向纵深推进,全省87.7%的林业产权制度改革村基本完成改革任务;社会事业全面进步,改造中小学D级危房51.5万平方米,完成年度目标103%,高新技术产业发展步伐加快,突发性公共卫生事件应急处置能力加强,环境质量居全国前列,森林覆盖率达62.9%,居全国首位;城乡居民生活水平继续提高,城镇居民人均可支配收入达11175元,增加1175元,农民人均纯收入达4089元,增加355元,全面实施农村低保制度;加强民主法制和精神文明建设,贯彻《行政许可法》,取消一批不符合规定的行政许可事项,"平安福建"全面启动,福建省成为全国唯一的所有设区的市都被评为"全国双拥模范城"的省份。在肯定成绩的同时,也清醒地看到,经济社会生活中还存在产业集群规模不够大等不少困难和问题。

2005年,要围绕建设海峡西岸经济区扎实做好各项工作:加快产业集聚,优化产业结构,提升经济竞争力;突出外向优势,加强区域合作,不断提高对内对外开放水平;加强重点建设,完善基础设施,有效增强发展的保障能力;强化科教创新,繁荣社会事业,大力发展社会主义先进文化;合理利用资源,重视生态效益,努力实现可持续发展;坚持以人为本,维护社会稳定,切实保障人民群众的根本利益。2005年预期全省生产总值增长9.5%,力争更快更好些。

根据代表审议意见,政府工作报告作了8处修改。其中,在有关2005年工作部分,在"提高产业技术领域的科技原创能力"之后增加"加强科普工作,传播科学知识",在"优化人口结构"之前增加"促进出生人口性别比平衡",在"增强全民国防意识"之前增加"深化国防教育"等内容。

会议通过决议,批准省政府工作报告。

(二) 听取和审议省人大常委会工作报告

会议听取省人大常委会副主任张家坤所作的省人大常委会工作报告。

报告述:2004年,省人大常委会树立和落实科学发展观,围绕全面建设小康社会和海峡西岸经济区的战略目标,依法履职,努力推进人大制度建设和依法治省进程,着力构建和谐社会的法治环境,各方面工作都取得了新的进展。一年来,常委会共召开7次会议,制定地方性法规5项、修订3项,审议法规草案3项;依法审查和批准福州市、厦门市地方性法规7项,备案审查省政府及较大的市政府规章40项;作出重大事项决定、决议9项;先后组织5个检查组,对8部法律法规实施情况进行检查;听取和审议省政府及其部门、省法院、省检察院的工作报告13项;组织办理代表提出的议案26件、建议633件;任免和批准任免国家机关工作人员28人次,完成了省十届人大二次会议确定的各项任务。

把握时机,加强人大制度建设和地方人大工作。把学习宣传和贯彻实施《宪法》摆在首要位置,听取宪法修正案的辅导报告和卫星远程讲座,举办学习班,听取关于进一步加强法制宣传教育的决议实施情况的报告;把做好全省人大工作会议的筹备工作作为重要任务,组织三个调研组进行全面调研,形成了常委会党组向省委提交的关于加强和改进人大工作的报告,省委召开全省人大工作会议后,进行了传达贯彻;把纪念人民代表大会成立50周年、地方人大设立常委会25周年作为重大活动,举行了内容丰富、形式多样、各具特色的系列纪念活动。

认真履职,着力推进海峡西岸经济区建设。做好地方立法工作,及时调整了五年立法规划,立法体现权利与义务、权力与责任的平衡,由常委会组织起草的法规草案增多,实行"开门立法";认真履行监督职能,坚持调研先行,增强执法检查的针对性,自查与抽查相结合、明察与暗访相结合、听取汇报与实地察看相结合,着力抓好督促整改;依法行使重大事项决定权和人事任免权,形成了关于促进海峡西岸经济区建设的决定草案,提请本次大会审议。

以人为本,切实维护人民群众根本利益。关注公共安全、保障群众的生命和健康、"三农"、保护消费者合法权益等事关群众切身利益的热点、难点问题;支持代表依法履职,做好代表议案建议的办理工作,重点检查代表对办理不满意的12件建议,责成重新办理,努力为代表履行职责创造条件;把信访工作作为人大监督工作的一项重要内容,成立了信访局,切实帮助解决了拖欠农民工工资、征地拆迁、执行难等一批事关群众利益、影响社会稳定的具体问题。

抓好自身建设,努力提高工作水平。以学习为动力,坚持中心组学习制度、法律讲座制度,举办读书班、培训班、研讨班;围绕人大工作任务、常委会会议议题和经济社会发展中的重大问题进行调研,力求使各项工作建立在深入调查研究和科学论证的基础上;成立了机关党组,认真做好机关机构改革,完成了"三定"工作;加强同全国人大及其常委会联系,自觉接受监督和指导,密切与各市、县(区)人大常委会的联系,认真总结2003年全省县级人大换届选举工作经验。

2005年的主要任务:全面贯彻党的四中全会和全省人大工作会议精神,努力推动人大制度建设和地方人大工作与时俱进;加强立法工作,努力提高立法质量;改进监督工作,积极促进依法行政、公正司法;密切与人民群众的联系,充分发挥代表作用;加强自身建设,提高依法履职能力。

会议经审议,通过决议,批准省人大常委会工作报告。

(三)听取和审议省法院工作报告

会议听取省法院院长陈旭所作的省法院工作报告。

报告述:2004年,省法院在省委领导、省人大监督下,紧紧围绕省委建设海峡西岸经济区和"平安福建"的战略部署,忠实履行《宪法》和法律赋予的审判职责，着力强化对下级法院的监督、指导，较好地推动了全省法院各项工作的发展。

一年来，省法院受理各类案件3175件，办结2642件，全省法院受理各类案件267732件，办结253656件。

去年，省法院终审审结各类刑事案件839件2252人，判处五年以上有期徒刑直至死刑1670人，危害市场经济秩序犯罪和职务犯罪大要案犯罪数额在百万元以上的73人、处级以上干部35人；审结重大民商事案件672件，标的总额40.9亿元，其中争议标的在3000万元以上的一审案件38件，涉外、涉港澳台案件102件；审结各类行政案件79件，国家赔偿案件2件，决定赔偿8.3万元并予执行。下发《关于充分发挥审判职能作用，为建设海峡西岸经济区提供司法保障的意见》、《关于参与建设"平安福建"实施方案》。研究答复法律适用问题113件。建立全省法院案件质量与效率评估考核体系。

自觉接受人大监督。坚持法院工作报告制度，2004年省法院组织开展大规模的基层建设情况调研活动，省人大常委会听取情况报告；认真办理人大代表建议和来信，省法院分别有16件和45件，下发《关于进一步加强与人大代表联络工作的通知》，要求全省法院成立人大代表联络室或指定人大代表联络员。

2005年，省法院将以公正与效率为主题，以司法能力建设为重点，以司法为民为基点，以"铁案"工程为载体，以基层建设为基础，以司法改革为动力，以队伍建设为保证，进一步增强服务大局意识和公正司法水平。

会议经审议，通过决议，批准省法院工作报告。

（四）听取和审议省检察院工作报告

会议听取省检察院检察长倪英达所作的省检察院工作报告。

报告述：2004年，全省检察机关在省委、高检察院的坚强领导下，坚持"立检为公、执法为民"，突出"强化法律监督，维护公平正义"的工作主题，全面履行法律监督职责，推进检察改革和机制创新，加强检察队伍和基层检察院建设，各项检察工作有了新的发展。制定并实施《关于为建设海峡西岸经济区服务的意见》。

全年共批捕各类刑事犯罪嫌疑人29303人，提起公诉31877人，比2003年分别上升11.3%和10.1%；全年共立案侦查贪污贿赂、渎职侵权等职务犯罪案件1146件1310人，其中大案504件，内有百万元以上30件，通过办案挽回直接经济损失8400万元；全年共监督公安机关立案448件、提出刑事抗诉76件、民事和行政抗诉164件，提出再审检察建议99件，纠正超期羁押131人次，检察环节保持无超期羁押；集中开展打击制假售假侵犯知识产权犯罪专项立案监督、查办国家机关工作人员利用职权侵犯人权犯罪案件专项活动、集中处理涉法上访问题专项工作、违法减刑假释保外就医专项检查等4个专项工作。

自觉接受人大监督，认真贯彻《中共福建省委关于进一步加强人大工作的决定》，坚持重大问题、重要部署、重要情况和重大案件主动请示报告；认真执行省人大及其常委会的决定、决议；加强与人大代表的联系工作，一年来，全省检察机关共发出征求意见函7502份，组织座谈、邀请视察170场次。

2005年，要牢固树立科学发展观和正确执法观，加强执法规范化、队伍专业化和管理科学化建设，深化检察改革和机制创新，提高法律监督能力。

会议经审议，通过决议，批准省检察院工作报告。

二、审查和批准计划、预算

（一）计　划

会议听取省发展和改革委员会主任苏增添受省政府委托所作的《关于福建省2004年国民经济和社会发展计划执行情况及2005年国民经济和社会发展计划草案的报告》。

报告述：经省十届人大二次会议通过的主要指标除价格指数外，均完成或超额完成预期目标，预计全省生产总值6053亿元[①]，增长12.1%；全社会固定资产投资1899.10亿元，增长25.9%；社会消费品零售总额1995.82亿元，增长14.7%；外贸出口总额293.97亿美元，增长39.1%；实际利用外商直接投资可比口径为53.18亿美元，增长7.6%；地方级财政收入333.36亿元，可比增长20%；居民消费价格总水平上升4%；城镇居民人均可支配收入11175.37元，增长11.8%；农民人均纯收入4089元，增长9.5%；城镇登记失业率控制在4.5%以内；人口自然增长率5.96‰。

2005年国民经济和社会发展的预期目标：全省生产总值增长9.5%，力争更快更好些；全社会固定资产投资增长16%；外贸出口增长16%，实际利用外资按可比口径与上年基本持平；地方级财政收入增长11%；社会消费品零售总额增长12%，居民消费价格总水平控制在4.5%左右；城镇居民人均可支配收入实际增长7%～8%；农民人均纯收入实际增长4%～5%；城镇登记失业率控制在4.5%以内；人口自然增长率控制在7‰以内。

财政经济审查委员会审查报告认为，2005年国民经济和社会发展计划草案主要预期目标是稳妥的，措施也是可行的，经过努力是可以实现的，建议批准计划草案，同意计划报告。

会议经审议，并根据财政经济审查委员会审查报告，通过决议，批准省政府提出的2005年国民经济和社会发展计划，同意计划报告。

[①] 据《福建统计年鉴（2008）》，2004年全省生产总值实际为5763.35亿元。

(二) 预 算

会议听取省财政厅厅长马潞生受省政府委托所作的《关于福建省 2004 年预算执行情况及 2005 年预算草案的报告》。

报告述：据快报统计，2004 年全省地方级财政收入 333.36 亿元①，完成预算的 111.4%，可比增长 20%；全省总财力 483.54 亿元；全省财政支出 505.2 亿元（含中央专款和上年结转等支出），比上年增加 52.9 亿元，增长 11.7%。2004 年省级地方级财政收入 46.89 亿元②，完成预算的 111.2%，增长 17.7%；省级财力 108.42 亿元；省本级支出 117.99 亿元（含中央专款和上年结转等支出），比上年增加 10.12 亿元，增长 9.4%。

2005 年全省代编预算：全省地方级财政收入计划为 370.02 亿元，增长 11%；全省总财力为 524.23 亿元，增长 8.4%；相应安排全省支出 524.23 亿元，增长 8.4%。省级预算：省级地方级财政收入计划为 48.09 亿元，可比增长 8.6%；省级财力 110.88 亿元，比上年增加 2.46 亿元，增长 2.3%；相应安排省本级支出 110.88 亿元。

财政经济审查委员会审查报告认为，2005 年预算草案安排基本适应了实施《海峡西岸经济区建设纲要》的要求，提出预算执行的各项措施是较为积极、可行的，建议批准省级预算草案，同意预算报告。

会议经审议，并根据财政经济审查委员会审查报告，通过决议，批准省政府提出的 2005 年省级预算，同意预算报告。

三、讨论决定重大事项

1 月 20 日上午，省人大常委会秘书长陈光普在第三次全体会议上作了《关于促进海峡西岸经济区建设的决定（草案）》（以下简称决定）的说明，主要介绍制定决定的必要性、指导思想、基本思路，以及决定草案的主要内容。各代表团分组审议了决定草案。1 月 21 日上午，省人大法制委员会召开全体会议，对各代表团提出的审议意见进行了逐条研究，形成决定草案修改稿。1 月 22 日上午，法制委员会主任委员阮荣祥在主席团第四次会议上，作了关于决定草案审议结果的报告。根据各代表团的审议意见，报告建议对草案中有关各级政府职责等内容作出修改。主席团会议通过了这个报告。

1 月 23 日下午，第五次全体会议表决通过了《关于促进海峡西岸经济区建设的决定》。决定共六条，分别规范了全省各级国家机关建设海峡西岸经济区的职责，

---

① 省十届人大常委会十八次会议批准的决算数为 333.52 亿元。
② 省十届人大常委会十八次会议批准的决算数为 47.01 亿元。

规定全省各级人大常委会要把本决定的落实作为一项重要内容列入议事日程,有计划地组织人大代表对实施情况进行视察、检查,各级人民政府和法院、检察院要定期向同级人大常委会报告实施本决定的情况。

四、代表议案和建议

(一) 议 案

省十届人大三次会议期间,代表共提出议案139件。其中法制方面31件,农经方面21件,财经方面50件,教科文卫方面18件,侨台方面5件,环境与城乡建设方面9件,其他方面5件。大会主席团决定,24件议案交省人大常委会审议处理,115件议案转为建议处理。

(二) 建 议

省十届人大三次会议期间,代表提出的建议连同议案转建议,共637件。闭会期间,代表还提出建议9件。代表建议中:法制方面87件,农经方面105件,财经方面290件,教科文卫方面87件,侨台方面7件,环境方面27件,综合方面43件。这些建议交"一府两院"和有关党群部门共88个承办单位办理。

五、选 举

省十届人大三次会议选举任务:补选省十届人大常委会主任1名、副主任2名,省政府省长1名,十届全国人大代表1名;选举省十届人大常委会委员4名。大会选举办法规定:补选省人大常委会主任、副主任,省政府省长和全国人大代表实行等额选举;选举省人大常委会委员实行差额选举。

根据大会选举办法,省人大常委会主任、副主任和省政府省长的候选人,由大会主席团提名。全国人大代表的候选人,由相关政党、人民团体推荐。省人大常委会委员的候选人由主席团提出4名,代表30人以上联名也提出候选人1名。

大会以无记名投票方式,选举卢展工为省十届人大常委会主任,陈营官、朱亚衍为副主任,王克益、张大共、张学清、林述舜为委员;黄小晶为省政府省长;陈秀榕为十届全国人大代表。

第六节 省十届人大常委会十五至二十一次会议

省十届人大三至四次会议期间,共召开7次常委会会议。

一、省十届人大常委会十五次会议

2005年1月23日下午召开,会期半天。组成人员出席61人,请假1人。举行

1次全体会议，主持人卢展工。

会议议程1项：审议人事任免事项。

1月23日下午，第一次全体会议决定免去省劳动和社会保障厅厅长1人。

二、省十届人大常委会十六次会议

2005年3月24日召开，会期4天。组成人员出席61人，请假1人。共举行3次全体会议，主持人分别是卢展工、林强、卢展工。

会议议程16项：传达学习十届全国人大三次会议精神；听取和审议省十届人大常委会代表资格审查委员会关于选举代表的代表资格的审查报告；审议《福建省财政监督条例（草案修改二稿）》；审议《福建省终身教育促进条例（草案）》；审议《福建省森林资源转让条例修正案（草案）》；审议《福建省技术市场管理条例修正案（草案）》；审议《福建省无线电管理条例修正案（草案）》；审议《福建省蘑菇菌种管理规定修正案（草案）》；审议《福建省文物保护管理条例修正案（草案）》；审议《福建省实施〈教师法〉办法修正案（草案）》；审议福州市人大常委会报请批准的《福州市风景名胜区管理条例》；审议厦门市人大常委会报请批准的《厦门市企业工资支付条例》；审议厦门市人大常委会报请批准的《关于修改〈厦门市人大及其常委会立法条例〉的决定》；听取和审议省政府关于农村土地征收征用情况的报告；审议《关于办理省十届人大三次会议主席团交付省人大常委会审议的代表提出的24件议案的决定（草案）》；审议人事任免事项。

3月27日上午，第三次全体会议表决通过8个事项：《福建省人大常委会公告》；《福建省财政监督条例》；《关于停止执行本省地方性法规中若干行政许可事项有关规定的决定》；《关于批准〈福州市风景名胜区管理条例〉的决定》；《关于批准〈厦门市企业工资支付条例〉的决定》；《关于批准〈关于修改《厦门市人大及其常委会立法条例》的决定〉的决定》；《关于办理省十届人大三次会议主席团交付省人大常委会审议的代表提出的24件议案的决定》；任命审判人员2人，任免检察人员5人。

省人大代表蓝敦友、许天晟、王一鸣、黄月莹、姚香莲、肖国聪、丁秀凤、张柏江、郑志泰列席本次常委会会议。

会后，邀请省人大常委会法工委副主任游劝荣作关于《反分裂国家法》的法制讲座，主持人林强。

三、省十届人大常委会十七次会议

2005年5月30日召开，会期4天。组成人员出席58人，请假4人。共举行4次全体会议，主持人分别是卢展工、陈营官、张家坤、卢展工。

会议议程13项：听取和审议省十届人大常委会代表资格审查委员会关于个别代表的代表资格终止的审查报告；审议《福建省实施〈消费者权益保护法〉办法（修订）（草案修改二稿）》；审议《福建省遗体和器官捐献条例（草案修改二稿）》；审议《福建省终身教育促进条例（草案修改稿）》；审议《福建省地方政府规章备案审查规定（草案）》；审议《福建省实施〈农村土地承包法〉若干问题的规定（草案）》；审议《福建省农业机械管理条例修正案（草案）》；审议厦门市人大常委会报请批准的《关于修改〈厦门市城市规划条例〉和〈厦门市砂、石、土资源管理规定〉的决定》；听取和审议省人大常委会执法检查组关于《职业教育法》实施情况的检查报告；听取和审议省人大常委会执法检查组关于《海洋环境保护法》、《福建省海洋环境保护条例》实施情况的检查报告；听取和审议省政府关于环境保护工作情况的报告；听取和审议省体育局关于振兴福建省体育工作情况的报告；审议人事任免事项。

6月2日下午，第四次全体会议表决通过5个事项：《福建省人大常委会公告》；《福建省实施〈消费者权益保护法〉办法》；《福建省遗体和器官捐献条例》；《关于批准〈厦门市人大常委会关于修改《厦门市城市规划条例》和《厦门市砂、石、土资源管理规定》的决定〉的决定》；人事任免10人。任免事项中，决定任命苏增添为省政府副省长；决定免去省发展和改革委员会、教育厅、国土资源厅厅长（主任）3人；任免审判人员3人，撤销审判人员职务2人；免去检察人员1人。

省人大代表蓝敦友、黄文传、张子方、王声云、陈秀云、潘庆星、游慧芳、黄明、蔡兴华列席本次常委会会议。

会后，邀请中国农业大学人文与发展学院教授任大鹏作关于《农村土地承包法》的法制讲座，主持人贾锡太。

四、省十届人大常委会十八次会议

2005年7月25日召开，会期5天。组成人员出席58人，请假4人。共举行5次全体会议，主持人分别是卢展工、曾喜祥、朱亚衍、张家坤、卢展工。

会议议程16项：审议《福建省终身教育促进条例（草案修改二稿）》；审议《福建省地方政府规章备案审查规定（草案修改稿）》；审议《福建省实施〈农村土地承包法〉若干问题的规定（草案修改稿）》；审议《福建省农业机械管理条例修正案（草案修改稿）》；审议《福建省森林资源流转条例修正案（草案修改稿）》；审议《福建省事业单位人事争议处理规定（草案）》；审议《福建省企业职工失业保险条例修正案（草案）》；审议《福建省物业管理条例（草案）》；听取和审议省人大常委会执法检查组关于《安全生产法》和《矿山安全法》实施情况的检查报告；听取和审议省人大常委会执法检查组关于《律师法》实施情况的检查报告；听

取和审议省财政厅关于 2004 年省本级决算和 2005 年上半年预算执行情况的报告，审查和批准 2004 年省本级决算；听取和审议省审计厅关于 2004 年省本级预算执行和其他财政收支情况的审计工作报告；听取和审议省法院关于开展审判监督工作情况的报告；听取和审议省检察院关于开展法律监督工作情况的报告；审议《关于接受鞠维强辞去省人大常委会委员职务的请求的决定（草案）》；审议人事任免事项。

7 月 29 日下午，第五次全体会议表决通过 5 个事项：《福建省终身教育促进条例》；《福建省地方政府规章备案审查规定》；《关于批准 2004 年省本级决算的决议》；《关于接受鞠维强辞去省人大常委会委员职务的请求的决定》；人事任免 7 人。任免事项中，决定免去省农业厅厅长 1 人，决定任命省发展和改革委员会、教育厅、劳动和社会保障厅、国土资源厅、农业厅、文化厅厅长（主任）6 人。

省人大代表张天金、徐中佑、赵文权、李振生、李锦华、郑玉瑞、詹夷生、李金莲、阮培金列席本次常委会会议。

会后，邀请全国人大常委会法工委副主任李飞作关于《中华人民共和国公务员法》的法制讲座，主持人黄贤模。

五、省十届人大常委会十九次会议

2005 年 9 月 26 日召开，会期 4 天。组成人员出席 56 人，请假 5 人。共举行 3 次全体会议，主持人分别是卢展工、洪华生、卢展工。

会议议程 15 项：审议《福建省实施〈农村土地承包法〉若干问题的规定（草案修改二稿）》；审议《福建省农业机械管理条例（修订）（草案修改二稿）》；审议《福建省森林资源流转条例（修订）（草案修改二稿）》；审议《福建省事业单位人事争议处理规定（草案修改稿）》；审议《福建省物业管理条例（草案修改稿）》；审议《省人大常委会议事规则（草案）》；审议《福建省体育经营活动管理条例（草案）》；审议《福建省实施〈村民委员会组织法〉办法修正案（草案）》；审议《福建省村民委员会选举办法修正案（草案）》；听取和审议省发展和改革委员会关于福建省"十一五"规划编制情况的报告；听取和审议省发展和改革委员会关于 2005 年 1—8 月国民经济和社会发展计划执行情况的报告；听取和审议省水利厅关于"六千"水利工程建设情况的报告；审议关于省十届人大三次会议主席团交付省人大常委会审议的代表提出的有关议案办理情况的报告；审议《关于接受陈宁辞去省人大常委会委员职务的请求的决定（草案）》；审议人事任免事项。

9 月 29 日下午，第三次全体会议表决通过 5 个事项：《福建省实施〈农村土地承包法〉若干问题的规定》；《福建省农业机械管理条例》；《福建省森林资源流转条例》；《关于接受陈宁辞去省人大常委会委员职务的请求的决定》；人事任免 12 人。任免事项中，任免审判人员 2 人，任免检察人员 10 人。

省人大代表侯秀英、蒋卫东、周志达、郭清华、陈秀云、郑宗金、陈承建、钟雪玲、林新玉列席本次常委会会议。

六、省十届人大常委会二十次会议

2005年11月15日召开，会期4天半。组成人员出席56人，请假4人。共举行3次全体会议，主持人分别是卢展工、林强、卢展工。

会议议程20项：审议《关于召开省十届人大四次会议的决定（草案）》；审议《福建省事业单位人事争议处理规定（草案修改二稿）》；审议《福建省人大常委会议事规则（草案修改稿）》；审议《福建省企业职工失业保险条例修正案（草案修改稿）》；审议《福建省实施〈村民委员会组织法〉办法修正案（草案修改稿）》；审议《福建省村民委员会选举办法修正案（草案修改稿）》；审议《福建省招标投标条例（草案）》；审议《福建省海域使用管理条例（草案）》；审议《福建省实施〈国家通用语言文字法〉办法（草案）》；审议《关于修改〈福建省县、乡两级人大代表直接选举实施细则〉的决定（草案）》；审议福州市人大常委会报请批准的《福州市全日制民办教育若干规定》；审议福州市人大常委会报请批准的《福州市人民防空警报设施管理办法》；审议福州市人大常委会报请批准的《福州市人大代表建议、批评和意见处理办法》；审议厦门市人大常委会报请批准的《厦门市统计规定》；审议《关于全省市、县、乡三级人大代表换届选举时间的决定（草案）》；听取和审议省政府关于省十届人大三次会议代表建议、批评和意见办理情况的报告；听取和审议省法院关于省十届人大三次会议代表建议、批评和意见办理情况的报告；听取和审议省检察院关于省十届人大三次会议代表建议、批评和意见办理情况的报告；讨论《福建省人大常委会工作报告（稿）》；审议人事任免事项。

11月19日上午，第三次全体会议表决通过11个事项：《关于召开省十届人大四次会议的决定》；《福建省事业单位人事争议处理规定》；《福建省人大常委会议事规则》；《关于修改〈福建省实施《村民委员会组织法》办法〉的决定》；《关于修改〈福建省村民委员会选举办法〉的决定》；《关于修改〈福建省县、乡两级人大代表直接选举实施细则〉的决定》；《关于批准〈福州市人民防空警报设施管理办法〉的决定》；《关于批准〈福州市人大代表建议、批评和意见处理办法〉的决定》；《关于批准〈厦门市统计规定〉的决定》；《关于全省市、县、乡三级人大代表换届选举时间的决定》；人事任免24人。任免事项中，决定免去、任命省经济贸易委员会、交通厅厅长（主任）各2人；任命审判人员20人。

七、省十届人大常委会二十一次会议

2006年1月5日上午召开，会期半天。组成人员出席56人，请假4人。共举

行2次全体会议,主持人卢展工。

会议议程10项:听取和审议《省十届人大常委会代表资格审查委员会关于选举、补选代表的代表资格的审查报告》;听取和审议关于省十届人大四次会议安排意见的报告;审议《省十届人大四次会议主席团和秘书长名单(草案)》,决定提请省十届人大四次会议预备会议选举;审议《省十届人大四次会议建议议程(草案)》,决定提请省十届人大四次会议预备会议表决;审议《省十届人大四次会议财政经济审查委员会组成人员名单(草案)》,决定提请省十届人大四次会议预备会议表决;审议关于《省十届人大四次会议列席人员安排原则的决定(草案)》;审议《省人大常委会工作报告(稿)》,决定提请省十届人大四次会议审议;审议关于《省十届人大三次会议主席团交付省人大常委会审议的代表提出的24件议案审议结果的综合报告》;关于省十届人大三次会议代表建议、批评和意见办理情况的综合报告(书面);省人大常委会执法检查组关于《劳动法》实施情况的检查报告(书面)。

1月5日上午,第二次全体会议表决通过7个事项:《福建省人大常委会公告》;《省十届人大四次会议主席团和秘书长名单(草案)》;《省十届人大四次会议建议议程(草案)》;《省十届人大四次会议财政经济审查委员会组成人员名单(草案)》;《关于省十届人大四次会议列席人员安排原则的决定》;《福建省人大常委会工作报告》;《关于省十届人大三次会议主席团交付省人大常委会审议的代表提出的24件议案审议结果的综合报告》。

会后,邀请全国人大教科文卫委员会委员周成奎作关于学习中发〔2005〕9号文件的辅导讲座,主持人黄贤模。

第七节 省十届人大四次会议

2006年1月7日下午,召开预备会议,主持人卢展工。会议选举省十届人大四次会议主席团和秘书长,通过议程和财政经济审查委员会名单。预备会议后召开主席团第一次会议,推定常务主席,决定大会副秘书长。

1月8日上午,省十届人大四次会议在福州福建会堂召开。会期5天,与会代表547人。共举行3次全体会议、2次主席团会议。全体会议的主持人分别是卢展工、贾锡太、卢展工。

1月12日上午,第三次全体会议通过关于省政府工作报告及"十一五"规划纲要的决议,关于省人大常委会、省法院、省检察院工作报告的决议,关于计划、预算的决议。卢展工致大会闭幕词。

本次大会共收到代表提出的议案60件及建议、批评和意见610件。

一、听取和审议工作报告

（一）听取和审议省政府工作报告

会议听取省政府省长黄小晶所作的《立足新起点 把握新机遇 加快海峡西岸经济区建设》的政府工作报告。

报告述：2005年，各级政府攻坚克难，乘势而上，海峡西岸经济区建设扎实推进，新一轮发展的战略部署产生积极效应。经过全省人民共同努力，实现了省十届人大三次会议确定的国民经济和社会发展的各项目标。初步统计，全省生产总值6487亿元，增长11%。

一年来的主要工作和成效是："三农"工作力度加大，全省农林牧渔业总产值增长4.6%，安排25.29亿元支持农村税费改革，制定实施林权证抵押贷款、森林资源流转等配套措施；工业带动作用增强，服务业水平继续提高，全省工业增加值增长13.5%，服务业实现增加值2511亿元，增长11.1%；投资结构不断优化，重点建设成效显著，制造业、能源、城市基础设施投资分别增长21%、55%和50%，民间投资增长22.8%；对外贸易持续增长，利用外资质量提高，"大通关"机制进一步完善，新批投资千万美元以上项目294个，合同外资50.1亿美元，分别增长8%和76.5%；闽台合作进一步扩大，闽港澳侨经济联系更加密切，新批合同台资18.3亿美元，增长92.1%，对台贸易额47.66亿美元，增长9.4%，新批合同港资38.5亿美元；有效应对各种挑战，面对5次暴雨洪灾和7次强台风袭击，面对高致病性禽流感，面对严峻的出口形势，面对原材料能源供应紧张，齐心协力战胜困难；社会事业健康发展，生态建设加快推进，10个省级重大科技专项全面实施，全省高校普通本、专科在校生突破40万人，新型农村合作医疗试点工作顺利开展，民族民间文化得到保护，体育健儿在全国十运会上创历届最好成绩，建设林业生态工程，实施重点流域区域环境综合治理；惠民政策落到实处，全面免征农业税及其附加和除烟叶以外的所有农业特产税，全省农民受益27亿元，全省城乡94.6万人享受低保，下岗失业人员实现再就业7.8万人；民主法制和精神文明建设得到加强，全年提请审议地方性法规草案12项，"四五"普法目标基本完成。在肯定成绩的同时，也清醒地看到，经济社会生活中还存在工业总量不够大等一些矛盾和问题。

2005年工作任务的完成，标志着"十五"计划的胜利实现，福建经济社会发展又迈上了一个新台阶。初步统计，全省生产总值年均增长10.6%，高出目标1.6个百分点，人均地区生产总值18343元，年均增长8.7%。党的十六届五中全会，把"海峡西岸"写入中央"十一五"规划建议，使这一战略从地方决策上升为中央决策，从区域战略上升全国战略。

提请大会审议的《福建省国民经济和社会发展第十一个五年规划纲要（草

案)》，确定了"十一五"全省地区生产总值年均增长9%以上，比全国平均水平高1~2个百分点，力争更快更好。

2006年是实施"十一五"规划的开局年，要坚持"四个推进"，把握"四个基本"，把"关键在活、关键在和、关键在实、关键在人"的要求落实到今年的各项工作中。2006年必须着重做好以下几个方面工作：激发活力，创新举措，以"活"开拓发展之源；突出和谐，注重协调，以"和"提升发展之势；盯紧抓实，求实求效，以"实"打牢发展之基；珍惜人才，营造氛围，以"人"构筑发展之本。2006年预期全省生产总值增长9.5%。

根据代表审议意见，政府工作报告作了6处修改。其中，在有关2006年工作部分，在"推进医疗体制改革"之后增加"优化医疗环境"，将"放宽商品林采伐管理"改为"创新商品林采伐管理"；在"实施农村家园清洁行动"之前增加"强化对重点企业污染源的治理"等内容。

会议通过决议，批准省政府工作报告。

(二) 听取和审议省人大常委会工作报告

会议听取省人大常委会副主任张家坤所作的省人大常委会工作报告。

报告述：2005年，省人大常委会全面落实科学发展观，围绕中心，服务大局，突出重点，依法履职。一年来，常委会共召开7次会议，制定地方性法规8项、修改5项、废止2项；依法审查和批准福州市、厦门市地方性法规8项，备案审查省政府、福州和厦门市政府规章及厦门经济特区法规10项；作出重大事项决定、决议8项；先后对6项法律法规实施情况进行检查；听取和审议省政府及其部门、省法院、省检察院的专题工作报告10项；组织办理代表提出的议案24件、建议646件；任免国家机关工作人员63人次，完成了省十届人大三次会议确定的各项任务。

以学习贯彻中发9号文件和全省人大工作会议精神为动力，加强人民代表大会制度建设。认真传达学习，统一思想认识，结合福建实际，提出贯彻意见，抓住两个重点，带动各项工作；根据省委决定精神，常委会办公厅与有关部门联合下发了4个配套文件；去年10月，省委组织4个组分别到各设区的市和部分县（市、区）、乡镇（街道），对贯彻落实省委决定的情况进行调研检查。

以推进海峡西岸经济区与和谐社会建设为中心，认真行使法定职权。加强地方立法工作，着力提高立法质量，突出经济立法，推进民主政治立法，加强文化和社会立法，重视涉台立法，起草了促进台湾同胞投资条例，组织海峡两岸法学论坛活动，推进民主立法，增强立法合力，探索立法效果评估；加强和改进监督工作，努力增强监督实效，加强工作监督，强化法律监督，重视对司法工作的监督，改进信访工作，继续抓好以往执法检查整改工作的跟踪监督；改进完善任免程序，依法行使人事任免权，常委会审议任命人选时，增加由省委组织部主要负责同志到会具体介绍人选的德才表现和考核公示情况的环节。

以充分发挥人大代表作用为基础，密切与人民群众联系。加强和规范代表闭会期间活动，增强代表活动的实效，起草了关于加强和规范省人大代表活动的若干意见，召开全省人大人事代表工作会议；拓展代表知情知政渠道，为代表履职提供服务和保障，举办了7期省人大代表培训班，省人大代表活动经费从每人每年1200元增加到2000元，积极支持福建省的全国人大代表就推进海峡西岸经济区建设提出建议；改进代表议案建议工作，起草了省人大代表议案处理办法，开展代表建议办理工作的视察检查，进行"回头看"，代表所提问题的解决率从上一年的24.2%提高到50%。

以思想作风制度建设为重点，加强常委会自身建设。加强思想建设，开展保持共产党员先进性教育活动；加强作风建设，深入开展调查研究；加强制度建设，推进人大工作的法制化、规范化；加强工作指导，密切同市、县（区）人大常委会的联系。

2006年的主要任务：加强和改进立法与监督工作，发挥地方国家权力机关作用；密切联系人大代表和人民群众，发挥代表机关作用；提高履职能力，发挥工作机关作用。

会议经审议，通过决议，批准省人大常委会工作报告。

（三）听取和审议省法院工作报告

会议听取省法院院长陈旭所作的省法院工作报告。

报告述：2005年，省法院在省委领导、省人大监督下，切实按照科学发展观和构建社会主义和谐社会的要求，不断增强司法能力，着力加强队伍建设，依法履行审判职能，为全面完成福建省"十五"计划，推进海峡西岸经济区建设，提供了有力的司法保障。

一年来，省法院受理各类案件3838件，办结3121件，分别比上年上升20.88%和18.13%；全省法院受理各类案件270313件，办结256853件，分别上升0.96%和1.26%。其中，审结刑事案件28541件，民商事案件125916，行政案件4038件，国家赔偿案件65件，申诉、申请再审案件7828件，减刑假释案件16429件；执结各类案件74036件。加大对拖欠工程款及农民工工资案件的执行力度，执结4098件，标的总额1.79亿元。去年全省法院一审案件审限内结案率比上年上升0.19个百分点，二审案件改判和发回重审的下降4.27个百分点，执行到位率比上年上升0.82个百分点，未结执行案件减少5.58%。

自觉接受人大及其常委会监督。专门下发《关于进一步接受人大监督的意见》，提出了18条具体措施；省法院领导分别在各设区的市召开部分人大代表座谈会，面对面听取代表意见、建议；全省法院普遍成立人大代表联络机构。

2006年，全省法院要大力加强司法保障与服务工作，加强司法能力建设与法官队伍建设，努力为建设海峡西岸经济区创造良好稳定的社会环境和公正高效的法治环境。

会议经审议，通过决议，批准省法院工作报告。

(四) 听取和审议省检察院工作报告

会议听取省检察院检察长倪英达所作的省检察院工作报告。

报告述：2005年，全省检察机关在省委和最高人民检察院的坚强领导下，坚持立检为公、执法为民，突出"强化法律监督，维护公平正义"工作主题，加强法律监督能力建设，全面履行法律监督职责，各项检察工作取得新的进展。

全年共批准逮捕各类刑事犯罪嫌疑人30096人，提起公诉34201人，同比分别上升2.7%和7.3%；全年共立案侦查职务犯罪案件1099件，其中贪污贿赂等犯罪案件941件，渎职侵权犯罪案件158件，挽回直接经济损失1.03亿元；要求公安机关说明不立案理由446件，监督公安机关立案316件、撤案5件，决定追加逮捕375人、追加起诉255人，提出刑事抗诉95件，提出民事和行政诉讼抗诉165件，纠正违法减刑、保外就医等140人，立案侦查涉嫌贪赃枉法的行政执法和司法人员324人，对侵犯诉讼权利等提出监督意见390件次，立案查办涉嫌刑讯逼供、虐待被监管人员犯罪案件12件25人，纠正超期羁押11人，对不服检察机关处理决定的申诉案立案复查51件。人民监督员制度试点两年来，共监督"三类"案件431件508人，其中不同意的26件39人，检察机关采纳10件11人。

自觉接受人大监督，省检察院就开展法律监督工作情况，向省人大常委会作了专题报告，根据审议意见，逐项抓好落实，积极走访人大代表，邀请视察检察工作，对人大代表建议实行统一管理，专项督查，专人负责，逐件反馈。

2006年，要坚持检察工作主题和总体要求，全面履行法律监督职责，稳步推进检察体制和工作机制改革，继续深化规范执法行为专项整改活动，加强检察队伍和基层检察院建设，努力维护社会稳定，保障社会公平正义。

会议经审议，通过决议，批准省检察院工作报告。

二、审查和批准计划、预算

(一) 计　划

会议听取省发展和改革委员会主任张志南受省政府委托所作的《关于福建省2005年国民经济和社会发展计划执行情况及2006年国民经济和社会发展计划草案的报告》。

报告述：省十届人大三次会议审议通过的国民经济和社会发展的目标任务顺利完成。初步统计，全省生产总值6487亿元[①]，增长11%；全社会固定资产投资2320亿元，增长20.3%；外经贸出口347亿美元，增长18%；实际利用外商直接投资62.3亿美元，增长17.2%；地方级财政收入431.85亿元，可比增长18%；

---

① 据《福建统计年鉴（2008）》，2005年全省生产总值实际为6568.93亿元。

社会消费品零售总额 2341 亿元，增长 13.5%；居民消费品价格总水平上涨 2.3%；城镇居民人均可支配收入和农民人均纯收入分别为 12300 元和 4440 元，实际增长 8% 和 5.6%；城镇登记失业率控制在 4% 以内；人口自然增长率控制在 5.98‰。

2006 年国民经济和社会发展的主要预期目标：全省生产总值增长 9.5%；全省地方级财政收入增长 11%；全社会固定资产投资增长 16%；外贸出口总额增长 12%；实际利用外商直接投资按可比口径达 50 亿元以上；社会消费品零售总额增长 12%；居民消费价格总水平涨幅控制在 3% 左右；城镇和农村居民人均可支配收入实际分别增长 7%~8% 和 4%~5%；城镇登记失业率控制在 4% 以内；人口自然增长率控制在 7‰ 以内。

财政经济审查委员会审查报告认为，2006 年国民经济和社会发展计划草案主要预期目标较好地与"十一五"规划的总体目标相衔接，是稳妥的，主要措施是可行的，建议批准计划草案，同意计划报告。

会议经审议，并根据财政经济审查委员会审查报告，通过决议，批准省政府提出的 2006 年国民经济和社会发展计划，同意计划报告。

(二) 预 算

会议听取省财政厅厅长马潞生受省政府委托所作的《关于福建省 2005 年预算执行情况及 2006 年预算草案的报告》。

报告述：据快报统计，2005 年全省地方级财政收入 431.85 亿元[①]，完成调整后预算的 103.6%，可比增长 18%；全省总财力 556.53 亿元；全省财政支出 592.73 亿元（含中央专款和上年结转等支出），比上年增加 76.05 亿元，增长 14.7%。2005 年省级地方级财政收入 50.11 亿元[②]，完成预算的 104.2%，增长 6.6%；省级财力 112.9 亿元；省级支出 127.99 亿元（含中央专款和上年结转等支出），比上年增加 3.77 亿元，增长 3%。

2006 年全省代编预算：全省地方级财政收入计划为 479.3 亿元，增长 11%；全省总财力 607.04 亿元，增长 9.1%；全省支出 607.04 亿元，增长 9.1%。省级预算：省级地方级财政收入计划 51.3 亿元，增长 2.4%；省级财力 119.55 亿元，比上年增加 6.65 亿元，增长 5.9%；省级支出 119.55 亿元。

财政经济审查委员会审查报告认为，2006 年预算草案安排符合有关法律法规和福建省的实际情况，提出预算执行的各项措施是积极可行的，建议批准省级预算草案，同意预算报告。

---

① 省十届人大常委会二十四次会议批准的决算数为 432.6 亿元。
② 省十届人大常委会二十四次会议批准的决算数为 50.6 亿元。

会议经审议，并根据财政经济审查委员会审查报告，通过决议，批准省政府提出的2006年省级预算，同意预算报告。

三、讨论决定重大事项

1月8日上午，省政府省长黄小晶在第一次全体会议上作的政府工作报告中，报告了《福建省国民经济和社会发展第十一个五年规划纲要（草案）》（以下简称《规划纲要（草案）》）的总体要求、基本原则、主要目标，以及今后五年经济社会发展的七个方面的主要任务等，各代表团分组审议了《规划纲要（草案）》。11日晚，根据各代表团的审议意见，主席团第二次会议通过了本次大会《关于政府工作报告及〈福建省国民经济和社会发展第十一个五年规划纲要〉决议（草案）》，并将决议草案提请各代表团审议。12日上午，第三次全体会议表决通过了《关于政府工作报告及〈福建省国民经济和社会发展第十一个五年规划纲要〉的决议》。该决议认为，规划纲要围绕海峡西岸经济区提出的今后五年经济社会发展的指导思想、基本原则、总体布局、目标任务，突出了科学发展观，体现了中央决策和省委部署，符合全省人民的根本利益和福建实际，经过努力是能够实现的，决定予以批准。

四、代表议案和建议

（一）议　案

省十届人大四次会议期间，代表共提出议案60件。其中法制方面12件，农经方面9件，财经方面25件，教科文卫方面6件，侨台方面2件，环境与城乡建设方面3件，综合方面3件。大会主席团决定，22件议案交省人大常委会审议处理，38件议案转为建议处理。

（二）建　议

省十届人大四次会议期间，代表提出的建议连同议案转建议，共648件。闭会期间，代表还提出建议16件。代表建议中：法制方面84件，农经方面118件，财经方面304件，教科文卫方面99件，侨台方面6件，环境方面34件，综合方面19件。这些建议交"一府两院"和有关党群部门共84个承办单位办理。省人大常委会主任会议从中确定了8件建议作为重点建议。

第八节　省十届人大常委会二十二至二十七次会议

省十届人大四至五次会议期间，共召开6次常委会会议。

一、省十届人大常委会二十二次会议

2006年3月28日召开，会期3天半。组成人员出席56人，请假4人。共举行

3次全体会议，主持人分别是卢展工、谢先文、卢展工。

会议议程12项：传达学习十届全国人大四次会议精神；审议《福建省失业保险条例（修订）（草案修改二稿）》；审议《福建省实施〈国家通用语言文字法〉办法（草案修改稿）》；审议《福建省海域使用管理条例（草案修改稿）》；审议《福建省实施〈归侨侨眷权益保护法〉办法（修订草案）》；审议福州市人大常委会报请批准的《福州市全日制民办教育若干规定》；审议福州市人大常委会报请批准的《关于修改〈福州市河道采砂管理办法〉的决定》；听取和审议省人大常委会执法检查组关于《水法》、《气象法》、《福建省气象条例》实施情况的检查报告；听取和审议省对外贸易经济合作厅关于外经外贸和利用外资情况的报告；审议《关于办理省十届人大四次会议主席团交付省人大常委会审议的代表提出的22件议案的决定（草案）》；省人大常委会视察组关于水利"六千"工程建设情况的视察报告（书面）；审议人事任免事项。

3月31日上午，第三次全体会议表决通过5个事项：《福建省失业保险条例》；《关于批准〈福州市全日制民办教育若干规定〉的决定》；《关于批准〈福州市人大常委会关于修改《福州市河道采砂管理办法》的决定〉的决定》；《关于办理省十届人大四次会议主席团交付省人大常委会审议的代表提出的22件议案的决定》；任免检察人员11人。

省人大代表陈家泉、唐海平、陈毅勋、张孝礼、邹明泉、陆丽钦、范恒盛、林锦礼、张尊镇列席本次常委会会议。

二、省十届人大常委会二十三次会议

2006年5月22日召开，会期4天半。组成人员出席55人，请假4人。共举行3次全体会议，主持人分别是卢展工、曾喜祥、张家坤。

会议议程11项：审议《福建省海域使用管理条例（草案修改二稿）》；审议《福建省实施〈国家通用语言文字法〉办法（草案修改二稿）》；审议《福建省物业管理条例（草案修改二稿）》；审议《福建省体育经营活动管理条例（草案修改稿）》；审议《福建省招标投标条例（草案修改稿）》；审议《关于修改〈福建省人大常委会任免国家机关工作人员条例〉的决定（草案）》；审议《福建省测绘管理条例（修订草案）》；听取和审议省人大常委会执法检查组关于《城市房地产管理法》实施情况的检查报告；听取和审议省人大常委会执法检查组关于《科学技术进步法》、《福建省科学技术进步条例》实施情况的检查报告；听取和审议省政府关于中小企业发展情况的报告；听取和审议省政府关于就业和社会保障工作情况的报告。

5月26日上午，第三次全体会议表决通过3个事项：《福建省海域使用管理条

例》;《福建省实施〈国家通用语言文字法〉办法》;《关于修改〈福建省人大常委会任免国家机关工作人员条例〉的决定》。

省人大代表陈子华、吴亿年、周志达、魏文枢、丁韵芳、朱金先、周美龙、陈业忠、李成良列席本次常委会会议。

会后,邀请全国人大环资委法案室主任孙佑海作"关于加强法制建设、发展循环经济"的法制讲座,主持人张家坤。

三、省十届人大常委会二十四次会议

2006年7月31日召开,会期4天半。组成人员出席53人,请假6人。共举行4次全体会议,主持人分别是卢展工、张家坤、陈营官、卢展工。

会议议程17项:审议《福建省体育经营活动管理条例(草案修改二稿)》;审议《福建省招标投标条例(草案修改二稿)》;审议《福建省实施〈归侨侨眷权益保护法〉办法(修订)(草案修改稿)》;审议福州市人大常委会报请批准的《福州市海上交通安全管理条例》;审议厦门市人大常委会报请批准的《厦门市消防管理若干规定》;审议厦门市人大常委会报请批准的《厦门市城市供水节水条例》;听取和审议省人大常委会执法检查组关于《节约能源法》实施情况的检查报告;听取和审议省人大常委会执法检查组关于《法官法》、《检察官法》实施情况的检查报告;审议《关于加强法制宣传教育的决议(草案)》;听取和审议省政府关于"四五"普法工作情况和"五五"普法工作意见的报告;听取和审议省财政厅关于2005年省本级决算和2006年上半年预算执行情况的报告,审查和批准2005年省本级决算;听取和审议省审计厅关于2005年度省本级预算执行和其他财政收支情况的审计工作报告;听取和审议省卫生厅关于农村卫生和城市社区卫生工作情况的报告;听取和审议省十届人大常委会代表资格审查委员会关于个别代表的代表资格终止的报告;审议《关于许可依法逮捕涉嫌受贿犯罪的省十届人大代表张森兴并暂时停止其执行代表职务的决定(草案)》;审议《关于罢免周金伙的第十届全国人大代表职务的决定(草案)》;审议人事任免事项。此外,会议还印发了《水污染防治法》、《大气污染防治法》、《固体废物污染环境防治法》执法检查报告(书面)。

8月1日下午,第二次全体会议表决通过《关于罢免周金伙的第十届全国人大代表职务的决定的表决办法》。2日下午,第三次全体会议表决通过《关于罢免周金伙的第十届全国人大代表职务的决定》。

8月4日上午,第四次全体会议表决通过10个事项:《福建省体育经营活动管理条例》;《福建省招标投标条例》;《关于批准〈福州市海上交通安全管理条例〉的决定》;《关于批准〈厦门市消防管理若干规定〉的决定》;《关于批准〈厦门市城市供水节水条例〉的决定》;《关于加强法制宣传教育的决议》;《关于批准2005

年省本级决算的决议》;《福建省人大常委会公告》;《关于许可依法逮捕涉嫌受贿犯罪的省十届人大代表张森兴并暂时停止其执行代表职务的决定》;人事任免35人。任免事项中,决定免去、任命省公安厅、民族与宗教事务厅、民政厅、人事厅、对外贸易经济合作厅、人口和计划生育委员会主任(厅长)各6人;任免审判人员18人;免去检察人员5人。

省人大代表甘家仁、黄文传、陈金木、陈春买、王民富、彭炳华、郭翠莲、许沂炎、张尊镇列席本次常委会会议。

会后,邀请全国人大常委会法工委刑法室副主任黄太云作"关于我国道路交通安全法律制度"的法制讲座,主持人曾喜祥。

四、省十届人大常委会二十五次会议

2006年9月25日召开,会期4天。组成人员出席53人,请假6人。共举行3次全体会议,主持人分别是卢展工、朱亚衍、张家坤。

会议议程14项:审议《福建省物业管理条例(草案修改三稿)》;审议《福建省实施〈归侨侨眷权益保护法〉办法(修订)(草案修改二稿)》;审议《福建省测绘条例(修订)(草案修改稿)》;审议《福建省人民代表大会议事规则(草案)》;审议《福建省农作物种子管理条例(草案)》;审议《福建省实施〈会计法〉办法(草案)》;审议《福建省实施〈渔业法〉办法修正案(草案)》;听取和审议省发展和改革委关于2006年1—8月份国民经济和社会发展计划执行情况的报告;听取和审议省法院关于规范司法行为的工作报告;听取和审议省检察院关于规范同法行为的工作报告;审议关于省十届人大四次会议主席团交付省人大常委会审议的代表提出的22件议案办理情况的报告;审议《关于全省各设区的市和县(市、区)人大常委会组成人员名额的决定(草案)》;审议《关于许可依法逮捕涉嫌受贿犯罪的省十届人大代表陈和并暂时停止其执行代表职务的决定(草案)》;审议人事任免事项。

9月28日下午,第三次全体会议表决通过5个事项:《福建省物业管理条例》;《福建省实施〈归侨侨眷权益保护法〉办法》;《关于全省各设区的市和县(市、区)人大常委会组成人员名额的决定》;《关于许可依法逮捕涉嫌受贿犯罪的省十届人大代表陈和并暂时停止其执行代表职务的决定》;任命审判人员4人。

省人大代表林诗喜、陈昌生、陈碧珠、林福椿、王民富、陈丽华、陈守勤、张树涛、杨金柱列席本次常委会会议。

会后,邀请全国人大常委会委员、全国人大教科文卫委员会委员、中科院党组副书记方新作"关于提升自主创新能力,完善国家创新体系"的法制讲座,主持人张家坤。

五、省十届人大常委会二十六次会议

2006年11月6日召开，会期4天。组成人员出席52人，请假7人。共举行3次全体会议，主持人分别是卢展工、洪华生、卢展工。

会议议程14项：审议《关于召开省十届人大五次会议的决定（草案）》；审议《福建省测绘条例（修订）（草案修改二稿）》；审议《福建省人民代表大会议事规则（草案修改稿）》；审议《福建省实施〈渔业法〉办法（修订）（草案修改稿）》；审议《福建省港口条例（草案）》；审议《福建省科学技术普及条例（草案）》；审议省政府《关于2006年省级超收追加支出的议案》；听取和审议省政府关于被征地农民合法权益保障情况的报告；听取和审议省政府关于省十届人大四次会议代表建议、批评和意见办理情况的报告；听取和审议省法院关于省十届人大四次会议代表建议、批评和意见办理的情况报告；听取和审议省检察院关于省十届人大四次会议代表建议、批评和意见办理的情况报告；审议关于省十届人大四次会议主席团交付省人大常委会审议的代表提出的22件议案审议结果的综合报告；讨论《福建省人大常委会工作报告（稿）》；审议人事任免事项。

11月9日下午，第三次全体会议表决通过6个事项：《关于召开省十届人大五次会议的决定》；《福建省测绘条例》；《关于提请省十届人大五次会议审议〈福建省人民代表大会议事规则（草案）〉的议案》；《关于批准2006年省级超收追加支出的决议》；《关于省十届人大四次会议主席团交付省人大常委会审议的代表提出的22件议案审议结果的综合报告》；决定任命张昌平为省政府副省长。

省人大代表侯秀英、张峥嵘、李玉珍、卓月珍、欧宗荣、汤经舜、蓝武英、王守铭列席本次常委会会议。

六、省十届人大常委会二十七次会议

2007年1月21日上午召开，会期半天。组成人员出席54人，请假5人。共举行2次全体会议，主持人卢展工。

会议议程10项：听取和审议《省十届人大常委会代表资格审查委员会关于补选代表的代表资格的审查报告》；听取和审议关于省十届人大五次会议安排意见的报告；审议《省十届人大五次会议主席团和秘书长名单（草案）》，决定提请省十届人大五次会议预备会议选举；审议《省十届人大五次会议建议议程（草案）》，决定提请省十届人大五次会议预备会议表决；审议《省十届人大五次会议财政经济审查委员会组成人员名单（草案）》，决定提请省十届人大五次会议预备会议表决；审议关于《省十届人大五次会议列席人员安排原则的决定（草案）》；审议《省人大常委会工作报告（稿）》，决定提请省十届人大五次会议审议；审议关于省十届人大四次会议代表建议、批评和意见办理情况的综合报告（书面）；审议福州市人大常委会报请批准的《关于修改〈福州市市容和环境卫生管理办法〉的决定》；审议人事任免事项。

1月21日上午，第二次全体会议表决通过8个事项：《福建省人大常委会公告》；《省十届人大五次会议主席团和秘书长名单（草案）》；《省十届人大五次会议建议议程（草案）》；《省十届人大五次会议财政经济审查委员会组成人员名单（草案）》；《关于省十届人大五次会议列席人员安排原则的决定》；《福建省人大常委会工作报告》；《关于批准〈福州市人大常委会关于修改《福州市市容和环境卫生管理办法》的决定〉的决定》；人事任免3人。任免事项中，决定免去刘德章省政府副省长职务；任命检察人员2人。

第九节　省十届人大五次会议

2007年1月23日下午，召开预备会议，主持人卢展工。会议选举省十届人大五次会议主席团和秘书长，通过议程和财政经济审查委员会名单。预备会议结束后召开主席团第一次会议，推定常务主席，决定大会副秘书长。

1月24日上午，省十届人大五次会议在福州市福建会堂召开。会期7天，与会代表542人。共举行4次全体会议、4次主席团会议。全体会议的主持人分别是卢展工、贾锡太、张家坤、卢展工。

1月29日上午，第四次全体会议进行选举，通过关于省政府、省人大常委会、省法院、省检察院工作报告的决议，关于《福建省建设海峡西岸经济区纲要》的决议，关于计划、预算的决议，《福建省人民代表大会议事规则》。卢展工致大会闭幕词。

本次大会共收到代表提出的议案38件及建议、批评和意见584件。

一、听取和审议工作报告

（一）听取和审议省政府工作报告

会议听取省政府省长黄小晶所作的《全面贯彻落实科学发展观　推进海峡西岸经济区又好又快发展》的政府工作报告。

报告述：2006年，各级政府紧紧抓住中央继续鼓励东部地区率先发展和支持海峡西岸经济发展的重大历史机遇，有力推动新一轮发展。经过全省人民共同努力，省十届人大四次会议确定的2006年国民经济和社会发展各项目标全面实现。初步统计，全省生产总值7501.63亿元，增长13.4%。

一年来的主要工作和成效是：新农村建设扎实推进，农林牧渔业总产值增长3%，落实种粮农民直补等综合补贴政策，水利"六千"工程完成年度计划的

103%，"年万里"农村路网工程建成5300公里，农村"六大员"队伍普遍建立；抗灾救灾有序有效，去年连续遭受四次强台风和四次强暴雨袭击，最大限度降低灾害损失；产业结构继续优化，第二产业比重上升1.1个百分点，工业增加值增长16.9%，规模以上工业总产值增长23.6%，第三产业实现增加值2880.32亿元，增长12.6%；科技创新能力逐步增强，高技术产业实现产值1674.44亿元，增长26.4%，建立各具特色的生产力促进中心79个、科技企业孵化器25个；深入实施人才强省战略，品牌战略有效实施；重点项目建设力度加大，重点建设占全社会投资的比重、工业项目占重点建设投资的比重分别提高1.6个和6.1个百分点，民间投资增长40.6%；各项改革稳步推进，省级行政审批项目清理工作实现阶段性目标；对外开放水平进一步提高，民营企业出口比重提高4.3个百分点，机电、高新技术产品出口比重分别达44.1%和21.8%，全省新批总投资千万美元以上项目438个、合同外资74.1亿美元，分别增长49%和47.5%；闽台港澳侨交流合作更加密切，全年新批合同台资19.5亿美元，对台贸易额56.07亿美元，增长15%，新批合同港资49.4亿美元；社会事业加快发展，改造农村中小学危房46万平方米，高等教育毛入学率达21.1%，全省疾病预防控制和医疗救治体系基本建成，制定并实施文化强省建设纲要，连续七年实现耕地占补平衡，生态环境质量继续名列全国前茅；群众生活不断改善，城镇居民人均可支配收入、农民人均纯收入分别达13753元和4833元，城镇新增就业61.9万人，全省城乡96.2万人享受低保，率先对农村义务教育阶段学生全部免除学杂费，新型农村合作医疗试点覆盖36个县（市、区）；民主法制和精神文明建设得到加强，全年共办理省人大代表建议614件，提请审议地方性法规草案8项，开展治理商业贿赂专项工作，"平安福建"加快建设。在肯定成绩的同时，也清醒地看到，经济社会生活中还存在经济总量偏小，结构不够合理等一些困难和问题。

2007年，要着重做好以下几个方面工作：强化产业支撑，持续良好发展势头；发挥区域优势，提升整体发展水平；集聚资源要素，更加注重具体运作；着力改善民生，增强和谐社会建设实效。2007年预期生产总值增长10%。

根据代表审议意见，政府工作报告作了6处修改。其中，在有关2007年工作部分，将"有效防范外来生物入侵"改为"有效防范重大有害生物和外来生物入侵"，在"加快太阳能、风能、生物质能等可再生能源的开发和利用"之前增加"优化能源结构"，增加"海博会"、"艺博会"、"万寿岩旧石器时代遗址"等内容。

会议通过决议，批准省政府工作报告。

（二）听取和审议省人大常委会工作报告

会议听取省人大常委会副主任张家坤所作的省人大常委会工作报告。

报告述：2006年，省人大常委会以科学发展观统领人大各项工作，围绕福建省

"十一五"规划确定的目标任务,主动融入,认真履职,更好地发挥人民代表大会制度作为我国根本政治制度的优势,坚持党的领导、人民当家作主和依法治国的有机统一。一年来,常委会共制定地方性法规6项、修改3项、废止1项;依法审查和批准福州市、厦门市地方性法规6项;讨论并作出重大事项决定、决议10项;先后对9项法律法规实施情况进行检查;听取和审议省政府及其部门、省法院、省检察院的专项工作报告14项;审查报送备案的厦门经济特区法规和省政府、福州、厦门市政府规章6项;组织办理代表提出的议案22件、建议664件;任免和批准任免国家机关工作人员54人次;指导县乡两级人大顺利开展了宪法修正案后第一次同步换届选举工作。

发挥地方国家权力机关作用,推进海峡西岸经济区建设。促进经济平稳较快发展,听取了关于计划执行情况、中小企业发展情况的报告,开展了城市房地产管理法执法检查;促进对外开放提升水平,听取了关于外经外贸和利用外资情况的报告,配合全国人大常委会对实施《归侨侨眷权益保护法》情况进行检查;促进资源节约和环境保护,开展了《节约能源法》、《水法》、《气象法》和《气象条例》实施情况的检查;促进社会事业进步,开展了《科学技术进步法》和《科学技术进步条例》的执法检查,2006年省级超收追加支出用于社会保障、教科文卫、环保节能等方面,组织代表专题听取有关义务教育均衡发展情况的汇报。

加强民主法制建设,服务构建和谐社会。坚持立法为民,把地方立法同改革发展稳定的重大决策,同促进海峡西岸经济区建设与和谐社会建设的重大部署紧密结合起来,在制定物业管理条例过程中,针对反映比较集中的问题举行立法听证会;关注"三农"问题,听取了被征地农民合法权益保障情况的报告,开展了"六千"水利工程建设情况的视察,听取了关于农村卫生工作情况的报告,对农村义务教育免除杂费等情况进行监督;推进就业和社会保障,制定了失业保险条例,规定农民工在自愿缴纳其月工资总额1%的失业保险费后,可享受与城镇失业人员同等失业保险待遇;促进司法公正,开展了法官法和检察官法执法检查,听取了两院关于规范司法行为的工作报告;畅通民意表达渠道,召开了全省人大信访工作会议,参与省委"四个专题"决策调研检查,开展有关贯彻落实中央9号文件等方面的调研;加强法制宣传教育,听取了关于普法工作的报告,作出了关于加强法制宣传教育的决议。

改进代表工作,夯实人大工作基础。提高代表议案和建议办理质量,22件代表议案列入立法规划的6件,列入立法调研项目的5件,对代表建议办理工作开展视察检查和"回头看"活动,对代表不满意的12件建议办理件进行重点检查,将与群众生产生活密切相关的8件代表建议确定为重点建议;增强代表活动实效,围绕海峡西岸经济区与和谐社会的重大问题,组织人大代表开展专题调研和集中视察,召开了全省人大代表工作经验交流会;指导县乡人大换届选举,向省委提出关于做好换届选举工作的意见。

以制度建设为重点,加强常委会自身建设:坚持学习制度;完善议事制度;健全工作制度。

2007年是本届常委会任期的最后一年,主要任务:贯彻落实省第八次党代会精神,持续推进海峡西岸经济区建设;努力完成本届立法任务,为经济社会又好又快发展提供法治保障;认真贯彻实施《监督法》,不断增强监督实效;进一步发挥代表作用,更加密切与人民群众的联系;继续加强常委会自身建设,努力提高依法履职能力和水平。

会议经审议,通过决议,批准省人大常委会工作报告。

(三) 听取和审议省法院工作报告

会议听取省法院院长陈旭所作的省法院工作报告。

报告述:2006年,省法院在省委领导、省人大监督和最高法院指导下,牢固树立社会主义法治理念,忠实履行审判职责,强化对全省法院的监督指导,各项工作持续健康发展。

一年来,全省法院受理各类案件274584件,办结263437件,其中,省法院受理各类案件3583件,办结3113件。全省法院办结案件中,刑事案件29659件,民商事案件130754件,行政案件3537件,国家赔偿案件48件,申诉、申请再审案件9192件,执行案件74004件,减刑假释案件16243件。一审99.99%在审限内审结,87.43%当事人服判不上诉,二审改判、发回重审率比上年下降1.23个百分点。开展清理拖欠民工工资和工程款专项审判、执行活动,审、执结案件8176件,涉及金额5.99亿元;突出抓好中央、省里督办案件的办理,办结232件,办结率91.3%,158件息访息诉。深入开展司法规范化建设,将168项规章制度编辑成《人民法院管理制度选编》。

省法院不断增强人大监督意识,配合省人大常委会开展《法官法》执法检查活动,办复常委会审议意见2件,代表建议17件、来信27件。去年,全省法院共走访人大代表2622人次,邀请1790名代表旁听庭审案件242件,在行政审判"开百庭、评百案"活动中,主动邀请人大代表参与。

新的一年,省法院坚持社会主义法治理念,坚持"重在持续、重在提升、重在运作、重在实效"的实践要领,充分有效合理地发挥审判职能作用,促发展,保平安,最大限度地增加和谐因素,最大限度地减少不和谐因素。

会议经审议,通过决议,批准省法院工作报告。

(四) 听取和审议省检察院工作报告

会议听取省检察院检察长倪英达所作的省检察院工作报告。

报告述：2006年，全省检察机关深入实践"强化法律监督，维护公平正义"检察工作主题，认真履行法律监督职责，积极推进检察体制和工作机制改革，大力加强检察队伍和基层检察院建设，各项检察工作在新的起点上迈出了新步伐。

全年共批准逮捕各类刑事犯罪嫌疑人32633人，提起公诉36389人，同比分别上升8.4%和6.4%。全年共立案侦查职务犯罪案件1081件1294人，其中贪污贿赂犯罪案件908件1098人，渎职侵权犯罪案件173件196人，通过办案挽回直接经济损失1.05亿元；结合办案开展个案、系统和专项预防，提出检察建议450件，书面纠正违法事项65件，促进有关单位健全完善工作制度126项。监督侦查机关立案292件、撤案81件；追加逮捕511人、追加起诉400人，同比分别上升36.3%和56.9%；对刑事判决裁定提出抗诉135件，纠正违法减刑等33人次；提出民事行政案件抗诉194件；提出再审检察建议57件；查办涉嫌刑讯逼供等犯罪案件10件11人，对侵犯诉讼权利等提出监督意见560件，立案复查刑事申诉案件65件，审查刑事赔偿案件13件。加强执法规范化建设，全省检察机关共制定、修改各项制度和规范性文件137项，废止35项。

省检察院积极配合省人大常委会开展《检察官法》执法检查，就规范执法行为工作等向省人大常委会作了专题报告，加强与人大代表联系，邀请视察和评议检察工作，开展专题调研和执法检查，对人大代表建议实行统一管理，专项督查，专人负责，逐件反馈。

2007年，要紧紧围绕构建社会主义和谐社会，按照省委"四个重在"的实践要领，加强和改进法律监督工作，着力在解决人民群众反映强烈的问题上下功夫，着力在贯彻宽严相济的刑事司法政策上下功夫，着力在提高检察队伍素质和执法水平上下功夫，推动检察工作全面协调发展。

会议经审议，通过决议，批准省检察院工作报告。

二、审查和批准计划、预算

（一）计　划

会议听取省发展和改革委员会主任张志南受省政府委托所作的《关于福建省2006年国民经济和社会发展计划执行情况及2007年国民经济和社会发展计划草案的报告》。

报告述：省十届人大四次会议审议通过的国民经济和社会发展目标全面实现。初步统计，全省生产总值7501.63亿元[①]，增长13.4%；地方级财政收入541.03亿元，增长25.1%；全社会固定资产投资3115.08亿元，增长38%；外贸出口

---

① 据《福建统计年鉴（2008）》，2006年全省生产总值实际为7584.36亿元。

412.65亿美元，增长18.4%；社会消费品零售总额2704.23亿元，增长15.3%；居民消费价格总水平上升0.8%；城镇居民人均可支配收入13753元，实际增长10.4%；农民人均纯收入4833元，实际增长8.3%；城镇登记失业率3.93%；人口自然增长率6.25‰。

2007年国民经济和社会发展主要预期目标：全省生产总值预期增长10%，在实际执行中力争更好更快；第一产业增加值预期增长4%，第二产业增加值预期增长12.5%，第三产业增加值预期增长10%；全社会固定资产投资预期增长18%；社会消费品零售总额预期增长13%；外贸出口预期增长13%；按可比口径实际利用外商直接投资预期达65亿美元；地方级财政收入预期增长12.8%；城镇登记失业率控制在4%以内；城镇居民人均可支配收入预期实际增长8%，农民人均纯收入预期实际增长5%；人口自然增长率控制在7‰以内；居民消费价格总水平控制在3%左右；单位生产总值能耗降低3.5%，二氧化硫排放量下降1.6%，化学需氧量减少1%。

财政经济审查委员会审查报告认为，2007年国民经济和社会发展计划草案主要预期目标较好地与"十一五"规划的总体目标相衔接，是积极稳妥的，主要措施是可行的，建议批准计划草案，同意计划报告。

会议经审议，并根据财政经济审查委员会审查报告，通过决议，批准省政府提出的2007年国民经济和社会发展计划，同意计划报告。

（二）预　算

会议听取省财政厅厅长马潞生受省政府委托所作的《关于福建省2006年预算执行情况及2007年预算草案的报告》。

报告述：据快报统计，2006年全省地方级财政收入541.03亿元[①]，完成年初预算的112.9%，比上年增加108.43亿元，增长25.1%；全省总财力691.09亿元，比上年增加130.76亿元；全省财政支出722.15亿元（含中央专款和上年结转等支出），比上年增加129.08亿元，增长21.8%。2006年省级地方级财政收入58.12亿元[②]，完成预算的100.9%，比上年增加7.52亿元，增长14.9%；省级财力129.66亿元；省级支出149.64亿元（含中央专款和上年结转等支出），比上年增加21.63亿元，增长16.9%。

2007年全省代编预算：全省地方级财政收入计划610.28亿元，比上年增加69.25亿元，增长12.8%；全省总财力775.64亿元，比上年增加84.55亿元，增长12.2%；全省支出775.64亿元，比上年增加84.55亿元，增长12.2%。省级预算：

---

① 省十届人大常委会三十次会议批准的决算数为541.17亿元。
② 省十届人大常委会三十次会议批准的决算数为58.14亿元。

省级地方级财政收入计划60.89亿元，比上年增加2.77亿元，增长4.8%；省级财力139.62亿元，比上年增加9.96亿元，增长7.7%；省级支出139.62亿元。

财政经济审查委员会审查报告认为，2007年预算草案安排符合有关法律法规和福建省的实际情况，提出预算执行的各项措施是积极可行的，建议批准省级预算草案，同意预算报告。

会议经审议，并根据财政经济审查委员会审查报告，通过决议，批准省政府提出的2007年省级预算，同意预算报告。

三、审议通过地方性法规

1月26日上午，省人大常委会秘书长陈光普在第二次全体会议上作关于《福建省人民代表大会议事规则（草案）》的说明，介绍了全面修订规则的必要性、起草过程，以及几项主要议事规则。各代表团审议了规则草案。27日晚，省人大法制委员会召开全体会议对各代表团提出的审议意见进行了逐条研究，形成草案修改稿。28日上午，法制委员会主任委员阮荣祥在主席团第三次会议上，作了草案审议结果的报告。根据各代表团的审议意见，报告建议对草案有关主席团第一次会议的召集、表决修正案、旁听席的设置等内容作出修改。主席团会议通过了这个报告。

1月29日上午，第四次全体会议表决通过了《福建省人民代表大会议事规则》。规则共十章六十二条，对会议准备、会议举行、议案提出和审议、工作报告和计划（规划）预算的审查、选举和罢免辞职、询问和质询、特定问题调查、代表发言和表决等内容进行了规范。

四、讨论决定重大事项

1月26日上午，省政府副省长苏增添在第二次全体会议上作关于《福建省建设海峡西岸经济区纲要（草案）》的说明，介绍了起草过程、总体思路、构建海峡西岸经济区九大支撑体系，以及建设海峡西岸经济区的重要意义、目标任务和保障措施等六个问题。各代表团审议了纲要草案。27日晚，省人大法制委召开全体会议对各代表团提出的审议意见进行了讨论研究。28日上午，法制委员会主任委员阮荣祥在主席团第三次会议上作草案审议结果的报告。根据各代表团的审议意见，报告建议省人民政府对目标任务的阶段性要求、考核指标等内容进行修改。主席团会议通过了这个报告。

1月29日上午，第四次全体会议表决通过了《关于〈福建省建设海峡西岸经济区纲要〉的决议》。决议认为，建设海峡西岸经济区，是党中央战略决策的重要组成部分，是福建服务全国发展大局和祖国和平统一大业的历史责任，是站在新的历史起点上推进福建又好又快发展的战略抉择。《纲要》认真贯彻落实省第八次党代会精神，全面总结实施中共福建省委《福建省建设海峡西岸经济区纲要（试行）》取得的成效，提出的目标明确，重点突出，措施有力，符合福建省经济社会发展实际，经过努力是完全可以实现的。

五、代表议案和建议

（一）议　案

省十届人大五次会议期间，代表共提出议案38件。其中法制方面13件，农经方面2件，财经方面12件，教科文卫方面4件，环境与城乡建设方面4件，综合方面3件。大会主席团决定，35件议案交省人大常委会审议处理，3件议案转为建议处理。

（二）建　议

省十届人大五次会议期间，代表提出的建议连同议案转建议，共587件。闭会期间，代表还提出建议25件。代表建议中：涉及发展规划、经济管理、财政、劳动、交通、旅游、金融、外经外贸等方面269件，涉及"三农"方面100件，涉及科技、教育、文化、卫生、体育等方面93件，涉及公务员队伍建设、法制建设以及社会治安等方面75件，涉及社会及公共事务管理方面的41件，涉及资源、环境保护与城乡建设方面30件，涉及侨台方面的4件。这些建议交"一府两院"和有关党群部门共84个承办单位办理。省人大常委会主任会议从中确定了两件建议作为重点建议。

六、选　举

省十届人大五次会议选举任务：补选省十届人大常委会副主任1名、委员3名。大会选举办法规定：补选省人大常委会副主任、委员实行等额选举，候选人由大会主席团提名。

大会以无记名投票方式，选举刘德章为省十届人大常委会副主任，刘启力、陆志华、游劝荣为委员。

第十节　省十届人大常委会二十八至三十三次会议

省十届人大五次会议至省十一届人大一次会议期间，共召开6次常委会会议。

一、省十届人大常委会二十八次会议

2007年3月26日召开，会期3天。组成人员出席59人，请假4人。共举行3次全体会议，主持人分别是卢展工、黄贤模、卢展工。

会议议程10项：传达学习十届全国人大五次会议精神；审议《福建省实施

〈渔业法〉办法（修订）（草案修改二稿）》；审议《福建省实施〈会计法〉办法（草案修改稿）》；审议《福建省科学技术普及条例（草案修改稿）》；审议《福建省燃气管理条例（修订草案）》；审议福州市人大常委会报请批准的《福州市中小学校学生安全防范和伤害事故处理条例》；审议福州市人大常委会报请批准的《福州市劳动争议处理若干规定》；审议福州市人大常委会报请批准的《关于修改〈福州市食用农产品质量安全管理办法〉的决定》；审议《关于办理省十届人大五次会议主席团交付省人大常委会审议的代表提出的35件议案的决定（草案）》；审议人事任免事项。

3月28日下午，第三次全体会议表决通过6个事项：《福建省实施〈渔业法〉办法》；《关于批准〈福州市中小学校学生安全防范和伤害事故处理条例〉的决定》；《关于批准〈福州市劳动争议处理若干规定〉的决定》；《关于批准〈福州市人大常委会关于修改《福州市食用农产品质量安全管理办法》的决定〉的决定》；《关于办理省十届人大五次会议主席团交付省人大常委会审议的代表提出的35件议案的决定》；任免审判人员9人，任命检察人员6人。

省人大代表林诗喜、蔡雯娴、魏文枢、王民富、陈范、倪木荣、蓝武英、张书华列席本次常委会会议。

二、省十届人大常委会二十九次会议

2007年5月29日召开，会期3天半。组成人员出席63人。共举行3次全体会议，主持人分别是卢展工、林强、卢展工。

会议议程9项：审议《福建省科学技术普及条例（草案修改二稿）》；审议《福建省实施〈会计法〉办法（草案修改二稿）》；审议《福建省农作物种子管理条例（草案修改稿）》；审议《福建省燃气管理条例（修订）（草案修改稿）》；审议《福建省实施〈道路交通安全法〉办法（草案）》；听取和审议省人大常委会执法检查组关于检查《水土保持法》、《福建省实施〈水土保持法〉办法》实施情况的报告；听取和审议省人大常委会执法检查组关于检查《文物保护法》实施情况的报告；听取和审议省人大常委会执法检查组《福建省民族民间文化保护条例》实施情况的报告；听取和审议省政府关于全省村镇规划建设情况的报告；审议人事任免事项。

6月1日上午，第三次全体会议表决通过3个事项：《福建省科学技术普及条例》；《福建省实施〈会计法〉办法》；任免检察人员15人。

省人大代表谢知峰、邵石花、周志达、沈玉婷、陈秀云、梁国镇、廖土章、林锦礼、李成良列席本次常委会会议。

会后，邀请全国人大常委会法工委民法室副主任杨明仑作关于《物权法》的法制讲座，主持人曹德淦。

三、省十届人大常委会三十次会议

2007年7月24日召开，会期3天。组成人员出席58人，请假5人。共举行3次全体会议，主持人分别是卢展工、林强、卢展工。

会议议程7项：审议《福建省农作物种子管理条例（草案修改二稿）》；审议《福建省燃气管理条例（修订）（草案修改二稿）》；听取和审议省人大常委会执法检查组关于跟踪检查《法官法》、《检察官法》执法检查整改落实情况的报告；听取和审议省财政厅关于2006年省本级决算和2007年上半年预算执行情况的报告，审查和批准2006年省本级决算；听取和审议省审计厅关于2006年度省本级预算执行和其他财政收支情况的审计工作报告；听取和审议省新闻出版（版权）局关于新闻出版和著作权保护工作情况的报告；审议人事任免事项。

7月26日下午，第三次全体会议表决通过3个事项：《福建省农作物种子管理条例》；《关于批准2006年省本级决算的决议》；任命检察人员4人。

省人大代表陈子华、蓝燕、颜达成、丁丽瑄、林舟、杨莉、蔡金辉、张积宏、林新玉、尤长铃列席本次常委会会议。

四、省十届人大常委会三十一次会议

2007年9月24日召开，会期4天。常委会组成人员出席61人，请假2人。共举行3次全体会议，主持人分别是卢展工、刘德章、卢展工。

会议议程11项：审议《福建省燃气管理条例（修订）（草案修改三稿）》；审议《福建省实施〈道路交通安全法〉办法（草案修改稿）》；审议《福建省港口条例（草案修改稿）》；审议《福建省各级人大常委会规范性文件备案审查规定（草案）》；听取和审议省人大常委会执法检查组关于检查《关于加强社会保障工作监督的决定》实施情况的报告；听取和审议省发展和改革委关于2007年1—8月份国民经济和社会发展计划执行情况的报告；听取和审议省法院关于完善审判监督制度，促进公正司法情况的报告；听取和审议省检察院关于完善检察监督制度，促进公正司法情况的报告；审议关于省十届人大五次会议主席团交付省人大常委会审议的代表提出的有关议案办理情况的报告；审议《关于省十一届人大代表名额分配和选举问题的决定（草案）》；审议人事任免事项。

9月27日下午，第三次全体会议表决通过3个事项：《福建省燃气管理条例》；《关于省十一届人大代表名额分配和选举问题的决定》；任免审判人员8人，免去检察人员1人。

省人大代表蒋华、张建民、陈金木、蔡天守、卓月珍、郑新平、黄正娥、邱景河、郭健列席本次常委会会议。

五、省十届人大常委会三十二次会议

2007年11月26日召开,会期5天。组成人员出席60人,请假3人。共举行4次全体会议,主持人分别是卢展工、洪华生、黄贤模、卢展工。

会议议程18项:学习贯彻党的十七大精神和省委八届三次全会精神;审议《关于召开省十一届人大一次会议的决定(草案)》;审议《福建省实施〈道路交通安全法〉办法(草案修改二稿)》;审议《福建省港口条例(草案修改二稿)》;审议《福建省各级人大常委会规范性文件备案审查规定(草案修改稿)》;审议《福建省实施〈监督法〉办法(草案)》;审议《福建省人民防空条例修正案(草案)》;审议《福建省林木林地权属争议处理条例(修订草案)》;审议省政府《关于2007年省级超收追加支出的议案》;听取和审议省政府农村工作办公室关于农村村容村貌整治工作情况的报告;听取和审议省发展和改革委关于重点建设项目实施情况的报告;听取和审议省政府侨务办公室关于贯彻《归侨侨眷权益保护法》及实施办法情况的报告;听取和审议省政府关于省十届人大五次会议代表建议、批评和意见办理情况的报告;听取和审议省法院关于省十届人大五次会议代表建议、批评和意见办理情况的报告;听取和审议省检察院关于省十届人大五次会议代表建议、批评和意见的办理情况的报告;审议关于省十届人大五次会议主席团交付省人大常委会审议的代表提出的35件议案审议结果的综合报告;讨论《福建省人大常委会工作报告(稿)》;审议人事任免事项。

11月30日下午,第四次全体会议表决通过7个事项:《福建省实施〈道路交通安全法〉办法》;《福建省港口条例》;《福建省各级人大常委会规范性文件备案审查规定》;《关于召开省十一届人大一次会议的决定》;《关于批准2007年省级超收追加支出的决议》;《关于省十届人大五次会议主席团交付省人大常委会审议的代表提出的35件议案审议结果的综合报告》;任命审判人员2人,撤销审判人员职务1人。

省人大代表徐承云、卢秀敏、傅丽芬、黄碧山、钟才文、郭新环、魏秉进、郑玉琳、阮培金列席本次常委会会议。

六、省十届人大常委会三十三次会议

2008年1月15日上午召开,会期半天。组成人员出席60人,请假3人。共举行2次全体会议,主持人卢展工。

会议议程8项:听取和审议《省十届人大常委会代表资格审查委员会关于省十一届人大代表的代表资格的审查报告》;听取和审议《关于省十一届人大一次会议安排意见的报告》;审议《省十一届人大一次会议主席团和秘书长名单(草案)》,决定提请省十一届人大一次会议预备会议选举;审议《省十一届人大一次会议建议议程(草案)》,决定提请省十一届人大一次会议预备会议表决;审议《省十一届人大一次会议财政经济审查委员会组成人员名单(草案)》,决定提请省十一届人大一次会议预备会议表决;审议关于《省十一届人大一次会议列席人员安排原则的决定(草案)》;审议《省人大常委会工作报告(稿)》,决定提请省十一届人大一次会议审议;审议关于省十届人大五次会议代表建议、批评和意见办理情况的综合报告(书面)。

1月15日上午,第二次全体会议表决通过6个事项:《福建省人大常委会公告》;《省十一届人大一次会议主席团和秘书长名单(草案)》;《省十一届人大一次会议建议议程(草案)》;《省十一届人大一次会议财政经济审查委员会组成人员名单(草案)》;《关于省十一届人大一次会议列席人员安排原则的决定》;《福建省人大常委会工作报告》。

附:

一、省十届人大一至五次会议主席团、常务主席、秘书长名单

(一)省十届人大一次会议

主席团(73人,按姓名笔画排列):

王三运	王建双	王 健	卢展工	叶家松
包志荣	冯声康	朱永康	朱亚衍	朱光泉
刘启力	江 艺	阮荣祥	苍震华	杜成山
李 川	李轩源	李 宏	李 敏(女)	李德海
杨华基	何立峰	何宜刚	宋德福	张阿會
张家坤	张燮飞	陈元春	陈少勇	陈世泽
陈光普	陈 旭	陈阿涟(女)	陈俊杰	陈祖辉
范恒盛	林乃铨	林仁川	林国良	林钟春
林 强	郑立中	赵守箴	赵觉荣	赵 凯
荆福生	钟雷兴(畲族)	施永康	施性谋	洪长平
洪永世	洪华生(女)	袁启彤	袁荣祥	贾锡太
倪英达	黄小晶	黄松禄	黄贤模	黄晓炎
黄瑞霖	曹德淦	梁绮萍(女)	蒋夷牧	童万亨
曾乃航	曾喜祥	游德馨	谢先文	蓝晓平(女,畲族)
简少玉(女)	鲍绍坤	薛祖亮		

常务主席:

宋德福	王建双	施性谋	张家坤	贾锡太
黄松禄	洪华生(女)	童万亨	黄贤模	林 强
曹德淦	谢先文	曾喜祥		

秘书长：王建双

(二) 省十届人大二次会议

主席团（71人，按姓名笔画排列）：

王三运	王建双	王　健	卢展工	叶继革
包志荣	朱永康	朱亚衍	朱光泉	江　艺
阮荣祥	杜成山	李轩源	李　宏	李　敏（女）
李德海	杨华基	何立峰	何宜刚	宋德福
张阿仓	张家坤	张燮飞	陈元春	陈少勇
陈世泽	陈　宁	陈光普	陈阿涟（女）	陈俊杰
陈祖辉	陈震宙	范恒盛	林乃铨	林仁川
林　平	林国良	林钟春	林　强	郑立中
赵守箴	赵觉荣	赵　凯	荆福生	钟雷兴（畲族）
施永康	施性谋	洪长平	洪永世	洪华生（女）
袁启彤	袁荣祥	袁锦贵	贾锡太	徐　谦
黄松禄	黄贤模	黄晓炎	黄瑞霖	曹德淦
梁绮萍（女）	蒋夷牧	童万亨	曾乃航	曾喜祥
游德馨	谢先文	蓝晓平（女，畲族）	简少玉（女）	鲍绍坤
薛祖亮				

常务主席：

宋德福　张家坤　贾锡太　洪华生（女）　黄贤模
林　强　曹德淦　谢先文　曾喜祥　陈光普

秘书长：张家坤

(三) 省十届人大三次会议

主席团（71人，按姓名笔画排列）：

王三运	王建双	王　健	卢展工	叶继革
包志荣	朱永康	朱亚衍	朱光泉	江　艺
阮荣祥	杜成山	李轩源	李　宏	李　敏（女）
李德海	杨华基	何立峰	何宜刚	张大共
张阿仓	张家坤	张燮飞	陈元春	陈少勇
陈世泽	陈　宁	陈光普	陈阿涟（女）	陈俊杰
陈祖辉	陈营官	陈震宙	范恒盛	林乃铨
林仁川	林　平	林国良	林钟春	林　强
郑立中	赵守箴	赵觉荣	赵　凯	荆福生
钟雪玲（女，畲族）	钟雷兴（畲族）	施永康	施性谋	洪长平
洪永世	洪华生（女）	袁启彤	袁荣祥	袁锦贵
贾锡太	徐　谦	黄松禄	黄贤模	黄瑞霖

曹德淦	梁绮萍（女）	蒋夷牧	童万亨	曾乃航
曾喜祥	游德馨	谢先文	简少玉（女）	鲍绍坤
薛祖亮				

常务主席：

张家坤　贾锡太　洪华生（女）　黄贤模　林　强
曹德淦　谢先文　曾喜祥　　陈光普

秘书长：张家坤

（四）省十届人大四次会议

主席团（71人，按姓名笔画排列）：

王三运	王建双	王　健	卢展工	叶继革
包志荣	朱之文	朱永康	朱亚衍	朱光泉
刘可清	刘赐贵	江　艺	阮荣祥	杜成山
李轩源	李　宏	李　敏（女）	李德海	杨华基
何立峰	何宜刚	张大共	张阿曾	张家坤
张燮飞	陈元春	陈少勇	陈世泽	陈光普
陈阿涟（女）	陈俊杰	陈祖辉	陈营官	陈震宙
范恒盛	林乃铨	林仁川	林　平	林国良
林钟春	林　强	郑伟文	郑道溪	赵守箴
赵觉荣	赵　洎	钟雪玲（女，畲族）	钟雷兴（畲族）	施性谋
洪长平	洪永世	洪华生（女）	袁启彤	袁荣祥
袁锦贵	贾锡太	徐　谦	黄贤模	曹德淦
梁绮萍（女）	蒋夷牧	童万亨	曾乃航	曾喜祥
游德馨	谢先文	简少玉（女）	鲍绍坤	黎梓元
薛祖亮				

常务主席：

卢展工　张家坤　贾锡太　陈营官　朱亚衍
洪华生（女）黄贤模　林　强　曹德淦　谢先文
曾喜祥　陈光普

秘书长：张家坤

（五）省十届人大五次会议

主席团（73人，按姓名笔画排列）：

于伟国	王三运	王建双	王　健	卢展工
叶继革	包志荣	朱之文	朱永康	朱亚衍
朱光泉	刘可清	刘赐贵	刘德章	江　艺
阮荣祥	杜成山	李轩源	李　敏（女）	李德海
杨华基	何立峰	何宜刚	张大共	张阿曾

张家坤	张燮飞	陈元春	陈少勇	陈世泽
陈光普	陈阿涟（女）	陈荣凯	陈俊杰	陈祖辉
陈营官	陈震宙	范恒盛	林乃铨	林仁川
林　平	林国良	林钟春	林　强	郑伟文
郑道溪	练知轩	赵觉荣	赵　觊	钟雪玲（女，畲族）
钟雷兴（畲族）	施性谋	洪长平	洪永世	洪华生（女）
袁启彤	袁荣祥	袁锦贵	贾锡太	徐　谦
黄贤模	曹德淦	梁绮萍（女）	蒋夷牧	傅圆圆（女）
童万亨	曾喜祥	游德馨	谢先文	简少玉（女）
鲍绍坤	黎梓元	薛祖亮		

常务主席：

卢展工	张家坤	贾锡太	陈营官	朱亚衍
刘德章	洪华生（女）	黄贤模	林　强	曹德淦
谢先文	曾喜祥	陈光普		

秘书长：张家坤

二、省十届人大一至五次会议财政经济审查委员会名单

（一）省十届人大一次会议财政经济审查委员会

主任委员：施性谋

副主任委员：赵觉荣

委　员（按姓名笔画排列）：

叶顺煌	冯声康	朱永康	庄友松	李力军
杨加清	陈元春	陈世泽	陈丽群（女）	陈祖武
周业樑	周真平（女）	俞传尧	洪长平	郭成土
黄心炎	鞠维强			

（二）省十届人大二次会议财政经济审查委员会

主任委员：贾锡太

副主任委员：赵觉荣

委　员（按姓名笔画排列）：

王　健	左允甘	叶顺煌	朱永康	庄友松
李力军	何宜刚	陈元春	陈世泽	陈丽群（女）
陈阿涟（女）	陈祖武	林正让	林国良	周业樑
周真平（女）	俞传尧	洪长平	郭成土	黄心炎
梁　模				

（三）省十届人大三次会议财政经济审查委员会

主任委员：贾锡太

副主任委员：赵觉荣

委　员（按姓名笔画排列）：

王　健　　左允甘　　朱永康　　庄友松　　李力军

何宜刚　　陈元春　　陈世泽　　陈丽群（女）陈阿涟（女）

陈祖武　　陈　鹭（女）林正让　　林国良　　林祥忠

周真平（女）俞传尧　　洪长平　　郭成土　　黄心炎

梁　模

（四）省十届人大四次会议财政经济审查委员会

主任委员：贾锡太

副主任委员：赵觉荣

委　员（按姓名笔画排列）：

王克益　　王　健　　左允甘　　朱永康　　庄友松

杨　斌　　何宜刚　　张学清　　陈元春　　陈世泽

陈丽群（女）陈阿涟（女）陈祖武　　陈　鹭（女）林正让

林国良　　林祥忠　　周真平（女）俞传尧　　洪长平

郭成土　　黄心炎　　梁　模

（五）省十届人大五次会议财政经济审查委员会

主任委员：贾锡太

副主任委员：赵觉荣

委　员（按姓名笔画排列）：

王克益　　王　健　　左允甘　　包志荣　　朱永康

庄友松　　杨华基　　杨　斌　　何宜刚　　张学清

陈元春　　陈世泽　　陈丽群（女）陈阿涟（女）陈祖武

陈　鹭（女）林正让　　林国良　　林祥忠　　周真平（女）

俞传尧　　洪长平　　郭成土　　黄心炎　　梁　模

三、省十届人大一至五次会议副秘书长名单

（一）省十届人大一次会议副秘书长

曾喜祥　　阮荣祥　　陈祖辉　　陈俊杰　　李德海

刘启力

（二）省十届人大二次会议副秘书长

陈光普　　李育兴　　冯声康　　陈祖辉　　陈俊杰

赵　汜　　李德海　　杜成山

（三）省十届人大三次会议副秘书长

陈光普　　张广敏　　冯声康　　陈祖辉　　陈俊杰

赵　汜　　李德海　　杜成山

（四）省十届人大四次会议副秘书长

陈光普　　　张广敏　　　冯声康　　　陈祖辉　　　陈俊杰
赵　凯　　　李德海　　　杜成山　　　林源森　　　陈二南

（五）省十届人大五次会议副秘书长

陈光普　　　张广敏　　　冯声康　　　陈祖辉　　　陈俊杰
赵　凯　　　李德海　　　杜成山　　　林源森　　　陈二南

第三章 人大代表与常委会组成人员

第一节 人大代表的产生与结构

一、产 生

根据《选举法》，省人大代表采取间接选举的方式，由下一级人大选举产生。省人大常委会主持省人大代表的选举工作。

1995年之前，省人大代表的名额，由省人大常委会按照便于召开会议、便于讨论问题和解决问题，并且使各民族、各地区、各方面都有适当数量的代表的原则自行确定，报全国人大常委会备案。1995年《选举法》作出修改，省人大代表的名额由全国人大常委会依法确定，名额经确定后不再变动。根据1997年《全国人大常委会关于省、自治区、直辖市人大代表名额的决定》，福建省九届人大代表名额为561名；省十届人大代表名额维持不变。

省人大代表名额，由省人大常委会依《选举法》按照农村每一代表所代表的人口数四倍于城市每一代表所代表的人口数的原则分配。省人大常委会先后作出决定：各设区的市、宁德地区各县（市）应选的省九届人大代表名额，按农村人口每11.6万人选代表1名，城市人口每2.9万人选代表1名分配。由于各地人口的变化和宁德撤地建市后选举单位的相应改变，各设区的市应选的省十届人大代表名额，按农村人口每12.52万人选代表1名，城市人口每3.13万人选代表1名分配。此外，为了保证各方面代表人士比较集中的地方有适当的代表名额，省九、十届人大代表的总名额中，有一定的名额由省人大常委会根据情况分配给有关设区的市、宁德地区的县（市）选举。分配给驻闽部队的人大代表名额，九届为30名，十届为28名。分配给驻闽武警部队的人大代表名额，十届为2名。分配给金门县的人大代表名额九、十届均为2名，由在闽的金门籍同胞中产生。

省人大代表候选人，地方的由各政党、各人民团体联合或者单独推荐，以及代表10人以上联名推荐。驻闽部队的由中共在军队中的各级组织推荐，以及代表10人以上联名推荐。各选举单位，分别召开人民代表大会或军人代表大会进行选举。在选举中，提名、酝酿候选人的时间依法不得少于两天，正式候选人按多于应选代表名额五分之一至二分之一的要求确定，进行差额选举。

各设区的市人民代表大会和宁德地区的各县（市）人民代表大会，以及驻闽部队的军人代表大会等26个选举单位，选举产生了省九届人大代表550名；各设区的市人民代表大会和驻闽部队的军人代表大会等17个选举单位，选举产生了省十届人大代表546名。

二、结　构

换届选举选出省九届人大代表550名，省人大常委会代表资格审查委员会认为：具有广泛性和代表性，各方面的代表均占有一定的比例。代表中：工人占14%，农民占14.91%，干部占28.36%，知识分子占18.55%，解放军占5.45%，民主党派、无党派人士占14%，归侨占4.73%；中共党员占68.36%，非中共党员占31.64%；少数民族占5.09%；妇女占20.73%；大专以上占72.36%，中专占20.55%，中学占6.55%，小学占0.54%；35岁以下占12.55%，36~55岁占69.27%，56岁以上占18.18%。

换届选举选出省十届人大代表546名，省人大常委会代表资格审查委员会认为：既具有先进性，又具有广泛代表性，整体结构比较合理，素质较高。代表中：工人占15.20%，农民占13.92%，干部占44.69%，知识分子占21.06%，解放军占5.13%；中共党员占68.68%，非中共党员占31.32%（其中，民主党派、无党派人士占10.81%）；归侨占4.95%；少数民族占5.68%；妇女占19.60%；大学本科及以上占47.25%，大专（高职）占28.39%，中专（职高、高中）占17.40%，初中占6.96%；35岁以下占5.86%，36~55岁占75.46%，56岁以上占18.68%。

第二节　常委会组成人员的产生与结构

一、产　生

根据《地方组织法》的规定，省级人大常委会由本级人民代表大会在代表中选举主任、副主任若干人、秘书长、委员若干人组成，名额35~65人。每届省人大常委会组成人员的名额，由省人民代表大会按人口多少确定，名额经确定后，在本届人大任期内不再变动。

省九、十届人大一次会议分别对本届人大常委会组成人员名额作出决定，均为63名。

省九届人大一次会议通过的大会选举办法规定，本次大会选举省九届人大常委会组成人员 61 名，其中主任 1 名、副主任 9 名、秘书长 1 名、委员 50 名。大会主席团按应选名额提出候选人，代表依法联名提出副主任候选人 1 名、委员候选人 5 名。主任、秘书长的候选人均只有一人进行等额选举，副主任、委员进行差额选举。经大会无记名投票选举，产生了省九届人大常委会组成人员 61 名。此后，几经变动，至届末实有常委会组成人员仍为 61 名。

省十届人大一次会议通过的大会选举办法规定，本次大会选举省十届人大常委会组成人员 58 名，其中主任 1 名、副主任 8 名、秘书长 1 名、委员 48 名。大会主席团按应选名额提出了候选人，代表也依法联名提出了副主任候选人 1 名、委员候选人 5 名。主任、秘书长的候选人均只有一人进行等额选举，副主任、委员进行差额选举。经大会无记名投票选举，产生了省十届人大常委会组成人员 58 名。此后，几经变动，至届末实有常委会组成人员 63 名。

二、结　构

省九届人大一次会议选举产生的常委会组成人员 61 名，其中中共党员占 70.5%，民主党派、无党派人士占 29.5%；妇女占 6.6%；大专以上占 80.3%，中专、高中占 16.4%，初中占 3.3%。常委会组成人员平均年龄 56.9 岁，其中：正、副主任平均年龄 59.5 岁，秘书长、委员平均年龄 56.3 岁。

省十届人大一次会议选举产生的常委会组成人员 58 名，其中中共党员占 70.7%，民主党派、无党派人士占 29.3%；妇女占 8.6%；大学本科以上占 69%，大专占 29.3%，中专占 1.7%。常委会组成人员平均年龄 56.3 岁，其中：正、副主任平均年龄 58.4 岁，秘书长、委员平均年龄 56 岁。

附：

一、省九届人大代表名单（以选举单位按姓名笔画排列，页下注时间为省人大常委会公告时间）

福州市

丁毅黎（女，回族）	马国防	王天德	王元榕	王正平
王芬珍（女）	王建双	王美鸾（女）	王喜增	邓麟喜
甘家仁	左允甘①	卢圣鑫	叶双瑜	叶震
丘占少	白拥政	吕良弼	朱华（女）	朱健
刘平	刘兴淼	刘若兰（女）	刘通	江晓鸣（女）

---

① 补选，2002 年 1 月。

池家惠	汤森金	许兴国①	许建平（女）	孙芳仲
李必成	李依兴	吴少雄	吴仕南	吴依殿
吴振棋	何宜刚	邹一平	张一建	张　玲（女）
陈人寿	陈乃春	陈子诚	陈子铨	陈子清
陈天萧	陈元春	陈今明（女）	陈训敬	陈　奇
陈学坚	陈顺利	陈　真（女）	陈德清	林长平
林世昌	林永霖	林国煌	林治良	林哲龙
林恩健	林梅燕	林森铨	林　强	欧云远
周华正	周　宏	周雪佳（女）	郑玉桂	郑有光
郑持光	赵守箴	赵学敏	俞兆坤	施能柏
洪锦汀（回族）	姚　瑾（女）	夏　钢	徐一帆	高觉诚
郭仁宪	郭兰凤（女）	黄小如（女）	黄小晶	黄木基
黄双月（女）	黄玉亭	黄国华（女）	黄宗建	黄家瑶
黄瑞霖②	曹书明	程天光	傅宝妹（女，满族）	储榕霖
释普法	鄢茂炎	蓝桃英（女，畲族）	蓝益江（畲族）	雷玉团（畲族）
雷成才（畲族）	蔡水官	蔡剑文（女）	潘水生	

厦门市

丁爱忠（女，回族）	习近平③	石兆彬④	叶文德	朱亚衍⑤
向　真	庄志聪	庄启谦	刘　丰⑥	刘亚桥
刘亚萍（女）	李秀记	李　宏⑦	杨前线⑧	杨缅昆⑨
张步娣（女）	张建民	陈再文	陈国良	陈建平
陈清水	陈　煌	陈慧瑛（女）	陈　飚	林仁川
施　匡	洪永世⑩	洪华生（女）	贺国强⑪	黄长溪
曾昭文	曾　雄	潘世建	潘若谷	

---

① 逝世，2002年1月。
② 补选，2002年1月。
③ 补选，1999年10月。
④ 罢免，2002年1月。
⑤ 补选，2002年1月。
⑥ 被依法剥夺政治权利，2001年1月。
⑦ 补选，2002年1月。
⑧ 被依法逮捕，1999年9月。
⑨ 罢免，2002年1月。
⑩ 补选，2001年2月。
⑪ 调离，1999年10月。

漳州市

王先记	王根和①	卢明福	卢秋玲（女）	卢展工②
朱煜煊	庄振生	刘炳南	江水沐	汤龙光
许荣勇	苏万安	李铁军	李敏忠	杨杏萼（女）
杨明元	杨胜华（女）	连福生③	吴小玲（女）	吴伟民
吴裕光	邱亚明	余金满	沈青松	宋　斌（女）
张启琛	张若茵（女）④	张家坤⑤	陈正统	陈武池
陈明义	陈和鹏	陈建平	陈秋日（女）	陈祖辉
陈紫东	陈燕娥（女）	林秀兰（女，高山族）	林秋禧（女）	林继忠
林德文	欧进钢	易百禄	郑义正	郑平坚
赵慧真（女）	洪德庆	高启明	唐亚根	黄开发
黄正华	黄河水	黄泽生	黄跃东	黄银莲（女）⑥
黄舜斌⑦	曹德淦	康君福	曾荣火	蓝君植（畲族）
赖文达	赖四强	简博士	蔡龙兴⑧	谭丽英（女）
魏枧荣	魏燕杜			

泉州市

丁东树（回族）	万婷婷（女）	王树旗	王美香（女）	王继超
叶维新	丘广钟⑨	吕团孙	庄友松	庄绍坤
刘清珠（女）	刘德章⑩	江祥钦	许书亮	许昆贞
许怡菲（女）	苏少东	何立峰⑪	何锦龙	李卫平
李玉珍（女）	李春兴	李锦阳	杨宏毅	杨青青（女）
杨宗仁	杨惠珠（女）	连文锻	吴凤章	吴庆祥
吴景良	邱家赞	余公望	宋德福⑫	陈木根

---

① 调离，2000年1月。
② 补选，2002年1月。
③ 补选，2000年1月。
④ 调离，2001年1月。
⑤ 补选，2002年1月。
⑥ 辞职，2001年2月。
⑦ 补选，2001年2月。
⑧ 辞职，1999年1月。
⑨ 罢免，2002年1月。
⑩ 选举，2001年1月。
⑪ 选举，1999年1月。
⑫ 选举，2001年1月。

陈凤华（女）	陈甘章	陈田爽	陈加传	陈全顺
陈秀玉（女）	陈秀瑾（女）	陈若芬（女）	陈国平	陈海基
陈营官	陈燕青	林文珠（女）	林玉莲（女）	周建宣
周真平（女）	郑云梅（女）	郑今奋	郑增辉	封建安
郝莉英（女）	胡平西①	施维雄	洪进宝	洪泽生
翁辉煌	高华根	高丽玉（女）	郭金醒（女）	郭清华（回族）
郭景仁	郭献辉（回族）	唐永建	涂瑞南	黄世平
黄世清	黄东曦（女）	黄孙奎	黄其东	黄松禄②
黄秋润（回族）	黄碧山	黄耀昆	龚清概	梁绮萍③
梁碧娟（女）	董胜厚	傅美金（女）	曾文汉	曾荣华
谢少扬	谢金乙	蓝一允（女，畲族）	蔡世佳	蔡美金（女）
蔡蓉蓉（女）	廖小军	颜春呈	潘贤抄	薛祖亮④

三明市

王火辉	王华明（女）	王克明	王　政	申学光
冯华明	冯真恩	吕凯明	朱永康	朱清龙
江兴禄	许丽华（女）	许锡明	苍震华⑤	巫雪峰
李启凤	杨凤珠（女）	吴春生	邹明泉	张爱兰（女）
陈凤菊（女）	陈文钊	陈刚挺	陈　旭	陈阿香（女）
陈　奎	陈海滨	陈嘉星	林孙强	周升堂
周文成	郑国仁	赵　峰	钟才文（畲族）	施性谋
姚香莲（女）	晏会根	徐　铮	郭成土	唐连惠
黄贤模	黄祥峰	彭锦清	童万亨	曾旺娇（女）
蔡尊福	颜淑婉（女）	魏忠义		

莆田市

王灼赓	叶羽纺	叶家松	朱金先	许金和
苏玉泰	杜珍丽（女）	李飞亭	李国雄	李金城⑥
连捷禧	吴天赋	吴宗海	何文义	张剑萍⑦

---

① 调离，1999年1月。
② 选举，2001年1月。
③ 补选，2002年1月。
④ 补选，2002年1月。
⑤ 选举，1999年1月。
⑥ 补选，2001年1月。
⑦ 调离，2001年1月。

张美玉（女）	陆丽钦（女）	陈　范	陈春海	陈德玉（女）
林安娜（女）	林国良	林注兴	林瑞云	郑小明
郑师平	郑伟文	郑瑞锦	姚振泉	姚清水
徐锦灿	郭阿春（女，回族）	郭德琴（女）	黄立平（女）	傅祖富
曾乃航①	曾昭鉴	曾喜祥	鲍绍坤	

南平市

丁秀凤（女）	王建花（女）	方忠炳	甘秀华（女）	叶文鉴
白炳义	刘丽萍（女）	刘钦锐	李　川②	李友明
李由财	李志让	李知文	杨玉龙	杨兆江
杨庆贤	肖炎忠	吴克荣	何仕考	何　兴
汪长清	沈国良	张学霖	张燮飞	陈扬义
陈尧钦	陈　如	陈丽群（女）	陈来茂	陈国梁
陈剑辉（女）	范六德（回族）	林克敏	林　彬（女）	林鼎富
林瑞英（女）	周琳孙	姚承培	夏桂英（女）	倪木荣
徐进花（女）	徐崇杰	郭孟元	黄文麟	黄美萍（女）
黄智华	龚美新（女）	蓝斯文（畲族）	简少玉（女）	蔡新森
熊孙炎	潘长青	潘灶生	魏万能	魏秉进

龙岩市

王春熙	王福胜	叶元达	包应森	刘昌兴③
刘建立④	严金静	苏庆桂⑤	杜乔元	李伟民
李祥林	李德林⑥	杨　闽（女）	沈龙春⑦	宋　峻
张永和	张志南	张坤生	张柏江	张树涛
张济宇	陈光普	陈桂英（女）	陈清林	陈翠英（女）
林广强	林汝照	林春华	林瑞蓉（女）	林锦添
林新玉（女）	罗克昌	罗维功	罗意珍（女）	郑玉琳（女）
赵觉荣	洪　苹（女）	陶勇强	曹水金	梁茂源
释普利（女）	谢先文	谢冠球	蓝建杭（畲族）	蓝菊芳（女，畲族）

---

① 选举，2001年2月。
② 选举，2001年1月。
③ 选举，1998年8月。
④ 辞职，2000年1月。
⑤ 补选，2000年1月。
⑥ 辞职，2000年1月。
⑦ 辞职，2001年1月。

赖宗明①　　简锦祥　　　　　黎梓元②

宁德地区
宁德市
苏　寅　　陈修茂　　陈衍辉　　　钟钦银（女，畲族）
傅佛华　　缪耕山
福安市
王　津　　　张振郎　　　陈成基　　　　林　青
蓝如春（畲族）雷卫平（畲族）雷金梅（女，畲族）詹翠霞（女）
詹　毅
福鼎市
叶荣云　　　　纪元忠　　　吴允耀　　　陈振俊
陈　梅（女）　林锦荣（女）钟雷兴（畲族）袁启彤
雷爱美（女，畲族）
霞浦县
毕振东　　刘俊仪　　吴初明　　林　玲（女）
林斌喜　　郑立中　　荆福生　　雷大联③
古田县
李德海　　张小华（女）　　　陈桂媚（女）郑安思
郑尚珍　　雷雅玲（女，畲族）　潘心城
屏南县
李谋祥　　陆修长　　陈俊杰
寿宁县
杨金柱　　吴　城　　陈祖武　　施健儿（女）夏　鹏
周宁县
王宗华　　林建强　　蔡林裕
柘荣县
张郑雄　　张学梅　　林　鸿

金门县

林应望　　颜达成

---

① 补选，2000年1月。
② 补选，2001年1月。
③ 选举，1998年8月。

解放军

丁金锁	马跃征	王振华	王福庆①	方永祥
古长阁	叶恩发	刘长胜	孙正路②	孙威光
李总星	杨岳良	吴瑞刚	沈正平	宋长青
张守臣	张诗明③	陈一远④	陈穗兰(女)	林世鄹
林立晃	林 志	林泉顺	周天明	周来强⑤
俞友明	施隆银	费振翼	聂全林	崔宗建
童满莲(女)	潘国桢⑥	潘 德		

二、省十届人大代表名单（以选举单位按姓名笔画排序，页下注时间为省人大常委会公告时间）

福州市

丁毅黎(女,回族)	卫 国	王芬珍(女)	王克益⑦	王明光
王美莺(女)	王 健	王家忠	王 晶(女)	王聪深
邓麟喜	甘家仁	左允甘	石建辉	卢秀敏(女)
卢亨齐	叶理敏(女)	任志强	刘更生	刘若兰(女)
刘耀明	池惠中	汤森金	杜源生	杨 斌
吴乃国	吴宗华	何立峰	何 明(女)	何宜刚
张天金	张森兴⑧	陈大强	陈子华(女)	陈元春
陈水妹(女)	陈今明(女)	陈立福	陈 宁	陈庆元
陈志端	陈丽群(女)	陈阿涟(女)	陈 和⑨	陈泽峰
陈居根	陈家泉	陈善苏	陈 蒲	陈震宙
林升国	林月华(女)	林正让	林 平(女)	林永霖
林财龙	林枝森	林治良	林诗喜	林钟春
林 亮	林梅灼	林清和	林 雄	林 强

---

① 补选，1999年1月。
② 补选，2000年1月；调离，2002年1月。
③ 调离，1999年1月。
④ 补选，1999年1月。
⑤ 调离，2000年1月。
⑥ 调离，1999年1月。
⑦ 补选，2005年1月。
⑧ 被依法逮捕，2006年8月。
⑨ 被依法逮捕，2006年9月。

林新国	周业樑①	周　宏	郑　勇	练知轩②
赵守箴	赵觉荣	赵素文（女）	柯有民	柯岩辉
钟厚泰（畲族）	侯秀英（女）	俞传尧	俞兆坤	施榕斌
姜燕生③	徐铁骏	高月花（女）	高　翔（女）	郭仁宪
郭秋水	黄小如（女）	黄小晶	黄双月（女）	黄贤模
曹德淦	章伟望	梁建勇	彭　超	蒋夷牧
蒋　华	释普法	曾乃航④	游劝荣⑤	谢知锋（女）
谢振欧	蓝敦友（畲族）		蓝　燕（女，畲族）	
雷玉赛（女，畲族）	雷成才（畲族）		雷言钦（畲族）	薛源官⑥

厦门市

丁爱忠（女，回族）	于伟国	王三运	王仲符⑦	王建双
王聪明	毛新堂⑧	叶文德	朱亚衍	庄亨浩
许天晟	李秀记	杨华基	吴亿年	吴国培⑨
张建民	陈昌生	陈　津	陈振志	陈营官⑩
陈　鹭（女）	邵石花（女）	林仁川	欧阳卫民⑪	郑立中⑫
种俐俐（女）	洪永世	洪华生（女）	徐中佑	郭素清（女）
唐海平	黄文传	黄笑影（女）⑬	康丽勤（女）	商少宏⑭
蒋卫东	程　晟⑮	廖泉文（女）	颜达成	

漳州市

丁丽瑄（女）	王一鸣	王少成	王江舟	王良才

---

① 调离，2005年1月。
② 选举，2005年3月。
③ 罢免，2005年6月。
④ 逝世，2006年8月。
⑤ 补选，2007年1月。
⑥ 罢免，2006年8月。
⑦ 补选，2006年1月。
⑧ 调离，2005年1月。
⑨ 补选，2005年1月。
⑩ 补选，2005年1月。
⑪ 调离，2005年1月。
⑫ 调离，2006年1月。
⑬ 补选，2006年1月。
⑭ 调离，2006年1月。
⑮ 调离，2007年1月。

王　勋	王振直	王毅群	叶龙福	叶顺煌
叶露昆	庄振生	刘可清①	刘启力	严逸芳（女）
杨加清	杨秀兰（女）	杨明元	吴炯圻	吴毅禧
吴耀生	邱素秋（女）	何长武	张子方	张阿倉
张峥嵘（女）	张家坤	张崇道	张铭德②	陈少青
陈汉夫	陈金木（高山族）	陈建平	陈祖辉	陈积德③
陈碧珠（女）	陈毅勋	林　忠	林建国	林　斐
林瑞旺	欧阳晓彤（女）	周志达	郑平坚	郑娅玲（女）
郑森长	赵文权	赵　洰	赵　璟（女）	袁荣祥
徐海土	黄云山	黄跃东④	黄舜斌	康君福
梁绮萍（女）	蒋一婷（女）	傅丽芬（女）	曾文邦	蓝耀明（畲族）
简博士	蔡良国	蔡金海	蔡雯娴（女）	戴乃坤

泉州市

丁世忠（回族）	丁瑞金（回族）	王文礼	王亚君（女）	王声云
尤猛军	邓美华（女）	叶维新	冯声康	吕　竞（女）
刘秋香（女）	刘德章⑤	江祥钦	许世辉	许维泽
阮荣祥	苏银楼	李玉珍（女）	李　宏⑥	李转生
李建国	李振生	杨宗仁	杨益民	吴冬冬（女）
吴共湖	吴助仁	吴海水	吴端雅	沈玉婷（女）
宋德福⑦	张汉辉	张孝礼	张美玉（女）	陆海鹰（女）
陈田爽	陈立德	陈全顺	陈志聪	陈秀玉（女）
陈泽荣	陈春买	陈荣洲	陈荣聪	陈贻萍（女）
陈笃彬	林　舟	林秀成	林　森	林福椿
欧阳国煌	周延安	周建宣	周真平（女）	郑子镇
郑云梅（女）	郑今奋	郑道溪⑧	郑增辉	赵小梅（女）
钟丁山（畲族）	施永康	施能坑	施维雄	洪肇设
夏燕军（回族）	倪英达	徐西鹏	徐宝珍（女）	殷炳雄

---

① 补选，2006年1月。
② 调离，2006年1月。
③ 补选，2006年1月。
④ 逝世，2007年1月。
⑤ 补选，2007年1月。
⑥ 调离，2007年1月。
⑦ 调离，2005年1月。
⑧ 补选，2006年1月。

郭矩业	郭修彬（回族）	郭清华（回族）	黄月莹（女）	黄秋润（回族）
黄晓炎	黄碧山	龚清概	傅圆圆（女）①	游祖勇
蔡天守	蔡美金（女）	廖小军	颜伟劲	薛祖亮
魏文枢				

三明市

丁韵芳（女）	王民富	叶秀华（女）	叶继革②	朱永康
庄友松	江兴禄	许清华	许锡明③	苍震华（满族）
杜成山	李轩源	李锦华	杨　莉（女）	杨裕勇
邹明泉	张娅芳（女）	陈世泽	陈永富	陈全北
陈　旭	陈秀云（女）	陈忠杰	陈海滨	林传衍
林述舜④	林昌源	林勇雄⑤	林梁儿	卓月珍（女）
周升堂	郑红星（女）	郑维荣	赵　峰	钟才文（畲族）
施性谋	施能凯	洪长平	洪明德	姚香莲（女）
郭成土	郭联新	黄祥锋	曹建华	梁　模
曾喜祥	谢炳辉	蔡志明	廖品贵	熊　星
魏庆森				

莆田市

王灼赓	王建煌（女）	叶家松	朱金先	许金和
苏玉泰	李金城	李碧莲（女）	李德海	肖国聪
吴元珍	陆志华⑥	陆丽钦（女）	陈文通⑦	陈丽华（女）
陈　范	陈春玖	林玉树	林国开	林国良
林金榜	林素钦（女）	林锦魁	欧宗荣	郑玉瑞
郑伟文	郑宗金	郑新平	荆福生⑧	胡玉水
胡晓莺	郭新环（回族）	袁锦贵⑨	黄松禄⑩	黄梦龙

---

① 补选，2007年1月。
② 补选，2004年1月。
③ 罢免，2005年1月。
④ 补选，2005年1月。
⑤ 选举，2005年3月。
⑥ 补选，2007年1月。
⑦ 逝世，2006年1月。
⑧ 罢免，2006年8月。
⑨ 选举，2004年1月。
⑩ 逝世，2006年1月。

梁国镇　　　　　彭炳华　　　　　詹国团　　　　　蔡金辉　　　　　蔡宗美
潘庆星　　　　　薛国进

南平市
丁秀凤（女）　　王　历　　　　　王建花（女）　　方金妹（女）　　白炳义
包志荣　　　　　刘丽萍（女）　　汤经舜　　　　　苏增添　　　　　杜水旺
李　川　　　　　李友明　　　　　李知文①　　　　吴克荣　　　　　吴忠明
何仕考　　　　　何　兴　　　　　邹日娥（女）　　张兰妃（女）　　张建光
张积宏　　　　　陈扬义　　　　　陈守勤　　　　　陈来茂　　　　　陈　杰
陈学坤　　　　　陈宜安（女）　　陈承建　　　　　陈俊杰　　　　　陈鼎成
范恒盛　　　　　林景华　　　　　周美龙　　　　　周继红（女）　　郑开辉
郑金贵　　　　　贾锡太　　　　　倪木荣　　　　　徐　谦②　　　　郭跃进
郭翠莲（女）　　黄心炎　　　　　黄以西　　　　　黄正娥（女）　　黄健平
章建平　　　　　游慧芳（女）　　游德馨　　　　　蓝斯文（畲族）　雷和孙
简少玉（女）　　詹夷生　　　　　廖土章　　　　　魏秉进

龙岩市
卢展工　　　　　卢德明　　　　　刘　远　　　　　刘赐贵③　　　　江国河
汤秀豪　　　　　许沂炎　　　　　李金莲（女）　　李益树　　　　　李　敏（女）
杨　闽（女）　　邱景河　　　　　张天洲　　　　　张柏江　　　　　张树涛
张秋蕙（女）　　张燮飞　　　　　陈业忠　　　　　陈光普　　　　　陈胜利
陈盛仪　　　　　陈景河　　　　　林　野④　　　　林康福　　　　　林锦礼
林新玉（女）　　郑玉琳（女）　　郭丽珍（女）　　黄　明（女）　　黄建新
黄　剑　　　　　黄剑忠　　　　　释普利（女）　　童万亨　　　　　谢先文
谢细忠　　　　　蓝武英（女，畲族）蓝　勇（畲族）　赖宗明　　　　　赖海英
赖继秋　　　　　简焕镇　　　　　黎梓元　　　　　鞠维强

宁德市
马潞生　　　　　王守铭　　　　　王勤仕　　　　　尤长铃　　　　　叶荣云
冯德辉⑤　　　　朱之文⑥　　　　阮培金　　　　　苏祥荣　　　　　苏　寅
李力军　　　　　李成良　　　　　杨金柱　　　　　吴允耀　　　　　吴初明

---

① 罢免，2006年1月。
② 补选，2004年1月。
③ 选举，2006年1月。
④ 调离，2007年1月。
⑤ 罢免，2005年1月。
⑥ 补选，2006年1月。

张大共①　　　　张书华（女）　　　张学清　　　　张尊镇　　　　陈少勇
陈仁春　　　　　陈　英（女）　　　陈荣凯②　　　陈祖武　　　　陈铭生
林乃铨　　　　　林　平　　　　　　林建强　　　　林祥忠　　　　林　鸿
林斌喜　　　　　卓贞珠（女）　　　周华瑞　　　　周秋琦（女）　郑志泰
钟雪玲（女，畲族）钟雷兴（畲族）　　袁启彤　　　　夏　鹏　　　　郭　健
黄树华　　　　　黄益寿　　　　　　黄　雄　　　　黄瑞霖　　　　蓝如春（畲族）
蓝晓平（女，畲族）雷金花（女，畲族）雷金梅（女，畲族）
雷美美（女，畲族）鲍绍坤　　　　　　蔡兴华（女）　戴维浩

解放军

丁金锁　　　　　王乃谦③　　　　　王建国　　　　王惠宁④　　　王福庆
孔祥铎⑤　　　　叶其让　　　　　　朱光泉　　　　刘元昌　　　　刘长胜
江子华　　　　　江　艺　　　　　　孙　阳　　　　沈正平　　　　沈耀钦
宋海航⑥　　　　宋海滨　　　　　　张建国⑦　　　张　斌　　　　陈金龙⑧
陈惠亮　　　　　周祥生⑨　　　　　单秀华⑩　　　郝毓昆　　　　姜天裁
夏善国⑪　　　　徐乃飞　　　　　　徐力克（女）　栾光进⑫　　　高居东
龚德宏⑬　　　　崔宗建　　　　　　蓝荣崇（畲族）⑭廖　屹

三、福建省选出的九届全国人大代表名单（按姓名笔画排列）

习近平⑮　　　　邓力平　　　　　　邓晓薇（女）　卢亨齐　　　　卢金来
帅金高　　　　　冯玉兰（女）　　　许金和　　　　苏昌培　　　　巫秀美（女）

---

① 补选，2005年1月。
② 补选，2007年1月。
③ 补选，2005年1月。
④ 调离，2005年1月。
⑤ 调离，2007年1月。
⑥ 补选，2007年1月。
⑦ 补选，2004年1月；调离，2006年1月。
⑧ 补选，2005年1月。
⑨ 调离，2005年1月。
⑩ 补选，2006年1月。
⑪ 调离，2004年1月。
⑫ 补选，2005年1月；调离，2007年1月。
⑬ 调离，2004年1月。
⑭ 调离，2006年1月。
⑮ 补选，2000年5月。

李　川	李天森	李顺堤	李家宝	宋德福①
杨春波	杨银玉（女）	吴乃国	吴建华	何少川
何立峰	张汉辉	张　帆	张华安	张家坤
张斌生	陈日亮	陈光毅	陈明义	陈明枢
陈明魁	陈建生	陈章良	陈辉庚	陈福胜
陈慧珠（女）	林秀娥（女）	林　强	林　群	欧阳元和
罗　干	周金伙	周贻赐	郑秀琴（女）	钟梅允（女，畲族）
饶作勋	洪永世	贺国强	袁启彤	徐承云
翁福琳	高佳敏（女）	高　翔（女）	黄长溪	黄文麟
黄泰康	梁婉卿（女）	曾金凤（女）	游宪生	谢永武②
谢联辉	楷清海（高山族）	赖爱光	蔡　奇	薛国强
魏可镁				

四、福建省选出的十届全国人大代表名单（按姓名笔画排列）

王建双	王　晶（女）	邓力平	卢展工	帅金高
叶继革	冯玉兰（女）	朱淑芳（女）	华福周（女）	刘赐贵
许金和	苏文金	巫秀美（女）	李必成	李春兴
李跃民	何团经③	何锦龙④	宋德福⑤	张书华（女）
张华安	张秀娟（女）	张昌平	张家坤	陆志华
陈光毅	陈秀榕（女）⑥	陈晓萍（女）	陈章良	陈福胜
陈慧珠（女）	陈鹭芸（女）	林兆枢	林哲龙	林　强
林　群	欧阳元和	罗　干	罗蜀榕	周金伙⑦
郑道溪	郑霜高	练知轩	钟梅允（女，畲族）	施作霖
施性谋	徐承云	徐　谦	高　翔（女）	黄小晶
黄双月（女）	黄泰康	黄瑞霖	康　飚	章联生
曾金凤（女）	曾静萍（女）	谢联辉	楷清海（高山族）	赖桂勇
赖爱光	詹　毅	薛国强	戴仲川	魏可镁

---

① 补选，2001年2月。
② 罢免，2000年5月。
③ 逝世，2003年2月。
④ 补选，2003年11月。
⑤ 逝世，2007年9月。
⑥ 补选，2005年1月。
⑦ 罢免，2006年8月。

五、省九届人大常委会组成人员情况表

附表1

职务	姓名	性别	出生年月	民族	学历	党派	备注
主　任	袁启彤	男	1932.5	汉族	高中	中共	2002年1月辞职
	宋德福	男	1946.2	汉族	大专	中共	2002年1月补选
副主任	王建双	男	1936.12	汉族	大专	中共	
	施性谋	男	1937.10	汉族	中专	中共	
	黄松禄	男	1939.11	汉族	大专	中共	2001年2月补选
	洪华生	女	1944.7	汉族	研究生	中共	
	宋　峻	男	1935.9	汉族	研究生	中共	2001年2月辞职
	童万亨	男	1937.10	汉族	大学	中共	
	方忠炳	男	1935.9	汉族	研究生	中共	2001年2月辞职
	郑义正	男	1935.10	汉族	初中	中共	2001年2月辞职
	黄贤模	男	1941.8	汉族	大学	中共	
	林　强	男	1943.1	汉族	大学	民建	
秘书长	曾喜祥	男	1945.3	汉族	大专	中共	
委　员	王灼赓	男	1941.2	汉族	大学	致公党	
	王宗华	男	1962.12	汉族	研究生	民建	1998年4月辞职
	王美香	女	1948.10	汉族	研究生	中共	
	王继超	男	1935.2	汉族	大专	中共	2001年2月辞职
	申学光	男	1936.11	汉族	大学	中共	
	叶文鉴	男	1936.12	汉族	高中	中共	
	包应森	男	1936.9	汉族	中专	中共	
	毕振东	男	1938.11	满族	大学	中共	
	吕团孙	男	1943.2	汉族	大学	—	
	吕良弼	男	1936.10	汉族	大学	中共	
	庄友松	男	1943.1	汉族	大学	中共	2001年2月补选
	庄启谦	男	1934.12	汉族	研究生	九三学社	
	刘钦锐	男	1938.10	汉族	大学	中共	
	许书亮	男	1936.12	汉族	大学	农工党、中共	
	苏玉泰	男	1941.5	汉族	大学	中共	
	李必成	男	1942.3	汉族	大学	民进	
	李伟民	男	1939.8	汉族	大学	中共	
	李德海	男	1943.12	汉族	大专	中共	

续附表1

职务	姓名	性别	出生年月	民族	学历	党派	备注
委员	吴少雄	男	1955.10	汉族	大学	—	
	吴 城	男	1939.11	汉族	大学	中共	
	何宜刚	男	1944.7	汉族	中专	民革、中共	
	佘金满	男	1939.1	汉族	大学	中共	
	张济宇	男	1940.4	汉族	研究生	—	
	张振郎	男	1939.7	汉族	大学	中共	
	陈子诚	男	1936.9	汉族	大学	中共	
	陈元春	男	1942.10	汉族	大专	中共	2001年2月补选
	陈文钊	男	1936.11	汉族	大专	中共	
	陈训敬	男	1938.2	汉族	大学	中共	
	陈扬义	男	1947.5	汉族	大学	中共	
	陈光普	男	1943.1	汉族	大学	中共	2001年2月补选
	陈国樑	男	1936.10	汉族	大专	中共	
	陈 奎	男	1938.12	汉族	大学	中共	
	陈修茂	男	1951.7	汉族	大学普通班	中共	
	陈俊杰	男	1945.9	汉族	大学	中共	
	陈祖武	男	1942.11	汉族	大学	中共	2001年2月补选
	陈祖辉	男	1943.11	汉族	大学	中共	
	陈紫东	男	1937.4	汉族	初中	中共	
	林仁川	男	1941.10	汉族	研究生	民进	
	林克敏	男	1940.9	汉族	中专	中共	2001年2月补选
	林鼎富	男	1936.11	汉族	中专	中共	
	欧云远	男	1932.5	汉族	高中	民建	
	欧进钢	男	1938.6	汉族	研究生	中共	
	易百禄	男	1935.2	汉族	大专	中共	2001年2月辞职
	郑今奋	男	1940.12	汉族	大学	农工党	
	郑伟文	男	1943.1	汉族	大学	九三学社	
	郑持光	男	1934.7	汉族	大学	—	
	封建安	男	1936.7	汉族	中专	中共	
	洪进宝	男	1938.8	汉族	大学	中共	
	姚振泉	男	1937.10	汉族	中专	中共	
	聂全林	男	1941.2	汉族	大学	中共	

续附表1

职务	姓名	性别	出生年月	民族	学历	党派	备注
委员	徐一帆	男	1953.9	汉族	大学	民盟	2000年4月辞职
	黄双月	女	1942.1	汉族	大学	致公党	
	曾乃航	男	1947.5	汉族	大学普通班	中共	2001年2月补选
	简少玉	女	1950.12	汉族	中专	台盟	
	詹毅	男	1949.12	汉族	大专	中共	2001年2月辞职
	魏忠义	男	1939.10	汉族	大学	中共	

六、省十届人大常委会组成人员情况表

附表2

职务	姓名	性别	出生年月	民族	学历	党派	备注
主任	宋德福	男	1946.2	汉族	大专	中共	2005年1月辞职
	卢展工	男	1952.5	汉族	大学	中共	2005年1月补选
副主任	张家坤	男	1942.2	汉族	大学	中共	
	贾锡太	男	1943.10	汉族	大学	中共	
	陈营官	男	1944.1	汉族	大学	中共	2005年1月补选
	朱亚衍	男	1944.8	汉族	大学	中共	2005年1月补选
	刘德章	男	1946.12	汉族	研究生	中共	2007年1月补选
	洪华生	女	1944.7	汉族	研究生	中共	
	黄贤模	男	1941.8	汉族	大学	中共	
	林强	男	1943.1	汉族	大学	民建	
	曹德淦	男	1944.7	汉族	大专	中共	
	谢先文	男	1945.12	汉族	大学	中共	
	曾喜祥	男	1945.3	汉族	大专	中共	
秘书长	陈光普	男	1943.1	汉族	大学	中共	
委员	王克益	男	1945.3	汉族	研究生	中共	2005年1月补选
	王灼赓	男	1941.2	汉族	大学	致公党	
	王健	男	1959.4	汉族	研究生	—	
	左允甘	男	1943.10	汉族	大专	中共	
	包志荣	男	1943.10	汉族	大学	中共	
	冯声康	男	1951.7	汉族	大学普通班	中共	2003年8月辞职

续附表2

职务	姓名	性别	出生年月	民族	学历	党派	备注
委员	朱永康	男	1944.11	汉族	大学	中共	
	朱光泉	男	1947.11	汉族	大专	中共	
	庄友松	男	1943.1	汉族	大学	中共	
	刘启力	男	1946.11	汉族	大专	中共	2007年1月补选
	江祥钦	男	1943.9	汉族	大专	中共	
	阮荣祥	男	1943.3	汉族	大学	中共	
	苏玉泰	男	1941.5	汉族	大学	中共	
	杜成山	男	1946.11	汉族	大专	中共	
	李敏	女	1955.12	汉族	研究生	致公党	
	李德海	男	1943.12	汉族	大专	中共	
	杨加清	男	1944.3	汉族	大学	中共	
	杨华基	男	1944.1	汉族	大学	中共	
	吴宗华	男	1957.7	汉族	研究生	—	
	何宜刚	男	1944.7	汉族	大专	民革、中共	
	张大共	男	1952.12	汉族	大学	中共	2005年1月补选
	张学清	男	1945.7	汉族	大学	中共	2005年1月补选
	陆志华	男	1947.11	汉族	研究生	中共	2007年1月补选
	陈元春	男	1942.10	汉族	大专	中共	
	陈世泽	男	1943.11	汉族	大专	中共	
	陈宁	男	1958.7	汉族	研究生	九三学社	2005年9月辞职
	陈扬义	男	1947.5	汉族	大学	中共	
	陈阿涟	女	1952.1	汉族	大学普通班	民建	
	陈宜安	女	1955.2	汉族	研究生	台盟	
	陈俊杰	男	1945.9	汉族	大学	中共	
	陈祖武	男	1942.11	汉族	大学	中共	
	陈祖辉	男	1943.11	汉族	大学	中共	
	陈震宙	男	1946.7	汉族	大学普通班	农工党	
	林乃铨	男	1948.5	汉族	研究生	农工党	
	林仁川	男	1941.10	汉族	研究生	民进	
	林正让	男	1943.5	汉族	大学	民进	
	林平	男	1944.10	汉族	大学	中共	

续附表2

职务	姓名	性别	出生年月	民族	学历	党派	备注
委员	林述舜	男	1945.8	汉族	研究生	中共	2005年1月补选
	林国良	男	1944.11	汉族	大专	中共	
	林祥忠	男	1941.8	汉族	大学	中共	
	郑今奋	男	1940.12	汉族	大学	农工党	
	郑伟文	男	1943.1	汉族	大学	九三学社	
	郑金贵	男	1949.10	汉族	研究生	中共	
	赵觉荣	男	1944.1	汉族	大学	中共	
	赵 岂	男	1948.9	汉族	研究生	中共	
	钟雷兴	男	1945.2	畲族	大专	中共	
	洪长平	男	1944.11	汉族	大学	中共	
	黄心炎	男	1944.8	汉族	大学	中共	
	黄晓炎	男	1960.9	汉族	大学	中共	2004年9月辞职
	蒋夷牧	男	1942.10	汉族	大学	民盟、中共	
	曾乃航	男	1947.5	汉族	大学普通班	中共	2006年1月逝世
	游劝荣	男	1963.8	汉族	研究生	中共	2007年1月补选
	简少玉	女	1950.12	汉族	中专	台盟	
	薛祖亮	男	1944.12	汉族	大学	中共	
	鞠维强	男	1955.2	汉族	大学	中共	2005年7月辞职

第四章 主任会议与秘书长办公会议

第一节 主任会议

一、设置、职责与议事规则

主任会议是法定的处理地方人大常委会重要日常工作的常设组织。主任会议由常委会主任、副主任、秘书长组成。

1999年7月，省九届人大常委会审议通过了《福建省人大常委会主任会议议事规则》。议事规则规定：主任会议由常委会主任或委托的副主任召集并主持，主任会议全体组成人员过半数出席方能举行，专门委员会负责人以及常委会副秘书长、办事机构和工作机构负责人列席会议，需要时，政府及其有关部门、两院负责人受邀列席。

议事规则规定主任会议处理的常委会重要日常工作主要有：决定常委会会议的会期，提出会议议程草案；提出属于常委会职权范围内的议案；对大会主席团交付常委会审议的议案以及代表建议、批评和意见的办理情况，省政府提出的议案，福州、厦门市人大常委会报请批准的地方性法规，决定提请常委会会议审议；对常委会组成人员5人以上联名提出的议案或质询案，决定是否提请常委会会议审议或决定交由受质询机关答复；拟定召开代表大会的日期、建议议程，草拟常委会工作报告（稿）；提出代表资格审查委员会人选；讨论"一府两院"提请常委会任免的事项，提出常委会办事机构、工作机构负责人任免的事项；听取政府及其有关部门、"两院"专题汇报；讨论提出常委会年度工作要点和立法、监督工作计划等。

主任会议召开的时间和议题，由秘书长征求有关方面意见后提出建议，报常委会主任或主持工作的副主任确定。主任会议每月至少举行一次。常委会会议举行十天前一般要召开一次主任会议，研究确定常委会会议建议议程和日程安排等事项；常委会会议期间召开一次主任会议，研究确定拟付表决等事项。主任会议讨论决定事项，实行民主集中制，必须经全体组成人员的过半数同意；主任会议决定的事项，由常委会办事机构、工作机构办理，重要事项由分管的常委会副主任或秘书长组织实施并向主任会议作情况汇报；主任会议讨论的重要问题和决定的事项，经常委会主任或主持会议的副主任同意,可以发布新闻。会务工作由常委会办公厅负责。会议纪要和会议通过的文件,由常委会秘书长签发,必要时由常委会主任或分管的副主任签发。

二、听取专题报告(汇报)

省九、十届人大期间,分别召开了114次和82次主任会议。除决定常委会会议的日期、拟订常委会会议议程草案、处理其他重要日常工作外,主任会议还安排听取专题报告或汇报。

(一)听取省政府专题报告

2003年5月7日,省十届人大常委会第五次主任(扩大)会议专题听取省政府关于"非典"疫情防治工作的报告。报告介绍了非典型肺炎防治工作基本情况、主要做法和经验、当前面临的状况以及下一步打算。会议认为,防治工作认识到位、措施有力、成效明显,并强调面临的形势依然严峻。为此,会议提出四点要求:要把思想和行动统一到中央的决策部署上来;加大传染病防治等法律法规的宣传和执行力度,严格依法办事;各级人大要积极支持政府工作,动员全社会力量与"非典"疫情作斗争;弘扬民族精神,坚持"两手抓",全力维护改革发展稳定大局。

(二)听取省法院、省检察院专题报告

1998年7月20日,省九届人大常委会第九次主任会议专题听取并审议了省法院《关于全省法院开展队伍教育整顿工作的情况报告》、省检察院《关于我省检察队伍教育整顿和检察工作情况的汇报》。会议认为,省"两院"抓队伍的教育整顿,工作很有成效。既要看到省"两院"在维护国家法律尊严、打击犯罪、保护人民合法权益、反腐倡廉等方面做了大量的工作,取得了很大成绩,全省"两院"队伍中的大多数干警是好的,同时也要清醒地看到"两院"队伍中存在的问题,如不重视这些问题,不采取有力措施,负面的影响是非常大的。会议要求,省"两院"要贯彻主任会议审议意见,巩固和发展前一阶段队伍教育整顿成果,坚持标本兼治,在治本上下功夫,从源头上防范和治理消极腐败和违法违纪的问题,把省委六届八次全会提出建设高素质干部队伍的精神落到实处。

2003年8月18日,省十届人大常委会召开第十次主任(扩大)会议,专题听取省"两院"上半年工作及下半年工作安排的报告。会议认为,"两院"围绕中心,服务大局,依法履职,全面加强审判、检察工作,为社会稳定和经济发展作出了贡献。会议指出,少数干警执法为民的宗旨意识不强,业务水平和执法水平不高,有些案件的办案质量和效率还存在问题,违法违纪行为时有发生,"两院"要进行分析研究。会议就司法公正、加强队伍建设、推行司法改革、改善司法环境提出四点意见。

（三）听取执法检查专题汇报

2002年7月31日，省九届人大常委会第106次主任会议专题听取信访和涉侨有关法规执法检查情况的汇报。根据2002年执法检查计划的安排，受省人大常委会委托，华侨委对《福建省实施〈归侨侨眷权益保护法〉办法》、《福建省保护华侨房屋租赁权益的若干规定》的实施情况进行了检查；省人大常委会信访工作领导小组、办公厅对《福建省各级人大常委会信访工作条例》的实施情况进行了检查。会议肯定了两项执法检查取得的初步成效，分析研究了执法检查中发现的问题，商议了执法检查的后续工作。关于涉侨法规执法检查中提出的侨房权益问题，会议决定，以送阅件形式向省委领导报告，向省政府领导通报。关于信访工作，会议强调，要进一步加大信访条例的宣传力度，建立和完善信访工作机制、制度，帮助改善基层人大信访工作条件等。

第二节　秘书长办公会议

秘书长办公会议制度于1993年6月设立。1998年1月，省九届人大常委会党组通过了《福建省人大常委会秘书长办公会议规则》。秘书长办公会议由秘书长、副秘书长，以及专门委员会、工作机构、办事机构主要负责人和党组确定的人员组成，秘书长或委托副秘书长主持召开。

秘书长办公会议受常委会党组和主任会议委托，协调、处理常委会机关重要的日常工作。主要是承办常委会党组和主任会议交办的事项；商议提出常委会会议建议议题，协调会议有关准备工作；讨论常委会的重要文稿；计划、协调有关视察、执法检查、调查研究、外出考察学习等重大活动；组织专题学习，通报情况，研讨工作；听取机关经费使用情况的报告等。

秘书长办公会议的议题、召开时间、列席人员等，由秘书长或委托副秘书长确定。每次常委会会议结束一周内，安排一次秘书长办公会议，商议提出下一次常委会会议建议议题。秘书长办公会议的会务工作由办公厅秘书处负责，议定的事项由相关的会议组成人员负责督办。

省九、十届人大期间，分别召开了40次和31次秘书长办公会议。

第五章 法制委员会

第一节 设立与职责

根据《立法法》，2001年2月，省九届人大四次会议通过了关于设立省九届人大法制委员会的决定。这是省人大第一个常设的专门委员会。本届法制委有主任委员1人，副主任委员1人，委员9人。

2003年1月，省十届人大一次会议通过了关于设立省十届人大法制委员会的决定。本届法制委有主任委员1人，副主任委员1人，委员6人。

根据《地方组织法》、《立法法》、《福建省人大及其常委会立法条例》，法制委职责：研究、审议、拟订有关议案；对提请省人大及常委会审议的地方性法规案进行统一审议，提出修改情况汇报或审议结果的报告，提出法规草案修改稿、表决稿；对报请省人大常委会批准的较大的市地方性法规进行审查，提出报告；对属于省人大及常委会职权范围内同本委员会有关的问题，进行调查研究，提出建议等。

省十届人大期间，经省人大常委会党组同意，法制委聘请了省九届人大常委会副主任宋峻、方忠炳、郑义正，以及相关的工作委员会主任毕振东、刘钦锐、陈奎、林鼎富为顾问，并邀请参加法制委全体会议，以及各种立法论证会、咨询会、听证会，对审议法规草案提出意见和建议。

2001年，法制委制定了《福建省人大法制委工作规则》、《福建省人大法制委、常委会法工委关于公文处理的暂行规定》。这两项工作制度提出统一审议法规草案的要求，规定具体的工作程序和方法。从2003年开始，法制委建立了学习制度，经常组织学习立法理论及新颁布的法律、法规，围绕统一审议工作，邀请专家学者就立法过程中的热点问题举办法制讲座。

第二节 统一审议

在2000年7月《立法法》实施之后到2001年2月设立法制委员会之前，省九届人大常委会授权作为常委会工作机构的法制委负责统一审议工作。

作为专门委员会的法制委设立后，对提请省人大常委会审议制定、修改、废止和审查批准的法规案及决定、决议进行统一审议。省九届人大期间，共召开23次全体会议，审议了90项法规案及决定、决议；省十届人大期间，共召开58次全体会议，审议了106项法规（议案）。此外，在省十届人大三次和五次会议上，法制委对《关于促进海峡西岸经济区建设的决定》、《关于〈建设海峡西岸经济区纲要〉的决议》、《福建省人民代表大会议事规则》进行了统一审议。

统一审议主要程序：在法规案由常委会一审后，法制委与法工委共同开展立法调研；对法工委提出的法规草案修改稿草稿进行审议，根据常委会组成人员的审议意见、常委会有关工作机构初审报告和立法调研提出的意见，进行论证修改，向常委会会议提出修改情况的汇报或者审议结果报告，以及法规草案修改稿；根据常委会组成人员的审议意见，对法工委提出的法规草案表决稿草稿进行审议，向常委会会议提出表决稿并作出说明，提请常委会全体会议表决通过。

法制委在统一审议工作中，注意处理统一审议与初审、集中与民主的关系。尊重并充分采纳常委会有关工作机构的初审意见，没有采纳的，予以沟通和反馈；邀请常委会有关工作机构、省政府有关部门负责人列席会议，以便对不同意见进行研究和协调；在统一审议过程中，法制委组成人员逐个发言，开展辩论，对无法达成一致意见的采取表决等民主方式或提请主任会议研究。法制委还注重分工负责，每一项法规草案指定2名委员重点跟踪研究。

表5-1　　　　2001—2007年法制委统一审议基本情况表

年度	全体会议次数（次）	统一审议法规（议案）（项）			备注
		人代会审议的法规（议案）	常委会审议的法规	较大的市法规	
2001	11	—	11	7	
2002	12	—	59	13	常委会审议的法规包括2项废止决定，共废止11项法规,13项决定、决议,5项法规解释
2003	11	—	11	14	
2004	10	—	11	11	在较大的市法规中,有1项决定涉及修改4项法规
2005	15	1	20	8	在常委会审议的法规中,有1项决定涉及修改5项法规
2006	11	—	11	5	
2007	11	2	11	4	
合计	81	3	134	62	

附：

一、省九届人大法制委员会组成人员名单

主 任 委 员：陈光普

副主任委员：毕振东

委　　　员（按姓名笔画排列）：

左允甘① 叶文鉴 陈训敬 陈丽群（女） 林汝照
欧云远 涂瑞南 洪进宝 郭成土

二、省十届人大法制委员会组成人员名单

主 任 委 员：阮荣祥

副主任委员：包志荣

委　　　员（按姓名笔画排列）：

左允甘 杨加清 陈丽群（女）林祥忠 郭成土
黄心炎

---

① 任命，2002年3月。

第六章 代表资格审查委员会

第一节 设立与职责

根据《地方组织法》，县级以上的地方各级人大常委会设立代表资格审查委员会。代表资格审查委员会的主任委员、副主任委员和委员的人选，由常委会主任会议在常委会组成人员中提名，常委会会议通过。

根据《地方组织法》、《代表法》，省人大常委会代表资格审查委员会职责：负责审查选举、补选的本届省人大代表和新选出的下一届省人大代表的选举是否符合法律规定，代表资格是否有效，提出审查报告，常委会确认后予以公告；对于具备代表资格终止条件的省人大代表报常委会予以公告。

1998年5月，省九届人大常委会三次会议与2003年3月省十届人大常委会二次会议分别通过了本届的代表资格审查委员会组成人员名单。省九届人大常委会代表资格审查委员会，由主任委员1人、副主任委员2人、委员8人组成。省十届人大常委会代表资格审查委员会，由主任委员1人、副主任委员2人、委员9人组成。在组成人员中，有熟悉人大、党群工作的，有妇女和民主党派、无党派人士，也有上届代表资格审查委员会的组成人员。

第二节 代表资格审查

一、省九届人大期间

省九届人大常委会代表资格审查委员会在任期内召开8次全体会议，向常委会提出代表资格审查报告8件。常委会审议通过并予以公告。

常委会四次会议：确认选举刘昌兴、雷大联代表资格有效。

常委会八次会议：确认选举何立峰、苍震华，补选陈一远、王福庆代表资格有效；胡平西、张诗明、潘国桢调离本省，蔡龙兴辞职，代表资格终止。

常委会十四次会议：确认补选习近平代表资格有效；贺国强调离本省，代表资格终止。

常委会十六次会议：确认补选连福生、苏庆桂、赖宗明、孙正路代表资格有效；王根和、周来强调离本省，刘建立、李德林辞职，代表资格终止。

常委会二十三次会议：确认选举宋德福、黄松禄、刘德章、李川，补选李金城、黎梓元代表资格有效；张若茵、张剑萍调离本省，沈龙春辞职，刘丰被剥夺政治权利，代表资格终止。

常委会二十四次会议：确认选举曾乃航，补选洪永世、黄舜斌代表资格有效；黄银莲辞职，代表资格终止。

常委会三十次会议：确认补选黄瑞霖、左允甘、李宏、朱亚衍、卢展工、张家坤、梁绮萍、薛祖亮代表资格有效；孙正路调离本省，许兴国逝世，石兆彬、杨缅昆、丘广钟被罢免，代表资格终止。

常委会三十六次会议：确认选举省十届人大代表546名的代表资格有效。

表6-1　　　　　省九届人大常委会代表资格审查结果统计表

单位：人

年度	常委会会次	确认代表资格			省九届人大代表资格终止				
		省九届人大代表		省十届人大代表	调离本省	辞职	逝世	罢免	被剥夺政治权利
		选举	补选	选举					
1998	四次	2	—	—	—	—	—	—	—
1999	八次	2	2	—	3	1	—	—	—
1999	十四次	—	1	—	1	—	—	—	—
2000	十六次	—	4	—	2	2	—	—	—
2001	二十三次	4	2	—	2	1	—	—	1
2001	二十四次	1	2	—	—	1	—	—	—
2002	三十次	—	8	—	1	—	1	3	—
2002	三十六次	—	—	546	—	—	—	—	—
	合计	9	19	546	9	5	1	3	1

二、省十届人大期间

省十届人大常委会代表资格审查委员会在任期内召开8次全体会议，向常委会提出代表资格审查报告8件。常委会审议通过并予以公告。

常委会七次会议：确认选举袁锦贵，补选叶继革、徐谦、张建国代表资格有效；龚德宏、夏善国调离本省，代表资格终止。

常委会十四次会议：确认补选王克益、陈营官、吴国培、林述舜、张大共、栾光进、王乃谦、陈金龙代表资格有效；周业樑、毛新堂、欧阳卫民、宋德福、王惠宁、周祥生调离本省，许锡明、冯德辉被罢免，代表资格终止。

常委会十六次会议：确认选举练知轩、林勇雄代表资格有效。

常委会十七次会议：姜燕生被罢免，代表资格终止。

常委会二十一次会议：确认选举刘锡贵，补选黄笑影、王仲符、刘可清、陈积德、郑道溪、朱之文、单秀华代表资格有效；郑立中、商少宏、张铭德、蓝荣崇、张建国调离本省，黄松禄、陈文通逝世，李知文被罢免，代表资格终止。

常委会二十四次会议：曾乃航逝世，荆福生、薛源官被罢免，代表资格终止。

常委会二十七次会议：确认补选刘德章、傅圆圆、陆志华、游劝荣、陈荣凯、宋海航代表资格有效；程晟、李宏、林野、孔祥铎、栾光进调离本省，黄跃东逝世，代表资格终止。

常委会三十三次会议：确认选举省十一届人大代表553名的代表资格有效。

表6-2　　　　　　省十届人大常委会代表资格审查结果统计表

单位：人

年度	常委会会次	确认代表资格		省十届人大代表资格终止				
		省十届人大代表	省十一届人大代表	调离本省	辞职	逝世	罢免	被剥夺政治权利
		选举 / 补选	选举					
2004	七次	1　　3	—	2	—	—	—	—
2005	十四次	—　　8	—	6	—	—	2	—
2005	十六次	2　　—	—	—	—	—	—	—
2005	十七次	—　　—	—	—	—	—	1	—
2006	二十一次	1　　7	—	5	—	2	1	—
2006	二十四次	—　　—	—	—	—	1	2	—
2007	二十七次	—　　6	—	5	—	1	—	—
2008	三十三次	—　　—	553	—	—	—	—	—
合计		4　　24	553	18	—	4	6	—

附：

一、省九届人大常委会代表资格审查委员会名单

主 任 委 员：王建双

副主任委员：曾喜祥　陈祖辉

委　　　员（按姓名笔画排列）：

王美香（女）　何宜刚　张济宇　陈训敬

陈修茂　陈俊杰　林鼎富　詹毅

二、省十届人大常委会代表资格审查委员会名单

主 任 委 员：张家坤

副主任委员：陈光普　陈祖辉

委　　　员（按姓名笔画排列）：

　　　　　　冯声康　江祥钦　何宜刚　陈俊杰　林　平

　　　　　　黄晓炎　曾乃航　简少玉（女）　鞠维强

下　篇

第七章 立 法

第一节 制度建设

一、重大立法事项汇报制度

在省九、十届人大期间，省人大常委会党组坚持重大立法事项向省委汇报制度。1999年、2004年、2007年，省人大常委会党组分别将《福建省1998—2002年地方性法规五年立法规划（草案）》、《省十届人大常委会地方立法规划》、《关于省十届人大常委会立法规划执行情况及建议部分调整的报告》请示省委，省委就有关请示作了批复。省九、十届人大期间共有7项法规案报请省委讨论研究。这些法规案为：《福建省各级人大常委会讨论决定重大事项的规定（草案）》、《福建省实施〈土地管理法〉办法（征求意见稿修改稿）》、《福建省促进科技成果转化条例（草案修改二稿）》、《福建省人大及其常委会立法条例（草案修改二稿）》、《福建省个体工商户和私营企业权益保护条例（草案修改二稿）》、《福建省森林条例（草案修改二稿）》、《福建省预防职务犯罪条例（草案修改二稿）》。

1999年，省委书记陈明义主持召开省委常委会议，专题听取省人大常委会党组关于《福建省实施〈土地管理法〉办法（征求意见稿修改稿）》征求意见和修改情况的汇报。会议肯定了省人大常委会开门立法的做法，对其中关于土地补偿费的70%支付给被征地农民、土地利用总体规划确定的城市和村庄集镇范围内具体建设项目供地审批权、临时使用耕地审批权、农村宅基地纳入新村规划等问题，提出了修改意见，省长习近平参加了会议。2000年，省委书记陈明义主持召开省委常委会议，听取省人大常委会党组关于《福建省促进科技成果转化条例（草案修改二稿）》情况的汇报，会议肯定了这项立法，强调要重视发展民营科技企业，要盯住上海、深圳好的经验，大胆借鉴。

二、规范立法制度与贯彻《立法法》

1998年8月，省九届人大常委会审议通过了《关于依法治省的决议》，决议就加强地方立法，提高立法质量，以及开展科学立法、民主立法等作出了规定。

2001年2月，省九届人大四次会议审议通过了《福建省人大及其常委会立法条例》。条例草案由主任会议委托省人大常委会法制委负责起草，经省九届人大常委会二十一至二十三次会议3次审议修改后提交省九届人大四次会议审议通过。

在省九、十届人大期间，主任会议讨论通过了3项法规性文件。2002年通过了《福建省人大常委会立法听证办法（试行）》、《福建省人大常委会立法技术规范（试行）》两项法规性文件，拓宽了公众参与立法的途径和形式，规范了立法技术。2003年通过了《福建省人大常委会立法计划编制工作若干意见（试行）》法规性文件，对法规项目的申报、审定、变更等程序进行了规范。

《立法法》是省人大及其常委会有关立法制度建设的依据。2000年，省九届人大常委会十八次和二十次会议分别听取审议了《关于征求地方立法工作意见的情况报告》、《关于贯彻〈立法法〉有关情况的汇报》；2002年5月，省委书记、省人大常委会主任宋德福在省九届人大常委会三十二次会议上就"做好地方立法工作，推进依法治省进程"发表讲话；2005年4月，省十届人大常委会在福州召开立法工作会议，省委书记、省人大常委会主任卢展工出席会议，并就《立法法》实施以来福建省地方立法工作取得的成就与经验，当前以至今后一个时期面临的形势与任务发表讲话。

第二节 立法规划（计划）与立法特色

省人大常委会制定立法规划（计划），以围绕中心、服务大局和以人为本、立法为民为指导思想，把立法与建设海峡西岸经济区等重大决策结合起来，把经济社会发展急需的、事关人民群众切身利益的立法项目作为立法规划（计划）的重点。通过制定立法规划与立法实践，实现立法先行与特色。

一、五年立法规划

（一）制定1998—2002年立法规划

1999年5月，省九届人大常委会十次会议审议了省政府提交的《福建省1998—2002年地方性法规立法规划（草案）》和省人大常委会法制委提交的《福建省1998—2002年地方性法规立法规划暨福建省1999年度地方立法计划（草案）》。根据常委会组成人员提出的意见，对规划作了个别调整，由原来的121项增加到123项。省政府在草案说明中提出：编制五年地方性法规立法规划，必须结合改革开放和市场经济发展实际情况，把经济立法放在重要位置，重视科学、教育、文化、环境保护和其他社会事业的立法，尤其需要加强涉台、涉侨、涉农等方面的法规。省人大常委会法制委在草案补充说明中提出：制定立法规划，要与福建省改革开放的重大决策相结合，注重立法的全局性；在维护国家法制统一的前提下，突出地方特色，增强法规的针对性，加强涉台、涉侨立法；以国家和人民的利益为重，防止和克服立法中的部门利益倾向；走群众路线，充分反映民意，广泛集中民智；重视法规修改工作。在草案修改稿简要说明中提出：按照以往的做法，立法规划提交常委会审议，必要时加以修改，但不付表决；只要常委会认可，就组织实施。

福建省1998—2002年地方性法规立法规划123项，其中内务司法类20项、工商财经类43项、农业农村类26项、教科文卫类24项、侨台类4项、环境与资源保护类4项、人大制度建设类2项。

（二）制定2003—2007年立法规划

省人大常委会2003—2007年立法规划于2003年制定，并经2004年和2006年两次修改。

2003年制定的五年立法规划，前两年的法规项目相对比较具体，后三年的法规项目带有一定的预测性和指导性，较为原则。2003年法规制定项目10项、法规修改项目14项。2004年法规制定项目12项、法规修改项目14项。2005—2007年制定项目34项、法规修改项目11项、法规废止项目1项（不含制定、修改法规同时废止的项目）。省人大常委会法工委在立法规划编制情况说明中提出：立法规划编制要保证法制统一，体现地方特色，急用先立，宁缺毋滥，少而精，不重复。

2004年，根据全国人大常委会立法规划和立法工作会议精神，对省十届人大立法规划的项目进行调整，提出省十届人大立法规划（修改稿）。届内审议的法规草案57项，其中财经类12项、农经类11项、内务司法类15项、社会事业类12项、城建环保类4项、侨台外事类1项、民主建设类2项；研究起草、成熟时安排审议的法规草案13项。

2006年，根据海峡西岸经济区建设的需要，对2004年制定的立法规划又作了调整。省人大常委会党组在向省委的报告中提出：立法规划是指导性的，必须服从全局，省委提出海峡西岸经济区发展战略和国家有关法律颁行或修改以后，立法规划难以适应，调整势在必行。这次对立法规划作以下调整：将《福建省港口条例》等15项急需的、较为成熟的、原规划未列入的项目列入立法规划；对不能如期提请审议的9项规划项目，不再作为规划项目；对3项原作为研究、成熟时安排审议的法规项目列入规划中安排审议的项目。

（三）起草2008—2012年立法规划

2006年9月，常委会成立2008—2012年立法规划建议稿起草组，提出了立法规划（建议稿），为省十一届人大制定立法规划作参考。

二、年度立法计划

根据五年立法规划，常委会每年提出年度立法计划。2002年2月，首次公开征集年度立法项目，得到了社会各界响应，共收到160多件建议和意见。之后，每年都通过报刊、网络、广播电视等新闻媒体发布公告，公开征集地方立法项目。省十届人大期间，从每年9月起着手编制下一年度立法计划。根据形势变化的需要，常委会还相应调整计划项目。2004—2006年在年度立法计划之外，经农经委、教科文卫委、环城委建议，分别增加了《福建省农业机械管理条例（修订）》、《福建省红十字会条例》、《福建省燃气管理条例（修订）》立法项目。此外，2005年和2006年还召开了两次立法计划执行情况汇报会。

三、立法先行与特色

省九、十届人大常委会制定与批准的法规中，有部分属全国率先立法，包括有关浅海滩涂水产增养殖管理、保障企业职工民主参与权利、保护房屋消费者合法权益、保护海洋环境、森林资源流转、促进终身教育等法规，批准有关厦门最低生活保障、无居民海岛保护与利用管理等法规。

省九、十届人大常委会制定与批准的法规中还有创设性的法律规范，包括矿产滩涂养殖等资源开发使用租赁转让机制、农民合同制工人失业保险待遇、机动车所有人或管理人交通事故赔偿责任、基本农田异地保护、农村征地补偿费分配、业委会法律地位，以及厦门城乡居民最低生活保障对象标准金额"三公开"、福州食用农产品质量安全信用管理等。

涉台、涉侨立法是福建地方立法的特色。省九、十届人大常委会制定、修改涉台、涉侨专项法规5项（7次）。1998年8月和1999年6月分别出台《福建省保护华侨投资权益若干规定》和《福建省招收台湾学生若干规定》，2002年1月修改《福建省华侨捐赠兴办公益事业管理条例》，对于这3项法规，海内外媒体给予积极的评价。2000年11月修改《福建省保护华侨房屋租赁权益的若干规定》，保障了华侨、侨眷的合法财产权。2002年3月和2006年9月先后两次修改《福建省实施〈归侨侨眷权益保护法〉办法》，其中关于华侨农场职工医疗保险、"三侨"子女受教育权、归侨侨眷出入境与出国探亲、华侨祖墓保护等规定，走在全国的前列。

第三节 法规审议

一、法规审议程序

（一）《立法法》实施之前

省人民代表大会的审议程序：1989年通过的《福建省人民代表大会议事规则》

规定，列入会议议程的议案，提案人应当向会议提出关于议案的说明；议案由各代表团进行审议，主席团也可以并交有关的专门委员会进行审议、提出报告；由主席团审议决定提交大会全体会议表决。

省人大常委会的审议程序：1994年通过的《福建省人大常委会制定地方性法规的规定》规定，审议法规草案时，由提请审议单位的负责人作起草说明；省人大专门委员会或省人大常委会有关办事机构可以向省人大常委会提出审查意见；经过审议需要修改的法规草案，由省人大专门委员会或省人大常委会有关办事机构根据审议意见组织修改，并向省人大常委会会议报告修改情况，根据常委会组成人员意见最后修改定稿；经过审议修改定稿的法规草案是否交付表决由省人大常委会主任会议决定。

1998年至《立法法》实施之前，常委会审议法规案一般实行二审，比较复杂的法规案实行三审。1998年8月省九届人大常委会通过的《福建省流动人口治安管理条例》，是首次经三审通过的法规。

(二)《立法法》实施之后

2001年1月通过的《福建省人大及其常委会立法条例》第二、三章分别对省人大与常委会的审议程序作出规定。

省人民代表大会的审议程序：常委会决定提请省人民代表大会会议审议的法规案，应当在会议举行的一个月前将法规草案及其说明、有关资料，发给代表；列入省人民代表大会会议议程的法规案，大会全体会议听取提案人的说明后，由各代表团进行审议；法制委根据各代表团的审议意见，对法规案进行统一审议后，向主席团提出审议结果报告和法规草案修改稿，经主席团会议审议通过后，印发会议；主席团常务主席可以召开各代表团团长会议，就法规案中的重大问题听取各代表团的审议意见，也可以就法规案中的重大专门性问题，召集代表团推荐的有关代表进行讨论，并将讨论的情况和意见向主席团报告；法规案在交付表决前，提案人要求撤回的，应当说明理由，经主席团同意，并向大会报告，对该法规案的审议即行终止；法规案在审议中有重大问题需要进一步研究的，经主席团提出，由大会全体会议决定，可以授权常委会根据代表的意见进一步审议，作出决定，并将决定情况向省人民代表大会下次会议报告，也可以授权常委会根据代表的意见进一步审议，提出修改方案，提请省人民代表大会下次会议审议决定；法规草案修改稿经各代表团审议，由法制委根据审议意见进行修改，提出法规草案表决稿，由主席团提请大会全体会议表决，由全体代表的过半数通过。

省人大常委会的审议程序：列入常委会会议议程的法规案，除特殊情况外，应当在会议举行的七日前将法规草案及其说明、有关资料，发给常委会组成人员；法规案一般应当经三次常委会会议审议后再交付表决，各方面意见比较一致的，可以经两次审议后交付表决，批准及修改、废止的法规案，各方面的意见比较一致的，可以经一次审议即交付表决；第一次审议法规案，在全体会议上听取提案人的说明和有关专门委员会审议意见的报告或者常委会有关工作机构的初步审查报告，由分组会议进行审议；第二次审议法规案，在全体会议上听取法制委关于法规草案修改情况和主要问题的汇报，由分组会议进行审议；第三次审议法规案，在全体会议上听取法制委关于法规草案审议结果的报告，由分组会议对法规草案修改稿进行审议；常委会审议法规案时，根据需要可以召开联组会议或者全体会议，对法规草案中的主要问题或者有争议的问题进行讨论；法规案由法制委进行统一审议，提出修改情况的汇报或者审议结果报告和法规草案修改稿，对有关专门委员会、常委会有关工作机构的重要意见没有采纳的，应当予以反馈；法规案在交付表决前，提案人要求撤回的，应当说明理由，经主任会议同意，并向常委会报告，对该法规案的审议即行终止；常委会组成人员对法规案中个别条款意见分歧较大的，经主任会议决定，可以对个别条款先行表决；法规案经三次审议后，仍有重大问题需要进一步研究的，由主任会议提出，经联组会议或者全体会议同意，可以暂不交付表决，交法制委进一步审议；法规案搁置审议满两年的，或者因暂不交付表决经过两年没有再次列入常委会会议议程审议的，由主任会议向常委会报告，该法规案终止审议；法规草案修改稿经常委会会议审议，由法制委根据审议意见进行修改，提出法规表决稿，由主任会议提请常委会全体会议表决，由常委会全体组成人员的过半数通过。

根据以上规定，常委会审议法规案一般实行三审。在立法实践中，对于比较复杂的法规案，也实行四审。《福建省公路路政管理条例》、《福建省特种行业和公共场所治安管理办法（修订）》、《福建省物业管理条例》、《福建省燃气条例（修订）》等法规均经常委会四审通过。

二、法规审议服务工作

（一）报告与文稿

根据法规审议程序，法制委与常委会有关工作机构在常委会会议上作报告或说明，提供有关文稿。

《立法法》实施之前，省人大常委会各有关工作机构参与立法全过程。对于受主任会议委托进行起草法规草案的，在常委会会议上提交法规草案，作草案说明；对省政府提交常委会审议的法规草案，在常委会会议上提出初审报告；根据常委会的审议意见对法规草案进行修改，向常委会会议提出草案修改稿、表决稿及说明。

《立法法》实施之后，法制委或受主任会议委托进行起草法规草案的常委会各有关工作机构，在常委会会议上提交法规草案，作草案说明；对省政府提交常委会审议的法规草案，常委会有关工作机构在常委会一审时提出初审报告；二审和三审由法制委负责统一审议，在常委会会议上作关于法规草案修改情况和主要问题的汇报、关于法规草案审议结果的报告，提出法规草案修改稿、表决稿，并作说明。在省九、十届人大期间，内司委、农经委、财经委、教科文卫委、侨（台）委、环城委分别初审了省政府提交常委会审议的法规（含修改）草案15、26、17、12、5、3项，在初审报告中分别提出了超过230、280、300、130、40、40条修改和补充意见，其中不少初审意见被采纳。

在常委会会议上，法制委、法工委和常委会各有关工作机构根据常委会的审议意见对法规草案进行修改时，开展与各方面的协调工作。

法工委的办事机构也是法制委的办事机构。法工委为法制委会议提供草案修改稿、审议结果的报告、表决稿及说明等文稿初稿，并根据法制委会议审议意见修改定稿。

此外，法工委和常委会各有关工作机构还为常委会会议提供各类有关立法参阅资料。

（二）立法调研

法制委和常委会各有关工作机构开展法规草案提交常委会审议之前的前期立法调研，以及进入审议期间的立法调研。立法调研的做法有：

1. 举行听证会

听证会是《立法法》、《福建省人大及其常委会立法条例》规定的听取意见的形式。听证意见作为常委会组成人员审议、论证法规草案或修改稿的参考。

2002年5月，常委会就《福建省城市房屋拆迁管理条例（草案）》举行听证会，这是常委会第一次举行立法听证会。

2004年8月，常委会就《福建省实施〈消费者权益保护法〉办法（修订草稿）》举行听证会，就消费领域中格式条款的规范、经营者承担的安全保障责任、医疗服务和教育培训是否纳入调整范围、检查与检测鉴定费用的承担等社会各界反映比较集中的四个问题举行听证。

2006年9月，法制委与法工委共同组织召开《福建省物业管理条例（草案）》立法听证会，陈述人和旁听人为具有代表性的各阶层人士。财经委在组织立法听证工作中，还对立法听证的组织程序等规则进行探索。

2. 公布法规草案

对于列入常委会会议的重要法规案，《福建省人大及其常委会立法条例》规定可以将法规草案在本省的报纸上公布，征求意见。这一做法在条例实施之前即已实行。省九、十届人大期间，共有10多项法规草案通过媒体向社会公开征集意见。《福建省实施〈土地管理法〉办法（草案）》、《福建省村集体财务管理条例（草案）》、《福建省促进科技成果转化条例（草案）》、《关于加强公共卫生工作的决定（草案）》、《福建省物业管理条例（草案）》登报公开征求意见后，引起了社会各界人士的关注与参与，其中《关于加强公共卫生工作的决定（草案）》共征集到800多条意见和建议。

3. 召开座谈会、论证会

座谈会、论证会是《立法法》、《福建省人大及其常委会立法条例》规定的听取意见的形式。1999年，农经委召开征求《福建省实施〈土地管理法〉办法（草案）》意见的各种类型座谈会、论证会300多场，参加人员6800多人次，连同登报公开征求意见，共收到建议修改稿187件，修改意见2368条次。2000年，法制委就《福建省个体工商户和私营企业权益保护条例（草案）》召开各种形式的座谈会、论证会200多场，参加座谈人员3000多人次，提出有关意见和建议300多条。

4. 书面征询意见

每一个新的法规案，一般都要书面征求有关部门、市县人大、人大代表、专家学者等意见。2000年，教科文卫委就《福建省促进科技成果转化条例（草案）》寄出近千封信函征求意见，社会各界包括不少科技界的专家学者共提出了400多条修改意见和建议；农经委将《福建省村集体财务管理条例（草案）》印发各级有关部门和部分省人大代表、法官、律师等，广泛征求社会各界意见，共收到建议修改稿80多件，修改意见700多条；法制委书面征求《福建省个体工商户和私营企业权益保护条例（草案）》意见的对象，包括各市市委书记、市长，高等院校，各民主党派，各人民团体等。

5. 实地调研

这是立法调研中常用的方法。1998年5月，省九届人大常委会主任袁启彤带领部分委员，为制定《福建省初级卫生保健条例》赴龙岩市乡村就农村合作医疗和农村卫生工作开展实地调研。2000年，为制定《福建省村集体财务管理条例》、《福建省实施〈村民委员会组织法〉办法》，修改《福建省村民委员会选举办法》，常委会在组织的"百村调研"中开展了实地调研。

第四节　人大工作制度立法

一、制定、修改与废止

省九、十届人大期间，制定、修改有关人大工作制度的法规16项（19次）。

立法方面1项：《福建省人大及其常委会立法条例》（2001年）。

决定重大事项方面1项：《福建省各级人大常委会讨论决定重大事项的规定》（2002年）。

选举任免方面2项（5次）：《福建省人大常委会任免国家机关工作人员条例》（2002年制定、2006年修改）和《福建省县、乡两级人民代表大会直接选举实施细则》（1998年修改、2000年修改、2005年修改）。

监督方面6项：《福建省各级人大常委会办理人民群众来信来访工作条例》（2000年修改）、《福建省人大常委会关于加强对法律法规执行情况检查监督的规定》（2001年）、《福建省人大常委会关于加强社会保障工作监督的决定》[①]（2002年）、《福建省人大常委会关于加强预算审查监督工作的决定》[②]（2002年）、《福建省地方政府规章备案审查规定》（2005年）、《福建省各级人大常委会规范性文件备案审查规定》（2007年）。

代表工作方面1项：《福建省人大代表建议、批评和意见办理工作规定》（2001年）。

自身建设方面5项：《福建省九届人大常委会组成人员守则》（1998年）、《福建省人大常委会主任会议议事规则》（1999年）、《福建省人大常委会关于密切联系群众应当坚持和完善的几项制度》（2002年）、《福建省人大常委会议事规则》（2005年）、《福建省人民代表大会议事规则》（2007年）。

省九、十届人大期间，废止法规7项：1984年颁行的《福建省人大常委会工作条例（试行）》（2000年）、1993年颁行的《福建省人大常委会组成人员守则》（2000年）、1994年颁行的《福建省人大常委会制定地方性法规的规定》（2001年）、1988年颁行的《福建省人大常委会关于地区工作委员会工作的暂行规定》（2001年）、1988年颁行的《福建省人大常委会议事规则》（2005年）、1989年颁行的《福建省人民代表大会议事规则》（2007年）、1991年颁行的《福建省权力机关、行政机关规范性文件管理办法》（2007年）。

人大工作制度立法分别由办公厅、研究室、人事代表工作室、法工委、财经委组织起草。

二、部分法规介绍

（一）《福建省人大及其常委会立法条例》

该法规于2001年2月14日省九届人大四次会议通过，自通过之日起施行。共

[①] 此决定作为法规性文件，已编入省人大常委会法规汇编。
[②] 此决定作为法规性文件，已编入省人大常委会法规汇编。

6章48条。主要章名有"省人民代表大会立法程序"、"省人大常委会立法程序"、"批准、备案与适用"、"其他规定"。该法规就省人大及其常委会制定地方性法规的事项、提出法规案、审议程序、听取意见的形式、批准较大的市的地方性法规、地方性法规备案、政府规章备案与审查、法规公布、法规解释等作出规定。该法规在1994年制定的《福建省人大常委会制定地方性法规的规定》的基础上增加了一些新的立法制度，如列入常委会会议议程的法规案"一般应当经三次常委会会议审议后再交付表决"，采取听证会形式听取各方面意见的法规案"应当在举行听证会十五日前将听证会的内容、对象、时间、地点等在本行政区域范围内发行的报纸上公告"；主任会议可以决定对意见分歧较大的常委会审议的法规案个别条款先行表决，也可以根据需要"召开联组会议或者全体会议，对法规草案中的主要问题或者有争议的问题进行讨论"等。人代会在审议过程中，对草案中立法宗旨的表述、法规草案的公布等条款作出修改，并删去报请批准的较大的市的地方性法规同宪法、法律、行政法规和本省的地方性法规"个别内容相抵触的，可以要求批准机关修改后予以批准，或者直接对抵触部分进行修改后予以批准"的规定。

（二）《福建省人大常委会关于密切联系群众应当坚持和完善的几项制度》

该法规于2002年1月20日省九届人大常委会三十次会议通过，共7条，是常委会在1998年提出的《关于做好省人大工作必须坚持的几条原则意见》的配套制度。内容为代表联系工作、群众信访工作和调查研究工作等方面应当坚持和完善的7项制度，即常委会组成人员联系省人大代表制度、省人大代表与原选举单位联系制度、邀请省人大代表列席常委会会议制度、省人大代表集中视察制度、代表建议批评和意见的督办制度、常委会受理人民群众的申诉和意见制度、调查研究制度。

第五节　内务司法立法

一、制定、修改与废止

省九、十届人大期间，制定、修改有关内务司法法规19项（20次）。

内务方面14项（15次）：《福建省奖励和保护见义勇为人员条例》（1998年）、《福建省人民防空条例》（1999年）、《福建省少数民族权益保障条例》（1999年）、《福建省保障企业职工民主参与权利规定》（2000年）、《福建省禁毒条例》（2001年）、《福建省人才市场管理条例》（2002年制定，2004年修改）、《福建省公证工作若干规定》（2002年修改）、《福建省消防条例》（2002年修改）、《福建省实施

〈工会法〉办法》（2002年修改）、《福建省青年志愿服务条例》（2003年）、《福建省企业女职工劳动保护条例》（2004年）、《福建省事业单位人事争议处理规定》（2005年）、《福建省私营企业工会若干规定》（2003年修改）、《福建省外商投资企业工会条例》（2003年修改）。

司法方面（含治安管理）5项：《福建省沿海船舶边防治安管理条例》（1999年）、《福建省法律援助条例》（2002年）、《福建省流动人口治安管理条例》（2003年修改）、《福建省社会治安综合治理条例》（2003年修改）、《福建省特种行业和公共场所治安管理办法》（2004年修改）。

省九届人大期间，废止法规3项：1984年颁行的《福建省保护妇女儿童合法权益的若干规定》（2000年）、1994年颁行的《福建省加强检察机关法律监督的若干规定》（2000年）、1988年颁行的《福建省加强改造罪犯工作的若干规定》（2000年）。

内司委（前身常委会法制委）承担省政府提交的有关内务司法的法规草案初审工作。

二、自主立法

省九、十届人大期间，常委会关于内务司法自主立法项目3项：《福建省保障企业职工民主参与权利规定》、《福建省青年志愿服务条例》、《福建省企业女职工劳动保护条例》。受主任会议委托，由内司委（前身常委会法制委）牵头组织起草法规草案。此外，内司委还组织起草《福建省预防职务犯罪条例（草案）》（未提请常委会审议）。

2000年出台的《福建省保障企业职工民主参与权利规定》将协调劳动关系纳入法制轨道，保护了企业职工的合法权益，是全国第一部对职工民主参与作出规定的地方性法规。

2003年出台的《福建省青年志愿服务条例》明确了青年志愿服务活动的地位、性质、作用，维护了青年志愿者及其组织的合法权益，是省人大常委会首次启动立法评估的法规。

2004年出台的《福建省企业女职工劳动保护条例》，是全国较早的女职工劳动保护方面的地方性法规，条例首次明确了女职工"四期"劳动保护问题，并规定了失业女职工的生育保险待遇等。

三、部分法规介绍

（一）《福建省保障企业职工民主参与权利规定》

该法规于2000年7月28日省九届人大常委会二十次会议通过，自2000年8月

1日起施行。共12条。该法规就职工直接行使民主参与权利的形式、各级工会代表职工实施民主参与的途径和义务、职工代表大会、厂务公开、涉及职工权益的规章制度、职工知情权、工会参加劳动争议仲裁委员会、研究采纳工会提出的涉及职工权益的意见建议等作出规定。常委会在审议过程中，对草案中关于职工知情权、工会提出涉及职工权益意见和建议处理程序等条款作出修改，还增加了"集体所有制企业转制、售让、兼并以及职工的社会保障等，必须依法由职工（代表）大会决定"等方面规定。

（二）《福建省禁毒条例》

该法规于2001年7月26日省九届人大常委会二十七次会议通过，自2001年10月1日起施行。共31条。该法规就"毒品"定义、戒毒经费、强制戒毒所、戒毒医疗机构条件、劳动教养戒毒所、种植毒品原植物的查处、研制生产经营运输储存使用麻醉药品和精神药品、易制毒化学品、强制戒毒治疗、戒毒人员的帮教等作出规定。法规还附有"福建省严格管理易制毒化学品名称"。常委会在审议过程中，对草案中关于学校开展禁毒教育活动、易制毒化学品管理、开办戒毒脱瘾治疗业务等条款作出修改，还针对闽东北地区出现种植罂粟等毒品原植物蔓延、村民委员会配合不力的问题，增加了"村民委员会发现非法种植毒品原植物的，应当及时报告当地人民政府或者公安机关"等方面规定。

（三）《福建省法律援助条例》

该法规于2002年1月20日省九届人大常委会三十次会议通过，自2002年5月1日起施行。共5章32条。主要章名有"法律援助对象、范围与形式"、"法律援助程序"。该法规就法律援助定义、法律援助经费、对受援人免收受理费及其他费用、法律援助对象范围形式、法律援助申请表、法律援助程序、办理法律援助事项等作出规定。常委会在审议过程中，对草案中关于申请人家庭经济状况证明、法律援助人员依法查询复制有关资料免收费用等条款作出修改，还增加申请人对"不予受理决定"申请复核等规定。

（四）《福建省人才市场管理条例》

该法规于2002年5月31日省九届人大常委会三十二次会议通过，自2002年8月1日起施行。共7章42条。主要章名有"人才中介机构"、"人才招聘"、"人才应聘"、"人才流动争议处理"。该法规就人才和人才市场管理的定义、人才市场主体及服务范围、人才中介机构市场准入、人才招聘广告审批、人事行政部门调解处理人才流动争议时限等作出规定。常委会在审议过程中，对草案中关于人才中介机构设立分支机构、人才中介机构收费、人才交流会管理等条款作出修改，还增加

"地方各级人民政府应当创造条件,吸引国外、省外人才以调动、兼职、咨询、讲学、科研和技术合作、技术入股或者担任顾问、咨询专家等形式,来本省工作或者提供服务"等规定。

(五)《福建省实施〈工会法〉办法》

该法规于2002年12月17日省九届人大常委会三十六次会议修订(原办法1992年出台),自2003年2月1日起施行。共7章59条。主要章名有"工会组织"、"工会的权利和义务"、"基层工会组织"、"工会的经费和财产"。该法规在修改时就非公有制工会组建、工会维护职工合法权益操作性程序性规定、职工民主管理权利、企业破产时欠缴未缴的工会经费作为企业负债组成部分等作出规定。常委会在审议过程中,对草案中关于非公有制企业的民主管理形式、工会经费补助等条款作出修改,还增加关于各级工会经费收支情况定期向会员(代表)大会报告、劳动关系三方由谁代表等规定。

(六)《福建省青年志愿服务条例》

该法规于2003年4月1日省十届人大常委会二次会议通过,自2003年5月4日起施行。共19条。该法规就青年志愿服务性质、青年志愿服务范围、青年志愿者的注册及条件、青年志愿者协会及职责、共青团组织与青年志愿者组织的关系、青年志愿服务活动经费来源、对青年志愿者的鼓励措施等作出规定。常委会在审议过程中,对草案中关于青年志愿服务范围、经费和物资管理等条款作出修改,还增加青年志愿服务重点对象、注册青年志愿者权利、建立注册青年志愿者服务档案累计志愿服务时间等规定。

(七)《福建省实施〈道路交通安全法〉办法》

该法规于2007年11月30日省十届人大常委会三十二次会议通过,自2008年5月1日起施行。共9章83条。主要章名有"车辆和驾驶人"、"道路通行条件"、"道路通行规定"、"交通事故处理"、"执法监督"。该法规就道路交通安全工作责任制、部门职责、道路交通安全宣传、机动车喷涂粘贴标识标志、公交优先、非机动车的种类及行驶区域、道路规划建设、交通影响评价制度、停车场建设、乡村道路配套设施建设、高速公路限速、赔偿责任、对交通管理部门执法监督等作出规定。常委会在审议过程中,对草案中关于开辟和调整公交线路站点、占道施工作业、事故现场处理、合理施划机动车道非机动车道人行道、方便残疾人停车等条款作出30多处修改,还增加避免挤占非机动车道和人行道、异地违章允许在机动车登记地缴纳罚款,以及"未及时撤销交通标志、清除交通标线,导致当事人在撤销的停车泊位停放车辆的,不得实施处罚"等规定。

第六节 农业农村立法

一、制定、修改与废止

省九、十届人大期间,制定、修改有关农业农村法规21项①(27次)。

农业(含农业资源及渔业、林业等)方面16项(20次):《福建省气象条例》(1998年)、《福建省重要水生动物苗种和亲体管理条例》(1998年)、《福建省农业机械管理条例》(1999年制定,2005年修改)、《福建省浅海滩涂水产增养殖管理条例》(2000年)、《福建省基本农田保护条例》(2001年修改)、《福建省水政监察条例》(2001年)、《福建省防洪条例》(2002年)、《福建省森林条例》(2001年)、《福建省实施〈渔业法〉办法》(2002年修改,2007年修改)、《福建省农业投资条例》(2002年修改)、《福建省蘑菇菌种管理规定》(2002年修改,2005年修改)、《福建省测绘条例》(2002年修改,2006年修改)、《福建省渔港和渔业船舶管理条例》(2004年)、《福建省森林资源流转条例》(2005年修改)、《福建省海域使用管理条例》(2006年)、《福建省农作物种子管理条例》(2007年)。

农村、农民方面5项(7次):《福建省实施〈土地管理法〉办法》(1999年)、《福建省村集体财务管理条例》(2000年)、《福建省实施〈村民委员会组织法〉办法》(2000年制定,2005年修改)、《福建省村民委员会选举办法》(2000年修改,2005年修改)、《福建省实施〈农村土地承包法〉若干问题的规定》(2005年)。

省九届人大期间,废止法规7项:1987年颁行的《福建省土地管理实施办法》(1999年)、1988年颁行的《福建省实施〈村民委员会组织法(试行)〉办法》(2000年)、1985年颁行的《福建省八个基地建设纲要》(2000年)、1981年颁行的《福建省人民政府关于农业生产若干具体政策问题的规定》(2000年)、1983年颁行的《福建省人民政府关于进一步搞活农村经济的十条规定》(2000年)、1984年颁行的《福建省人民政府关于农业承包期的规定》(2000年)、1992年颁行的《福建省森林法实施办法》(2001年)。

农经委承担省政府提交的有关农业农村的法规草案的初审工作。

二、起草法规草案建议稿

1998年,农经委牵头起草《福建省村集体财务管理条例(草案)》建议稿。建

---

① 《福建省农业生态环境保护条例》、《福建省海洋环境保护条例》两项不列入其中,列入本章第十节"环境与城乡建设立法"内。

议稿规范了村集体财务管理的行为,具体规定了财务计划、民主理财、审计监督等制度,还明确了村集体财务管理主体和财务管理监督主体。这些规定有利于扭转长期以来农村财务管理混乱的局面,防止集体资产流失,发展农村经济,稳定农村社会。农经委草拟的建议稿送省政府农业行政主管部门后,其中大部分条款在省政府提请省人大常委会审议的法规草案中得到采纳。

三、部分法规介绍

(一)《福建省实施〈土地管理法〉办法》

该法规于 1999 年 10 月 22 日省九届人大常委会十四次会议通过,自 2000 年 1 月 1 日起施行。共 8 章 60 条。主要章名有"土地所有权和使用权"、"土地利用总体规划"、"耕地保护"、"建设用地"、"监督检查"等。该法规就土地承包经营权、土地利用总体规划审批、占用耕地补偿制度、基本农田保护制度、开发复垦和整理土地、农用地转用和征地、征地补偿安置、建设用地供应、县级以上政府定期向同级人大或其常委会报告各项事项等作出了规定。常委会在审议过程中,对草案中关于耕地占补平衡、基本农田保护、征地补偿安置、农村宅基地管理等条款作出修改,并增加了提高征地补偿标准、改革征地补偿安置费分配和使用管理办法、收回征而不用土地等规定。

(二)《福建省村集体财务管理条例》

该法规于 2000 年 9 月 21 日省九届人大常委会二十一次会议通过,自 2001 年 3 月 1 日起施行。共 9 章 47 条。主要章名有"财务计划管理"、"流动资产管理"、"固定资产与投资管理"、"财会人员"、"财务监督"、"财务审计"等。该法规就财务计划、组织收入、支出管理、收益分配、借贷资金、固定资产管理制度、编制投资方案、财会人员职权、村务监督小组监督职责、财务公开、审计内容等作出了规定。常委会在审议过程中,对草案中关于村财管理的主体和指导监督机构、资产和资金管理、会计人员的管理和待遇、财务监督等条款作出修改,并增加了"不符合财务制度和未经村务监督小组审核的会计凭证不得归档",以及收益分配应当坚持以丰补歉、适当积累,壮大集体经济实力等规定。

(三)《福建省渔港和渔业船舶管理条例》

该法规于 2004 年 6 月 2 日省十届人大常委会九次会议通过,自 2004 年 9 月 1 日起施行。共 7 章 47 条。主要章名有"渔港规划与建设"、"渔港经营与管理"、"渔业船舶管理"、"渔业船舶安全作业与救助"。该法规促进建设"海洋强省"和海洋渔业经济发展。针对渔港建设投入不足、渔港经营权不明确、安全生产管理比较混乱、海上救助手段滞后等问题作出了规定。常委会在审议过程中,对草案中关于填海而新增土地的使用、渔港建设"谁投资谁受益"、渔港建设投资主体等条款作出修改，并增加为渔业船舶签证活动提供便捷服务、沿海渔业无线电岸台（站）为渔业安全生产提供服务等便民条款。

（四）《福建省实施〈农村土地承包法〉若干问题的规定》

该法规于2005年9月29日省十届人大常委会十九次会议通过，自2005年11月1日起施行。共13条。该法规针对哪些人有权以家庭承包方式承包农村土地、农村妇女承包权受侵犯、承包合同不规范、承包经营权流转不规范、征收农户承包地的补偿标准过低、"村改居"后未被依法征收的原集体土地承包关系不明确等农村土地承包遇到的新情况、新问题作出规定。常委会在审议过程中，对草案中关于土地承包经营权主体确认、承包合同补签、承包地征收等条款作出修改。

（五）《福建省森林资源流转条例》

该法规于2005年9月29日省十届人大常委会十九次会议修订，自2005年12月1日起施行。共5章23条。主要章名有"流转范围和程序"、"流转管理"等。该法规针对集体林权制度改革，保护森林资源流转当事人合法权益的需要，规范了森林资源流转的形式、范围、程序和管理。法规将承包、拍卖、招标、协议等流转形式纳入调整范围。常委会在审议过程中，对修正案草案中关于流转管理主体、流转范围、林权变更登记、流转期限等条款作出修改，并增加"森林资源流转可以采取承包、拍卖、招标、协议或者其他方式进行，但国有森林资源流转应当采取拍卖或者招标的方式进行"等规定。

（六）《福建省海域使用管理条例》

该法规于2006年5月26日省十届人大常委会二十三次会议通过，自2006年7月1日起施行。共7章41条。主要章名有"海洋功能区划和海域使用规划"、"海域使用的申请与审批"、"海域使用权"、"海域使用金"等。该法规规范了海域使用权转让、抵押、出租、收回，海域评估，以及海域使用权证书换发国有土地使用权证书等行为。常委会在审议过程中，对草案中农村集体经济组织或者村民委员会依法取得的海域使用权"不得擅自转让、出租"，修改为"经本集体经济组织成员的村民会议三分之二以上成员或者三分之二以上村民代表同意，也可以依法转让、出租"，并增加政府依法提前收回海域使用权的，"应当与原海域使用权人协商或者共同委托有资质的评估机构进行评估后，给予相应补偿"等规定。

（七）《福建省农作物种子管理条例》

该法规于2007年7月26日省十届人大常委会三十次会议通过，自2007年10月1日起施行。共6章39条。主要章名有"种质资源保护与品种管理"、"种子生产、经营与使用"、"服务与监督"。该法规就种子定义、种子贮备制度、天然种质资源保护区、主要农作物品种审定和非主要农作物品种认定、引种相邻省农作物品种、种子生产许可、种子经营许可、质量问题损失赔偿、建立健全监督制度、良种推广等作出了规定。常委会在审议过程中,对草案中关于设立种子专项资金、非主要农作物品种认定、种子经营等条款作出修改,并加重了对生产、经营假劣种子的处罚规定等。

第七节　财政经济立法

一、制定、修改与废止

省九、十届人大期间,制定、修改有关财政经济法规21项(25次)①。

财政经济管理方面15项(17次):《福建省价格管理条例》(1998年)、《福建省劳动力市场管理条例》(1998年制定,2004年修改)、《福建省无线电管理条例》(1998年制定,2005年修改)、《福建省城市房屋产权登记条例》(1998年)、《福建省公路路政管理条例》(2001年)、《福建省旅游条例》(2002年)、《福建省建设工程质量管理条例》(2002年)、《福建省建筑市场管理条例》(2002年)、《福建省东山经济技术开发区条例》(2002年)、《福建省牲畜屠宰管理条例》(2003年修改)、《福建省劳动合同管理规定》(2003年修改)、《福建省财政监督条例》(2005年)、《福建省招标投标条例》(2006年)、《福建省实施〈会计法〉办法》(2007年)、《福建省港口条例》(2007年)。

权益保护(含失业、养老保险等)方面6项(8次):《福建省企业职工失业保险条例》(1998年修改,2000年修改)、《福建省城镇企业职工基本养老保险条例》(1998年修改,2000年修改)、《福建省房屋消费者权益保护条例》(2000年)、《福建省个体工商户和私营企业权益保护条例》(2001年)、《福建省实施〈消费者权益保护法〉办法》(2005年)、《福建省失业保险条例》(2006年)。

省九、十届人大期间,废止法规11项:1979年颁行的《福建省福建投资企业公司债券发行办法》(2000年)、1984年颁行的《福建省商用计量器具管理办法》(2000年)、1991年颁行的《福建省保障和发展邮电通信条例》(2002年)、1994年颁行的《福建省财产拍卖条例》(2002年)、1997年颁行的《福建省进出口商品检验管理条例》(2002年)、1991年颁行的《福建省抵押贷款条例》(2002年)、1993年颁行的《福建省经纪人条例》(2002年)、1996年颁行的《福建省外商投资企业条例》(2002年)、1984年颁行的《厦门经济特区与内地经济联合的规定》(2002年)、1994年颁行的《福建省实施〈消费者权益保护法〉办法》(2005年)、

---

① 《福建省人大常委会关于加强社会保障工作监督的决定》、《福建省人大常委会关于加强预算审查监督工作的决定》两项不列入其中,列入本章第四节"人大工作制度立法"内。

1997年颁行的《福建省企业职工失业保险条例》(2006年)。

财经委承担省政府提交的有关财政经济的法规草案的初审工作。

二、自主立法

省九、十届人大期间，常委会关于财政经济自主立法项目2项：《福建省房屋消费者权益保护条例》、《福建省实施〈消费者权益保护法〉办法》。受主任会议委托，由财经委牵头组织起草法规草案。

2005年出台的《福建省实施〈消费者权益保护法〉办法》，是继常委会在七至九届人大期间自主起草的《福建省保护消费者权益条例》、《福建省保护农民购买使用农业生产资料权益若干规定》、《福建省房屋消费者权益保护条例》3项在全国率先出台的保护消费者权益的法规后，又一次以保护消费者权益为主题的地方立法，《人民日报》、中央电视台和本省各大媒体均予以报道。

三、部分法规介绍

（一）《福建省房屋消费者权益保护条例》

该法规于2000年11月18日省九届人大常委会二十二次会议通过，自2001年1月1日起施行。共21条。该法规针对住房制度改革后大量出现的房屋消费纠纷，就保护房屋消费者知情权、签订变更解除合同、质量保证书、未能按期提供房屋的违约金、加倍补偿房屋面积误差、加倍赔偿4种欺诈行为损失等作出规定。常委会在审议过程中，对草案中关于调整范围、告知消费者房屋的各项情况、明确各项消费者权益等条款作出修改，其中，将"房屋面积允许误差未约定，不足部分超过百分之一的，经营者应当予以补偿"，修改为"不足部分超过千分之六的，经营者应当加倍予以补偿"，还增加投诉后处理期限的规定。

（二）《福建省牲畜屠宰管理条例》

该法规于2003年5月28日省十届人大常委会三次会议修订，自2003年7月1日起施行。共5章33条。主要章名有"定点屠宰厂（场）的设立"、"屠宰管理"。此次修订在原条例基础上作了30处修改。修改涉及偏僻农村地区屠工管理制度、定点屠宰厂（场）的设立、取消大中型屠宰厂、肉类联合加工厂的自检、肉品品质检验、委托执法、牲畜及牲畜产品注水或者注入其他物质的处罚措施等。常委会在审议过程中，对修正案草案中关于农村屠工管理、牲畜屠宰管理执法主体、定点屠宰厂（场）收费、流通环节执法等条款作出修改，并增加实行农村屠工管理制度的限制性条件等规定。

（三）《福建省劳动合同管理规定》

该法规于2003年9月24日省十届人大常委会五次会议修正，自2003年11月1

日起施行。共29条。此次修正在原规定基础上作了11处修改,主要涉及职工解除劳动关系时加发经济补偿金及其计算标准问题。常委会在审议过程中,对修正案草案中月工资计算办法"由省人民政府另行制定"修改为"劳动者终止或被解除劳动合同前用人单位正常生产经营情况下十二个月的月平均工资",以及其他条款的修改,并增加经济补偿金"保底"、"封顶"等规定。

(四)《福建省财政监督条例》

该法规于2005年3月27日省十届人大常委会十六次会议通过,自2005年7月1日起施行。共29条。该法规针对违反财经法纪、手段隐蔽等问题,就财政监督范围内容方式手段、财政监督体制、避免部门重复检查、查询被监督单位财政性资金账户、对被监督单位拒不缴回违法资金的措施等作出规定。常委会在审议过程中,对草案中关于财政监督对象、财政监督体制、财政监督的手段、转移支付资金的监督等条款作出修改,并增加"预算部门依照财务隶属关系对所属预算单位的财务收支情况实施监督"、"在有关证据可能灭失或者以后难以取得的情况下"财政部门可以依法先行登记保存等规定。

(五)《福建省实施〈消费者权益保护法〉办法》

该法规于2005年6月2日省十届人大常委会十七次会议通过,自2005年9月1日起施行。共8章62条。主要章名有"消费者的权利"、"经营者的义务"、"消费者权益的国家保护"、"消费者权益保护委员会"、"消费争议的解决"。该法规规定了格式条款不得有免除经营者责任、加重消费者责任或者排除消费者主要权利的12种条款,以及4种情形应当按照消费者的要求予以更换或者退货,14种欺诈行为增加一倍的赔偿等内容。常委会在审议过程中,对草案中关于商品的"三包"、医疗服务、解决消费争议等条款作出修改,并增加"保险人应当向投保人说明保险合同的条款内容","消费者权益保护委员会履行职责……不得收取费用,不得从事商品经营和提供营利性服务,不得以牟利为目的向社会推荐商品和服务,不得对经营者排列名次"等规定。

(六)《福建省招标投标条例》

该法规于2006年8月4日省十届人大常委会二十四次会议通过,自2007年1月1日起施行。共7章77条。主要章名有"招标范围、方式和组织形式"、"评标专家库和评标专家"、"招标投标程序"、"监督与投诉"。该法规对《招标投标法》的原则规定作出细化,针对规避招标、擅自邀请招标、不具备条件自行招标现象规定了具体招标范围,用4节34条详细规定了招标、投标、开标、评标、定标程序,加大对违规行为的处罚力度等。常委会在审议过程中,对草案中关于强制招标范围、评标专家库、招标公告、中标人与招标人义务等条款作出修改,并增加"投标人不得以他人名义投标"、必须进行招标的政府投资项目"应当通过比选等公平竞争方式确定招标代理机构"等规定。

(七)《福建省港口条例》

该法规于2007年11月30日省十届人大常委会三十二次会议通过,自2008年3月1日起施行。共8章47条。主要章名有"港口规划"、"港口岸线使用"、"港口建设"、"港口经营"、"港口安全与监督管理"。该法规对港口管理体制、港口规划的编制程序、港口岸线开发利用和保护、港口公用基础设施建设资金投入等作出规定。常委会在审议过程中,对草案中关于港口总体规划和港区控制性详细规划、港口岸线使用的审批、船舶进港避险等条款作出修改,并增加港口岸线逾期一年未按规定投资建设的由批准部门依法注销使用许可、港口经营人和港口行政管理部门制订应急预案等规定。

第八节　教科文卫立法

一、制定、修改与废止

省九、十届人大期间,制定、修改有关教科文卫法规20项(21次)。

教育方面3项:《福建省终身教育促进条例》(2005年)、《福建省实施〈教师法〉办法》(2005年修改)、《福建省实施〈国家通用语言文字法〉办法》(2006年)。

科技方面4项:《福建省促进科技成果转化条例》(2000年)、《福建省专利保护条例》(2004年)、《福建省技术市场管理条例》(2005年修改)、《福建省科学技术普及条例》(2007年)。

文化方面3项:《福建省武夷山世界文化和自然遗产保护条例》(2002年)、《福建省民族民间文化保护条例》(2004年)、《福建省文物保护管理条例》(2005年修改)。

卫生方面5项:《福建省初级卫生保健条例》(1998年)、《福建省实施〈母婴保健法〉办法》(1999年)、《福建省公民献血条例》(2000年)、《福建省人大常委会关于加强公共卫生工作的决定》[①](2003年)、《福建省遗体和器官捐献条例》(2005年)

人口与计划生育方面2项(3次):《福建省人口与计划生育条例》(2000年修改、2002年修改)、《福建省禁止非医学需要鉴定胎儿性别和选择性别终止妊娠条例》(2003年)。

---

① 此决定作为法规性文件,已编入省人大常委会法规汇编。

其他 3 项：《福建省档案条例》（2002 年）、《福建省红十字会条例》（2004 年）、《福建省体育经营活动管理条例》（2006 年）。

省九、十届人大期间，废止法规 3 项：1991 年颁行的《福建省图书报刊出版管理条例》（2002 年）、1994 年颁行的《福建省中等职业教育条例》（2002 年）、1996 年颁行的《福建省禁止非医学需要鉴定胎儿性别的规定》（2003 年）。

教科文卫委承担省政府提交的有关教科文卫的法规草案的初审工作。

二、自主立法

省九、十届人大期间，常委会关于教科文卫自主立法项目 7 项：《福建省民族民间文化保护条例》、《福建省遗体和器官捐献条例》、《福建省红十字会条例》、《福建省终身教育促进条例》、《福建省实施〈国家通用语言文字法〉办法》、《福建省禁止非医学需要鉴定胎儿性别和选择性别终止妊娠条例》、《福建省人大常委会关于加强公共卫生工作的决定》。前 6 项由教科文卫委，最后 1 项由法工委，分别受主任会议委托牵头组织起草法规草案。

2003 年出台的《福建省人大常委会关于加强公共卫生工作的决定》确立了公共卫生环境权，是一项新的探索。

2004 年出台的《福建省民族民间文化保护条例》，规定了传承单位、传承人的命名和权利义务，经济困难的可获得政府资助等具有地方特色条款。

2005 年出台的《福建省终身教育促进条例》，在起草过程中还委托福建师范大学继续教育学院、终身教育研究中心拟出专家建议草案稿。这项立法是国内教育立法领域里的新尝试，也是国内首部终身教育地方性法规。

三、部分法规介绍

（一）《福建省初级卫生保健条例》

该法规于 1998 年 5 月 29 日省九届人大常委会三次会议通过，同时公布施行。共 21 条。该法规是国内较早出台有关这方面工作的法规，规定了初级卫生保健的基本内容、经费投入、农村卫生队伍建设、政府及有关部门职责等。常委会在审议过程中，对草案中关于卫生投入、乡村医生学历要求等条款作出修改，并增加"城市卫生技术人员在晋升主治医师、副主任医师之前，必须到县或乡镇卫生机构工作半年至一年"的规定。

（二）《福建省促进科技成果转化条例》

该法规于 2000 年 9 月 21 日省九届人大常委会二十一次会议通过，自 2000 年 11 月 1 日起施行。共 6 章 30 条。主要章名有"组织实施"、"保障措施"、"技术权益与奖励"。该法规就政府部门扶持科技成果转化、优先安排科技成果转化项目、技术中介服务机构建设、教师和科技人员离岗创业、科技成果转化基金、风险投资机制、职务科技成果转化鼓励措施、提取净收入或股份作为奖励与报酬等作出规定。常委会在审议过程中，对草案中关于科技成果认定制度、企业作为转化主体、多渠道筹集资金、奖励和鼓励政策等条款作出修改，并增加"在政策与资金等方面支持技术中介服务机构"、"省和有条件的市人民政府应当投入一定的资本金，引导风险投资机构的创立和运行"等规定。

（三）《福建省人大常委会关于加强公共卫生工作的决定》

该决定于2003年8月1日省十届人大常委会四次会议通过，自2003年9月1日起施行。共12条。该决定针对"非典"疫情和公共卫生工作中的薄弱环节，就建立突发公共卫生事件应急机制、公众享受良好公共卫生环境的权利保障、公共卫生基础设施建设和管理、农村公共卫生、公共场所和公共设施消毒、影响城市公共卫生行为的处罚等作出规定。常委会在审议过程中，对草案中关于爱国卫生运动、公共卫生设施建设、农村公共卫生、食用野生动物等条款作出修改。

（四）《福建省禁止非医学需要鉴定胎儿性别和选择性别终止妊娠条例》

该法规于2003年9月24日省十届人大常委会五次会议通过，自2003年11月1日起施行。1996年颁行的《福建省禁止非医学需要鉴定胎儿性别的规定》同时废止。1996年的规定是全国第一次就这类事项进行地方立法，这次重新制定从原来的9条扩充为23条。该法规针对20世纪90年代以来福建省出生人口性别比异常问题，就部门职责、胎儿性别鉴定、超声诊断仪购买使用管理、妊娠十四周以上妇女终止妊娠、孕情检查制度、新生儿死亡报告、终止妊娠药品销售、奖励举报者等作出规定。常委会在审议过程中，对草案中关于超声诊断仪购买使用管理、建立孕情检查制度、终止妊娠药品使用销售、要求终止妊娠提供证明等条款作出修改，并增加违法购买使用超声诊断仪和销售终止妊娠药品的处罚规定等。

（五）《福建省民族民间文化保护条例》

该法规于2004年9月24日省十届人大常委会十一次会议通过，自2005年1月1日起施行。共5章36条。主要章名有"保护与管理"、"保障措施"。该法规针对一些文化遗产正在不断消失、传统工艺技艺面临失传危险、保护经费不足、保管设施落后、知识产权得不到有效保护、研究人员短缺断层、资源流失海外等问题，就民族民间文化保护对象、保护工作的指导方针和原则、分级保护制度、民族民间文化传承人和传承单位的命名和权利义务、保护经费等作出规定。常委会在审议过程中，对草案中关于命名传承人和传承单位、命名福建省文化生态保护区、福建省民族民间文化艺术之乡、资助经济困难的传承人和传承单位等条款作出修改，并增加专项资金专款专用等规定。

（六）《福建省遗体和器官捐献条例》

该法规于 2005 年 6 月 2 日省十届人大常委会十七次会议通过，自 2005 年 9 月 1 日起施行。共 5 章 35 条。主要章名有"遗体捐献"、"器官捐献"。该法规就遗体捐献登记机构、遗体接受单位、捐献执行人、对遗体的尊重、器官捐献应当符合的条件、器官捐献登记机构、捐献的器官用于不指定的接受人、卫生行政部门和红十字会的职责等作出规定。常委会在审议过程中，对草案中关于遗体接受单位应当具备的条件、鼓励措施等条款作出修改，并增加"捐献执行人因故不能执行的，捐献人工作单位或者居住地的居（村）民委员会、养老机构，可以及时通知相应的接受单位"、"确认捐献人死亡的医师，不得参与该遗体器官的摘取或者植入手术"等规定。

（七）《福建省终身教育促进条例》

该法规于 2005 年 7 月 29 日省十届人大常委会十八次会议通过，自 2005 年 9 月 28 日起施行。共 22 条。该法规就终身教育的定义、部门职责、组织措施、设立终身教育促进委员会、经费保障、各类人员接受终身教育、社区教育、学习型组织、各类教育机构和社会公益性场馆提供便利、设立终身教育活动日等作出规定。常委会在审议过程中，对草案中关于实施主体、终身教育促进委员会负责部门、老年教育、终身教育经费等条款作出修改，并增加"国民教育机构应当为终身教育提供便利"、"每年 9 月 28 日为终身教育活动日"等规定。

第九节　侨台立法

一、制定、修改与废止

省九、十届人大期间，制定、修改有关侨台法规 5 项（7 次）。

涉侨方面 4 项（6 次）：《福建省保护华侨投资权益若干规定》（1998 年制定，2002 年修改）、《福建省保护华侨房屋租赁权益的若干规定》（2000 年修改）、《福建省华侨捐赠兴办公益事业管理条例》（2002 年修改）、《福建省实施〈归侨侨眷权益保护法〉办法》（2002 年修改，2006 年修改）。

涉台方面 1 项：《福建省招收台湾学生若干规定》（1999 年）。

省九届人大期间，废止法规 3 项：1990 年颁行的《福建省台湾同胞投资企业劳动管理规定》（2000 年）、1990 年颁行的《福建省台湾同胞投资企业登记管理办法》（2000 年）、1995 年颁行的《福建省鼓励归侨侨眷兴办企业的若干规定》（2002 年）。

侨（台）委承担省政府提交的有关侨台的法规草案的初审工作。

二、自主立法

省九、十届人大期间,常委会关于侨台自主立法项目1项:《福建省招收台湾学生若干规定》。受主任会议委托,由侨(台)委牵头组织起草法规草案。

侨(台)委于1995年开始牵头组织起草该法规,1998年省人大换届之后,继续起草工作。起草过程中争取国家有关部门支持,1998年11月国家教育部批准福建省部分高等院校单独招收台湾学生。之后,侨(台)委又对法规草案进行多次调研论证。1999年6月该项法规经省九届人大常委会十次会议审议通过并颁布实施。该法规明确了对台湾学生来福建就学的保护原则,对招收台湾学生、台湾学生待遇、收费等问题作了全面的规定。法规颁布实施后,有16家新闻媒体以及台湾媒体相继报道,中央电视台进行了专题采访报道。

三、部分法规介绍

(一)《福建省保护华侨投资权益若干规定》

该法规于1998年8月1日省九届人大常委会四次会议通过,2002年3月28日省九届人大常委会三十一次会议修正,自2002年4月5日起施行。共19条。该法规就华侨投资的定义、华侨投资者主体资格确认、华侨投资者及其聘用的境外人员子女接受九年制义务教育、不得另立名目和标准向华侨投资企业收费、华侨投资者的合法权益受到侵害的投诉和受理、侨务行政主管部门有权对保护事宜要求有关部门作出答复等作出规定。常委会在审议过程中,对1998年草案中关于华侨投资者合法权益受侵害时及时受理、优惠措施等条款作出修改,2002年修改时主要删除不宜由地方立法的有关税收的规定。

(二)《福建省招收台湾学生若干规定》

该法规于1999年6月1日省九届人大常委会十次会议通过,自2000年6月1日起施行。共16条。该法规就台湾学生定义、台湾学生在福建省中小学就学享受与当地学生同等待遇、台湾学生参加大陆高等学校招生考试、进入预科班学习、台湾学生学籍管理、申请免修政治理论和军训课程、台湾学生培养经费安排、入出境签证和暂住手续的办理、毕业证书学位证书等作出规定。常委会在审议过程中,对草案中关于福建有关高校单独招收台湾学生、为台湾学生办理多次有效的入出境签证和暂住手续等条款作出修改,还增加台湾学生在福建省就学期间免修军训课的规定。

(三)《福建省保护华侨房屋租赁权益的若干规定》

该法规于2000年11月18日省九届人大常委会二十二次会议修订(原规定1997年出台),自2000年11月21日起施行。共13条。该法规针对尚有20多万平方米侨房退了产权而未退使用权的历史遗留问题，就房屋租金、出租人收回拒绝签订租赁合同的房屋、安置退出华侨房屋又无其他住处的承租人、华侨房屋所有权人获得补偿并不承担安置承租人义务等内容作出规定。常委会在审议过程中，针对长期以来政府对租赁实行福利型的低租金管理，将草案中"参照当地同类商品房租金"修改为"依照当地同类房屋租金确定"，并对草案中关于拆迁中房屋承租人安置责任等条款作出修改。

（四）《福建省华侨捐赠兴办公益事业管理条例》

该法规于2002年1月20日省九届人大常委会三十次会议修订（原条例1990年发布），自2002年3月1日起施行。共5章33条。主要章名有"捐赠人的权利"、"捐赠财产的管理"、"捐建工程的管理"。修改内容主要有公益事业包含的事项和受赠单位的范围、改革原有捐赠审批体制、对捐建工程项目设立相对严格的管理制度等。常委会在审议过程中，对草案中关于改革原有捐赠审批体制规定作进一步修改补充，并增加"严禁任何单位和个人强迫华侨捐赠或者向华侨摊派"的规定。

（五）《福建省实施〈归侨侨眷权益保护法〉办法》

该法规于2002年3月28日省九届人大常委会三十一次会议修正，2006年9月28日省十届人大常委会二十五次会议修订（原办法1992年发布），自2007年1月1日起施行。共32条。该法规就归侨及侨眷身份确认、政治经济社会权益、华侨农场及企业权属、私有房屋租赁拆迁征用及补偿、子女教育、申请出境等作出规定。常委会在审议过程中，对2006年修订草案中关于政府和侨联职责、华侨农场及企业权益保障、华侨房屋拆迁中的权益保护、海外华文教育、侨眷出境探亲等条款作出修改，并增加选举归侨侨眷人大代表、保护华侨祖墓、"地方各级人民政府应当将归侨侨眷纳入当地城乡居民医疗保障范围"等规定。

第十节　环境与城乡建设立法

一、制定、修改与废止

省九、十届人大期间，制定、修改有关环境城乡建设法规8项（9次）。

环境保护方面3项：《福建省农业生态环境保护条例》（2002年）、《福建省海洋环境保护条例》（2002年）、《福建省环境保护条例》（2002年修改）。

城乡建设方面5项（6次）：《福建省城市房屋产权登记条例》（1998年）、《福建省燃气管理条例》（2002年制定，2007年修改）、《福建省建筑市场管理条例》（2002年修改）、《福建省城市房屋拆迁管理条例》（2002年修改）、《福建省物业管理条例》（2006年）。

省九、十届人大期间，废止法规1项：1993年颁行的《福建省城市房屋拆迁管理办法》（2002年）。

环城委承担《福建省城市房屋产权登记条例》、《福建省燃气管理条例》、《福建省物业管理条例》草案，以及《福建省环境保护条例》、《福建省建筑市场管理条例》、《福建省城市房屋拆迁管理条例》修改草案的初审工作。农经委承担《福建省农业生态环境保护条例》、《福建省海洋环境保护条例》草案的初审工作。

二、起草法规草案建议稿

2001年，农经委牵头起草《福建省农业生态环境保护条例（草案）》建议稿。建议稿中有关农业生态环境定义、生态农业示范区建设、基地农产品质量安全、农村生活垃圾定点堆放、畜禽养殖业污染处理、农业生态环境监测、农用化学品监督管理、农产品有害物质残留检测等制度设计，在省政府提请审议的法规草案中得到采纳。

2004年，环城委起草《福建省物业管理条例（草案）》建议稿。该条例是一部与广大人民群众切身利益相关、关系社会生活和谐稳定的法规，也是一部利益冲突较多、需要慎重规范各方面权利义务的法规。为使该项立法更为稳妥，环城委在多次调研基础上，拟出草案建议稿。建议稿送省政府起草单位后，大部分条款得到采纳。

三、部分法规介绍

（一）《福建省环境保护条例》

该法规于2002年1月20日省九届人大常委会三十次会议修订（原条例1995年发布），自2002年5月1日起施行。共7章52条。主要章名有"环境规划与环境功能区划"、"环境监督管理"、"保护和改善环境"、"防治环境污染"。该法规针对原条例制定时还不突出的噪声、城市垃圾、机动车排气、"白色污染"、流域性污染突发事故等问题，就这些问题以及强化环境功能区划、主要污染物排放总量控制制度、加快推行ISO14000环境管理体系、明确污染事故的报告和处理程序、强化法律责任和执法手段等作出规定。常委会在审议过程中，对草案中关于环境保护资金、环境监测数据效力、强制措施等条款作出修改，并增加规定保护生活饮用水、治理含苯废气、处置医疗废弃物等方面内容。

（二）《福建省农业生态环境保护条例》

该法规于2002年7月26日省九届人大常委会三十三次会议通过，自2002年10月1日起施行。共6章39条。主要章名有"保护与改善"、"预防与治理"、"监督管理"。该法规就农业生态环境的定义、监督管理主体及职责划分、畜禽粪便综合利用、向农田灌溉渠道排放污水的监督管理、渔业养殖用水水质监测、农村垃圾处理、畜禽禁养区和养殖场禁建区、事故级别管辖和纠纷处理、畜禽养殖场规模界定等作出规定。常委会在审议过程中，对草案中关于调整对象、监测管理、严重污染区域的综合整治等条款作出修改，还增加关于保护生物多样性、引进物种等规定。

（三）《福建省燃气管理条例》

该法规于 2002 年 9 月 27 日省九届人大常委会三十四次会议通过，2007 年 9 月 27 日省十届人大常委会三十一次会议修订，自 2008 年 1 月 1 日起施行。共 7 章 68 条。主要章名有"规划和建设"、"燃气经营许可"、"燃气经营与使用"、"燃气安全"。该法规就部门管理职责、燃气专业规划、建筑配套管道燃气设施、管道燃气特许经营制度、特许经营招标、瓶装燃气经营企业及不得有的行为、燃气汽车加气站、燃气价格和服务收费项目标准、管道燃气经营企业普遍服务义务、咨询和监督、燃气生产安全事故应急救援体系、燃气用户应遵守的规定等作出规定。常委会在审议过程中，对 2007 年修订草案中关于管道燃气瓶装燃气的经营许可、燃气经营企业的普遍服务义务等条款作出修改，并增加了行政机关监管职责、工业企业自主供气管理，以及"未定期对用户燃气计量仪表、管道及其附属设施、燃气器具使用情况进行检查"的处罚等规定。

（四）《福建省城市房屋拆迁管理条例》

该法规于 2002 年 9 月 27 日省九届人大常委会三十四次会议通过，自 2002 年 12 月 1 日起施行（1993 年发布的《福建省城市房屋拆迁管理办法》同时废止）。共 38 条。该法规针对被拆迁房屋的补偿标准不合理、实物安置限制了被拆迁人的选择权、强制拆迁的规定不明晰、拆迁补偿安置资金没有明确有效监管办法等问题，就拆迁计划和方案、拆迁补偿安置协议、拆迁补偿安置资金监管、被拆迁房屋货币补偿金额的确定、评估及评估异议的处理、拆迁非住宅房屋补偿、拆迁房改房等方面作出规定。常委会在审议过程中，对草案中关于营业性用房的认定、拆迁补偿安置资金的监管、自行拆迁的条件等条款作出 30 多处修改，还增加拆迁公告、禁止强迫搬迁、保护特殊困难群体等方面规定。

（五）《福建省物业管理条例》

该法规于 2006 年 9 月 28 日省十届人大常委会二十五次会议通过，自 2007 年 1 月 1 日起施行。共 7 章 69 条。主要章名有"业主大会和业主委员会"、"前期物业管理"、"物业管理服务"、"物业的使用与维护"。该法规就首次业主大会的筹备和投票权数的确定、业主公约、业主委员会法律地位、物业管理区域划分、物业管理区域内配套设施所有权归属、物业管理用房标准、物业服务费、专项维修资金管理等作出规定。常委会在审议过程中，对草案提出了近 50 处修改意见，增加了"业主委员会产生后，建设单位应当向业主委员会提供"等 5 项有关资料，以及提前解除物业服务合同等方面规定。

第十一节 法规清理

省九、十届人大常委会先后开展3次法规清理工作,共涉及修改法规32项、废止法规27项、决议决定13项、法规解释5项。

第一次清理情况。1999年,为适应依法治国和建设社会主义市场经济的需要,以及落实"三讲"教育活动整改意见,对现行的地方性法规进行全面清理。主要是解决现行地方性法规中存在的"不一致"、"不适应"、"不协调"的问题。在组织清理地方性法规的同时,也要求省政府对地方性法规的实施细则等规章和规范性文件适时作相应的清理修订。这次清理工作涉及部门多,为了便于联系,及时交换意见,还建立了由省人大常委会各工作委员会、有关办事机构和省政府法制局负责人参加的联席会议制度。

第二次清理情况。2001年,为适应加入世贸组织的需要,根据中央要求,清理地方性法规、地方政府规章和其他政策措施。法工委牵头组织清理工作,共形成3次会议纪要以及5次法规清理简报。2002年1月,省九届人大常委会三十次会议废止了4项地方性法规、13项决定决议、5项"法规解释"(法规询问答复)。2002年3月,省九届人大常委会三十一次会议废止了7项地方性法规。

第三次清理情况。2004—2005年,为适应实施《行政许可法》的需要,对地方性法规中设定的行政许可事项、实施主体,以及收费项目等内容进行了清理。对25项法规中涉及自行创设的48项行政许可事项,建议保留44项、修订4项。2004年7月,省十届人大常委会十次会议通过《福建省人才市场管理条例修正案》、《福建省劳动力市场管理条例修正案》。2005年3月,省十届人大常委会十六次会议通过《关于停止执行本省地方性法规中若干行政许可事项有关规定的决定》,决定停止5项地方性法规中的6项行政许可事项。

按照全国人大常委会法工委的通知要求,2006年还根据《监督法》开展法规和工作文件的梳理。省人大常委会制定了梳理工作方案,法工委牵头并承担了7项法规和工作文件的梳理工作,各委、办、室也同步梳理,对梳理出来可能存在的问题逐条进行研究。梳理结果报送全国人大常委会法工委,为后续清理工作打下基础。

第十二节 批准较大的市法规

一、批准情况

《立法法》实施之前。福州市人大制定的地方性法规需报省人大常委会批准,由常委会各相关机构提出审查报告，省人大常委会在批准时可以进行修改。厦门市人大制定经济特区法规，在经济特区范围内实施，不需报省人大常委会批准。《立法法》实施之前共批准福州市人大报批4项地方性法规。其中，农经委审查报批的《福州市河道采砂管理办法》，在向常委会会议所作的审查报告中，提出规范河道采砂办理程序、满足公民个人自采自用少量砂石的需要、整治河道挖取砂石应兼顾航运并符合防洪需要、在罚则中要区分"无证采砂"和"在禁止采砂的河段采砂"等修改意见被采纳。财经委在福州市人大常委会报请批准法规的审查报告中提出多条修改意见被采纳。

《立法法》实施之后。厦门市人大依法增加制定较大的市法规的权限，法规在全市范围内实施。福州、厦门两市人大制定的较大的市法规均需报省人大常委会批准。根据《立法法》规定：省人大常委会对报批的地方性法规，应当对其合法性进行审查，同宪法、法律、行政法规和本省地方性法规不抵触的，应当在4个月内予以批准。《立法法》实施之后的省九、十届人大期间，分别批准福州、厦门两市人大制定和修改的法规44项和22项。

《立法法》实施之后的报批前期审查工作主要由法工委开展。法工委建立了与福州、厦门两市人大法制委、法工委的沟通联系机制。在报批法规未提交两市人大常委会审议通过之前，受两市人大委托，对法规草案进行研究，提出意见和建议。两市法规报批后，法工委征求常委会各工作机构的审查意见，并组织常委会委员、法制委委员、有关部门和专家学者进行论证，提出合法性审查意见，报请法制委审议。法制委审议后，向常委会提出审查报告。

2001年，法制委、法工委与福州、厦门两市人大法制委、法工委共同召开关于较大的市地方性法规的报批审查工作会议，对审查报批工作进行研究和探讨。2003年6月，为进一步规范法规报批审查的内容和程序，在厦门召开较大的市地方性法规报批座谈会。

二、福州市立法情况

1986年，福州市获得较大的市立法权。1998年1月至2008年1月，福州市人大及其常委会共制定法规30项、修改18项、废止5项。2003年出台并经2007年修改的《福州市食用农产品质量安全管理办法》，通过创设质量安全信用管理等制度，对从事食用农产品生产、加工、经营的单位和个人合法诚信经营进行规范。《福州市保护城市中小学幼儿园建设用地若干规定》、《福州市流动人口计划生育管理办法》等法规都属较早的较大的市立法，为国家和地方立法提供了经验。

三、厦门市立法情况

1994年和2000年厦门市分别获得经济特区和较大的市立法权。1998年1月至2008年1月，厦门市人大及其常委会共制定45项法规（其中经济特区法规26项）、修改34项法规（其中经济特区法规31项）、废止15项经济特区法规。1999年出台的经济特区法规《厦门市专利保护规定》是全国15个副省级城市第一个有关专利保护的地方性法规。2004年出台的《厦门市最低生活保障办法》是全国第一部将城市、城镇和农村困难群众纳入最低生活保障制度的地方性法规。此外，《厦门市无居民海岛保护与利用管理办法》、《厦门市企业工资支付条例》等法规，都有许多创新性的制度规范。

第十三节　法规询问与立法评估

一、法规询问

社会各界可以对法规适用等问题提出询问，答复法规询问工作主要由法工委负责。

省九届人大期间，法工委对10件询问件进行答复。对《福建省城镇企业职工基本养老保险条例》、公安厅关于"厦门市政府取消公共场所审核项目"的请示、厦门市政府办公厅关于"我省尽快实施新的收养法"的建议、漳州市政府关于基层反映上级政策法规"打架"给贯彻落实带来困难的问题、省政府信访局关于信访条例征求意见等进行研究协调，并作出答复。

省十届人大期间，法工委对12件询问件进行答复。对厦门市人大请求解释《福建省劳动合同管理规定》的函、省法院关于地方性法规适用问题的函、漳平市政府请求对《福建省森林条例》、《福建省实施〈土地管理法〉办法》的适用作出解释的函、厦门市人大常委会关于《福建省人口与计划生育条例》第三十五条相关内容的咨询、泉州市人大常委会法工委就有关"黄培金等人妨害公务案"如何适用《福建省公路规费征收管理条例》的咨询等进行研究，并作出答复。

2002年1月，省九届人大常委会三十次会议作出《关于废止〈福建省保障和发展邮电通信条例〉等地方性法规和部分决定决议及法规解释的决定》，废止以下"法规解释"（法规询问答复）：关于省水产厅请示渔业行政案件复议分工的复函（闽人大办〔1990〕61号）；关于建议取消《关于实施〈福州市城市房屋拆迁管理办法〉的若干规定》的第26条函（1993年）；重发《关于明确〈福建省保护农民购买使用农业生产资料权益若干规定〉中有关问题请示的答复意见的函》（闽常办

〔1996〕综字 036 号）；关于适用《福建省计划生育条例》第六条第一款第（一）项有关问题请示的答复（闽常教〔1996〕26 号）；对福州中惠律师事务所提出的两项法规应用问题的答复（1997 年 8 月 25 日省人大常委会办公厅）。

二、立法评估

评估立法效果是省十届人大期间确立的一项新制度，目的在于总结地方立法工作经验，提高地方立法质量。

2005 年首次启动并由法工委具体负责《福建省青年志愿服务条例》实施效果评估工作。对条例施行两年来的成效和社会影响，具体条文的可操作性和规范性等内容进行评估，评估采用实证调查和定量分析等方法。共向全省 9 个设区的市、80 个县（市、区）发放各种调查问卷 8800 多份，调查对象为青年志愿者、青年志愿者组织以及普通群众，了解条例对青年志愿服务事业的推动作用，以及志愿服务在构建和谐社会中发挥的作用。到福州、厦门两市进行调研，在全省各地召开多场座谈会。通过评估，认为条例的总体实施情况是好的，为推动青年志愿服务事业发展发挥了重要作用，但在实施过程中还存在不足和问题。评估报告提供常委会参考，为今后地方立法提供借鉴。

第八章　决定重大事项

第一节　制度建设

2001年,省人大常委会"提高为人民服务质量"调研专题综合报告提出,地方人大常委会重大事项决定权相对较少运用,要求抓紧制定依法行使重大事项决定权的法规。2002年,省九届人大五次会议期间,部分代表联名提出了制定《福建省各级人大常委会讨论、决定重大事项的规定》的议案。省人大常委会将这一立法项目列入当年立法计划。研究室受主任会议委托组织起草。在法规草案初审后,省人大常委会党组将制定该规定的有关情况向省委作了请示。常委会在审议过程中,根据省委常委会的意见,对有关重大事项不提请审议和不报告所承担的法律责任予以分别表述。

2002年9月,省九届人大常委会三十四次会议通过《福建省各级人大常委会讨论决定重大事项的规定》。该法规界定了重大事项的范围,规范各级人大常委会讨论、决定重大事项的职权、程序和实施保障。

该法规将重大事项分为两大类共22项。一类是应当提请本级人大常委会审议,并作出相应决议或决定的6项事项:为保证宪法、法律、法规和上级人大及其常委会以及本级人民代表大会的决议、决定的遵守和执行的重大措施;加强社会主义民主法制建设的重大部署;国民经济和社会发展计划的部分变更、预算的调整方案和决算;城市总体规划及其局部调整中涉及城市性质、规模、发展方向和总体布局的重大变更;人民代表大会授权常委会讨论、决定的重大事项;法律、法规规定应当提请人大常委会审议并作出相应决议或者决定的其他重大事项。

另一类是应当向本级人大常委会报告的16项事项,必要时作出相应的决议或决定:国民经济和社会发展计划、预算的执行情况;预算执行和其他财政收支的审计情况;预算外资金的收支计划及其执行情况;国民经济建设布局和产业结构调整的执行情况;农业发展、农村改革和农民收入的重大情况;由财政性资金投资或者偿还的事关国计民生的重大建设工程的立项和建设的进展情况;人口、环境和资源等涉及可持续性发展方面的重大措施;涉及人民群众切身利益的重大改革方案及其执行情况;社会治安、司法和行政监察工作的重要情况;教育、科学等社会事业改革和发展的重要情况;华侨、归侨、侨眷和台胞合法权益保护的重要情况;历史文化名城、文物保护单位、风景名胜区和自然保护区的保护及申报世界遗产的重要情况；重大自然灾害和特大事故的处理情况；城市居民最低生活保障、养老保险、失业保险、医疗保险等社会保障制度和住房制度实施中的重大问题；人民政府、人民法院、人民检察院认为需要报告的其他重大事项；法律、法规规定应当向人大常委会报告或者人大常委会认为需要报告的其他重大事项。其中第一、第二和第三项每年至少应当报告一次。

第二节 计划、预算事项

一、批准计划调整

省九届人大期间，常委会5次审议了省政府提出的有关计划调整的议案，并就部分议案作出决定。

1998年3月，省九届人大常委会二次会议通过了《关于调整1998年计划安排的物价调控指标的决定》。决定1998年计划安排的社会商品零售店物价涨幅和居民消费价格涨幅，由4%和6%分别调整为3%和5%。

1998年9月，省九届人大常委会五次会议通过了《关于追认增列1998年省重点建设项目和预备重点建设项目的决定》。决定调整增加1998年省重点建设项目24项和预备重点建设项目14项。

1998年12月，省九届人大常委会七次会议通过了《关于审查〈福建省人民政府关于提请调整我省"九五"重点大中型建设项目计划的议案〉结果的决定》。决定除对个别项目作调整外，原则同意此议案。议案内容：原"九五"计划的98个项目中有19个项目作为探讨性项目，继续开展前期工作，9个项目予以取消；新增重点大中型项目66个；争取"十五"初开工的重点大中型前期工作项目30个。议案中将"霞浦沙头围垦工程"列为"取消项目"，经常委会组成人员审议后，将其调整为"探讨性项目"。

2000年7月，省九届人大常委会二十次会议审议了省政府《关于调整2000年全社会固定资产投资总量预期目标的报告》。报告内容：将2000年全社会固定资产投资的总量预期目标按省九届人大三次会议上通过的增长8%的速度调整为1170亿元。报告并附《福建省统计局关于1999年我省固定资产投资年报定案数与预计数差距较大的原因说明》。

2002年5月，省九届人大常委会三十二次会议审议了省政府提出的《关于提请审议〈调整福建省国民经济和社会发展第十个五年计划纲要部分指标（草案）〉的议案》。议案内容："2005年全省总人口控制在3520万人以内"调整为"控制在

3600万人以内";"2005年人均国内生产总值达到17500元",调整为"达到16860元（2000年价格）";"2005年全省城镇化水平达到42%"调整为"达到48%左右"。

二、批准决算与超收追加支出

常委会每年年中听取省财政厅关于上年省本级决算和当年上半年预算执行情况的报告，以及财经委关于决算审查意见的报告，审查和批准上年省本级决算。

省九、十届人大期间，常委会6次审议了省人民政府提出的关于当年省级超收追加支出、省级预算调整的议案，并作出决定决议。

1998年9月，省九届人大常委会六次会议通过了《关于批准追加1998年省级支出预算的决定》。决定同意追加1998年省级支出预算1.5亿元及具体安排。

2000年11月，省九届人大常委会二十二次会议通过了《关于批准调整2000年省级预算的决定》。决定将2000年省级预算财力由64.07亿元调整为67.94亿元，相应调整2000年省级支出预算为67.94亿元。

2001年11月，省九届人大常委会二十九次会议通过了《关于批准2001年省级预算超收追加支出的决定》。决定将2001年省级预算财力由73亿元调整为76.9亿元，相应调整2001年省级支出预算为76.9亿元。

2003年11月，省十届人大常委会六次会议通过了《关于批准2003年省级超收追加支出的决议》。决定追加安排比年初预算超收的实际财力3亿元。

2006年11月，省十届人大常委会二十六次会议通过了《关于批准2006年省级超收追加支出的决议》。决定批准省政府提出的《关于2006年省级超收追加支出的议案》。议案内容：从专项收入超收安排相关支出2.86亿元；从超收财力追加支出6.73亿元。

2007年11月，省十届人大常委会三十二次会议通过了《关于批准2007年省级超收追加支出的决议》。决定批准省政府提出的《关于2007年省级超收追加支出的议案》。议案内容：省本级一般预算收入超收7.47亿元，中央体制补助收入增加15.53亿元，共超收23亿元。安排市县专项转移支付13亿元，安排省本级法定项目、惠民项目以及省委、省政府已确定项目10亿元。

对以上省政府关于省级超收追加支出、省级预算调整的议案，财经委都在常委会上提出了审查报告。省级超收追加支出主要用于教育、卫生、科技、计划生育、农业、农村税费改革、海域开发建设、社会保障、救灾、环保等方面。

三、报告预算体制改革、政策变动等情况

省九、十届人大期间，省财政厅将预算体制改革、政策变动等情况，作为重大事项纳入省人代会上的财政报告和向省人大常委会的专项工作报告，事先也向财经

委进行通报。财经委就省财政厅通报情况向主任会议作出报告。

(一) 向人代会报告

省九届人大一次会议财政报告：认真做好企业所得税中央与地方共享，商业环节增值税和消费税政策调整以及全面实施新的行政事业会计和财务制度等各项改革工作；进一步完善乡镇财政体制。

省九届人大二次会议财政报告：在保持现行分税制财政体制总体稳定的基础上，进一步完善过渡期财政转移支付办法；认真组织实施"费改税"的各项工作；着力抓好支出改革。

省九届人大三次会议财政报告：通过各种改革措施，进一步调动各级政府当家理财的积极性；改革完善转移支付补助办法，促进困难地区改进和加强财政管理；完善财政运行机制；积极探索国有资产管理的有效形式；选择个别县、乡开展农村税费改革试点。

省九届人大四次会议财政报告：实行部门综合预算和零基预算以及定员定额编制办法；试行国库统一支付工资制度；制定政府采购管理暂行办法；研究起草农村税费改革工作方案以及有关配套措施。

省九届人大五次会议财政报告：深化部门预算改革；开展财政国库管理制度改革试点；推进政府采购；进一步完善财政体制。

省十届人大一次会议财政报告：深化部门预算改革，进一步细化预算编制内容；进行全省财政管理体制微调，省级财力比重下降1.71个百分点，相应提高县级财力比重1.52个百分点；构建"国资委—授权经营公司——般经营企业"三个层次的国有资产管理监督体系。

省十届人大二次会议财政报告：实行省财政一般转移支付一定五年不变政策；省、市两级全面编制部门预算，县、市、区逐步推进；规范省属15家授权经营公司的资产管理和运作；推进收支两条线管理改革。

省十届人大三次会议财政报告：完善转移支付制度，中央下达的专项转移支付资金全部用于县乡财政；完善部门预算编制办法；推进国库集中收付改革；规范政府采购工作；强化专项资金监管。

省十届人大四次会议财政报告：在坚持省对县（市）一般转移支付"一定五年不变"的基础上，建立省对县（市）财政的激励制度；2006年在省市两级全面推开国库集中收付改革；完善部门基本支出预算编制办法；完善政府采购运行机制；深化"收支两条线"管理改革；支持公务员工资制度改革。

省十届人大五次会议财政报告：深化财政管理制度改革，支持推进以乡镇机构改革、完善农村义务教育管理体制、县乡财政体制改革为重点的农村综合改革试点；完善地方公务员津贴补贴制度，推进事业单位收入分配制度改革；土地出让收支全部纳入地方政府性基金预算；完善重点项目资金"在线监控"管理。

（二）向常委会报告

2002年12月，省九届人大常委会三十六次会议听取和审议省财政厅、省农村税费改革领导小组办公室《关于我省农村税费改革试点工作情况的报告》。报告主要内容：取消乡统筹费、农村教育集资等专门面向农民征收的行政事业性收费和政府性基金与集资、屠宰税；逐步取消统一规定的劳动积累工和义务工；调整农业税政策和农业特产税政策的试点工作情况。

2004年11月，省十届人大常委会十二次会议听取和审议省政府《关于我省农村税费改革试点工作情况报告》。报告主要内容：试点所做的主要工作；取得的阶段性成果；进一步深化改革试点工作。

（三）向主任会议报告

2002年11月，财经委向主任会议作出《关于2002年省级预算执行中体制划转、政策变动的情况报告》。报告中附有省财政厅的情况通报，以及《福建省人民政府关于调整市县财政体制的通知》、《福建省财政厅关于体制调整后地方级财政收入划分及收支基数核定办法的通知》、《福建省人民政府关于征收地方教育附加有关问题的通知》。

2004年11月，财经委向主任会议作出《关于2004年省级预算主要科目收支执行变动情况及意见的报告》。报告中附有省财政厅的情况通报。

2005年11月，财经委向主任会议作出《关于2005年省级预算主要科目收支执行变动情况的报告》。报告中附有省财政厅的情况通报。

第三节　民主法制建设事项

省九、十届人大期间，常委会就设区的市、县（市、区）人大选举、常委会组成人员名额、办理代表议案等作出决定，并就8项民主法制建设重大事项作出决定决议。

1998年7月，省九届人大常委会四次会议通过《关于依法治省的决议》。决议要求：实行依法治省，逐步形成良好的法治社会秩序；加强地方立法，完善地方性法规；严格依法行政，提高行政执法水平；坚持公正司法，做到法律面前人人平等；强化监督机制，确保法律有效实施；深化法制教育，增强公民的法治意识；扩大基层民主，奠定依法治省群众基础；采取有力措施，扎实推进依法治省进程。

1998年9月，省九届人大常委会五次会议审议了省政府《关于依法行政的实施规划》、省法院《关于实施依法治省决议的方案》、省检察院《关于实施依法治省决议的方案》，并分别作出相应决定，予以批准。

2000年7月，省九届人大常委会二十次会议通过《关于授权法制委员会负责地方性法规草案统一审议工作的决定》。决定授权省人大常委会法制委员会，在省九届人大四次会议产生作为专门委员会的法制委员会之前，负责统一审议工作。

2001年9月、2006年7月，省九届人大常委会二十八次会议、省十届人大常委会二十四次会议分别通过了《关于进一步开展法制宣传教育的决议》和《关于加强法制宣传教育的决议》。决定从2001年到2005年、2006年到2010年在全省公民中实施法制宣传教育的第四、第五个五年规划，并确定法制宣传教育的内容、组织领导，以及重点对象等。

2002年1月，省九届人大常委会三十次会议通过了《关于废止〈福建省保障和发展邮电通信条例〉等地方性法规和部分决定决议及法规解释的决定》，决定废止以下决议：《关于实施刑事诉讼法规划问题的决议》（1980年）；《关于严厉打击刑事犯罪活动的决议》（1983年）；《关于加强法制宣传，普及法律常识的决议》（1985年）；《关于在公民中继续开展法制宣传教育的决议》（1990年）；《关于开展纪念宪法颁布实施十周年宣传活动的决议》（1992年）。

第四节　经济社会发展事项

省九届人大期间，常委会就4项经济社会发展重大事项作出决定决议。

1998年5月，省九届人大常委会三次会议通过了《关于对外商投资企业两年内暂行停征城市公共消防设施配套费的决定》。决定具体办法由省人民政府公布执行。

1998年9月，省九届人大常委会五次会议通过了《关于提高企业职工失业保险费征收比例和企业职工失业保险费、养老保险费的征收工作可以由省人民政府暂时委托代征单位的决定》。决定企业按其参加失业保险的全体职工月工资总额的2%，职工个人按其月工资的1%缴纳失业保险费；在《福建省企业职工失业保险条例》、《福建省城镇企业职工基本养老保险条例》未修改前，企业职工失业保险费和城镇企业职工基本养老保险费的征收工作，可以由省政府暂时委托代征单位。

2001年11月，省九届人大常委会二十九次会议通过了《关于确定福州寿山石为"省石"的决定》。要求省政府要继续加强对"省石"的宣传，加强保护，科学、有序地开采有限的寿山石资源，规范寿山石市场管理。

2002年1月，省九届人大常委会三十次会议通过了《关于废止〈福建省保障和发展邮电通信条例〉等地方性法规和部分决定决议及法规解释的决定》，决定废止以下决议决定：《关于进一步打击经济领域中违法犯罪活动的决议》（1982年）；

《关于对经济罪犯投案自首从宽处理期限延长一个月的决定》（1982年）；《关于加强物价工作的决议》（1982年）；《关于加强财政工作的决议》（1982年）；《关于加强审计工作的决议》（1986年）；《关于切实加强土地管理的决议》（1989年）；《关于对外商投资企业两年内暂行停征城市公共消防设施配套费的决定》（1998年）。

第九章 监督

第一节 制度建设

人大监督主要分为法律监督和工作监督。《监督法》规定监督方式有：听取和审议专项工作报告、计划和预算监督、法律法规实施情况的检查、规范性文件的备案审查、询问和质询、特定问题调查，以及审议和决定撤职案等。

省九、十届人大期间，常委会共出台5项有关监督的地方性法规。涉及规范执法检查、政府规章备案审查、规范性文件备案审查、预算审查监督、社会保障工作监督。

2007年，受省人大常委会主任会议委托，法工委起草了《福建省实施〈监督法〉办法（草案）》，就专项工作报告、审查计划预算、执法检查、询问和质询、特定问题调查、撤职案等作出实施性的规定。

一、法律监督的制度建设

2001年3月，省九届人大常委会二十五次会议通过了《关于加强对法律法规执行情况检查监督的规定》。研究室受主任会议委托，承担起草工作。法规针对执法检查缺乏规范，程度不同地存在随意性、流于形式、效果不明显等问题，就执法检查的主体、对象、内容、执法检查监督组、执法检查计划、执法检查报告及审议、执法检查中发现问题的处理等作出规定。

2005年7月，省十届人大常委会十八次会议通过了《福建省地方政府规章备案审查规定》。法工委受主任会议委托，承担起草工作。法规针对地方政府制定的一些规章存在着超越立法权限、部分规章规定的内容与上位法相抵触、备案审查程序缺乏具体规范等问题，就备案审查内容、对报备机关的具体要求、备案审查的基本程序等作出规定。该法规通过后，法工委还进一步完善规章备案的具体工作机制，统一报备格式，规范报备程序，健全备案接收、登记和存档制度，细化规章具体审查程序。

2007年11月，省十届人大常委会三十二次会议通过了《福建省各级人大常委会规范性文件备案审查规定》。法工委受主任会议委托，承担起草工作。法规就规范性文件报送备案的范围和具体要求、审查的职责分工、审查标准、审查方式和工作程序、审查处理程序等作出规定。

二、工作监督的制度建设

2002年5月，省九届人大常委会三十二次会议通过了《关于加强预算审查监督工作的决定》。财经委受主任会议委托，承担起草工作。该法规针对预算编制时间迟、编制方法滞后、编制不细、人大审查预算的现有程序和制度比较笼统、预算执行随意性大、追加支出频繁等问题，就预算审查监督的前期工作、预算初步审查、预算执行监督、预算执行审计和决算草案的初步审查、对预算外资金的监督等作出规定。

2002年9月，省九届人大常委会三十四次会议通过了《关于加强社会保障工作监督的决定》。财经委受主任会议委托，承担起草工作。该法规针对一些地方社会保险费征缴不力、财政应负担的社会保障资金没有足额纳入预算或没有及时足额拨付到位、一些社会保障资金运作不规范、社会保障服务工作不到位等问题，就社会保障工作监督的内容、政府及有关部门的职责、社会保障资金的监督、监督方式等作出规定。

第二节 专项工作报告

一、安排与做法

省九、十届人大期间，常委会先后听取、审议"一府两院"专项工作报告52项（根据《监督法》，有关计划、预算、审计、办理代表建议的报告不列入），其中省政府及相关部门41项，省法院6项，省检察院5项。

在2005年之前，听取和审议专项工作报告作为监督的一个形式，在形式名称、审议意见的归纳、函送、办理等做法上未作出明确规定。

2005年《福建省人大常委会议事规则》规定：列入常委会会议议程的省政府综合性或者重大事项的报告，由省长或者受省长委托的副省长向会议作报告；专题性工作报告，由省政府分管领导向会议作报告；部门性工作报告，由省政府委托的部门主要负责人向会议作报告。省"两院"工作报告，分别由院长、检察长或者受其委托的副院长、副检察长向会议作报告。常委会组成人员5人以上书面联名，提出对工作报告不满意并要求补充报告或者重新报告的议案，经表决通过，责成报告机关在本次或者下次常委会会议上补充报告或者重新报告。常委会会议听取和审议报告后，可以形成审议意见或者作出决议、决定。

2006年《监督法》规定：各级人大常委会每年选择若干关系改革发展稳定大局和群众切身利益、社会普遍关注的重大问题，有计划地安排听取和审议"一府两院"专项工作报告；听取和审议专项工作报告的年度计划向社会公布；听取和审议专项工作报告前，可以组织对有关工作进行视察或者专题调查研究，并将各方面对该项工作的意见汇总，交"一府两院"研究并在专项工作报告中作出回应；在常委会举行会议的20日前，将专项工作报告送交人大专门委员会或者有关工作机构征求意见；常委会组成人员对专项工作报告的审议意见交"一府两院"研究处理，处理情况向常委会提出书面报告；常委会认为必要时，可以对专项工作报告作出决议；专项工作报告、审议意见，"一府两院"研究处理情况或者执行决议情况的报告，向社会公布。

二、听取和审议专项工作报告情况

（一）有关内务司法

省九、十届人大期间，常委会听取和审议了"一府两院"有关司法执行工作、法制宣传教育、"两院"基层建设、审判监督和法律监督、规范司法行为、促进公正司法等15项专项工作报告。其中2004—2007年，常委会连续4年听取和审议"两院"的专项工作报告。内司委（前身常委会法制委）承担听取和审议专项工作报告的有关具体工作。

听取和审议部分专项工作报告情况：

2004年12月，省十届人大常委会十二次会议听取了省政府关于实施《福建省人大常委会关于进一步开展法制宣传教育的决议》情况的报告。常委会组成人员提出以下审议意见：进一步加强宪法和人大制度的宣传教育；进一步加大对农村和外来务工人员普法工作力度；进一步提高普法教育的针对性和实效性；进一步改善普法教育的社会环境；妥善解决普法工作的机构、人员、经费等方面存在的问题。省政府在办理审议意见的报告中，逐项答复办理情况。采取的措施包括12月4日组织开展"宪法宣传周"活动；省编办会同省司法厅对各级普法工作机构人员编制不足的问题进一步开展调查研究等。

2005年7月，省十届人大常委会十八次会议听取了省法院《关于开展审判监督工作情况的报告》。常委会组成人员提出以下审议意见：一些法院对审判监督工作的重要性认识不足，重视不够；各类再审案件的立案标准、审理程序和方式还不够规范；案件内部请示现象比较普遍，审判监督有所弱化；在同一地区或同类案件中，法律适用的标准和尺度不统一等。省法院在办理审议意见的报告中，逐项答复办理情况。

2005年7月，省十届人大常委会十八次会议听取并审议了省检察院《关于开展法律监督工作情况的报告》。常委会组成人员提出以下审议意见：不愿监督、不敢监督的问题仍然不同程度的存在；对公安机关立案后的侦查工作跟踪监督不够；

民事诉讼、行政诉讼的监督工作仍然比较薄弱等。省检察院在办理审议意见的报告中，逐项答复办理情况。

2006年9月，省十届人大常委会二十五次会议听取了省法院《关于规范司法行为的工作报告》。常委会组成人员提出以下审议意见：在诉讼程序方面，不同程度地存在立案审查不规范、通知开庭不规范、庭审程序不规范等问题；在裁判质量方面，不同程度地存在合议庭职能不规范、专业知识水平不高，司法尺度不统一、裁判文书说理性和逻辑性不强等问题；在职业道德、审判作风方面，少数法官存在工作粗心、司法礼仪不佳、庭审纪律作风不好、法律解释不耐心等问题；在执行工作方面，一些法院存在执行措施不到位、消极执行、执行失范，以及执行工作公开性和透明度较差、少数案件违法执行等；在审判与执行监督方面，存在制度落实不够到位、对案件审判与执行监督不力或监督不到位等问题；在收取诉讼费用方面，少数法院存在违规收费、收费标准不统一、要求退回诉讼费难等问题。省法院在办理审议意见的报告中，逐项答复办理情况。

2006年9月，省十届人大常委会二十五次会议听取了省检察院《关于规范司法行为的工作报告》。常委会组成人员提出以下审议意见：在执法思想方面，有的检察院和检察官对规范执法行为的重要性、必要性认识不足；有的检察院对执法中存在的问题及其危害重视不够，整改不到位。在刑事诉讼方面，有的检察官举证比较随意，举证只重视收集对被告人有罪、罪重的证据，不重视收集对被告人无罪或罪轻的证据。在办理自侦案件方面，有的检察院办理贪污、贿赂案件力度下降；有的检察院在办理自侦案件时不能依法保护犯罪嫌疑人及其律师的诉讼权利，不让律师在侦查阶段会见当事人或不让律师在会见时了解案情。在诉讼监督方面，有的检察院对民事行政案件的监督力度不够。省检察院在办理审议意见的报告中，逐项答复办理情况。

2007年9月，省十届人大常委会三十一次会议听取了省法院《关于完善审判监督制度，促进公正司法情况的报告》。常委会组成人员提出以下审议意见：有的二审、再审案件审判质量与效率不高，审判监督的作用和功能不能很好地发挥；由当事人直接申请而进入再审程序的案件较少，申诉难和申请再审难的问题仍然存在；法官司法行为不规范、案件裁判不公的情况时有发生；司法尺度不统一，同类案件在同一法院出现不同判决的现象还比较突出，未能让当事人服判息诉；一些内外部监督制度落实不到位，对人大转办、交办的信访件办理力度不大。省法院在办理审议意见的报告中，逐项答复办理情况。采取的措施包括下发《关于进一步加强全省法院督查工作的通知》；严格要求各级法院须在法定时间内办理并反馈人大常委会及其办事机构的督办、转办件等。

2007年9月，省十届人大常委会三十一次会议听取了省检察院《关于完善检察监督制度,促进公正司法情况的报告》。常委会组成人员提出以下审议意见:一些内部监督制度和制约机制不尽完善,一些制度得不到严格执行,影响了监督效力;少数检察干警自觉接受监督的意识比较模糊,特权思想、不愿接受外部监督的问题不同程度的存在;少数检察人员素质较低,违法违规办案,甚至在侦查职务犯罪过程中滥用侦查权。省检察院在办理审议意见的报告中,逐项答复办理情况。

(二)有关农业农村

省九、十届人大期间,常委会听取和审议了省政府关于土地延包、乡镇企业发展、农民增收减负、粮食购销市场化改革、农村税费改革、农业产业化经营、高致病性禽流感防治、农村土地征收征用、"六千"水利工程建设、农村村容村貌整治等16项专项工作报告。农经委承担听取和审议专项工作报告的有关具体工作。

听取和审议部分专项工作报告情况:

2001年9月,省九届人大常委会二十八次会议听取并审议了省政府关于《福建省农民增收和减负工作情况汇报》。这是省政府在收到省人大常委会关于《福建省农民增收减负"百村"调研情况报告》,按照报告提出的意见提出解决问题的办法和对策之后作出的。

2002年12月,省九届人大常委会三十六次会议听取了省财政厅《关于我省农村税费改革试点工作情况的报告》。2004年12月,省十届人大常委会十二次会议再次听取了省政府《关于我省农村税费改革试点工作情况报告》。在两次常委会审议过程中,常委会组成人员分别提出以下审议意见:扩大试点、加强对试点县(区)工作的指导和支持、抓好配套改革工作、鼓励支持经济较发达地区开展农村税费改革,以及适当增加对困难乡村的转移支付资金补助、积极稳妥地做好乡镇机构改革和人员分流、合理布局农村中小学、建立长效监管机制防止农民负担反弹等。省政府在办理审议意见的报告中,逐项答复办理情况。

2004年6月,省十届人大常委会九次会议听取了省政府《福建省防治高致病性禽流感工作情况汇报》。常委会组成人员提出以下审议意见:继续对防治工作保持高度警惕、稳定和加强基层动物防疫力量、抓紧村级动物防疫网络建设、增加防疫经费投入、加强动物防疫基础设施建设、重视基层畜牧兽医技术人才队伍建设、加强对农村散养户的免疫工作、加强对外来疫情输入的监督检查等。省政府在办理审议意见的报告中,逐项答复办理情况。采取的措施包括制定《关于加强村级农民技术员队伍建设的意见》,每年安排1000万元,用于补贴村级农民技术员等。

2005年3月,省十届人大常委会十六次会议听取了省政府《关于我省农村土地征收征用情况的报告》。常委会组成人员提出以下审议意见:尽快制定出台被征地农民基本生活保障制度、采取更加有力的措施保证补偿费落实到农民手中、适当提高征地补偿款标准、加强村民住宅建设规划和用地管理、进一步提高集约合理用地的水平、严格土地出让资金的管理使用、加快全省华侨农场土地使用权的确权发证工作等。省政府在办理审议意见的报告中,逐项答复办理情况。采取的措施包括制定了统一全省耕地年产值和征地补偿标准,在重点建设项目征地工作中试行。

2005年9月,省十届人大常委会十九次会议听取了省水利厅《关于我省"六千"水利工程建设情况的报告》。常委会组成人员提出以下审议意见:将分散于各部门的"六千"水利工程资金捆绑、集中使用;把与农民切身利益、农村发展稳定直接相关的千万农民饮水安全工程、千座水库保安工程作为重中之重来抓;适当增加政府投入,加大省、市财政资金比重,对山区、贫困地区给予倾斜扶持;加强监督检查和技术指导;建立长效机制,保证工程长期发挥作用等。省政府在办理审议意见的报告中,逐项答复办理情况。采取的措施包括2006年千万农民饮水工程每村省级补助标准由3.5万元提高到了5万元等。

2007年11月,省十届人大常委会第三十二次会议听取了省政府《关于我省农村村容村貌整治工作情况的报告》。常委会组成人员提出以下审议意见:充分发挥农民群众在村容村貌整治中的主体作用;切实加强村镇规划工作,规划批准后,应在当地公布;建立村容村貌整治长效机制,加强村、镇垃圾收集和处理设施建设;加快农民饮水安全工程建设,提高乡村集中供水能力;加大村容村貌整治扶持力度,确保财政扶持资金落实到位。省政府在办理审议意见的报告中,逐项答复办理情况。

(三)有关财政经济

省九、十届人大期间,常委会听取和审议了省政府关于国有企业职工再就业工作、乡镇企业发展、基础设施和重点项目建设、落实"三条保障线"和就业工作、外经外贸和利用外资、中小企业发展、就业和社会保障工作等12项专项工作报告。财经委承担听取和审议专项工作报告的有关具体工作。

听取和审议部分专项工作报告情况:

1998年7月,省九届人大常委会四次会议听取了省劳动厅《关于我省国有企业下岗职工再就业的情况汇报》。2002年7月,省九届人大常委会三十三次会议听取了省人民政府《关于我省落实"三条保障线"和就业工作情况的报告》。之前,财经委就扩大城镇就业与做好下岗失业人员再就业问题开展调研,制发并收回调查表2000多份,提出了《立足发展,做好就业与再就业工作》、《巩固成绩,继续筑牢社会保障线》的调研报告。2006年5月,省十届人大常委会二十三次会议听取了省政府《关于我省就业和社会保障工作情况的报告》。常委会组成人员提出以下审议意见:确保经济持续较快的发展,努力缓解就业压力;加强职业教育和就业培训,解决结构性失业问题,加大职业教育投入,推进就业和农村劳动力转移就业的培训;保持合理的社保基金结余水平,逐步提高社会保障水平;重视弱势群体的社会保障；加快社会保障信息化建设等。省政府在办理审议意见的报告中，逐项答复办理情况。

2006年3月，省十届人大常委会二十二次会议听取了省对外贸易经济合作厅《关于我省外经外贸和利用外资情况的报告》。常委会组成人员提出以下审议意见：2005年福建省外贸出口增幅低于全国平均水平10个百分点，形势比较严峻，要增强外贸出口的后劲、改进招商方式提升利用外资的规模和水平、下大力气改善投资的软环境、加大支持力度促进山区对外经贸的发展、扩大闽台经贸合作领域等。省长黄小晶对此作出批示，副省长叶双瑜召集有关部门进行专题研究。省政府在办理审议意见的报告中，逐项答复办理情况。

2006年5月，省十届人大常委会二十三次会议听取了省政府《关于我省中小企业发展情况的报告》。常委会组成人员提出以下审议意见：加强资金支持，发挥财政资金鼓励和引导的作用，现有的资金安排支持力度偏小；拓宽融资渠道，切实解决中小企业融资难的问题；通过政策引导和搭建平台，促进企业增强创新能力，不断提升市场竞争力；强化服务功能，营造发展的良好外部环境等。省政府在办理审议意见的报告中，逐项答复办理情况。财经委为配合常委会听取这一报告，开展了"改善我省投资环境，促进非公有制经济发展"的调研。

2007年11月，省十届人大常委会三十二次会议听取了省发展和改革委《关于我省重点建设项目实施情况的报告》。常委会组成人员提出以下审议意见：重点建设项目特别是基础设施项目安排，要促进沿海和内陆、城市和农村、经济发展和社会事业的协调，以及对跨市区项目统一协调；以综合交通网络为基础，进一步推进临港工业发展；加强对省会中心城市规划的指导和监管；项目建设过程中，注意安全、节能降耗和环境保护等。省政府在办理审议意见的报告中，逐项答复办理情况。

此外，省九、十届人大期间，财经委关注经济发展中的热点、难点问题，组织听取政府相关部门工作汇报。针对亚洲金融危机，财经委多次听取外经外贸、金融等部门工作汇报，组织讨论金融危机对外贸工作和经济发展的影响，提出意见和建议。针对海峡西岸经济区建设中的重大问题，财经委组织听取了省政府相关部门关于"十一五"临港工业和空间布局、国有资产监督管理工作等专题汇报。针对新的经济发展阶段，就业和社会保障出现的新问题，财经委每年都组织听取就业、社会保障和社保资金使用情况的专项工作汇报，提出解决这些领域中存在的薄弱环节的意见和建议。

（四）有关教科文卫

省九、十届人大期间，常委会听取和审议了省政府关于贯彻《体育法》、科教兴省、振兴福建体育、农村卫生和城市社区卫生、新闻出版和著作权保护等5项专项工作报告。教科文卫委承担听取和审议专项工作报告的有关具体工作。

听取和审议部分专项工作报告情况：

1998年9月，省九届人大常委会五次会议听取了省体委关于《认真贯彻〈体育法〉全面振兴福建体育事业》的汇报。针对竞技体育滑坡情况，教科文卫委通过调研，提出加强培养体育后备人才的意见。2005年6月，省十届人大常委会十七次会议听取了省体育局《关于振兴我省体育工作情况的报告》。常委会组成人员提出以下审议意见：群众体育设施建设要纳入城市建设规划，加快解决社区体育设施不足问题，建议福州市江滨公园配套一些体育设施，现有的场馆要做到资源共享；进一步振兴竞技运动水平，建设一批能举办全国赛事的场馆；出台解决"假引进"问题的措施；加强"体教结合"、"体科结合"；发展体育产业，推动体育活动市场化；加强体育彩票的管理，提高使用效益；加强体育法制建设等。省政府在办理审议意见的报告中，逐项答复办理情况。采取的措施包括由福州市从体育彩票公益金中拨出专款建设江滨公园体育设施、《福建省体育经营活动管理条例（草案）》提交省人大常委会审议等。

1999年10月，省九届人大常委会十四次会议听取和审议了省政府《关于实施科教兴省战略情况的汇报》。之前，教科文卫委开展调研，提出加快福建省高等教育、高中阶段教育、推进高新技术产业化、加快科教体制改革等10条意见。

2006年8月，省十届人大常委会二十四次会议听取了省卫生厅《关于我省农村卫生和城市社区卫生工作情况的报告》。常委会组成人员提出以下审议意见：加大投入，农村卫生财政投入增长幅度应不低于同期经常性支出的增长幅度；鉴于农村和城市基层卫生服务机构薄弱，不能满足需求，要通过整合资源、合理设置，加强县、乡、村三级卫生服务网络建设；加强人才培养，提高基层卫生技术人员业务素质；扩大新型农村合作医疗制度中的受益面，要在大病统筹时兼顾小额费用补助；逐步建立城市社区首诊、双向转诊制度等。省政府在办理审议意见的报告中，逐项答复办理情况。听取报告之前，教科文卫委组织视察调研，提出要加大卫生投入、提高卫生机构基本服务能力、扩大新型农村合作医疗制度中的受益面等意见。

2007年7月，省十届人大常委会三十次会议听取了省新闻出版（版权）局《关于我省新闻出版和著作权保护工作情况的报告》。常委会组成人员提出以下审议意见：加快体制创新，深化出版发行体制改革；坚持服务"三农"，大力实施"农家书屋"工程，严厉禁止有关部门、单位报刊订阅的摊派行为；加大对精品出版物的财政扶持；加快构建对台湾出版交流与合作平台；加大著作权保护力度，开发具有时代特征、拥有自主知识产权、市场占有率较高的精神文化产品；加强"扫黄打非"；推动新闻出版发行产业的发展等。省政府在办理审议意见的报告中，逐项答复办理情况。

（五）有关侨台

省九、十届人大期间，常委会听取了省政府关于侨务工作情况的汇报（书面）和关于贯彻《归侨侨眷权益保护法》及福建省实施办法情况的报告两项专项工作报告。侨（台）委承担听取和审议专项工作报告的有关具体工作。

听取和审议专项工作报告情况：

1998年11月，省九届人大常委会六次会议听取了省侨办《关于我省侨务工作情况的汇报》（书面）。在听取专项工作报告之前，侨（台）委组织人员进行调研，形成调研报告提交常委会。在调研报告中提出对加快华侨农场改革、归难侨救助的意见和建议。会后又跟踪常委会审议意见的反馈和办理情况，并通过人大代表视察，促进了华侨农场改革，促使福建省率先由省统筹华侨农场基本养老保障、解决散居贫困归难侨救助和部分华侨农场土地确权问题。

2007年11月，省十届人大常委会三十二次会议听取了省政府《关于贯彻归侨侨眷权益保护法及我省实施办法情况的报告》。常委会组成人员提出以下审议意见：加快推进华侨农场土地确权工作，目前确权发证的仅占总面积的26%，比例偏低；进一步推进历史遗留城市住宅侨房问题的解决，未退还使用权的集中在福州和厦门两市，建议省政府继续督促两市加快解决问题的步伐；更加重视华侨华人人才和智力的引进工作；认真总结工作中的不足和差距；进一步做好典型侵侨案件的落实解决等。

（六）有关环境与城乡建设

省十届人大期间，常委会听取和审议了省政府关于环境保护工作情况、全省村镇规划建设2项专项工作报告。环城委承担听取和审议专项工作报告的有关具体工作。

听取和审议专项工作报告情况：

2005年6月，省十届人大常委会十七次会议听取了省政府《关于环境保护工作情况的报告》。常委会组成人员提出以下审议意见：要切实落实环保目标责任制，省监察厅、省环保局开展的专项检查要讲求实效，整改到位；2004年省人大常委会《水污染防治法》执法检查要求整改的闽侯、福清等跨区域养殖污染搬迁整治工作进展缓慢，要加大力度，限期整改；认真执行《环境影响评价法》，对江河流域水电站建设要加强规划、环评工作，防止过度开发；污水、垃圾处理设施建设与"十五"发展计划和2001—2005年市长环保目标责任书的要求尚有很大差距，要加快进度；群众反映红庙岭垃圾场附近饲养户分拣废弃物饲养生猪问题建议予以整顿取缔等。省政府在办理审议意见的报告中，逐项答复办理情况。采取的措施包括确保9月30日前福清市搬迁49家养猪场、闽侯县完成畜禽养殖搬迁选址工作；福州市政府下发了《关于加强红庙岭垃圾场管理取缔周边养猪场的通知》，对红庙岭垃圾场附近"垃圾猪"开展了专项整治等。

2007年5月，省十届人大常委会二十九次会议听取了省政府《关于全省村镇规划建设情况的报告》。常委会组成人员提出以下审议意见：增强做好村镇规划建设工作的紧迫感；建立村镇规划建设工作的长效机制、补助扶持经济基础比较薄弱的村镇特别是一些"空壳村"、强化规划编制和实施力度、推进村镇规划建设管理工作等。省政府在办理审议意见的报告中，逐项答复办理情况。采取的措施包括2007年下半年由各县（市、区）对1.6万名国土资源规划建设环境协管员进行全面培训；在原村镇规划专项补助资金1000万元的基础上，每年适当增加，对经济比较薄弱的村镇进行重点补助，同时要求设区的市和县（市）级政府应配套补助资金，不少于50%等。听取专项工作报告之前，常委会环城委组织开展调研，提出拓宽村镇规划建设资金来源、简化农民建房审批手续、研究旧宅基地回收开发利用政策等意见。

第三节　计划、预算监督

《监督法》实施之前，计划、预算监督作为监督的一种形式，在审议意见的归纳、函送、办理等做法上未作明确规定。

《监督法》规定，计划和预算监督包括：听取和审议国民经济和社会发展计划、预算的执行情况报告；审查和批准决算；听取和审议审计工作报告，以及审查和批准计划的部分调整方案、审查和批准农业、教育、科技、文化、卫生、社会保障等预算调减方案。审议意见交由本级政府研究处理；政府应当将研究处理情况向常委会提出书面报告；常委会认为必要时，可以对审计工作报告作出决议；计划、预算执行情况报告、审计工作报告及审议意见、政府对审议意见研究处理情况或者执行决议情况的报告，向本级人大代表通报并向社会公布。

一、计划监督

《监督法》规定，县级以上地方各级政府应当在每年6—9月期间，向本级人大常委会报告本年度上一阶段国民经济和社会发展计划执行情况。1998—2006年《监督法》实施之前，省人大常委会除1999年外在每年9月安排听取本年度上一阶段计划执行情况的报告。

1998年9月，省九届人大常委会五次会议听取和审议了省政府《关于1998年1—8月份计划执行情况的报告》。

1999年10月，省九届人大常委会十四次会议听取和审议了省政府《关于1999年1—9月份计划执行情况的报告》。

2000年9月，省九届人大常委会二十一次会议听取和审议了省政府《关于

2000年1—8月份计划执行情况的报告》。

2001年9月,省九届人大常委会二十八次会议听取和审议了省政府《关于2001年1—8月份计划执行情况的报告》。

2002年9月,省九届人大常委会三十四次会议听取和审议了省政府《关于2002年1—8月份计划执行情况的报告》。

2003年9月,省十届人大常委会五次会议听取和审议了省政府《关于2003年1—8月份计划执行情况的报告》。常委会组成人员提出以下审议意见:夯实数据;对一些大的改革举措,如推进县域经济发展的政策要注意落实;继续改善投资环境,进一步激活民间资金,促进个体私营经济发展;基础建设要防止过热,防止搞形象工程;注意农业结构调整问题;重视县乡财政赤字问题;要千方百计提高农民收入;继续做好大学城建设,提高高校办学质量;加强对基础教育的扶持力度;进一步建立完善福建省的公共卫生体系。省政府在办理审议意见的函中,逐项答复办理情况。

2004年9月,省十届人大常委会十一次会议听取和审议了省政府《关于2004年1—8月份计划执行情况的报告》。

2005年9月,省十届人大常委会十九次会议听取和审议了省政府《关于2005年1—8月份计划执行情况的报告》。

2006年9月,省十届人大常委会二十五次会议听取和审议了省政府《关于2006年1—8月份计划执行情况的报告》。常委会组成人员提出以下审议意见:立足抵御大的自然灾害,加强防灾减灾体系建设;大力发展农村经济,把发展农业生产力、增加农民收入作为建设社会主义新农村的首要任务;加快发展第二产业,提升经济综合实力;加快港口物流业发展,推进海洋经济强省建设;福建省社会事业发展依然相对滞后,要进一步强化政府责任,加大对职业教育、农村卫生和城市社区卫生等社会事业的投入。省政府在办理审议意见的函中,逐项答复办理情况。

2007年9月,省十届人大常委会三十一次会议听取和审议了省政府《关于2007年1—8月份计划执行情况的报告》。常委会组成人员提出以下审议意见:进一步增强经济持续发展的后劲,加大经济结构调整力度,加快工业现代化建设的进程,这是今后经济持续发展的关键所在;着力解决民生问题,1—8月份福建省居民消费价格总水平高于全国平均水平,要更加重视研究制定应对物价上涨的具体措施,要特别注意食品安全问题,针对住房价格上涨,合理规划经济适用房和廉租房的布局,加快建设;提前部署"十一五"规划中期评估工作,重视各项指标的完成进度。省政府在办理审议意见的函中,逐项答复办理情况。

省九届人大期间,常委会审查了省政府提出的关于计划调整的5项议案,并就部分议案作出决定决议。

此外，为了服务人代会审查批准国民经济和社会发展中长期计划（规划）纲要和年度计划，每年人代会前由财经委牵头组织的财政经济审查办公室设立了计划组，财经委和计划组共同组织经济形势分析座谈会、重点工程视察等活动，安排听取计划部门关于上年国民经济和社会发展计划执行情况和当年计划安排的汇报等。

二、预算监督

根据《监督法》，县级以上地方各级政府应当在每年6—9月期间，将上一年度的本级决算草案提请本级人大常委会审查和批准，报告本年度上一阶段预算的执行情况。预算监督重点审查6项内容：预算收支平衡、重点支出的安排和资金到位、预算超收收入的安排和使用、部门预算制度建立和执行、向下级财政转移支付、本级人代会关于批准预算的决议的执行情况等。1998—2006年《监督法》实施之前，省人大常委会除1999年外在每年7—8月安排听取有关上一年度决算和本年度上一阶段预算执行情况的报告。

根据《审计法》，县级以上地方政府应当每年向本级人大常委会提出审计机关对预算执行和其他财政收支的审计工作报告，审计工作报告应当重点报告对预算执行的审计情况，必要时，常委会可以对审计工作报告作出决议。

1998年7月，省九届人大常委会四次会议听取和审议了省政府《关于1997年财政收支决算和1998年上半年财政预算执行情况的报告》和审计工作报告，审查并作出决议批准了1997年省级决算。财经委在《关于1997年省级决算审查意见的报告》中指出：1997年较好地完成了省级预算，实现了省级财政的收支平衡，略有节余，但也存在着收入征管中存在漏征、截留、应收未收等流失现象、预算支出的监督管理还没完全到位等一些问题。1998年上半年全省预算的执行虽然存在着主体税收收入增幅下降、企业亏损增加、支出刚性增长等情况，但总体上还是好的，在亚洲金融风波影响逐渐明显等环境下，这样的成绩是来之不易的。

1999年10月，省九届人大常委会十四次会议听取和审议了省政府《关于1998年财政收支决算和1999年1—9月财政预算执行情况的报告》和审计工作报告，审查并作出决议批准了1998年省级决算。财经委在《关于1998年省级决算初步审查情况的报告》中指出：1998年较好地完成了省级预算，实现收支平衡，略有节余，在初审过程中也发现了存在个别科目的决算收入没有完成预算、一些部门的支出不够规范等一些问题。1999年1—9月全省预算的执行受经济增长的影响，还存在着主要税源增幅回落甚至出现减收、各地税收完成情况不均衡、支出刚性增长等情况，但总体上还是好的。

2000年7月，省九届人大常委会二十次会议听取和审议了省政府《关于1999年财政决算和2000年上半年预算执行情况的报告》和审计工作报告，审查并作出决议批准了1999年省级决算。财经委在《关于1999年省级决算初步审查情况的报告》中指出：1999年决算的结果总体是好的，也存在受宏观经济环境趋紧影响，作为省级收入中的工商各项税收都没有完成预算任务，一些部门的支出控制不严等一些问题。2000年上半年收入预算完成情况较好，预算执行中也存在着收入增长的地区不平衡、收入进度不均衡、收入不够扎实和部分专项资金支出进度偏慢等问题。

2001年7月，省九届人大常委会二十七次会议听取和审议了省政府《关于2000年决算和2001年上半年预算执行情况的报告》和审计工作报告，审查并作出决议批准了2000年省级决算。财经委在《关于2000年省级决算的初步审查报告》中指出：2000年决算结果总体上是好的，也存在一些预算科目在执行中变动较大，截留预算指标和专项资金较为突出，前期准备不足，大量专项资金形成结转，不能及时发挥效益等一些问题。

2002年7月，省九届人大常委会三十三次会议听取和审议了省政府《关于2001年决算和2002年上半年预算执行情况的报告》和审计工作报告，审查并作出决议批准了2001年省级决算。财经委在《关于2001年省级决算的初步审查报告》中指出：2001年决算结果总体上是好的，也存在截留、挤占和挪用资金的问题仍然比较突出，基金预算不细等一些问题。从全省财政运行的情况看，2002年上半年的预算执行虽然正常，但一些县（市）的收支矛盾加剧，支出压力增大，部分县乡欠发工资的问题仍未解决。

2003年7月，省十届人大常委会四次会议听取和审议了省政府《关于2002年决算和2003年上半年预算执行情况的报告》和审计工作报告，审查并作出决议批准了2002年省级决算。财经委在《关于2002年省级决算的初步审查报告》中指出：2002年决算情况总体上是好的，预算执行审计和决算也反映出财政性资金年末结余结转数额较大，影响了资金的使用效益，专项资金使用中被滞留、挤占、挪用的现象仍比较突出等一些不足和问题。2003年上半年，全省财政收入增长高于经济增长，收入增长的质量继续提高，财政支出较好地保障了工资发放等重点支出，但仍存在市县收入增长不平衡，一些科目支出执行进度偏慢的问题。在审议过程中，常委会组成人员提出以下审议意见：财政滚存结余过大；县乡财政困难大，财政风险高；存在专项资金使用管理和政府采购问题；一些审计发现问题一直没有得到解决，依然是年年提、年年存在。省政府在办理审议意见的函中，逐项答复办理情况。

2004年7月，省十届人大常委会十次会议听取和审议了省政府《关于2003年决算和2004年上半年预算执行情况的报告》和审计工作报告，审查并作出决议批准了2003年省级决算。财经委在《关于2003年省本级决算初步审查的报告》中指出：2003年决算情况总体上是好的，预算执行审计和决算也反映出项目资金预算细化未全面开展，执行中资金二次分配、管理不到位，预算单位挪用预算资金、多头开设银行账户等一些不足和问题。2004年上半年，全省预算执行中也存在着专项资金拨付进度偏慢，项目跟进不及时，截留、挤占、挪用预算资金等问题。

2005年7月，省十届人大常委会十八次会议听取和审议了省政府《关于2004年省本级决算和2005年上半年预算执行情况的报告》和审计工作报告，审查并作出决议批准了2004年省级决算。财经委在《关于2004年省本级决算初步审查的报告》中指出：2004年决算情况总体上是好的，审计发现问题的整改也是比较积极的，同时认为，预算执行还存在一些问题，主要是省本级项目预算的编制、执行不够规范，对本级预算的管理和对下级预算的指导监督需要进一步改进等。

2006年8月，省十届人大常委会二十四次会议听取和审议了省政府《关于2005年省本级决算和2006年上半年预算执行情况的报告》和审计工作报告，审查并作出决议批准了2005年省级决算。财经委在《关于2005年省本级决算的初步审查报告》中指出：2005年省本级决算所反映的预算执行情况总体上是好的，同时认为，预算执行中对财源基础不够牢固，财力增长后劲不足，省本级年初项目支出预算细化不够等问题应给予关注。省政府在《关于报送2005年度省级预算执行和其他财政收支审计工作报告反映问题整改情况的函》中，报告了查出的各类违纪违规资金5.16亿元等7个问题的整改情况。

2007年7月，省十届人大常委会三十次会议听取和审议了省政府《关于2006年省本级决算和2007年上半年预算执行情况的报告》和审计工作报告，审查并作出决议批准了2006年省级决算。财经委在《关于2006年省本级决算的初步审查报告》中指出：2006年省本级决算所反映的预算执行情况总体上是好的，预算执行中，还存在省级和部分预算单位结转资金规模仍然比较大，公用支出超预算比较普遍等一些问题。审议过程中，常委会组成人员提出以下审议意见：切实管好用好国有土地使用权出让金；切实重视预算执行结转问题，加强结转资金管理使用；加强和改进预算编制，提高预算的规范性和科学性；认真抓好审计反映问题的整改；改进决算编制工作，完善决算内容，增强可审性等。省政府在办理审议意见的函中，逐项答复办理情况。采取的措施中包括：省财政厅在《关于编制2008年省级部门预算的通知》中明确提出，各部门要按照省人大关于切实提高年初预算分配到位率要求，进一步提高项目支出细化率，其中专项业务费不得低于70%，发展性项目不得低于60%；10个预算主管部门审计存在问题的纠正情况等。

省九、十届人大期间，常委会审查了省政府提出的关于省级超收追加支出、省级预算调整的6件议案,并作出决定决议。

省九、十届人大期间,省财政厅将预算体制改革、政策变动等情况,纳入向省人大常委会的专项工作报告。

此外,为了服务人代会审查批准预算,每年人代会前由财经委牵头组织的财政经济审查办公室设立了预算组,财经委和预算组共同调研了解预算(包括部门预算)安排和执行情况。

第四节 执法检查

一、安排与做法

执法检查包括列入常委会年度执法检查计划、常委会委托工作机构组织开展、受全国人大委托或配合开展等多种组织形式(根据《监督法》,常委会工作机构自主组织开展的,不作为执法检查)。省九、十届人大期间,列入常委会会议听取和审议议程,以及书面报告的执法检查52次,涉及76项法律法规(不含重复检查的法律法规)。

《监督法》实施之前,执法检查在审议意见的归纳、函送、办理等做法上未作明确规定。《监督法》实施之后,执法检查从计划到实施不断规范。

拟定执法检查计划。为了增强执法检查的计划性、针对性和有效性,省人大常委会在每年年底都研究拟订下年度的执法检查计划,并作为人代会上常委会工作报告的一项内容,还将每年计划开展执法检查的项目向全社会公布。制订执法检查计划时重视监督工作的连续性,对《法官法》、《检察官法》、《水法》、《义务教育法》、有关侨台和环境保护法律法规,以及执法检查中发现的跨区域畜禽养殖污染水源问题、历史遗留侨房问题、华侨农场改革和发展问题等安排多次或连续几年的检查,巩固监督成果,促进问题解决。

制定执法检查方案,开展执法检查。每个执法检查方案都明确执法检查的指导思想、目的,确定具体检查内容和重点,检查地点等;成立以省人大常委会领导为组长的执法检查组,成员从常委会组成人员中确定,同时邀请若干名全国和省人大代表参加。检查组成员和工作人员提前熟悉和掌握有关法律、法规和政策,收集有关法律实施情况的材料;执法检查组根据实际情况,采用听取汇报、召开座谈会、实地考察、媒体跟踪、查阅资料等方式进行检查。

审议执法检查报告。执法检查组通过了解和掌握法律实施的情况后,对检查情况进行全面汇总,形成执法检查报告。常委会会议审议执法检查报告时,有关部门负责人到会听取意见。经常委会会议审议后,形成执法检查报告的审议意见,交"一府两院"研究处理。"一府两院"将研究处理情况送省人大常委会征求意见后,向常委会提出书面报告。必要时，由主任会议决定提请常委会审议，或者由常委会组织跟踪检查。常委会的执法检查报告及审议意见、"一府两院"研究处理情况的报告，通过媒体向社会公布。

二、执法检查情况

（一）有关人大工作制度

2002年，省人大常委会开展了《福建省各级人大常委会信访工作条例》执法检查。办公厅承担执法检查的具体组织工作。7月，省九届人大常委会三十三次会议印发了书面执法检查报告。报告在肯定执法成效的同时，指出存在以下问题：条例宣传力度、深度不够；信访秩序还不尽如人意，有的对办理各级人大常委会交办件敷衍应付，上访人员不规范行为普遍存在；基层人大常委会信访机构设置、人员编制滞后，信访工作的实效有待进一步提高等。第106次主任会议研究了办理执法检查意见的有关情况。

（二）有关内务司法

省九、十届人大期间，常委会开展了《老年人权益保障法》、《保密法》、《福建省公共场所治安管理条例》、《消防法》、《福建省消防条例》、《关于依法治省的决议》、《残疾人保障法》、《行政诉讼法》、《未成年人保护法》、《预防未成年人犯罪法》、《福建省禁毒条例》、《律师法》、《法官法》、《检察官法》以及严打整治斗争情况，《法官法》、《检察官法》执法检查整改落实情况等执法检查。内司委（前身常委会法制委）承担执法检查的具体组织工作。

部分执法检查情况：

2000年，省人大常委会开展了《行政诉讼法》执法检查。9月，省九届人大常委会二十一次会议听取并审议了执法检查报告。报告在肯定执法成效的同时，指出存在以下问题：案件受理难、审理难、撤诉率较高；行政审判机构不健全，人员素质不高，还不适应需要；"官"本位、权力本位观念未转变，尚不能正确对待行政诉讼，怕当被告、消极应诉的现象依然存在；败诉率较高，执法水平还较低；法制机构不健全，人员素质相对较低；执法环境还有待于进一步改善；法律监督机关作用还没有得到充分发挥等。

2002年，省人大常委会开展了关于严打整治斗争情况执法检查。9月，省九届人大常委会三十四次会议听取并审议了执法检查报告。报告在肯定执法成效的同时，指出存在以下问题：严打整治斗争发展不平衡、"两抢"、"两盗"等多发性犯罪还没有得到有效遏制、社会治安一些深层次问题没有得到根本解决、警力不足经费紧张装备落后等。审议过程中，常委会组成人员提出以下审议意见：进一步强化领导，扎实有效地组织部署，从人力、物力、财力等各方面继续支持严打整治工作；坚持"打"、"防"结合，以严打促整治，以综合治理巩固严打成果；进一步采取得力措施，加大对"两抢"、"两盗"等多发性犯罪的打击力度；未成年人犯罪呈上升趋势的问题要引起关注；加强队伍建设，提高整体素质，特别是要抓好领导班子自身建设。省法院、省检察院在办理审议意见的函中，逐项答复办理情况。

2003年，省人大常委会开展了《未成年人保护法》、《预防未成年人犯罪法》执法检查。11月，省十届人大常委会六次会议听取并审议了执法检查报告。报告在肯定执法成效的同时，指出存在以下问题：不良文化尤其网吧违法违规经营问题对未成年人的危害不容低估、农村初中生辍学和流动人口子女就学问题比较突出、未成年人违法犯罪依然严重并呈现新的特点、未成年女性受性侵害的案件明显增多、办理未成年人刑事案件的配套工作体系还不健全等问题。审议过程中，常委会组成人员还提出以下审议意见：对存在的问题要更多地从执法环节查找原因，提出对策；对网吧存在的问题，要高度重视，加大治理整顿力度；加大对农村教育帮扶力度；对未成年女性受性侵害的案件，要依法快侦、快诉、快判；省未成年犯管教所选址重建工作要抓紧落实等。省政府、省法院在办理审议意见的函中，逐项答复办理情况。采取的措施中包括：专题研究、抓紧进行省未成年犯管教所的选址重建工作；开展为期3个月的集中治理网吧、电子游戏机室违法违规经营问题；省法院对执法检查中提出的一些个案进行复查。

2004年，省人大常委会开展了贯彻实施《消防法》、《福建省消防条例》的视察检查。7月，省九届人大常委会十次会议印发了书面执法检查报告。报告在肯定执法成效的同时，指出存在以下问题：公共消防设施建设仍然滞后于社会经济发展，全省消防站欠账率为24.8%、消火栓欠账率为32.8%、消防车欠账率为22%、消防员个人防护装备欠账率为42.4%；火灾形势仍然比较严峻，2003年火灾4项指数按万人年平均数计算分别比全国平均数高出20%、40%、42%和102%；消防警力不足与灭火救援任务繁重的矛盾仍然突出；一些单位和个人的消防安全意识和法制观念仍然薄弱等。

2004年，省人大常委会开展了《福建省禁毒条例》执法检查。9月，省十届人大常委会十一次会议听取并审议了执法检查报告。报告在肯定执法成效的同时，指出存在以下问题：吸毒人数不断增加，涉毒区域不断扩展，毒品危害日趋严重；苯丙胺类毒品犯罪突出，成为全国重灾区之一；"毒枪黑"为一体的涉台毒品犯罪所造成的危害进一步加大；歌舞娱乐场所吸贩摇头丸、K粉等新型毒品现象日趋突出；一些地方和部门对禁毒工作认识不到位、重视不够、经费投入不足等问题。审议过程中，常委会组成人员提出以下审议意见：禁毒工作面临的形势十分严峻，毒品问题发展蔓延的势头未得到根本扭转，毒品危害未得到根本遏制，福建已由原来的毒品过境地发展成为过境、制造、消费地等。省政府、厦门市政府在办理审议意见的函中，逐项答复办理情况。采取的措施包括：省综治办决定将禁毒工作成效列入"平安福建"的具体考核指标；《福建省禁毒条例》修改计划争取列入2005年省人大立法修改项目；厦门市开展禁毒专项整治工作，投入150万元购置检测设备和仪器等。

2006年、2007年省人大常委会连续两年开展对《法官法》、《检察官法》执法检查和跟踪执法检查。2006年8月、2007年7月，省十届人大常委会二十四次、三十次会议分别听取并审议了执法检查报告。报告在肯定执法成效的同时，指出存在以下问题：法官、检察官队伍素质与"两法"要求还有差距；少数法官、检察官司法不公和司法活动受干扰的现象仍然存在；履职保障尚未得到完全落实，职级比例偏低，司法资源配置不够合理，经费比较困难及整改落实不到位等问题。审议过程中，常委会组成人员还提出以下审议意见：一些经济欠发达地区法院、检察院的后备力量不足，司法资源配置不合理，经费比较紧张等；跟踪检查还存在一些未能得到根本解决的问题等。省政府、省法院、省检察院在办理审议意见的函中，逐项答复办理情况。采取的措施包括：推动省财政分四个类别确定了县级法院、检察院公用经费标准，协调有关部门解决了一些地方基层法院、检察院内设机构正职领导的级别问题。

（三）有关农业农村

省九、十届人大期间，常委会开展了《农业法》、《水法》、《防洪法》、《森林法》、《动物防疫法》、《进出境动植物检疫法》、《种子法》、《农村土地承包法》、《气象法》、《福建省气象条例》、《水土保持法》、《福建省实施〈水土保持法〉办法》、《福建省森林条例》等执法检查。农经委承担执法检查的具体组织工作。

部分执法检查情况：

1998年，省人大常委会开展了《农业法》执法检查。11月，省九届人大常委会六次会议听取并审议了执法检查报告。报告在肯定执法成效的同时，指出存在以下问题：农业投入还不能适应农业进一步发展的需要；水利基础设施还很薄弱，水土流失现象比较突出；农民负担问题依然突出；乡镇农技推广机构建设尚需加强；农资市场管理工作尚需加强等。向省委报送了《关于农业法执法检查情况的报告》，报告被1998年第32期省委《闽办通报》转发。执法检查的有关建议被省委六届九次全会决议吸纳。这次执法检查还促进了全省基层农技推广人员的职称、生活待遇问题的解决。

1999年，省人大常委会开展了《水法》、《防洪法》执法检查。5月，省九届人大常委会十次会议听取并审议了执法检查报告。报告在肯定执法成效的同时，指出存在以下问题：河道的管理和保护亟待加强；水利建设任务重，千公里江堤建设力度不理想；水资源管理和水利建设基金的筹集尚未理顺；沙溪流域梯级电站的防汛调度问题亟待解决等。省水利水电厅针对发现问题进行整改，采取了5条措施：召开厅党组专题扩大会，提出了逐一整改，10月见效总要求；制定整改的实施方案；针对水利建设基金筹集和使用问题，会同财政厅组成督查组专项督查整改，召开全省专题会议督办；提请省政府召开全省堤防建设现场会；跟踪监督，编发检查整改快讯及简报共16期等。

2000年，省人大常委会开展了《森林法》执法检查。7月，省九届人大常委会二十次会议听取并审议了执法检查报告。报告在肯定执法成效的同时，指出存在以下问题：一些地方盗伐滥伐和超限额采伐林木现象突出；一些地方乱占滥用林地现象仍较普遍；一些地方对破坏森林资源的行为执法不严，打击不力；林业税费过重，有些扶持林业和林农的政策措施落实不到位等。省政府在办理审议意见的函中，逐项答复办理情况。这次执法检查督促"一府两院"责成有关部门在当年年底前完成了对各类林业积案的全面清理工作，沿海市、县财政依法按总支出的1%投入沿海防护林体系建设。常委会还对检查中发现的6个盗伐滥伐林木的重点案件进行直接督办。

2003年，省人大常委会开展了《福建省森林条例》执法检查。12月，省九届人大常委会三十六次会议听取并审议了执法检查报告。报告在肯定执法成效的同时，指出存在以下问题：森林资源保护形势依然严峻；自留山相关规定落实不够；森林生态效益补助资金不足；个别县补助资金到位率低、使用不符合规定；林业行政执法队伍和执法机构不健全等。审议过程中，常委会组成人员还提出以下审议意见：加强生态公益林保护管理，省财政应追加安排必要资金用于2002年省级生态公益林管护补助，使用标准与2001年持平，尽快研究制定森林生态效益补偿制度；认真落实自留山政策；加大森林资源保护力度等。省政府、省法院在办理审议意见的函中，逐项答复办理情况。采取的措施包括：多方筹集资金，确保2003年省级生态公益林的管护费用不低于2001年度水平；省政府出台了《关于推进集体林权制度改革的意见》；省法院下发了对近几年发生的41件重大毁林案件挂牌督办的通知等。

2004年，省人大常委会开展了《动物防疫法》、《进出境动植物检疫法》执法检查。7月，省十届人大常委会十次会议听取并审议了执法检查报告。报告在肯定执法成效的同时，指出存在以下问题：动物疫病和动物食品质量安全形势严峻；动物防疫队伍严重不足，管理体制尚未理顺；动物及其产品的检疫工作存在一些薄弱环节，防疫经费投入还有较大差距，牲畜定点屠宰率低；涉台动植物检疫问题比较突出；动植物防疫和药残源头治理有待加强；检验检疫基础设施和技术手段不适应要求等。

2006年，省人大常委会开展了《水法》、《气象法》、《福建省气象条例》执法检查。3月,省十届人大常委会二十二次会议听取并审议了执法检查报告。报告在肯定执法成效的同时,指出存在以下问题:水资源的忧患意识不强;中小型流域综合规划编制工作进展缓慢,农村水利发展滞后;气象探测环境和设施保护有待加强;水利和气象事业投入需进一步加大等。省政府在办理审议意见的函中,逐项答复办理情况。采取的措施包括:着手制定《福建省节约用水管理办法》;加快制定《福建省水资源条例》和修订《福建省气象条例》;推进中小流域综合规划编制工作和水利工程管理体制改革,福建沿海及台湾海峡气象防灾减灾服务体系建设列入省在建重点项目,项目总投资1.9亿元。

2007年,省人大常委会开展了《水土保持法》、《福建省实施〈水土保持法〉办法》执法检查。5月,省十届人大常委会二十九次会议听取并审议了执法检查报告。报告在肯定执法成效的同时,指出存在以下问题:水土流失治理任务依然繁重;人为造成新的水土流失依然严重;水土保持投入不足,生态补偿机制未真正建立;目标责任制不够健全,能力建设有待加强等。省政府在办理审议意见的函中,逐项答复办理情况。采取的措施包括:实施以中央苏区为重点的水土流失综合治理;认真抓好5个典型案例的整改,组成督查组逐项落实整改,避免可能引发的地质灾害。

(四) 有关财政经济

省九、十届人大期间,常委会开展了《建筑法》、《福建省建筑市场管理条例》、《福建省矿产资源条例》、《福建省劳动力市场管理条例》、《福建省城镇企业职工基本养老保险条例》、《福建省企业职工失业保险条例》、《产品质量法》、《福建省商品质量监督条例》、《福建省个体工商户和私营企业权益保护条例》、《反不正当竞争法》、《统计法》、《审计法》、《安全生产法》、《矿山安全法》、《劳动法》、《节约能源法》、《福建省人大常委会关于加强社会保障工作监督的决定》、整顿和规范市场经济秩序、《公路法》和治理公路"三乱"等执法检查。财经委承担执法检查的具体组织工作。

部分执法检查情况:

1998年,省人大常委会开展了《福建省建筑市场管理条例》执法检查。9月,省九届人大常委会五次会议听取并审议了执法检查报告。报告在肯定执法成效的同时,指出存在以下问题:一些有权机关、特殊部门应实行招标的工程项目不进行招投标;一些地方的建设行政管理部门把应当公开招标的建筑工程项目,以"奖励"的形式直接指定给个别的建筑企业;建筑工程的质量和安全仍存薄弱环节;市场上建筑材料质量问题较多;普遍存在建设单位要求垫款施工的现象,勘察设计费、工程款拖欠问题也很突出等。执法检查接到投诉电话26个,接待上访群众7批,抽查了部分有质量问题的建筑物,督促落实整改。

2002年，省人大常委会开展了关于整顿和规范市场经济秩序工作情况执法检查。9月，省九届人大常委会三十四次会议听取并审议了执法检查报告。报告在肯定执法成效的同时，指出存在以下问题：整规工作开展不平衡，生猪定点屠宰率与年度治理目标尚有差距，制售假冒伪劣商品活动边打边冒，屡禁不止；执法不到位的问题依然存在，查处案件行政处理多，进入司法程序少，有些地区、部门地方保护主义严重；法律法规还不健全；整规工作经费不足等。审议过程中，常委会组成人员提出以下审议意见：严格禁止剧毒农药的生产流通；城乡结合部市场及早市疏于管理的问题比较严重；尽快制定整规需要的法规规章；建议2003年预算增加整规专项经费等。省政府在办理审议意见的函中，逐项答复办理情况。采取的措施包括：《福建省牲畜屠宰管理条例（修订稿）》上报省人大审议；在安排2003年部门预算时，调整支出结构，加大治理"餐桌污染"资金投入等。

2003年，省人大常委会开展了关于《福建省个体工商户和私营企业权益保护条例》执法检查。9月，省十届人大常委会五次会议听取并审议了执法检查报告。报告在肯定执法成效的同时，指出存在以下问题：一些地方对发展个体私营经济重要性认识不足，优化投资环境的措施落实不到位，个体私营经济在贷款、用地、出国、审批等方面的困难得不到及时解决，有些基层办事人员故意刁难，吃拿卡要；侵害个体工商户和私营企业权益的"三乱"（乱收费、乱罚款、乱摊派）现象依然存在，有的部门和地区还比较严重；社会化服务体系建设滞后，仍无法满足个体私营经济发展需要；政务环境和政策环境需要进一步改善，一些行政审批手续仍过多、过繁，改革尚未到位，对个体私营经济、外资和国有经济在政策上仍然存在差别，没有一视同仁，一些地方政府制定的优惠政策措施没有到位，出现政策"白条"。

2005年，省人大常委会开展了关于《安全生产法》、《矿山安全法》执法检查。7月，省十届人大常委会十八次会议听取并审议了执法检查报告。报告在肯定执法成效的同时，提出了在政府、主管部门、企业、员工四个层面存在的18个方面的问题等。执法检查中还发现112个企业安全生产隐患问题。审议过程中，常委会组成人员提出以下审议意见：要切实解决认识不到位的问题；加强安全文化的建设；进一步理顺安全生产监督管理体制；对高危企业要坚持实行安全生产许可证制度；有些"老大难"问题久拖不改；安全生产要治本等。省政府在办理审议意见的函中，逐项答复办理情况。采取的措施包括：省政府向各设区的市发出整改通知，并附上21个单位整改落实情况表。

2006年，省人大常委会开展了《节约能源法》执法检查。8月，省十届人大常委会二十四次会议听取并审议了执法检查报告。报告在肯定执法成效的同时，指出存在以下问题：节能工作制度不够完善，措施不够落实；能源综合开发利用和节能技术水平还不高，支持力度显得不足；执法工作有待加强；法律法规有待健全和完善等。审议过程中，常委会组成人员提出以下审议意见：积极应对加快工业发展对实现节能目标的压力；充分利用省内资源，加快开发可再生清洁能源；在组织经济运行中进一步强化能源管理工作等。省政府在办理审议意见的函中，逐项答复办理情况。采取的措施包括：在组织制定《福建省人民政府关于加强节能工作的意见》、《福建省"十一五"重点节能工程行动方案》过程中，充分考虑并吸收审议意见中的有关意见和建议。

2007年，省人大常委会开展了关于《福建省人大常委会关于加强社会保障工作监督的决定》执法检查。9月，省十届人大常委会三十一次会议听取并审议了执法检查报告。报告在肯定执法成效的同时，指出存在以下问题：灵活就业人群扩面难度较大，全省养老保险发放水平偏低；除城镇企业职工基本养老保险外，其他社会保险统筹层次较低，保障水平有限，2000年医改前关闭、破产的国有、城镇集体企业退休职工9.17万人，至今没有参加医保，反映非常强烈；职工参保面不到位，社会保险关系转移难；部分地区服务窗口硬件设施陈旧，人员配备不足；社会保障法律制度不够完善，工作监督力度还要进一步加大等。审议过程中，常委会组成人员提出以下审议意见：加大资金投入，有重点地解决问题；进一步加强社会保障法制建设；加大宣传力度，增强社会保障意识等。省政府在办理审议意见的函中，逐项答复办理情况。采取的措施包括：决定从2007年度省级财政超收中安排13亿元，用于解决全省医改前关闭破产国有、城镇集体企业退休人员参加医保问题；在2008年追加社会保障性省级财政支出1.68亿元。

（五）有关教科文卫

省九、十届人大期间，常委会开展了《促进科技成果转化法》、《高等教育法》、《福建省促进科技成果转化条例》、《档案法》、《福建省专业技术人员继续教育条例》、《福建省爱国卫生条例》、《传染病防治法》、《食品卫生法》、《义务教育法》、《防震减灾法》、《福建省防震减灾条例》、《职业教育法》、《科学技术进步法》、《福建省科学技术进步条例》、《文物保护法》、《福建省民族民间文化保护条例》等执法检查。教科文卫委承担执法检查的具体组织工作。

部分执法检查情况：

1998年，省人大常委会开展了《促进科技成果转化法》执法检查。11月，省九届人大常委会六次会议印发了书面执法检查报告。报告在肯定执法成效的同时，指出存在以下问题：有的地区、部门对该法的学习宣传还不够深入普及，科技成果转化从观念到机制，以及政府在实施宏观管理等方面都有待进一步加强；企业作为转化主体意识还不强；投入不足已成为制约科技成果转化的重要因素；促进科技成果转化的市场机制尚未完全建立，技术市场还不够发育、繁荣，技术中介机构不完善等。

1999年，省人大常委会开展了《高等教育法》实施一周年执法检查。2000年3月，省九届人大常委会十八次会议听取并审议了执法检查报告。报告在肯定执法成效的同时，指出存在以下问题：高等教育发展规模偏小，层次不高，与经济社会发展不相适应；高校用地普遍不足，基础设施建设欠账较多；教学设施不足，办学经费困难，不利于培养高素质人才；《高等教育法》有关面向社会自主办学的规定还有待进一步落实；高校收费偏低，限制过多，未能以教育成本作为基本依据等。省长习近平和副省长潘心城对办理这次执法检查所提出的意见和建议作出批示，提出要求。省政府在办理审议意见的函中，逐项答复办理情况。这次执法检查推动了省政府确定福州市高教园区选址方案；进一步落实高校7项法定自主权；省财政厅不再提取高校5%山区发展资金；省物价局调整大中专学校收费标准；省委组织部、宣传部下文，扩大了高校对中层干部的任免权限；省外事办简化高校人员出访审批手续等。

2003年，省人大常委会开展了《义务教育法》执法检查。7月，省九届人大常委会三十四次会议听取并审议了执法检查报告。报告在肯定执法成效的同时，指出存在以下问题：不少市、县未能依法保障经费投入，违反经费管理规定的现象比较严重，一些县（市、区）还出现"统筹"挪用中小学校学杂费的现象；改善办学条件任务十分艰巨，各地基建欠债问题突出；农村地区教师编制不足、队伍不稳，中小学校人事管理和学校育人环境有待改善等。审议过程中，常委会组成人员提出以下审议意见：尽快核定并出台中小学校的生均公用经费标准；落实教师工资收归县管规定，确保教师工资按时足额发放；加大对贫困地区义务教育扶持力度；理顺中小学校人事管理体制；研究解决农村小学教师编制标准低的问题等。省政府在办理审议意见的函中，逐项答复办理情况。采取的措施包括：提出农村中小学校的生均公用经费标准指导性意见；专项审计统筹中小学校学杂费问题；给农村中小学校增加8200名教职工编制等。

2003年，省人大常委会开展了《传染病防治法》、《食品卫生法》执法检查。7月，省九届人大常委会三十四次会议听取并审议了执法检查报告。报告在肯定执法成效的同时，指出存在以下问题：疾病预防机构建设较为薄弱；公共卫生投入不足；一些饮食食品生产经营单位违反食品卫生情况严重；卫生监督力量不足，素质有待提高等。审议过程中，常委会组成人员提出以下审议意见：抓紧建设完善三级疾病预防控制中心和卫生监督所；开展食品卫生5个方面的专项治理；进一步加强公共卫生法制建设等。省政府在办理审议意见的函中，逐项答复办理情况。采取的措施包括：两年内安排3000万元用于引导各级疾控机构建设和设备补助；开展食品卫生专项整治活动。

2004年,省人大常委会开展了《防震减灾法》、《福建省防震减灾条例》执法检查。6月,省十届人大常委会九次会议听取并审议了执法检查报告。报告在肯定执法成效的同时,指出存在以下问题:一些地方和部门对防震减灾认识不足,依法开展防震减灾工作不到位;预制板房、石结构房的抗震设防工作存在薄弱环节;建设工程地震安全性评价工作存在较大漏洞;地震监测设施和观测环境遭受干扰和破坏的现象时有发生;防震减灾知识普及程度较低等。审议过程中,常委会组成人员提出以下审议意见:把防震减灾工作纳入当地国民经济和社会发展计划;建立健全地震工作机构;加强对防震减灾知识的学习和宣传工作;尽快完善地震安全性评价管理工作;建设一支政府主导、社会参与的地震灾害紧急救援队伍;进一步完善破坏性地震应急预案等。省政府在办理审议意见的函中,逐项答复办理情况。采取的措施包括:把防震减灾列入海峡西岸经济区建设规划和"十一五"规划;推动省直在榕单位砖混预制板结构、大板结构住房的改造;成立了省地震灾害紧急救援队;设区的市地震局统一为正处级的政府机构,解决了平潭县地震办长期没有负责人的问题等。

2006年,省人大常委会开展了《科学技术进步法》、《福建省科学技术进步条例》执法检查。5月,省十届人大常委会二十三次会议听取并审议了执法检查报告。报告在肯定执法成效的同时,提出存在的问题和意见:重点解决思想认识不到位问题;加大财政性科技投入,努力解决投入明显不足问题;整合有限资源,着力解决资金分散、低效利用问题;加强创新体系建设,提升企业自主创新能力;完善体制机制,认真解决科技人力资源紧缺、流失问题;适时修订《福建省科学技术进步条例》。审议过程中,常委会组成人员提出以下审议意见:把科技进步指标纳入国民经济和社会发展考核指标体系,实行目标管理;继续扶持中小企业科技创新活动;兑现风险投资承诺,完善风险投资机制;积极建立公共的科技创新服务平台;健全农村科技推广体系;积极稳妥推进科研机构体制分类改革等。省政府在办理审议意见的函中,逐项答复办理情况。采取的措施包括:逐步探索建立科技工作联席会议等制度;探索科技经费使用评价办法;2006年省级安排科技专项经费2000万元主要用于科技成果转化;责成省科技厅等有关部门进行《福建省科技进步条例》修订前期调研工作。

2007年,省人大常委会开展了《文物保护法》、《福建省民族民间文化保护条例》执法检查。5月,省十届人大常委会二十九次会议听取并审议了执法检查报告。报告在肯定执法成效的同时,指出存在以下问题:文化遗产保护经费投入不足;经济建设与文化遗产保护之间的矛盾是当前文化遗产保护工作存在的最突出问题;文物安全形势仍然严峻;文化遗产保护机构不健全、人员不足等。审议过程中,常委会组成人员提出以下审议意见:进一步增强保护意识,依法做到"五纳入";扶持传承人;重视武夷山汉城遗址保护;妥善处理漳州莲花池山旧石器时代台地类型遗址遭破坏事件;依法命名文化生态保护区和民间文化艺术之乡;按时提交《福建省文物保护管理条例(修订草案)》等。省政府在办理审议意见的函中,逐项答复办理情况。采取的措施包括:督促管理单位尽快编制完善汉城遗址保护方案;责成漳州市对莲花池山尚存部分遗址依法进行保护;省政府成立"闽南文化生态保护实验区"工作领导小组;组织进行《福建省文物保护管理条例》修改调研和执法调研工作。

(六)有关侨台

省九、十届人大期间,常委会开展了《福建省台湾船舶停泊点管理办法》、《归侨侨眷保护法》、《福建省实施〈归侨侨眷权益保护法〉办法》、《台湾同胞投资保护法》、《福建省实施〈台湾同胞投资保护法〉办法》等执法检查。侨(台)委承担执法检查的具体组织工作。

部分执法检查情况:

1998年,省人大常委会开展了《福建省台湾船舶停泊点管理办法》执法检查。7月,省九届人大常委会四次会议听取并审议了执法检查报告。报告在肯定执法成效的同时,指出存在以下问题:协调管理不够到位;投入不足,基础设施差;收费名目多,不规范;闽台近洋渔工劳务市场混乱,亟待整顿等。这次执法检查促进了台湾船舶停泊点的管理、基础设施建设、工作协调、收费等问题的解决。

1999年,省人大常委会开展了《台湾同胞投资保护法》、《福建省实施〈台湾同胞投资保护法〉办法》、《福建省保护华侨房屋租赁权益的若干规定》执法检查。12月,省九届人大常委会十五次会议听取并审议了执法检查报告。报告在肯定执法成效的同时,指出存在以下问题:"两权(所有权、实用权)分离"问题突出;所有权落实后,许多侨房业主收房难,收取租金难;解决侨房租赁遗留问题缺乏全面规划和总体思路;有的部门对于台胞投资权益的保护问题认识不一,力度不够;台资企业反映税费负担过重;一些部门办事效率低,个别职能部门存在"吃拿卡要"现象等。

2002年,省人大常委会开展了《福建省实施〈归侨侨眷权益保护法〉办法》和《福建省保护华侨房屋租赁权益的若干规定》执法检查。7月,省九届人大常委会三十三次会议印发了书面执法检查报告。报告在肯定执法成效的同时,指出存在以下问题:解决历史遗留城市侨房问题任务仍然相当艰巨,总量上看还比较大;解决侨房问题责任不明,力度不够;租户侵犯业主合法权益的现象相当普遍,不注意修缮,致使不少侨房成了危房;在华侨房屋租赁纠纷中,法院判决后"执行难";在旧城改造、城市拆迁中,侵害侨房业主权益的现象比较普遍;华侨农场土地使用权确权工作有待加快等。第106次主任会议研究了办理执法检查意见的有关情况。

执法检查之后跟踪了解侨房问题解决的进展情况，有效解决了侨房问题。

2003年，省人大常委会开展了《台湾同胞投资保护法》和《福建省实施〈台湾同胞投资保护法〉办法》执法检查。11月，省十届人大常委会六次会议听取并审议了执法检查报告。报告在肯定执法成效的同时，指出存在以下问题：思想认识还有待进一步提高；为台湾同胞投资服务体系尚不健全；台商投诉协调工作仍需进一步加强；农业产业化程度偏低，影响了台资农业企业的发展壮大；司法不公、执行难等现象仍不同程度存在等。审议过程中，常委会组成人员提出以下审议意见：要进一步改善福建省的投资环境；摸清底子，加强行业分类指导；政府招商引资要讲诚信；充分发挥台资企业协会的作用等。省政府在办理审议意见的函中，逐项答复办理情况。采取的措施包括：建立和完善重点台商、重大台资项目联系挂钩制度；清理现行行政事业性收费项目，切实为台商投资企业减负；进一步放宽台胞到福建投资的登记管理政策；进一步放宽出入境条件；加强跟踪，督促省人大常委会督办的莆田和厦门两个案件的处理等。省法院在办理审议意见的函中，报告了审议意见中提及的3个涉台案件督办情况。

2003年，省人大常委会开展了《归侨侨眷权益保护法》、《福建省实施〈归侨侨眷权益保护法〉办法》执法检查。11月，省十届人大常委会六次会议听取并审议了执法检查报告。报告在肯定执法成效的同时，指出存在以下问题：华侨房屋历史遗留问题亟待加速解决；华侨农场需进一步扶持，农场中部分归侨生活困难；在行政司法为侨服务方面还存在一些薄弱环节，侵犯侨胞和侨资企业的事件时有发生；新华侨身份认定、海外华文教育、第二三代华侨华人工作等新情况、新问题的研究需要进一步加强等。审议过程中，常委会组成人员还提出与时俱进，依法创造性地开展侨务工作；努力营造良好的侨务工作法律氛围；加快华侨农场体制改革步伐等。省政府在办理审议意见的函中，逐项答复办理情况。采取的措施包括：福州、厦门、漳州三市采取措施，加快侨房清退工作进度；开展《福建省实施〈归侨侨眷权益保护法〉办法》的修订工作；处理省人大常委会督办的5个案件。省法院、省检察院在办理审议意见的函中，报告了审议意见中提及的2个涉侨案件和华侨子女陈辉被杀案的督办情况。陈辉被杀案经此次执法检查及之后的跟踪检查，历经11年的冤案得以昭雪。

（七）有关环境与城乡建设

省九、十届人大期间，常委会开展了《海洋环境保护法》、《大气污染防治法》、《固体废物污染环境防治法》、《水污染防治法》、《福建省海洋环境保护条例》、《城市房地产管理法》等执法检查。

环城委承担1998年组织的《海洋环境保护法》执法检查，以及《大气污染防治法》、《固体废物污染环境防治法》、《水污染防治法》、《城市房地产管理法》执法检查的具体组织工作。农经委承担2005年组织的《海洋环境保护法》、《福建省海洋环境保护条例》执法检查的具体组织工作。

部分执法检查情况：

1998年，省人大常委会开展了《海洋环境保护法》执法检查。7月，省九届人大常委会四次会议印发了书面执法检查报告。报告在肯定执法成效的同时，指出存在以下问题：大部分城市生活污水未经处理直接排海，造成近岸海域受到不同程度的污染；有的海岸工程项目"环境影响评价"工作明显滞后，使得宝贵的海岸线资源和海洋生物因不合理的开发利用而减少；由于多方面原因，包括向海要地致使海域面积不断减少；海上违规行为屡禁不止，存在炸鱼、电鱼、毒鱼等现象；各有关海洋环境管理部门职能不清，职责不顺，缺乏必要的执法手段、执法工具、人员不够、资金不足等；海水养殖面积不断扩大，养殖废水数量大，造成海水富营养化而导致局部海区产生赤潮的现象年年均有发生；跨地区、跨行政区的污染事件难以制止、难以解决；缺乏处理海洋突发性重大污染事故的能力等。

1999年，省人大常委会开展了《大气污染防治法》执法检查。12月，省九届人大常委会十五次会议听取并审议了执法检查报告。报告在肯定执法成效的同时，指出存在以下问题：城市总悬浮颗粒物超标比较普遍，全省九地市均出现酸雨；城市机动车尾气污染严重；建筑工地的尘污染和餐饮服务业的油烟污染问题还普遍存在；大气污染对人体健康造成极大危害等。省政府将机动车排气污染列为1999年度为民办实事项目之一，但由于部门之间协调花费较长时间影响了治理进度，执法检查组提出建议后，引起省政府领导重视，加大了协调力度，扭转了停顿状况。

2003年，省人大常委会开展了《固体废物污染环境防治法》执法检查。7月，省十届人大常委会四次会议听取并审议了执法检查报告。报告在肯定执法成效的同时，指出存在以下问题：城市生活垃圾处置方式单一粗放；部分工业企业固体废物防治薄弱；危险废物收集处理问题较为突出；电子废物污染等新问题逐步显现；农村固体废物污染防治工作日益迫切等。审议过程中，常委会组成人员提出以下审议意见：加快《福建省固体废物污染防治办法》立法进程；把城乡结合部和农村垃圾处理工作摆上议事日程；尽快实现医疗废物集中无害化处理等。省政府在办理审议意见的函中，逐项答复办理情况。采取的措施包括：规划改建、扩建省危险废物综合处置场以及新建漳州市危险废物处置场；规划建设医疗废物处置网络；已基本完成《福建省固体废物污染防治办法（草案）》的调研、起草、征求意见等工作。

2004年，省人大常委会开展了《水污染防治法》执法检查。9月，省十届人大常委会十一次会议听取并审议了执法检查报告。报告在肯定执法成效的同时，指出存在以下问题：一些地区和部门对水污染防治的认识还不够到位；城市生活污水处理设施建设滞后；畜牧业养殖污染问题日益凸显；城市内河污染还比较严重等。审议过程中，常委会组成人员提出以下审议意见：将水污染防治工作纳入经济和社会事业发展规划；研究制定相关政策，推动水资源的可持续利用；避免过度开发梯级电站；重视加强农村水污染防治工作等。省政府在办理审议意见的函中，逐项答复办理情况。采取的措施包括：制定水资源开发利用规划；编制专项保护规划；组织指导督促各地落实养殖业禁建区规定；出台了《关于进一步深化城市污水垃圾处理产业化工作的补充通知》；决定启动闽江流域二期环境综合整治；报告执法检查提出的7处水污染防治情况。

2005年，省人大常委会开展了《海洋环境保护法》和《福建省海洋环境保护条例》执法检查。6月，省十届人大常委会十七次会议听取并审议了执法检查报告。报告在肯定执法成效的同时，指出存在以下问题：仍有大量陆源污染物入海；局部海水养殖对海域生态环境的污染逐渐显现；海上突发性重大污染事故应急处理能力有待加强；海洋生物资源开发过度，生物多样性下降等。审议过程中，常委会组成人员提出以下审议意见：加大对工业废水、城市污水、生活垃圾和畜禽养殖业污染物排海的整治；建立完善并严格执行海洋环境保护有关制度；加强海洋环境监测网络建设；加强海洋执法队伍建设；建立突发性重大污染事故应急处理机制；科学制定海洋环境保护规划等。省政府在办理审议意见的函中，逐项答复办理情况。采取的措施包括：制定全省畜禽养殖业发展规划和污染治理方案，启动闽江二期整治工程；制定实施"五江两溪"流域沿岸乡镇垃圾治理规划；进一步完善《福建省海洋环境监测系统建设方案》；对船舶残余油类物质接收作业单位进行检查整顿；加快《福建省海洋环境保护规划》编制进度等。

2006年，省人大常委会开展了《城市房地产管理法》执法检查。5月，省十届人大常委会二十三次会议听取并审议了执法检查报告。报告在肯定执法成效的同时，指出存在以下问题：房地产项目开发过程中擅自改变用地性质、随意提高容积率、增加建筑密度、缩小建筑间距、降低绿化率等违法行为还在一定程度上存在，管理部门重视审批而审批后跟踪监管还不够到位；土地审批不够严格，土地审批后监管不够到位，有的市土地"招拍挂"后满两年尚未开发建设的存量土地尚有比较大的数量，土地使用权出让金滞纳情况较严重；高中档商业地产项目偏多，普通商品住房比例较低，经济适用房、廉租房开发量小；对中介机构的管理需进一步加强，对房地产广告的管理工作还不到位，对有的开发商在取得预售许可证之前变相销售的监管还不够有力等。

2006年，省人大常委会开展了《水污染防治法》、《大气污染防治法》、《固体废物污染环境防治法》"三法"执法检查。7月，省十届人大常委会二十四次会议印发了书面执法检查报告。会议期间，常委会六十一次主任会议听取了执法检查情况的报告。报告在肯定执法成效的同时，提出一些地区和部门对环境污染防治的认识还不够到位;部分区域、流域环境污染仍较严重;污水、垃圾处理设施建设相对滞后;环境管理能力有待进一步加强等。省政府在办理审议意见的函中,逐项答复办理情况。采取的措施包括:与各设区的市政府签订污染防治约束性指标;继续组织做好饮用水源保护区划定工作;将农村户用沼气建设工程列为省政府为民办实事项目;出台《关于全省农村开展家园清洁行动的通知》;抓紧《福建省固体废物污染防治若干规定》的立法前期工作。

第五节 规章备案审查

省九届人大期间,共收到报备规章35项,其中省政府规章22项,福州、厦门两市政府规章分别为7项和6项。经审查,发现《福建省动物防疫和动物产品安全管理办法》等4项政府规章存在与上位法相抵触的情况,督促有关部门自行纠正。

省十届人大期间,共收到报备规章95项,其中省政府规章22项,福州、厦门两市政府规章分别为22项和51项。通过审查沟通,解决了《福建省烟草专卖管理办法》等法规中与上位法相抵触的几个问题,废止了有关部门对《福建省劳动安全卫生条例》的越权解释,要求有关部门自行修改《福建省人才中介机构服务许可证管理办法》等4项规定。

根据2005年《福建省地方政府规章备案审查规定》,法工委应当于每年第一季度将上一年度备案规章的审查情况向省人大常委会作出书面报告。2007年3月,在省十届人大常委会二十八次会议上,法工委提交了《关于2006年度备案规章审查情况的报告》。报告述:2006年,共收到报送备案的规章13件。其中,省政府规章1件,福州市政府规章1件,厦门市政府规章11件。经审查,上述13件规章均没有发现合法性问题,对于发现的个别适当性问题,及时与规章的制定机关沟通联系,督促其自行纠正。报告并附《2006年度备案审查的规章目录》。

省九、十届人大期间,还备案了厦门经济特区法规36件。

第六节 其 他

一、工作评议

(一)评议省公安厅交警总队

1998年,省人大常委会成立了以分管副主任和法制委(内司委前身)主任为正、副组长的评议工作小组,制定了实施意见和具体方案。评议工作小组赴6个设区的市和省直有关部门就省交警总队的执法情况进行调查研究，先后召开不同类型的座谈会30余场，参加座谈会的人员近400人。12月，在省九届人大常委会七次会议上作了《关于评议省公安厅交警总队的调查报告》。调查报告肯定了交警总队提高队伍素质、狠抓队伍教育整顿、提高交通执法水平的做法，指出了在执法、廉政等方面存在的问题，建议进一步加强领导班子建设、思想政治教育、业务知识培训等。交警总队于1999年3月向省人大常委会提交了落实改进工作的报告。

（二）评议省劳动厅

1998年，省人大常委会成立了以分管副主任和财经委主任为正、副组长的评议工作小组，制定了实施意见和具体方案。评议工作小组在省直机关及市、县召开了有人大代表、政府部门、社会团体、企业及劳动者代表参加的各类座谈会28场。12月，在省九届人大常委会七次会议上作了《关于评议省劳动厅的调查报告》。调查报告肯定了省劳动厅自1994年以来抓转变观念、法制建设、配套改革和精神文明四个方面的工作，同时指出了存在的下岗再就业工作亟待配套完善等问题，建议全省各级劳动部门要加大改革、执法和社会保障三项工作的力度。省劳动厅于1999年3月向省人大常委会提交了落实改进工作的报告。

二、执法调研

执法调研系由常委会各工作机构自主开展的对法律法规执行情况的调研，起到一定的监督作用。通过调研，提出意见和建议，推动执法工作。

（一）内司委（前身常委会法制委）

省九、十届人大期间，内司委（及其前身常委会法制委）开展了对《老年人权益保障法》、《福建省老年人保护条例》、《消防法》、《福建省消防条例》、《残疾人保障法》、《福建省实施〈残疾人保障法〉办法》、《福建省少数民族权益保障条例》、《工会法》、《福建省实施〈工会法〉办法》、《监狱法》、《福建省企业女职工劳动保护条例》、《福建省特种行业和公共场所治安管理办法》等11次执法调研。通过调研，了解这些法律法规在福建省的实施情况，并针对存在的问题提出意见和建议。2005年组织开展《残疾人保障法》及福建省实施办法执法调研，针对残疾人优惠政策不尽完善、落实难度大等问题在调研报告中提出6条建议，引起省政府分管副省长的重视，批示要求各级政府分管领导和残疾人工作委员会成员进一步改进和加强残疾人保障工作。

（二）教科文卫委

省九、十届人大期间，教科文卫委开展了对《著作权法》、《科学技术普及法》、《人口与计划生育法》和《福建省人口与计划生育条例》、《文物保护法》、《福建省文物保护管理条例》、《福建省档案条例》、《福建省专业技术人员继续教育条例》、《福建省广播电视设施保护条例》、《红十字会法》和《福建省红十字会条例》等9次执法调研。1998年开展《福建省专业技术人员继续教育条例》执法调研，促进了继续教育队伍建设、培训网络的形成。2005年组织开展的《福建省广播电视设施保护条例》执法调研，推动了云霄县协调解决502台（发射台）搬迁及保护的问题等。

（三）环城委

省十届人大期间，环城委开展了对《水污染防治法》、《福建省城市房屋拆迁管理条例》、《城市规划法》等3次执法调研。2004年，先后在福州、厦门、泉州、莆田等地开展《福建省城市房屋拆迁管理条例》、《城市规划法》执法调研，督促省建设厅对全省城市房屋拆迁和城市规划工作存在的部分违法强制拆迁、损害群众利益，规划编制滞后、规划管理不规范等问题进行整改，加强对策措施研究，促进相关部门进一步规范房屋拆迁及城市规划的监督管理。

三、环保世纪行

省九届人大期间，围绕"向大气污染宣战"、"回眸与展望"、"搞好水土保持 再造秀美山川"、"珍惜资源 保护环境"等主题开展世纪行活动。活动采取省、市、县（区）上下联动相结合、明访与暗查相结合、大型采访活动与小分队跟踪监督采访相结合、世纪行活动与执法检查相结合的形式，加强舆论监督，推动环境问题的解决。共组织中央和地方20多家新闻单位记者800多人次，走访700多个乡（镇）村和企事业单位，在各新闻媒体上发表有关环保的文章和报道1800多条（篇）。

省十届人大期间，围绕"推进林业建设 再造秀美山川"、"珍惜水资源 保护水环境"、"珍惜资源 推进节约型社会建设"等主题开展世纪行活动。共组织中央和地方14家新闻单位的记者500多人次，走访200多个乡（镇）村和企事业单位，在各新闻媒体上发表有关环保的文章和报道1300多条（篇）。连续5年与《环境与发展报》共同筹办"6·5"环保知识电视大赛，向社会公众宣传环保法规与理念。

通过开展世纪行活动，推动了湄州岛养猪场治理、福州西区水厂周边水环境综合治理等难点问题的解决。

四、专题检查视察

（一）关于加强人大工作

2005年和2007年，省人大常委会党组受省委委托，组织开展了两次关于中共中央、省委加强人大工作文件精神贯彻落实情况的调研检查。2007年调研检查汇报会后，根据省委书记卢展工的讲话要求，重点对县级人大常委会安装电子表决器、人大信访工作机构升格、人事代表工作机构和环保城建机构设置、人大机关干部培养交流、人大常委会领导编制单列、代表经费保障问题的整改、落实和反馈进行跟踪督促，为市、县（区）人大强化工作保障创造了有利条件。

（二）关于发展农业和农村经济

省九、十届人大期间，农经委开展了农业农村经济发展中涉及全局和重点、热点、难点问题的专题视察活动7次，听取省直有关部门各项工作汇报60多次。在每年组织的听取省发改委、财政厅、科技厅等部门关于农业农村经济计划执行和财政支农资金安排使用情况的汇报会上，常委会分工委员、省直人大代表农经小组对财政支农资金使用提出意见和建议，督促有关部门依法加大农业投入，规范资金使用。2001年在听取有关部门的汇报后，农经委针对全省财政预算支农资金出现增长缓慢、支出进度慢、专项资金到位率低等问题，专门向各设区的市人大农经委发出通知，建议开展专项检查。

（三）关于教科文卫热点难点问题

2000年，三明市文物部门发现三明市郊区万寿岩出土10万年以前旧石器及古脊椎动物化石，属重要史前遗存发现。该地是钢铁厂的矿山基地，正面临被挖掘毁灭危险。教科文卫委了解情况后向省人大常委会提交书面报告，在各方面共同努力下，促使省财政拨款另择他地采矿，做到了文物保护和生产两不误。此外，教科文卫委还针对群众关注的餐桌食品卫生安全问题和非法行医活动，参与省经贸委、省卫生厅及有关部门开展的食品卫生安全整治和清理非法医疗机构行动；针对游戏机经营场所在非节假日接纳未成年人等违法违规行为，参与省文化厅专项治理文化市场活动。

（四）关于保护归侨侨眷权益

2003年，宁德东湖塘华侨农场330多名归侨职工反映"华侨农场土地使用权被强行剥夺，造成归难侨失地又失岗，无法生产经营，生活艰难"，海外亲属反应强烈。侨（台）委与省侨办、省侨联联合组成调查组进行调查，形成书面报告并专题向省领导报告，经侨（台）委不断督促，推动了问题的解决。侨眷李佰佳的房产于1984年落实侨房政策归还后，仍一直被泉州某工厂占用，法院判决执行难，侨（台）委多次赴泉州了解情况，多方协调，促使这一久拖不决的问题得到解决。

（五）关于城建环保

2002年5月，部分省人大常委会委员和代表听取了福州市人大、市政府及省、市有关部门负责人关于鼓山风景区道路建设和福州第二殡仪馆选址情况的报告，提出鼓山规划不宜定性为公园，以风景区为好；鼓山二期工程修建汽车道、车场要科学论证，保护自然生态；福州市第二殡仪馆选址不当，应先对福州现有殡仪馆进行扩建改造，以适应福州城市发展的需要等意见。

第十章 任 免

第一节 制度建设

2002年，省人大常委会将有关任免工作的立法列入当年工作要点。主任会议委托人事代表工作室组织起草《福建省人大常委会任免国家机关工作人员条例（草案）》。条例于2002年9月省九届人大常委会三十四次会议通过。2006年5月，省十届人大常委会二十三次会议对条例作出修改，进一步完善了有关的规定。

条例对任免工作和所任命人员的要求、任免范围、任免程序、对所任命人员的履职监督等作出具体规定。条例将任免程序单列一章，统一规范，便于操作。条例规定：提请任命案的材料，应当客观、全面写明拟任人员的基本情况、德才表现、任职理由等内容；提请任免案及其材料应当在省人大常委会举行会议的15日前送达；拟任人员到会作任前发言、回答询问；对任免案采用按表决器或者其他无记名的表决方式，逐人表决；常委会会议上颁发任命书。

第二节 任命与去职

任免权包括任命和去职两个方面。任命的方式有决定任命、任命、批准任命、决定代理人选、通过人选等；去职的方式有免职、撤职、接受辞职等。省九、十届人大期间，常委会共任免国家机关工作人员684人次，其中任命447人次，决定代理4人，通过人选23人次；免职189人次，接受辞职18人，撤职3人。

一、任 命

（一）省九届人大期间

决定任命政府组成人员78人次，其中省政府副省长5人；决定代理省政府省长2人。

任命审判人员84人次；任命、批准任命检察人员90人次，决定代理省检察院检察长1人。

通过省九届人大常委会代表资格审查委员会人选11人，任命人大机关工作人员26人次。

（二）省十届人大期间

决定任命政府组成人员45人次，其中省政府副省长2人；决定代理省政府省长1人。

任命审判人员55人次；任命、批准任命检察人员60人次。

通过省十届人大常委会代表资格审查委员会人选12人，任命人大机关工作人员9人次。

二、去　职

（一）省九届人大期间

决定免去政府组成人员21人次，其中省政府副省长2人；接受辞去省政府省长职务2人。

免去审判人员46人次；免去、批准免去检察人员40人次；接受辞去省检察院检察长职务1人。

免去人大机关工作人员15人；接受辞去省人大常委会主任职务1人、副主任职务3人、委员职务5人。

（二）省十届人大期间

决定免去政府组成人员17人次，其中省政府副省长1人；接受辞去省政府省长职务1人。

免去审判人员17人次，撤销审判人员职务3人；免去、批准免去检察人员24人次。

免去人大机关工作人员9人；接受辞去省人大常委会主任职务1人、委员职务4人。

第十一章 代表工作

第一节 制度建设

2001年9月，省九届人大常委会二十八次会议通过了《福建省人大代表建议、批评和意见办理工作规定》，对省人大代表建议、批评和意见的提出、交办、承办和办理工作的监督作出了具体规范，要求承办单位应当建立健全办理工作制度，实行领导负责制；承办单位应当密切联系代表，听取代表的意见和要求，及时向代表说明有关办理情况；省人大常委会应当听取和审议"一府两院"办理代表建议情况的报告，组织常委会组成人员和代表对办理情况进行视察和检查；省人大常委会有关工作机构应当开展督促检查等。

2002年1月，省九届人大常委会三十次会议通过了《福建省人大常委会关于密切联系群众应当坚持和完善的几项制度》，进一步规范了有关代表工作等7项制度。对省人大常委会组成人员联系省人大代表、省人大代表联系原选举单位、邀请省人大代表列席常委会会议、省人大代表集中视察、省人大代表建议、批评和意见的督办等作出了规定。

2005年11月，省人大常委会党组提出了《关于学习贯彻中发〔2005〕9号文件的实施意见》，进一步改进完善代表知情知政保障、代表议案建议处理、代表视察和专题调研、代表小组活动、代表培训、代表联系原选举单位和人民群众、省人大常委会联系代表等工作机制和工作制度。

第二节 代表议案与建议

一、省人大代表议案

根据法律规定，省人大代表10人以上联名，可以向本级人大提出属于本级人大职权范围内的议案。每年在人代会闭会后召开的首次常委会会议上，作出议案交各相关委、办、室研究办理的决定。年底前，各相关委、办、室将办理议案的意见提交常委会会议审议，通过后书面答复代表。人事代表工作室汇总形成审议结果的综合报告，提交常委会会议同意后印发下一次代表大会。

省九、十届人大期间，先后召开的10次人代会上，代表共提出议案1265件。经大会主席团决定，有193件交省人大常委会审议处理。历次人代会上作为议案处理的分别为11、7、14、18、21、15、26、24、22、35件，其余作为建议处理。这些议案主要是法规案，要求制定法规或修改法规，有相当部分被吸收到五年立法规划或年度立法计划中，并促成法规的制定或修改。

（一）有关人大工作制度

共7件，分别交省人大常委会办公厅、研究室、人事代表工作室和法工委办理。经办理，有3件列入常委会当年立法计划，1件列入常委会五年立法规划。2002年，研究室办理"关于提议省人大常委会制定《福建省各级人大常委会讨论、决定重大事项规定》的议案"，之后负责法规起草工作，同年该法规经常委会审议通过。2002年，人事代表工作室办理"关于修改《福建省县、乡两级人大代表直接选举实施细则》的议案"，之后负责起草法规修改草案工作，同年经常委会修改通过。2007年，法工委办理"关于尽快制定出台《福建省实施〈监督法〉办法》的议案"，之后负责法规起草工作，并提交常委会进行一审。根据《监督法》第二十九条规定，法工委起草了《福建省各级人大常委会规范性文件备案审查规定（草案）》，同年该法规经常委会审议通过。

（二）有关内务司法

共47件，交内司委（前身常委会法制委）或交内司委为主办理。经办理，有14件列入常委会年度立法计划或五年立法规划。1998年，办理"抓紧制定《工会民主参与民主管理办法》的议案"，之后指导省总工会组织起草，2000年《福建省保障企业职工民主参与权利规定》经常委会审议通过。该法规是全国第一部对职工民主参与作出规定的地方性法规。2000年，办理"关于尽快出台《福建省保障民营企业健康发展条例》的议案"，主任会议确定作为一项重要立法项目，成立了由法制委、财经委、省政府法制办联合组成的起草小组，2001年《福建省个体工商户和私营企业权益保护条例》经常委会审议通过。2004年，办理"关于补充、修订《福建省村民委员会选举办法》的议案"，提出尽快修改的办理意见，2005年该法规经常委会修改通过。

（三）有关农业农村

共27件，交农经委或交农经委为主办理。经办理，有12件列入常委会立法计划或五年立法规划。1998年，办理"关于要求制定《村集体经济组织财务管理规定》的议案"，农经委会同省农办、农业厅组织开展了为期3个月的立法调研，2000年该法规经常委会审议通过。2006年，办理"关于尽快修改《福建省长乐海蚌资源增殖保护区管理规定》的议案"，提出摸清保护区域基本情况，科学确定保护区和增殖区的范围，加强海蚌资源增殖保护的办理意见，督促有关部门解决管理不到位、执法力度不够等问题。

（四）有关财政经济

共 67 件，交财经委或交财经委为主办理。经办理，有 28 件列入常委会年度立法计划或五年立法规划。2001 年，办理"关于修改《福建省房屋拆迁管理办法》的议案"，常委会列入当年法规修订项目，2002 年《福建省房屋拆迁管理条例》经常委会审议通过，同时废止原《办法》。2006 年，办理"关于尽快出台《福建省港口发展管理规定》的议案"，联系省政府法制办、省交通厅、口岸办等部门，提出了尽快出台的办理意见，2007 年《福建省港口条例》经常委会审议通过。

（五）有关教科文卫

共 32 件，交教科文卫委或交教科文卫委为主办理。经办理，有 10 件列入常委会年度立法计划或五年立法规划。2000 年，办理"关于修改《福建省计划生育条例》的议案"，同年常委会审议通过了《关于修改〈福建省计划生育条例〉的决定》。2003 年，办理"关于制定《福建省遗体捐献条例》的议案"，2004 年教科文卫委与省卫生厅、红十字会成立起草小组，2005 年该法规经常委会审议通过。

（六）有关侨台

共 2 件，交侨（台）委办理。经办理，有 1 件列入常委会年度立法计划。1998 年办理"关于尽快制定颁布《福建省华侨投资保护条例》的议案"，同年《福建省保护华侨投资权益若干规定》经常委会审议通过。

（七）有关环境与城乡建设

共 11 件，交环城委办理。经办理，有 5 件列入常委会年度立法计划或五年立法规划。2004 年，办理"关于修订《福建省燃气管理条例》的议案"，2007 年常委会修订该法规。2005 年，办理"关于制定《福建省物业管理条例》的议案"，环城委参与了条例起草工作，2006 年该法规经常委会审议通过。

二、省人大代表建议

根据法律规定，省人大代表向本级人大及其常委会提出的对各方面工作的建议、批评和意见，由本级人大常委会的办事机构交有关机关和组织研究处理并负责答复。省九、十届人大期间，代表共提出建议 6077 件（含议案转建议）。按照建议内容分别交省人大常委会各委、办、室和"一府两院"及有关党群组织等办理。其中省人大常委会各委、办、室共承办 312 件（含分办和协办）。

省人大常委会将办理结果分为四类：建议所提问题已经解决或基本解决的为 A 类，正在解决或列入规划逐步解决的为 B 类，因客观条件或其他原因暂时不能解决的为 C 类，留作参考的为 D 类。

省九届人大一至五次会议代表建议办理结果：A 类分别占 39.4%、37.1%、

38.5%、27.7%、34%；B类分别占36.2%、39.4%、41.9%、50%、40.8%；C类分别占21.7%、20.4%、15.8%、20.3%、17.5%；D类分别占2.7%、3.1%、3.8%、2%、7.7%。

省十届人大一至五次会议代表建议办理结果：A类分别占33.2%、23.4%、49%、22.9%、44.3%；B类分别占44.2%、52.4%、28%、60.5%、39.1%；C类分别占16.8%、19.4%、18.4%、14%、14.5%；D类分别占5.8%、4.8%、4.6%、2.6%、2.1%。

（一）督　办

1. 措　施

省人大常委会对"一府两院"督办措施有：每年4—5月，由常委会统筹安排，领导带队、部分常委会委员与代表参加，人事代表工作室和各相关委员会具体组织，对承办单位的办理情况进行对口视察检查，着重检查承办单位是否在法定期限内办结，了解办理进度和办理工作中存在的问题；每年9—10月（从2003年开始，并从2005年起列入常委会工作要点）对办理情况进行"回头看"，重点对办理结果为A类和B类的建议落实情况进行检查；每年年底的常委会会议安排听取和审议"一府两院"办理代表建议情况的报告；每年代表建议的办理情况和审议情况汇总形成综合报告后，连同"一府两院"办理情况的报告，印发第二年年初召开的人代会。

人代会主席团或常委会主任会议从众多代表建议中把经济社会发展和群众关心的热点问题作为重点建议进行重点督办。重点督办的措施有：由各工作机构具体组织对承办单位的办理情况进行对口视察检查时，逐件听取重点建议办理情况的汇报；对办理情况进行"回头看"时，着重检查重点建议办理结果的落实情况，"回头看"活动结束后向主任会议作出汇报；每年年底的常委会会议听取和审议"一府两院"办理代表建议情况报告时，"一府两院"对办理重点建议情况逐件说明，会议审议每件重点建议的督促检查、协调落实情况，常委会组成人员审议时如有不同意见，交有关承办单位继续办理，办理的情况以书面形式向下一次省人大常委会会议报告。

2. 确定重点建议

省九、十届人大期间，共确定重点建议14件。

2001年，省九届人大四次会议主席团在500多件代表建议中选定"关于加大扶持闽西北山区经济开发，切实加强山海协作"、"关于由政府牵头对药品采购进行集中公开招标"、"关于提请省政府专题调研解决部分侨房租赁问题"以及"关于省法院应该加强督查，推动各级法院加大纠正错案和错案责任追究力度"等4件人民群众普遍关心的问题，作为本次会议的重点建议。

2006年，常委会主任会议从省十届人大四次会议代表所提建议中确定8件作为重点建议。这些重点建议涉及"看病难"和"看病贵"的问题、发展职业教育、建立失地农民保障机制、闽江水环境保护、老区行政村道路硬化、农村新型合作医疗、农村劳动力培训、建立农村（社区）托老所等事项。

2007年，常委会主任会议从省十届人大五次会议代表所提建议中确定"加强监管确保农产品质量安全"和"加强、改进福州道路交通管理"两件作为重点建议。

（二）"一府两院"办理情况

1. 关于部分重点建议

2001年，"关于加大扶持闽西北山区经济开发，切实加强山海协作"的重点建议，由省政府办公厅承办。办理情况：把"进一步加快山区发展，推进山海协作"列入全省增强经济开发后劲课题，并组织省直13个部门深入进行调研；年初，省委、省政府出台了《关于进一步推进山海协作加快山区发展的若干意见》，对扶持山区发展和加快山海协作的政策措施作了进一步的明确、充实和完善；之后，下发了《关于进一步加快山区发展推进山海协作的若干意见分解承办抓落实的通知》，将有关优惠政策分解到省直有关部门承办；8月又召开了省直29个部门参加的协调会，进一步督促省委推进山海协作工作的贯彻落实。

2006年，"关于建立失地农民保障机制"的重点建议，由省国土资源厅主办。办理情况：一是认真落实征地款直接发放到被征地农民的政策；二是统一了全省耕地年产值并将土地补偿和安置补贴标准提高到了法定最高限；三是鼓励各地先行建立并试点被征地农民保障模式，厦门市、晋江市建立被征地农民养老保障制度，福州市、泉州市推行留地安置模式；四是积极做好《福建省被征地农民养老生活补助暂行办法》的制定工作。同时提出要做好以下3项工作：尽快出台被征地农民基本生活保障办法；抓紧制定《关于规范留地安置工作的意见》；总结推广经验，推动失地保障问题在全省的有效解决。

2007年，"关于加强监管，确保农产品质量安全"的重点建议，由省工商管理局、质量技术监督局、农业厅、食品药品监管局分办。办理情况：省政府召开全省电视电话会议，对开展产品质量和食品安全专项整治工作作出具体部署，制定行动方案和10个具体的子方案，确定了10项工作任务，成立产品质量和食品安全领导小组，召开多场农产品安全现场会；省直有关部门采取措施，落实各自监管责任，建立农产品监管长效机制，加强农产品质量检验检测工作，加大农产品污染源头的治理力度，建设农产品现代流通网络。

2. 关于其他建议

1998年，代表提出"关于尽快制定冤假错案追究制度的建议"，由省法院承办。出台了《福建省各级人民法院错案责任追究制度（试行）》，印发全省法院系统执行。

1999年，代表提出"关于倾斜闽西革命老区抚恤定补"的建议，由省财政厅承办。厅领导带领相关处人员深入基层调研，走访老复员军人和"五老"人员，提出了对全省49710位老复员军人、33794位"五老"人员等优抚对象调整抚恤定补标准，所增经费负担比例适当调整的意见，报经省政府批准后，从当年10月起执行。

2000年，代表提出"关于要求尽快改建浦城枫岭至二渡关出省公路通道的建议"和"关于要求改建浦城至花桥省际公路的建议"，由省交通厅主办。省交通厅会同有关部门研究同意将上述两条公路列入出省通道项目，并上报国家有关部门积极争取资金补助。

2001年，代表提出"关于加大'千万亩节水灌溉工程'投入的建议"，由省计委承办。省计委一方面积极争取国家计委对水利节水示范县、示范项目和大型灌区改造配套项目的资金补助；另一方面把万亩旱片治理作为省预算内基建投资重点，每年安排1600万元补助。"十五"期间，配合各主管部门，抓好"千万亩节水灌溉工程"的项目落实和建设。

2002年，代表提出"关于尽快出台燃气管理法规的建议"，由省建设厅承办。省建设厅加快组织力量起草条例草案，2002年《福建省燃气管理条例》经常委会审议通过。

2003年，代表针对推进企业信用体系建设提出"关于努力建设信用福建的议案"（转建议），由省经贸委承办。省经贸委向省政府提出工作方案，省政府召开专题会议，要求省经贸委牵头研究制定详细的工作计划，还对建立有关企业信用的征集、披露、评价、保险、失信惩戒五个子系统的工作作出了具体部署，并制定了《福建省企业信用联合征信管理办法》。

2004年，代表提出"关于加强与两大'三角洲'对接，拓宽对连接通道的建议"。由省委、省政府办公厅承办。加快了出省干线铁路、高速公路、入闽公路和沿海港口开发建设步伐；强化省际中心城市的合作，加强与两大"三角洲"的产业合作，形成外企、民企双轮驱动的互动格局；着力构建东南沿海区域现代物流中心、现代物流体系，增强闽货产品的辐射力。

2005年，代表提出"关于解决群众'看病难'、'看病贵'问题的建议"。由省卫生厅承办。省长黄小晶批示要求采取有效措施，切实解决问题，年内要有明显改善。分管副省长就此问题专门进行了调研。4月初，省卫生厅制定下发了《关于进一步开展医疗机构控制医药费用增长工作的意见》，提出控制医疗费用的5项指标。同时，召开全省医疗机构电视电话会议，对解决群众"看病难"、"看病贵"问题进行部署。

2006年,代表提出"关于加强节约型社会建设的建议",由省经贸委承办。省政府常务会议研究通过了关于加强节能工作的实施意见、省"十一五"重点节能工程行动方案及节能指标分解方案;省经贸委会同省统计局建立了GDP能耗公报制度;省经贸、财政、税务、科技、环保等部门制定《福建省鼓励发展环保产业设备(产品)目录》;省经贸委在中心城市培植1~2家再生资源回收利用处理的试点企业;完善了节能监测办法,定期公布监测情况。

2007年,代表提出"关于加强从刑法上遏止违法用地的犯罪行为的建议",由省检察院承办。省检察院把查办破坏土地资源渎职犯罪案件作为2007年办案重点:集中力量查办非法批准征用、占用土地,非法低价出让国有土地使用权,以及滥用职权、玩忽职守造成土地资源损毁的案件;加大督办、查办力度,适时选择一批案件挂牌督办;加强业务培训,以适应形势发展和办案工作的需要;加强与国土资源管理等部门的沟通联系,建立健全惩治和预防破坏土地资源渎职犯罪的长效机制。

(三) 常委会委、办、室办理情况

1. 办公厅

办理19件。1998年,办理"关于人大工作应引进激励机制的建议",对于建立工作人员合理流动机制问题,研究制定了《省人大常委会机关干部实行轮岗、交流的暂行规定》。2003年,办理"关于建设福建省人大网站的建议",办公厅将其作为当年一项重要工作来落实,具体组织实施,于年底建成。

2. 人事代表工作室

办理57件。2001年,办理"关于完善省人大议案、建议、批评和意见办理做法"的建议,抓紧省人大代表建议办理法规的起草、修改工作,《福建省人大代表建议、批评和意见办理工作规定》于当年9月审议通过。2004年,办理"关于要求组织省人大代表分批培训、外出考察开阔眼界的建议",常委会将代表培训工作列入工作要点,人事代表工作室组织实施,于2005年承办了7期省人大代表培训班。

3. 法工委

办理7件。完成了代表提出的"关于尽快通过《福建省旅游条例》"、"关于农民进城务工与城镇职工享受同等失业保险待遇"、"关于我省按'农村粮'与'商品粮'人员区别缴、领失业保险金的规定不合理,应予修改"等7件代表建议的办理工作。在调研、修改、论证《福建省旅游条例》、《福建省失业保险条例》等法规草案时,吸收了其中一些具体建议。

4. 内司委(前身常委会法制委)

办理69件。2005年,办理"关于古田溪水电厂二级电站国有资产重大流失

案"、"关于加快殡葬改革步伐的建议"过程中,内司委专门赴宁德市及古田、寿宁两县开展调研,同有关部门交换意见,提出解决措施。

5. 农经委

办理40件。2001年,在办理"关于解决农业结构调整和农田保护之间矛盾问题的建议"时,召集相关单位的分管领导和业务处长进行专题研究,提出加强对利用基本农田进行农业结构调整的指导,简化程序,加强服务,促进农业发展和农民增收的办理意见,并督促有关单位严肃查处借机搭车收费和擅自提高收费标准行为。2007年,在办理"关于要求将官井洋大黄鱼保护区调整列入今年立法议程的建议"时,积极协调省政府法制办、省海洋与渔业局做好《官井洋大黄鱼繁殖保护区管理规定》修改的前期准备工作。

6. 财经委

办理61件。财经委重视将法规初审工作与代表建议议案办理工作相结合。在制定《福建省招标投标条例》与修订《福建省失业保险条例》时,邀请提建议的代表参加调研和相关座谈会、论证会等活动。在起草或修订法规过程中,研究和吸收代表的意见和建议。

7. 教科文卫委

办理31件。办理九届人大一次会议期间代表提出的"加强农村文化设施建设的建议",促使省政府拨出1000万元,带动各地相继投入3.5亿元,加强农村基础文化设施建设。教科文卫委办理关于制定《福建省终身教育促进条例》的建议,之后促成这一立法纳入立法规划,并组织起草了这一法规。

8. 侨(台)委

办理13件。1998年,在办理"关于扶持华侨农场加快改革"的建议时,侨(台)委会同省侨办、侨联研究,向省政府提出了"加强对华侨农场体制改革的领导、下大力气突破社保问题"等建议,引起省政府的重视。连续五年共筹措3000万元,其中省政府每年300万元,省侨办每年300万元,专款用于补助华侨农场基本养老保障。

9. 环城委

办理19件。1999年,在办理"关于要求协调解决泰顺县顺丰明胶有限公司排放工业污水污染福鼎市饮用水,威胁人民健康的议案"(转建议)时,环城委带领省环保局及有关新闻单位的记者前往现场进行察看。在有关部门协调下,浙江省环保局及当地环保部门均明确表示,立即无条件关停该厂或异地搬迁,废水即使治理达标也不排入福建境内,今后不再审批在闽浙两省交界地区可能产生污染的项目。

三、全国人大代表议案与建议

每年年底,向"一府两院"和各设区的市人大等单位发出通知,为全国人大代表征集议案、建议素材,并举办各种形式的议案和建议研讨会,提高议案、建议质量。全国人代会期间,派出工作人员负责福建省全国人大代表提出的议案和建议的收集、完善和报送工作。省九、十届人大期间,福建省全国人大代表共提出议案540件、建议1577件。闭会后,由人事代表工作室跟踪了解办理情况。

2004年,在十届全国人大二次会议上,陈慧珠代表领衔的30多名代表联名向大会提交了"把建设海峡西岸经济区列入国家区域发展目标"的建议,呼吁把建设海西列入统筹区域协调发展的战略部署,同西部开发、东北老工业基地振兴一样,摆上重要议事日程,作为促进祖国统一大业的一项重要工作;黄小晶代表领衔的57名代表联名提交了"关于建设对外开放、协调发展、全面繁荣的海峡西岸经济区的建议",建议把海峡西岸经济区建设纳入全国重点发展区域,列入国家发展规划,予以重点规划、重点扶持,并在基础设施和产业布局、政策等方面给予更多的指导和支持。代表的建议引起中央领导的关注和重视,并给予了肯定和支持。

2005年,在十届全国人大三次会议上,巫秀美、李春兴代表分别领衔向大会提出建议:把建设海峡西岸经济区列入国家"十一五"规划,赋予闽台合作交流更多灵活、特殊的政策,推进海峡西岸经济区更快形成和发展,为祖国统一大业多做贡献;张昌平代表领衔60多名代表联名又提交了"关于进一步明确海峡西岸经济区在全国区域发展布局和推进祖国统一进程中的重要作用及其定位的建议",建议把海峡西岸经济区列为国家"十一五"规划重点发展区域,对于现阶段拟在福建投资的台资项目,均按照"同等优先,适当放宽"的对台经贸政策给予项目落地。其他代表也提出多个有关海峡西岸经济区的议案和建议。

2005年10月,在党的十六届五中全会上,有关海峡西岸的内容写入全会审议通过的《中共中央关于制定国民经济和社会发展第十一个五年规划的建议》。2006年3月,在十届全国人大四次会议上,支持海峡西岸经济发展的内容,分别写入《政府工作报告》和"十一五"规划纲要。

第三节 代表活动与培训

一、代表活动

闭会期间,省人大常委会组织代表开展小组活动、集中视察和专题调研,以及参加专项视察、执法检查、立法调研、立法论证和有关座谈会。

(一)代表小组活动

省人大常委会按照便于组织和开展活动的原则,进行代表编组。将全国人大代表按地域、省直的省人大代表按常委会各工作委员会业务对口,分别编成若干个代表小组，开展代表小组活动。在各设区的市和驻闽部队的省人大代表，委托各设区的市人大常委会和省军区分别编成若干个代表小组并开展活动。鼓励代表和代表小组积极联系原选举单位和人民群众，反映社情民意。

从2005年开始，省人大常委会应南昌铁路局的邀请，每年都组织部分在闽的全国人大代表组成代表小组，对铁路春运工作进行视察。2007年4月，省人大常委会首次组织在闽11位全国人大女代表组成女代表小组，就下岗女职工再就业问题和农民工子女入学问题进行了专题调研。2007年《中国人大》第15期对这次女代表小组调研情况作了专题报道。

（二）集中视察和专题调研

集中视察和专题调研的安排：全国人大代表由省人大常委会组织；省人大代表由省人大常委会统一安排，并委托各设区的市人大常委会和省军区组织。

每年年底组织集中视察，主要围绕全省经济社会发展情况和依法行政、公正司法以及代表大会作出的决议、决定落实情况等全局性工作，了解掌握当年全省经济建设、政治建设、文化建设和社会建设的全面情况，为代表审议下一年度人代会各项报告作准备。2005年，省人大常委会把各地"六千"水利工程建设情况纳入省人大代表集中视察内容。

从2005年开始，安排每年年中开展专题调研，调研突出一个"专"字，主要针对党和国家工作重点、人民群众关心的某个专题深入调研，形成调研报告和代表议案建议。2005年，组织全国人大代表对道路交通安全法律法规贯彻执行情况、食品卫生法律法规贯彻执行情况、建立食品安全诚信体系问题、建立和完善农村公共卫生财政保障体制问题、乡镇机构改革后乡镇政府的建设问题、文化自然遗产管理问题等6个专题进行了调研；2006年与2007年分别进行了6个与3个专题调研。省人大代表也就相关议题进行了专题调研。

此外，省人大常委会还适时组织专题视察。2001年，省人大常委会部分组成人员和省人大代表组成视察组，对宁德、南平、龙岩、漳州等地的千公里江堤建设情况进行专题视察，就工程进度和质量、征地拆迁、资金到位等问题提出意见、建议，共商解决办法。这次专题视察情况，写入了省九届人大五次会议省人大常委会工作报告中。

二、代表培训

（一）全国人大代表培训

2003年，省人大常委会先后两次举办十届全国人大代表（福建）培训班，共有代表86人次集中学习了党的十六大精神、《宪法》、《代表法》、《全国人大的组织和运作》、《如何履行代表职责》等有关课程。

2004年7月,组织基层的十届全国人大代表13人,就建设海峡西岸经济区、《行政许可法》、《预算法律制度》等相关内容进行学习。

2005年7月,举办中发〔2005〕9号文件学习班,组织在闽十届全国人大代表36人参加了学习培训。

按照全国人大常委会办公厅的通知,2005—2007年,先后组织十届全国人大代表21人次参加了全国人大常委会办公厅举办的代表学习班。此外,还先后组织在闽全国人大代表赴京出席人代会前,集中学习《反分裂国家法》、《物权法》、《企业所得税法》等法律草案,为审议法律草案做好准备。

(二) 省人大代表培训

在2005年之前,省人大代表的学习培训委托各设区的市人大常委会组织。2005年之后,改由省人大常委会组织。2005年,省人大常委会先后在南靖、连城、湄洲岛、石狮、福鼎、长乐、武夷山举办了7期省人大代表培训班,组织代表学习了《代表法》、《预算法律制度》、《代表议案、建议批评意见的提出和办理及闭会期间的活动》、《法律建设在构建和谐社会中的作用》等课程及相关知识,先后有450多名省人大代表参加了培训,占代表总数的82%。2006年《中国人大》第18期专文登载了这次代表培训情况。

2007年年底,下发了针对新选出的省十一届人大代表进行任前培训的通知,并发放有关文字与影像资料。

此外,省人大常委会还利用组织代表视察、调研、执法检查等活动的机会举办讲座或发放书面学习材料。

第四节 代表工作保障

一、组织保障

2005年,在人事代表工作室代表联络议案处加挂全国人大代表联络处的牌子,增加行政编制2名。2005年,中共福建省委转发《中共福建省人大常委会党组关于学习贯彻中发〔2005〕9号文件的实施意见》,要求各设区的市人大常委会人事代表工作机构加挂省人大代表联络处(科)的牌子,充实工作人员。

二、知情知政保障

省人大常委会组织代表进行集中视察和专题调研之前,召开省情通报会;召开常委会例会时,邀请全国人大代表、省人大代表列席;省人大常委会组成人员分工联系全国人大代表、省人大代表,不定期走访代表,了解情况;向全国人大代表、省人大代表寄发《福建省人大常委会公报》、《福建省人民政府公报》、《法院工作情况》、《闽检要况》，以及国民经济和社会发展相关资料等。

三、经费保障

省人大代表在闭会期间的活动经费列入省财政预算。在2005年之前为每人每年1200元，2005年增加到2000元，2007年年底在编列第二年预算草案时增加到3000元。

第十二章 信 访

第一节 制度建设

1991年12月,省七届人大常委会制定了《福建省各级人大常委会办理人民群众来信来访工作条例》,规范各级人大常委会信访工作。2000年11月,省九届人大常委会进行修订,将条例更名为《福建省各级人大常委会信访工作条例》。条例主要内容为:人大信访工作指导思想、信访工作机构、受理范围、处理办理程序、信访工作联系制度、信访人权利义务。

1998年7月,省九届人大常委会主任会议审议通过《福建省人大常委会例会期间领导接待重大问题上访群众的暂行规定》,1999年12月修订更名为《福建省人大常委会组成人员接访群众制度》。1999年12月,省九届人大常委会主任会议审议通过《福建省人大常委会办理人民群众来信来访工作制度》和《福建省人大常委会信访工作领导小组工作规则》。2003年5月,省十届人大常委会主任会议对上述3项制度进行修订,其中《福建省人大常委会组成人员接访群众制度》更名为《福建省人大常委会组成人员约访群众制度》。

2000年5月,常委会信访工作领导小组制定了《福建省人大常委会信访工作领导小组与省法院、省检察院、省公安厅等部门信访协调会制度》。2003年5月,省十届人大常委会主任会议进行修订,更名为《福建省人大常委会重要司法类信访问题协调会议制度》。

第二节 受理与处理

1998年11月,省人大常委会成立以常委会分管副主任为组长、相关委、办、室负责人为副组长或成员的省人大常委会信访工作领导小组。领导小组在主任会议领导下,对常委会信访工作负总责,指导全省人大系统信访工作。省十届人大常委会期间,调整充实领导小组成员,各委、办、室分管副主任均为领导小组成员,形成统一领导、职责清晰、分工协作的"大信访"格局。2005年10月,建立新进机关工作人员到信访局锻炼半年制度,先后有9名机关工作人员得到锻炼。此外,各委员会配备1名兼职信访干部。

一、受　理

根据《宪法》、《地方组织法》、《国务院信访条例》、《福建省各级人大常委会信访工作条例》等法律法规规定，省人大常委会信访局（前身办公厅信访处）、人民接待室、常委会授权的其他工作机构〔主要有内司委、农经委、侨（台）委〕受理人民群众来信，接待人民群众来访。

信访局承担了常委会主要的信访任务，接受全国人大常委会、省委、省人大常委会及其组成人员交办或转办以及机关有关办事机构、工作机构送交的信访事项。对不属职责范围内的信访事项，引导群众以合法理性的方式表达诉求。对受理的信访事项，依法依规将信访人姓名、地址、诉求等要素录入信访管理软件。省九、十届人大期间，信访局共受理信访事项111035件/批，其中来信84162件，来访26873批68612人（含集体访1524批29969人）。常委会授权的其他工作机构也分担了部分对口的信访任务。内司委受理来信7727件，来访1034人；农经委受理来信570多件，来访130多批600多人；侨（台）委受理来信3974件，来访2054人。

2005年4月，全国人大常委会办公厅推行"5句话20个字"（分别受理，综合分析，统一交办，定期反馈，严格督查）和"四个百分之百"（所有来信来访，件件进行登记，件件记录在案，随时可查，达到100%；所有来信来访，都要有人拆阅、有人接访，进行分析、归类，达到100%；所有来信来访，都要交办，都要把办理责任落实到单位、个人，达到100%；所有来信来访，件件要有回音，达到100%）信访工作模式，从当月起其受理的属于各省管辖的信访件全部交由省级人大常委会信访部门负责办理。2007年7月，全国人大常委会办公厅改进信访工作模式，改统一交省级人大常委会信访部门办理为报送中央信访联席会议办公室，由中央信访联席会议办公室交省级信访联席会议办公室办理，省信访联席会议办公室安排省人大常委会信访局负责。2005—2007年，信访局共接收全国人大交办件（含2007年7月以后中央信访联席会议办公室转送的）7015件。

二、处　理

对受理的信访事项，根据"属地管理、分级负责，谁主管、谁负责"的原则，作如下处理：一般信访事项统转交办，重要信访事项发函或会议交办；全国人大常委会交办的信访事项，按照《全国人大常委会机关信访工作若干规定》要求，统转或发函交有关部门办理和反馈；省委、省人大常委会及其组成人员交办或转办的信访事项，根据领导批示意见统一转交或发函交有关部门办理和反馈；机关各办事机构和工作机构送交的信访事项，根据实际情况并结合送交部门意见统一转交或发函交有关部门办理和反馈。

2005年4月，全国人大常委会办公厅推行信访工作新模式后，属于市、县（区）管辖的信访事项统一交由设区的市人大常委会办理。2007年7月以后，中央信访联席会议办公室交办的信访事项，列清单交省直各信访专项工作小组和设区的市信访联席会议办公室办理和反馈。

三、督　办

信访局对交办的信访事项，通过电话、函件、会议、调研、情况通报等形式，进行跟踪督办，督促承办单位按期办结反馈。10年间（1998—2007年），信访局围绕改革发展稳定大局和群众反映强烈、普遍或典型的征地拆迁、社会保障、医疗卫生、房产和物业纠纷、涉法涉诉等问题，加大交办督办力度。共重点交办2130件，80%的信访事项得到解决或部分解决。

内司委督办一些久拖不决的交通事故、债务纠纷、基层干警违纪办案和违法行政等信访件，得到妥善处理或较好解决。

农经委把信访中反映的有关土地征用、林地开发保护和水利设施建设维护等重大问题和典型案件纳入执法检查和工作监督范围，督促有关部门解决，一些带有共性的问题建议通过立法予以解决。其中对长乐市鹤上镇白厝村毁田取土烧砖、文岭镇沙头顶村鳗场影响农田生产、沙县涌溪村土地补偿费纠纷、晋安区浮村和鼓楼区快洲村村委会选举纠纷等信访督促有关部门依法予以纠正。

侨（台）委在省九届人大期间督促解决了侨、台胞投资、房产、人身权益受侵害等信访件198起。其中，侨资企业晋江三益公司与厦门五矿公司的货款纠纷、台资企业力泰公司的投资纠纷、菲律宾华侨与厦门华建公司购房纠纷等一批侨、台胞反映强烈的问题得到解决。省十届人大期间，在侨（台）委的督促协调下，莆田赤港华侨农场土地被划拨到土地储备中心等多起侵犯侨、台胞合法权益的问题得到解决。

环城委针对尤溪县原中仙草芦纸厂污染回潮的投诉，督促省环保局依法查处，促使该厂彻底关停。组织常委会部分委员专题听取福清、闽侯跨区域养殖污染投诉问题的情况汇报，促成多年来严重影响这一地区群众生产、生活用水问题基本得到解决。

四、领导接访

常委会领导阅批群众来信，接待群众来访，先后实行了常委会例会期间领导接待重大问题上访群众制度和常委会组成人员接访（约访）群众制度，协调处理重要、典型或疑难信访事项。常委会领导接访（约访）群众的准备、服务保障和后续工作由信访局（前身办公厅信访处）负责。

2002年4月，对于福州东门房地产公司因他人伪造证件冒用公司名义获取银行1000多万元抵押贷款，被判决承担连带责任问题。省九届人大常委会副主任、信访工作领导小组组长黄贤模接访并主持召开协调会，经法院重新判决，东门公司不承担连带责任，维护了东门村近2000名群众的合法权益。

2003年7月，对于泰宁县龚衍昌等人反映店面拆迁补偿问题，省十届人大常委会副主任张家坤、谢先文、曾喜祥共同约访当事人，与有关单位研究分析，提出处理意见，使这起涉及金额130多万元历经10年的"老信访问题"得到解决。

2004年1月，对于福建六建建工集团反映与钜福房地产公司建设工程施工合同纠纷一案执行难问题，经省十届人大常委会副主任贾锡太、曾喜祥约访，信访部门督促有关部门落实，590万元工程款得以执行，维护了当事人和被拖欠工资农民工的合法权益。

第三节 信息与联系

一、信 息

信访局开展对群众来信来访的综合分析，定期分析季度、年度信访情况，及时分析重要、典型或突发信访情况。通过综合分析发现问题，探究成因，提出对策建议。将重大信访件和综合分析情况编成《信访情况》、《重要信访情况专报》，报送常委会，抄送"一府两院"及有关部门。信访信息为常委会立法、监督等工作服务，督促有关方面及时解决问题，维护人民群众合法权益。省九、十届人大期间，共编发《信访情况》、《重要信访情况专报》、《大会群众信访情况》等305期。

2007年，信访局根据《监督法》关于信访集中反映的问题作为人大常委会确定专项工作报告议题的途径之一的规定，分析当年1—10月信访反映比较集中的保障征地农民合法权益、房屋拆迁、法院执行等问题，常委会将这些问题列入次年听取和审议"一府两院"专项工作报告的议题之中。

二、联 系

联系的主要方式：把人大信访工作纳入省信访联席会议工作机制，在联席会议指导协调下开展工作；实施省人大常委会信访局与"一府两院"信访部门工作联系制度，与省直有关部门互通情况，协调配合；加强与市、县（区）人大联系，通过召开会议、开展调研、编发简报、举办培训班等形式，总结、交流和推广人大信访工作经验，省九、十届人大期间，共召开全省人大信访工作座谈会12次，举办培训班4期。

附：

省人大常委会信访工作领导小组成员名单

（一）省九届人大期间

组　　　长：黄贤模

副 组 长：曾喜祥　李德海

成　　　员：毕振东　李伟民　王志明　陈长贵

办公室主任：王志明（兼）

（二）省十届人大期间

组　　　长：曾喜祥

副 组 长：陈元春　林源森①　林建丰②

成　　　员：洪长平　王志明③　许长荣④　李晓吾⑤　游劝荣
　　　　　　陈竹丛　张光倬　赖祖胜　陈二南　徐　江⑥

办公室主任：王志明（兼）⑦　林建丰（兼）⑧

---

① 增补，2005 年 10 月。
② 增补，2007 年 3 月。
③ 调离，2005 年 7 月。
④ 增补，2006 年 4 月。
⑤ 增补，2006 年 4 月。
⑥ 增补，2007 年 3 月。
⑦ 调离，2005 年 7 月。
⑧ 增补，2007 年 3 月。

第十三章　指导和联系市、县、乡人大工作

第一节　指导市、县、乡人大选举工作

一、制度建设

《选举法》规定，省人大常委会指导本行政区域内县级以下人大代表选举工作。为了便于实施《选举法》、《全国人大常委会关于县级以下人民代表大会直接选举的若干规定》，1987年，省六届人大常委会制定了《福建省县、乡两级人民代表大会代表直接选举实施细则》，对选举工作机构的设立与职责、代表名额确定和分配，选区划分，选民登记，代表候选人的提出，选举程序，代表的罢免，辞职和补选，破坏选举的制裁等进行了规范。

省九、十届人大期间，根据《选举法》的修改和福建省实际情况，于1998年、2002年和2005年对《福建省县、乡两级人民代表大会代表直接选举实施细则》进行了3次修改。既根据新修改的《选举法》精神修改相应条文，又修改了原法规中与形势发展不相适应的内容，增强可操作性。主要修改内容：县级人民武装部收归军队建制，改按《解放军选举办法》参加选举；为适应户籍改革和人口流动，删除了与户籍制度改革不相适应的各种类型户口性质划分的规定，增加了选举期间无法联系的选民暂不登记等内容；还对代表的罢免、辞职、补选和乡级人大代表资格审查等规定进行了修改。

二、统筹安排全省市、县、乡三级人大代表换届选举时间

（一）县、乡两级人大代表同步换届选举

2004年3月，十届全国人大二次会议通过的《宪法修正案》规定，乡、民族乡、镇的人民代表大会每届任期由三年改为五年。同年10月，全国人大常委会对《地方组织法》进行相应修改，并作出了《关于县、乡两级人民代表大会代表选举时间的决定》，要求各省、自治区、直辖市人大常委会"可以根据本行政区域的具体情况，按照县、乡两级人大代表换届选举同步进行的原则，在2006年7月1日至2007年12月31日期间，安排本行政区域内的县、乡两级人大代表换届选举工

作"。根据这一决定，2005年11月，省十届人大常委会二十次会议通过《关于全省市、县、乡三级人民代表大会代表换届选举时间的决定》，要求全省县、乡两级人大代表应在2006年11月1日至12月31日期间同步进行换届选举。这样安排，避免了全省84个县（市、区）和950多个乡镇多开一次人代会，节约选举成本，同时便于省、市人大常委会做好对县、乡人大代表选举的指导工作。

（二）衔接设区的市、县两级人大代表换届选举时间

福建省各个地区改市的时间不同，人大代表换届选举时间也不同。9个设区的市原安排在2005年11月至2007年11月的6个不同时间段进行换届选举，造成绝大多数县（市、区）都要多开一次人代会选举设区的市人大代表。为此，省人大常委会从2005年就组织人员深入调研，反复论证，提出对策，结合全省县、乡人大换届选举，统一全省设区的市人大换届选举时间，并与县级人大换届选举时间相衔接。2005年11月，省十届人大常委会通过《关于全省市、县、乡三级人民代表大会代表换届选举时间的决定》，要求全省各设区的市人大代表应在2007年1月1日至2月28日期间进行换届选举。这样，全省84个县（市、区）只在人大例会上选举设区的市人大代表，以减少工作量和选举成本，并从2007年之后，全省设区的市与县乡人大代表选举可以自下而上依次进行，便于统筹人事安排。

三、指导宁德撤地设市选举

1999年12月，经国务院批准，撤销宁德地区和县级宁德市，设立设区的市——宁德市，以原县级宁德市的行政区域设立蕉城区。根据《选举法》和《地方组织法》的规定，新设立的宁德市必须及时选举产生第一届人大代表，并在法定时间内召开人代会。为此，省人大常委会组织人员赴宁德地区的宁德市、福安市、福鼎市、霞浦县及所辖的部分乡镇进行调研，走访各级代表，召开座谈会，听取地区人大工委和代表们的意见。在调研基础上，对宁德撤地设市选举工作提出了建议和意见。2000年5月，省九届人大常委会作出了《关于宁德市人大代表名额及常委会组成人员名额的决定》，新设立的宁德市人大代表名额确定为369名，宁德市一届人大常委会组成人员名额确定为33名。2000年11月，宁德市一届人大一次会议如期召开，依法选举产生了宁德市第一届人大常委会，省人大常委会派员到会指导。至此，全省9个设区的市均设立了人大及其常委会。

四、指导市、县、乡人大换届选举

（一）1998年县级人大换届选举

这是1995年《选举法》、《地方组织法》修改后福建省第一次县级单独换届选

举，面临许多新情况、新问题。1998年4月，省委召开常委会会议听取了省人大常委会党组汇报，进行了专题研究并批转了省人大常委会党组《关于1998年全省县级人大换届选举工作的意见》。要求在代表名额减少的情况下，注意提高代表素质，改善代表结构，并对人大常委会组成人员的专职比例、年龄结构、组织建设等提出指导意见。5月下旬，省委成立了县级人大换届选举工作指导小组，下设办公室（设在省人大常委会人事代表工作室）。6月中旬，省委召开了全省县级换届选举工作会议，进行工作部署。1998年3月，省九届人大常委会通过《关于福建省县级人大代表选举时间的决定》。5月，省九届人大常委会通过《福建省县级人大代表名额和常委会组成人员名额的决定》。省选举办和省委宣传部联合下发了《关于做好1998年全省县级人大换届选举宣传工作的意见》。省选举办编印了《选举工作手册》、《选举宣传手册》。

这次县级人大代表选举工作，从1998年10月展开，有20115784名选民参加投票选举，占选民总数的97.18%，选区投票选举一次成功率达95.92%。全省76个县（市、区）选举产生新一届县级人大代表15578名。新选出的代表中，非中共党员代表占34.51%；妇女代表占23.78%；生产第一线的工农代表占56.43%；少数民族、教育、科技、乡镇企业、种养能手等都有一定比例的代表。具有大专以上学历的代表占28.89%，高中和中专学历的代表占34.14%；35岁以下的代表占25.78%，36～55岁的代表占69.96%。与上届相比，当选代表的平均年龄有所下降，代表素质进一步提高。

这次县级人大换届选举，全省共选出县级国家机关领导人员2089名，其中主席团提名当选的2065名，占98.85%；代表联合提名当选和非候选人当选的24名，占1.14%。新一届县级国家机关领导班子，年龄在35岁以下的占10.44%，36～55岁的占85.26%；非中共党员的占18.09%；妇女干部占16.56%。

（二）1999年乡级人大换届选举

1999年5月，省委批转了省人大常委会党组《关于1999年全省乡级人大换届选举工作的意见》，要求进一步加强乡镇人大主席团的组织建设，选配好乡（镇）人大主席、副主席，乡（镇）人大主席团应配备1～2名专职秘书。5月上旬，省委成立了乡镇换届选举工作指导小组。6月下旬，指导小组召开全省乡（镇）换届选举工作座谈会进行部署。1999年6月，省九届人大常委会通过《关于福建省乡级人大代表选举时间的决定》。8月中旬，省选举办召开全省乡级人大换届选举准备工作座谈会，作出动员和部署。省选举办编印了《选举工作手册》、《选举宣传手册》。

这次乡级人大换届选举工作，时间为1999年10月至2000年1月，有18445047名选民参加投票选举，占选民总数的96.67%。全省任期届满的988个乡（镇）先后依法选出了新一届乡（镇）人大代表58546名。新选出的代表中，非中共党员代表占

39.03%；妇女代表占23.03%；工农代表占76.59%；少数民族代表占2.35%；归侨代表占0.80%；具有大专以上学历的代表占11.77%，高中和中专学历的代表占32.16%；35岁以下的代表占34.09%，36~55岁的代表占60.98%。

这次乡级人大换届选举工作，全省共选出新一届乡（镇）人大主席987人，年龄在55岁以下的占99.39%；高中和中专以上学历的占95.64%；妇女占1.82%；专职785人，兼职202人。不少地方还配备了乡（镇）人大专职秘书。新一届正、副乡（镇）长4693人，年龄在35岁以下的占47.97%，36~55岁的占51.93%，56岁以上的占0.10%；非中共党员占7.95%；妇女占10.25%；大中专以上学历的占98.51%。

（三）2002年乡级人大换届选举

2002年6月，省委批转了省人大常委会党组《关于做好2002年全省乡级人大换届选举工作的意见》（以下简称《意见》）。由于有些地方将陆续进行撤并乡（镇）和机构改革，《意见》要求减轻基层负担，避免重复选举，将乡级人大换届选举和乡镇机构改革一并考虑。同时，根据社会阶层构成的新变化进一步完善代表结构。5月上旬，省委成立了乡（镇）换届选举工作指导小组。7月中旬，指导小组召开全省乡（镇）换届工作会议进行部署。2002年3月，省九届人大常委会通过了《关于福建省乡级人大代表选举时间的决定》。省人大常委会还将莆田市4个区及乡镇人大换届选举作为直接选举的试点。省委宣传部与人事代表工作室联合印发了《全省乡级人大换届选举宣传提纲》，人事代表工作室编印了《选举工作手册》。

这次乡级人大换届选举，时间为2002年6月至2003年1月，全省共有18458091名选民参加投票选举，占登记选民总数的93.60%。全省任期届满的977个乡镇先后依法选出了新一届乡（镇）人大代表52925名。有许多第三产业、乡镇企业、民营企业、经济能人和种养能手被选为代表。在选出的代表中，非中共党员占39.70%；少数民族占2.43%；妇女占22.72%；连任代表占31.81%；非农业的代表占代表总数的28.01%；35岁以下的占30.54%，36~55岁占64.12%，56岁以上的占5.34%；大学本科及以上学历的占4.34%，大专、高职学历的占10.30%，中专、职高、高中学历的占32.58%，初中及以下学历的占52.78%，与上届相比，大专以上学历提高了2.87%，初中及以下学历的下降了3.29%。

这次乡级人大换届选举，选出的新一届乡（镇）国家机关领导人员中，主席团提名当选的5559名，占97.39%；代表联合提名当选和非候选人当选149名，占2.61%。新一届乡（镇）人大主席、副主席1051名，年龄全部在55岁以下，其中40岁以下的占49.19%；大学及以上学历的占21.12%，大专、高职学历的占55.76%，中专和高中学历的占22.36%，初中及以下学历的占0.76%；妇女占3.04%；非中共党员占1.52%；专职978名，兼职73名。新一届正、副乡（镇）长4657名，只有2

名副乡（镇）长年龄在56岁以上，40岁以下的占81.77%；大学及以上学历的占33.86%，大专、高职学历的占49.99%，中专和高中学历的占16.06%，初中及以下学历的占0.09%；妇女占10.14%；非中共党员占9.64%。同时，各乡（镇）还选出了乡（镇）人大主席团成员，大多数乡（镇）人大主席团还配备了专职秘书。

（四）2003年县级人大换届选举

2003年5月，省委批转了省人大常委会党组《关于做好2003年全省县级人大换届选举工作的意见》，要求注重提高代表素质，优化代表结构，注重推荐新的社会阶层的先进人物为代表候选人；选配好人大常委会组成人员，专职应占三分之二左右，形成梯次结构。5月下旬，省委成立了县级换届选举工作指导小组。6月上旬，指导小组召开全省县级换届工作会议进行动员部署。7月，省十届人大常委会作出《关于福建省县、市、区人大常委会组成人员名额的决定》。省委宣传部与人事代表工作室联合印发了《全省县级人大换届选举宣传提纲》、《全省县级人大换届选举工作的宣传和新闻报道意见》，人事代表工作室编印了《选举工作手册》。

这次县级人大换届选举，时间为2003年6月至2004年2月，全省任期届满的72个县（市、区）共有19317427名选民参加投票选举，占登记选民总数的92.29%。全省有10024个选区，其中一次投票成功的选区为9695个，占96.72%。全省依法选出了14792名新一届县级人大代表，有许多第三产业、乡镇企业、民营企业、经济能人和种养能手被选为代表。在选出的代表中，非中共党员占34.8%；少数民族占2.23%；妇女占22.38%；连任代表占22.57%；35岁以下的占19.56%，36~55岁的占76.57%，56岁以上的占3.87%；大学本科及以上学历的占15.16%，大专、高职学历的占22.64%，中专、职高、高中学历的占33.13%，初中以下学历的占29.07%，与上届相比，代表的文化程度有所提高，大专以上学历提高了8.9个百分点，初中及以下学历的下降了7.9个百分点。

这次县级人大换届选举，选举产生了新一届国家机关领导人员。新一届县级人大常委会组成人员中，35岁以下的占5.39%，36~55岁的占89.57%，56岁以上占5.04%；大学及以上学历的占29.09%，大专、高职学历的占46.50%，中专、高中学历的占21.75%，初中及以下学历的占2.66%；妇女占18.47%；非中共党员占21.69%。新一届政府领导人员中，35岁以下的占3.99%，36~55岁的占95.65%，56岁以上的占0.36%；大学及以上学历的占65.15%，大专、高职学历的占31.58%，中专、高中学历的占3.09%，初中及以下学历的占0.18%；妇女占12.7%；非中共党员占14.52%。新一届"两院"领导人员中，年龄全部为36~55岁，大学及以上学历的占72.22%，大专学历的占26.40%，中专、高中与初中以下学历的各占0.69%。新一届县级国家机关领导班子中，有99.72%为主席团提名当选的。

（五）2006年市县乡三级人大换届选举

这次县乡两级同步，设区的市与县乡两级衔接的人大换届选举，省委多次听取了省人大常委会党组的汇报，于2006年8月转发了省人大常委会党组《关于做好全省县乡两级人大换届选举有关工作的意见》，成立了县乡两级人大换届选举工作指导小组。8月下旬，指导小组召开全省县乡两级人大换届选举工作会议进行部署。9月，省人大常委会举办了全省县乡两级人大换届选举工作学习班，还在厦门、南平分片召开座谈会，了解进展情况，解决遇到的问题。省委宣传部与人事代表工作室联合印发了《关于做好全省县乡两级人大换届选举活动宣传报道工作的意见》，人事代表工作室编印了《选举工作手册》。

这次市、县、乡三级人大换届选举，时间为2006年8月至2007年6月，全省县级登记选民25598659名，乡级登记选民20457106名，分别有23281844名和18715240名登记选民参加投票选举活动，分别占总数的90.95%和91.49%。全省县级设有11218个选区，其中一次投票成功的选区有10920个，占97.34%；乡级设有37749个选区，其中一次投票成功的选区有36986个，占97.98%。全省9个设区的市共选出了3346名市级人大代表，84个县（市、区）共选出了17028名县级人大代表，935个乡（镇）共选出了55338名乡级人大代表。在当选的县乡两级人大代表中，由政党和人民团体推荐的分别占45.06%和31.90%，由选民联名推荐的分别占54.27%和67.66%，非候选人当选的分别占0.67%和0.44%。

在市县乡三级人大代表中，妇女代表分别占22.89%、21.84%和23.08%；少数民族代表分别占3.52%、2.02%和2.28%；非中共党员代表分别占32.85%、34.54%和40.01%；35岁以下的分别占6.30%、15.69%和24.28%，36~55岁的分别占83.65%、79.79%和69.01%，56岁以上的分别占10.04%、4.51%和6.70%；大学本科及以上学历的分别占50.47%、23.52%和7.54%，大专及高职学历的分别占24.83%、19.93%和10.91%，中专、职高及高中学历的分别占18.43%、29.86%和30.66%，初中及以下学历的分别占6.24%、26.67%和50.86%；文化程度与上届相比，大专以上学历的分别提高了5.73%、5.62%和3.81%，初中及以下学历的分别下降了2.95%、2.07%和1.92%。市县乡三级人大代表涵盖了代表构成的16类职业。其中，工人代表分别占4.21%、7.35%和3.66%，农民代表分别占10.01%、40.90%和70.92%，知识分子代表分别占16.65%、10.07%和7.50%。市县乡三级人大代表中，领导干部代表分别占20.44%、12.08%和4.42%；非公经济人士分别占18.49%、10.44%和4.71%；归侨侨眷代表、台籍代表分别占有一定的比例；连任代表的比例分别占34.07%、37.80%和30.20%；同任两级以上代表的分别占22.17%、16.71%和6.23%。

这次市县乡三级人大换届选举，依法选举产生了新一届市县乡三级国家机关领导人员。全省9个设区的市共选举产生了市级国家机关领导人员413名,84个县(市、区)共选举产生了县级国家机关领导人员2698名,935个乡(镇)共选举产生了乡级国家机关领导人员5251名。市级国家机关领导人员全部由主席团提名当选,县级国家机关领导人员中,主席团提名和代表联合提名当选的分别占99.85%和0.15%;乡级国家机关领导人员中,主席团提名、代表联合提名当选的和非候选人当选的分别占99.50%、0.30%和0.20%。

市县乡三级国家机关领导人员中,妇女分别占18.64%、16.67%和10.09%;少数民族分别占3.14%、1.77%和2.20%;非中共党员分别占18.64%、17.83%和6.23%;35岁以下的分别占0.72%、4.15%和25.17%,36~55岁的分别占78.93%、91.54%和74.76%上,56岁以上的分别占20.34%、4.29%和0.05%;大学本科及以上学历的分别占68.52%、57.44%和51.18%,大专及高职学历的分别占27.11%、29.68%和43.22%,中专、职高及高中学历的分别占4.11%、11.86%和5.52%,初中及以下学历的分别占0.24%、1.00%和0.05%,文化程度与上届相比,大专以上学历的分别提高了5.80%、5.63%和11.84%,初中及以下学历的分别下降了0.03%、1.08%和0.16%。

市县两级人大常委会和乡镇人大组织建设得到加强。市县两级分别有76.71%和93.80%的常委会组成人员在55岁以下,可任满一届,保证了人大工作的连续性和稳定性。市县两级常委会主任、副主任中,妇女分别有13名和59名,非中共党员分别有9名和81名,绝大部分市县(市、区)都有妇女和非中共党员各1名担任常委会领导。市县两级大专以上学历的分别占95.03%、81.63%,知识结构更趋合理。全省935个乡(镇),共选出主席934名(有1个乡未选)、副主席62名,其中,专职主席872名,兼职主席62名;专职副主席58名,兼职副主席4名,基本实现了每个乡(镇)都有1名主席或副主席专职做人大工作。乡(镇)人大主席、副主席中,大专以上的占91.87%,提高了15个百分点。

第二节　联系市、县人大工作

一、交流与联系

省人大常委会注重与市、县(区)人大常委会的交流和联系,通报重要活动和工作部署,邀请设区的市人大常委会负责人列席常委会会议。通过召开工作会议、座谈会、研讨会和对口机构工作座谈会,共同开展调研考察等形式,互通情况,交流经验,研究问题,推进工作。了解基层人大工作情况,帮助下级人大解决行使职权过程中出现的一些疑难问题和具体困难。

1999年11月，召开省、地市、县（区）三级人大常委会主任参加的全省人大工作座谈会。这是继1989年12月全省人大工作会议后，省人大常委会时隔十年召开的一次较大规模全省性重要会议。会议围绕坚持党的领导、依法治省和信访工作三个主题，总结交流了各级地方人大在依法行使职权中的经验和做法，进一步明确了面向新世纪地方人大在推进依法治省进程中的重要职责和任务。省委书记陈明义、代省长习近平出席会议并作讲话。2004年9月，根据省人大常委会党组的建议，省委召开纪念人民代表大会成立50周年暨地方人大设立常委会25周年大会。11月，省委召开全省人大工作会议，会议总结交流福建省人大工作的成绩和经验，研究新形势下进一步加强和改善党对人大工作领导的办法和措施，讨论《中共福建省委关于进一步加强人大工作的决定（征求意见稿）》，经修改出台了《决定》，确定了每届召开一次人大工作会议的制度。

省人大常委会一般每年召开一次省、设区的市人大常委会主任座谈会。2000年召开的全省各市人大常委会主任工作座谈会，回顾总结"九五"期间地方人大工作取得的进展，研究探讨在新时期地方各级人大行使《宪法》和法律赋予的职能，做好人大工作的问题。2001年召开2次省市人大常委会主任座谈会，均围绕"提高为人民服务质量"专题调研进行座谈研讨。2005—2007年，连续三年将贯彻落实中发〔2005〕9号文件、省委转发《省人大常委会党组关于学习贯彻中发〔2005〕9号文件的实施意见》的通知，以及省委《关于进一步加强人大工作的决定》等文件精神作为座谈会的议题，进一步推动新时期地方人大工作。

二、培　训

省人大常委会围绕全省工作大局和干部培训需求，有计划、分层次、系统性地开展培训工作。

在市县人大干部培训工作中，市、县（区）人大常委会主任是培训重点。省人大常委会将举办市、县（区）人大常委会主任培训班列入常委会年度工作要点。建立健全办公厅主要领导牵头抓总，分管领导重点抓，人事部门具体承办的工作机制。省九、十届人大期间，共举办了12期市、县（区）人大常委会主任培训班，培训696人次。

市、县（区）人大常委会主任培训班培训时间一般安排两周左右。培训内容分为政治理论、法律法规和人大业务知识三大类。重点讲授《宪法》与人大制度理论、《监督法》、《地方组织法》、《代表法》、预算法律制度、"三会"会务保障工作程序等课程。培训班邀请省人大常委会机关有关方面负责人及专家学者授课。培训坚持理论联系实际的学风，把启发教学、交流研讨、实地考察贯穿于培训全过程。培训班实行学员自我管理的制度，成立临时党支部、班委和学习小组，在临时党支部和班委的领导下开展教学和有关活动。培训班由办公厅领导带班，办公厅人事处、干部培训中心及机关学员按照各自的分工，负责做好教学协调、参观考察、文体活动、后勤保障等工作。

此外，各委、办、室、局结合工作实际，采取履职培训、专题培训、以会带训等形式，开展市县人大干部业务培训，提高市县人大干部业务素质和履职能力。

省九、十届人大期间，省人大常委会办公厅先后举办7期市县人大常委会办公厅（室）主任培训班，培训人员357人次。

表13－1　　1999—2007年市、县（区）人大常委会主任培训班统计表

年度	培训期数（期）	培训天数（天）	培训人数（人）	培训对象		省人大机关干部（人）
				市、县（区）人大常委会主任、副主任（人）		
				厅级	处级	
1999	3	各14	180	10	151	19
2000	1	14	50	2	45	3
2001	1	14	53	5	42	6
2003	1	12	52	1	45	6
2004	2	各12	130	4	115	11
2005	1	13	65	3	58	4
2006	1	13	50	3	42	5
2007	2	各14	116	13	95	8
合计	12	160	696	41	593	62

附：

一、福建省选举工作指导小组名单

（一）福建省县级人大换届选举工作指导小组（1998年）

组　　　长：陈营官

副　组　长：王建双

成　　　员：官成华　陈祖辉　陈俊杰　金惠钦　赵　凯
　　　　　　张化林　林　生　庄友松　徐登峰　林瑞昌
　　　　　　鄢一忠　傅镛堃　曾松铎　詹　毅　詹少敏
　　　　　　王美香　王吉福

办公室主任：陈祖辉（兼）

副　主　任：李晓吾　陈起辉

（二）福建省乡镇换届选举工作指导小组（1999年）

组　　　长：陈营官

副 组 长：王建双

成　　　员：陈修茂　陈祖辉　陈世谦　陈俊杰　徐登峰
　　　　　　陈义兴　张化林　傅镛堃　鄢一忠　俞传尧
　　　　　　张阳春　詹少敏　王美香　钟维平

（全省乡镇人大换届选举有关业务工作由省人大常委会人事代表工作室具体指导，乡镇党委换届选举有关业务工作由省委组织部具体指导）

（三）福建省乡镇换届选举工作指导小组（2002年）

组　　　长：卢展工

副 组 长：李　宏　王建双

成　　　员：张大共　马新岚　陈祖辉　陈俊杰　林义杰
　　　　　　林源森　陈义兴　张居胜　傅镛堃　鄢一忠
　　　　　　马潞生　黄忠岩　雷春美　王美香　赵志伟

（全省乡镇人大换届选举有关业务工作由省人大常委会人事代表工作室具体指导，乡镇党委换届选举有关业务工作由省委组织部具体指导）

（四）福建省县级换届选举工作指导小组（2003年）

组　　　长：王三运

副 组 长：李　宏　张家坤

成　　　员：林文杰　陈祖辉　李福生　陈俊杰　金惠钦
　　　　　　林　平　徐登峰　林源森　王　健　张化林
　　　　　　黄国强　郑　勇　薛金炼　李　红　雷　斌
　　　　　　卢士钢　兰致和　肖新建　王球球　俞传尧
　　　　　　龚守栋　曾乃航　黄晓炎　林文秀　刘　平

（全省县级人大换届选举的有关业务工作由省人大常委会人事代表工作室具体指导，县级党委换届选举的有关业务工作由省委组织部具体指导）

（五）福建省县、乡两级人大换届选举工作指导小组（2006年）

组　　　长：王三运

副 组 长：张家坤

成　　　员：沈山煌　于伟国　陈俊杰　黄少萍　李晋闽
　　　　　　杨鹏飞　陈祖辉　黄国强　王乃坚　钟安平
　　　　　　李　红　雷　斌　卢士钢　周　瑛　肖新建
　　　　　　张小平　路　平　陈　冬　刘群英　武榕庆

（全省县、乡两级人大换届选举的有关业务工作由省人大常委会人事代表工作室具体指导）

二、2007年设区的市人大及其常委会机构设置

福州市

专门委员会（1个）：法制委员会

办事机构（4个）办公厅、研究室、人事代表工作室、信访局

工作机构（7个）：法制工作委员会、内务司法工作委员会、财政经济工作委员会、城乡环境工作委员会、华侨（台胞）工作委员会、农村经济工作委员会、教育科学文化卫生工作委员会

厦门市

专门委员会（6个）：法制委员会、财政经济委员会、内务司法委员会、城市建设环境资源委员会、教育科学文化卫生委员会、侨务外事委员会

办事机构（3个）：办公厅、人事代表工作室、研究与宣传工作室

工作机构（1个）：台胞工作委员会（与市人大侨务外事委员会实行"两块牌子，一套人马"）

漳州市

办事机构（3个）：办公室、研究室、人事代表工作委员会

工作机构（6个）：内务司法委员会、财政经济委员会、农村经济委员会、教育科学文化卫生委员会、华侨台胞民族宗教委员会、城乡建设与环境资源保护委员会

泉州市

办事机构（3个）：办公室、研究室、信访局

工作机构（7个）：人事代表委员会、财政经济委员会、内务司法委员会、教育科学文化卫生委员会、环境与城乡建设委员会、农村经济委员会、华侨民族宗教委员会

三明市

办事机构（4个）：办公室、人事代表工作室、研究室、信访局

工作机构（6个）：财政经济委员会、农村经济委员会、内务司法委员会、教育科学文化卫生委员会、环境与城乡建设委员会、华侨台胞委员会

莆田市

办事机构（4个）：办公室、人事代表工作室、研究室、信访室

工作机构（6个）：内务司法委员会、农村经济委员会、财政经济委员会、教育科学文化卫生委员会、华侨（台胞）委员会、环境与城乡建设委员会

南平市

办事机构（3个）：办公室、研究室、信访局

工作机构（7个）：内务司法委员会、农村经济委员会、财政经济委员会、教育科学文化卫生委员会、城乡建设环境保护委员会、人事代表联络委员会、华侨台胞委员会

龙岩市

专门委员会（1个）：财政经济委员会

办事机构（3个）：办公室、研究室、信访室

工作机构（7个）：人事代表联络委员会、内务司法委员会、财政经济工作委员会、农村经济委员会、教育科学文化卫生委员会、民族宗教与外事侨台委员会、城市建设环境保护委员会

宁德市

办事机构（4个）：办公室、研究室、人事代表工作室、信访办公室

工作机构（6个）：内务司法工作委员会、农村经济工作委员会、财政经济工作委员会、教育科学文化卫生工作委员会、民族华侨台胞工作委员会、环境和城乡建设工作委员会

三、设区的市人大常委会主任名单

福州市

赵守箴（1996.3—2006.1）

练知轩（2006.1—　　　　）

厦门市

李秀记（1997.12—2002.12）

洪永世（2002.12—2007.4）

何立峰（2007.4—　　　　）

漳州市

曹德淦（1996.3—1998.4）

李敏忠（1998.4—2001.5）

郑立中（2001.5—2002.11）

张阿倉（2002.12—2007.3）

刘可清（2007.3—　　　　）

泉州市

涂瑞南（1996.3—2000.2）

薛祖亮（2000.2—2005.4）

傅圆圆（2005.4—　　　　）

三明市

陈刚挺（1995.4—2002.2）

苍震华（2002.2—2002.12）

李轩源（2002.12—2007.2）

刘　鑫（2007.2—　　　　）

莆田市

林国良（1997.11—2007.3）

林光大（2007.3—　　　　）

南平市
林克敏（1997.11—2001.4）
李　川（2001.4—2004.2）
徐肖剑（2004.2—2007.6）
徐　谦（2007.6—　　　）
龙岩市
林汝照（1997.4—2000.2）
张燮飞（2000.2—2005.7）
黎梓元（2005.7—2005.11 代理主任）
　　　（2005.11—　　）
宁德市
钟雷兴（1994.3—2000.11 地区人大工委主任）
　　　（2000.11—2007.3）
林多香（2007.3—　　　）

第十四章 自身建设与其他

第一节 制度建设

一、议事规则

省九、十届人大期间，制定或修订了主任会议、常委会、人民代表大会议事规则。3项法规均由省人大常委会办公厅组织起草。

1999年7月，省九届人大常委会十一次会议通过《福建省人大常委会主任会议议事规则》，共13条。规则对主任会议的组成和职责，以及主任会议的运作等作出规定。

2005年11月，省十届人大常委会二十次会议通过《福建省人大常委会议事规则》，共10章55条。规则对议事范围、会议准备、会议的召开、议案的提出和审议、听取和审议工作报告、质询和特定问题调查、发言和表决、议定事项的办理等作出规定，涵盖了常委会履职的各个方面。1988年4月省七届人大常委会二次会议通过的《福建省人大常委会议事规则》同时废止。

2007年1月，省十届人大五次会议通过《福建省人民代表大会议事规则》，共10章62条。规则对会议的准备，会议的举行，议案的提出和审议，审查工作报告、计划（规划）和预算，选举、罢免和辞职，询问和质询，特定问题的调查，发言和表决等作出规范，涵盖了代表大会履职的各个方面。1989年4月省七届人大二次会议通过的《福建省人民代表大会议事规则》同时废止。

从省十届人大三次会议开始，采用电子表决器表决议案。表决方式的改革，为人大代表依法自主行使表决权、提高表决效率提供了保障。

二、工作制度

2004年省委《关于进一步加强人大工作的决定》出台后，省人大常委会办公厅会同省委组织部、宣传部、编办和省财政厅起草并下发了《关于加强全省各级人大组织建设和干部队伍建设的意见》、《关于地方立法工作的若干意见》、《关于进一步加强宪法、法律和人大制度宣传、研究和培训工作的意见》、《关于加强人大经费保障工作的意见》四个配套文件，对落实省委决定作出了细化规定。

2005年，中发〔2005〕9号文件出台后，省人大常委会党组提出加强常委会制度建设的实施意见。实施意见围绕提高立法质量、增强监督实效、发挥代表作用、提高审议质量、发挥专门委员会和工作委员会作用等，制定完善有关立法、监督、人事任免、代表工作等一系列工作制度和工作规程。

机关各委、办、室、局也根据工作实际，制定包括文秘、会务、信访、人事、老干部工作、行政事务、外事接待、计算机使用管理、档案资料、精神文明建设等方面60多项工作制度。

三、学习制度

省九、十届人大期间，坚持常委会党组中心组理论学习制度。2004年4月，建立了机关党组中心组理论学习制度。党的十六大、十七大，每年全国人代会，以及省委重要会议召开之后，都将传达贯彻这些重要会议精神列入常委会会议议程。1998年和2003年省人大换届后，适时举办常委会组成人员读书班、培训班，学习政治理论、人大制度理论和有关法律知识，提高常委会组成人员政治理论水平，掌握人大工作程序和必备知识。

1999年4—9月，常委会领导班子和领导干部及机关处以上干部，开展了以"讲学习、讲政治、讲正气"为主要内容的党性党风教育，剖析党性党风方面存在的问题，制定整改措施，解决了一些突出问题。2005年1—7月，组织开展了以实践"三个代表"重要思想为主要内容的保持共产党员先进性教育活动，在学习动员、分析评议、整改提高的基础上，制定了保持共产党员先进性的长效机制，党员、群众满意和基本满意率达99.56%。此外，常委会及机关还按照省委的统一部署，结合机关实际开展了"致富思源、富而思进"的"两思"教育、反腐倡廉警示教育、学习先进典型等活动。

第二节 组织建设

一、组织机构

1997年年底，省人大常委会设有"一厅二室六委"共9个厅级单位，各委员会均为工作委员会，另有干部培训中心、信息中心、《人民政坛》编辑部和台湾法研究中心办公室4个处级事业单位；核定人员编制232名，其中行政编制161名，工勤人员事业编制30名，事业单位编制41名。

2000年9月，增设常委会法制工作委员会，下设办公室、行政立法处、经济立法处、规章备案处；原常委会法制委员会更名为内务司法委员会。

2000年10月，设立常委会人民接待室，为处级事业单位。

2001年2月，省九届人大设立专门委员会——法制委员会，在大会闭会期间，受常委会领导。

2002年5月，常委会财政经济委员会设立预算审查监督处。

2003年12月，成立机关党组。

2003年12月，省委批准的《福建省人大常委会机关机构改革方案》和2004年4月机构改革方案的《实施意见》决定：设立省人大常委会信访局，为副厅级机构，归办公厅管理，下设一处、二处，办公厅信访处并入信访局；办公厅设立技术处，增设中共省人大常委会机关党委办公室；人事代表工作室撤销秘书处，设立选举任免处和代表联络议案处；法制工作委员会规章备案处与办公室合并，保留办公室；环境委员会更名为环境与城乡建设委员会，增设业务处。

2005年11月，人事代表工作室的代表联络议案处加挂"全国人大代表联络处"牌子。

2007年6月，法制工作委员会设立备案审查处。11月，台湾法研究中心及其办公室更名为涉台法律研究中心。

2007年，人民接待室、涉台法律研究中心实行参照《公务员法》管理。

至2008年1月换届前，省人大设1个专门委员会，常委会设"一厅二室七委一局"共10个厅级工作机构和办事机构、1个副厅级办事机构，另有干部培训中心、信息中心、《人民政坛》编辑部、人民接待室、涉台法律研究中心5个处级事业单位；核定人员编制300名，其中行政编制198名，工勤人员事业编制53名，事业单位编制49名。

二、队伍建设

省九、十届人大期间，在经考核和征求各方面意见的基础上，共上报提拔厅级干部20人次；共有304名机关工作人员年度考核确定为优秀；2001年、2004年和2007年3次组织开展处、科级职位竞争上岗，选拔任用处、科级干部29人次；科以下工作人员凡进必考，组织开展了17次公开招考（聘），录（聘）用公务员及事业单位工作人员73人；开展干部培训工作，10年共选送270多人次参加各类培训、130多人次参加学历学位教育。

从2002年以后，贯彻执行《党政领导干部选拔任用工作条例》有关规定，实行民主推荐、任前公示、竞争上岗、任职试用期、干部轮岗交流等做法，不断完善机关干部选拔任用和监督管理机制。2006年《公务员法》实施后，开展公务员登记，推进公务员录用、考核、任免、奖惩、培训、工资福利等工作，进一步规范机关公务员管理。

第三节 调研工作

一、理论研究

（一）人大制度理论研究

省九、十届人大期间，常委会多次开展人大制度理论研究活动，推动制度建设，指导工作实践。

1998年，常委会回顾和总结了地方人大设立常委会近20年来的工作经验，形成《关于做好省人大工作必须坚持的几条原则意见》。中共中央办公厅、中组部党建研究室和省委办公厅先后予以摘发，并配发了按语。

1999年，对常委会连续4年开展评议工作有关情况进行集中整理，汇编出版了《评议工作资料汇编（1995—1998）》。

2001—2007年，在历年省委"四个专题调研"① 等省重点课题调研和常委会组织的有关人大工作的课题调研中，涉及不少人大制度理论研究内容。包括"坚持和完善人大制度，促进人大工作创新"、"大力发展社会主义民主政治的研究"、"进一步发挥地方人大及其常委会的职能作用研究"、"进一步发挥人大代表作用，促进决策机制的科学化和民主化"等课题。

2004年，在省委召开的"纪念人民代表大会成立50周年地方人大设立常委会25周年大会"上，省委代书记卢展工在讲话中，总结了必须在6个方面坚持和完善人民代表大会制度：必须坚持以邓小平理论和"三个代表"重要思想为指导；必须把坚持党的领导、人民当家作主和依法治国有机统一起来；必须密切联系人民群众，维护和实现人民根本利益；必须围绕中心，服务大局，依法履行职责；必须加强制度建设，促进民主政治的制度化、规范化、程序化；必须坚持解放思想、实事求是、与时俱进，不断推动工作创新。为配合这一纪念活动，常委会还开展了《地方人大前进的脚步》征文活动。

2005年，组织全省人大系统开展"坚持和完善人大制度，保障和促进和谐社会建设"研讨活动，召开理论研讨会。

省九、十届人大期间，省人大制度研究会多次召开理论研讨会。2007年，常委会党组决定研究会不再继续进行年检登记，研究会中止活动。

---

① 四个专题：增强福建经济发展后劲、增进精神文明建设实效、提高为人民服务质量、增强党的建设活力。

（二）法制建设理论研究

省九、十届人大期间，常委会重视法制建设理论研究，并取得一些研究成果。

2001—2007年，在历年省委"四个专题调研"等重点课题调研，以及常委会组织的有关人大工作的课题调研中，涉及法制建设理论研究内容。研究课题包括落实依法治国基本方略、为经济发展和社会全面进步营造良好法制环境、立法、执法、法律监督、保障公民的基本权利等内容。

常委会各办事机构、工作机构还分别自主开展地方立法体制机制与发展完善，以及经济、教科文卫、环保城建、民生保障、涉农、涉台、涉侨等各个领域的法制建设理论研究，并召开各类专题研讨会。2001年，农经委会同"全球水伙伴"中国委员会等承办了"全球水伙伴"中国省级地方水法制建设研讨会。会议探讨了地方法制、体制建设在实施水资源统一管理中的保障作用和改进的方向，农经委被吸纳为"全球水伙伴"成员，成为该国际非政府组织的第一个地方人大机构。2005年，财经委组织召开了以"加强和改进地方人大财经立法工作，为建设海峡西岸经济区提供法制保障"为主题的研讨会。环城委配合循环经济地方立法，组织召开了"循环经济理论与实践"研讨会等。

常委会各办事机构、工作机构在开展法制建设理论研究工作过程中，还编写和出版了一些理论专著。法工委编写的《地方立法的理论与实践》一书，探讨了地方立法的特点和原则等基本问题，多方位剖析了地方立法当前存在的问题，提出了推进科学立法、民主立法具有操作性的建议。财经委编写了《预算审查监督理论与实践》、《预算法律制度论》。教科文卫委为配合民族民间文化立法，编写了《福建民族民间传统文化》。环城委编写了《循环经济理论与实践论文集》。

（三）涉台法律研究中心

1. 开展涉台法律问题研究

2005年，承担了作为海峡西岸经济区建设的配套措施《福建省促进台湾同胞投资条例》立法课题任务，负责课题的组织、调研与论证，形成了课题报告和《福建省促进台湾同胞投资条例（建议稿）》，部分研究成果被国务院台办及国家相关部委在制定涉台政策时采纳吸收。2006年，承担国务院台办重点课题"制定调整两岸交往关系的综合性法律的可行性分析——兼论依法保护台湾同胞权利和利益的内涵与外延"的研究，以及省残联"闽台残疾人教育权益比较研究"的课题，后者研究成果被省残联评为省级优秀课题并参与中国残联的全国优秀课题评选。2007年，承担国务院台办"涉台法制建设的主要成就和基本经验"的课题研究，同年还开展了省委"海峡西岸经济区建设的法律问题"及"海峡西岸经济区建设的基本法律框架"等课题的研究，并形成阶段性成果。

2. 参与举办"海峡法学论坛"

2003—2007 年，参与举办了 5 届"海峡法学论坛"。这是大陆、台湾、香港、澳门两岸四地的教学、科研机构和社会团体共同举办的法律类学术论坛，是全国唯一的两岸四地法律类学术论坛。2005 年，被省委、省政府确定为推进闽台交流合作、发展两岸关系的重要平台，2006 年从区域性论坛上升为全国性论坛，影响力进一步扩大。汇编出版了《物权法比较研究》、《公司法比较研究》等 5 部海峡法学论坛的论文集。

3. 编印研究刊物

编印《台湾法研究参考资料》及有关刊物。从 1989 年开始编印《台湾法研究参考资料》月刊，2005 年改为季刊，不定期编印增刊，突出刊物的理论性和可读性。省九、十届人大期间，共编印《台湾法研究参考资料》72 期。

二、重大课题调研

（一）参与省委组织的重大课题调研活动

1. 参与省委"四个专题调研"

2001—2004 年，省委连续 4 年开展"四个专题调研"，分别由省委、省人大常委会、省政府、省政协牵头组织调研。省人大常委会牵头组织其中"提高为人民服务质量"的专题调研。

2001 年，省人大常委会课题组撰写了综合报告《牢记宗旨　改革创新　努力提高为人民服务质量》。办公厅、研究室、人事代表工作室、法工委、内司委、农经委、财经委、教科文卫委、侨（台）委、环境委分别组成课题组，撰写了调研报告《群众信访反映的问题能否得到妥善处理是检验为人民服务质量高低的重要标志》、《健全党政机关为人民服务有效监督机制》、《人大代表建议落实反馈机制中存在的问题与对策》、《依法保障公民的基本权利》、《依法保护公民诉讼权利和基层民主选举权利》、《福建省农民增收减负"百村"调研情况报告》、《做好社会保障工作　为改革、发展、稳定大局创造良好的社会环境》、《促进社会事业发展　提高为人民服务质量》、《切实维护侨台胞合法权益　努力提高为侨台胞服务水平》、《提高城乡环境质量　走可持续发展之路》等。

2002 年，省委深化细化"四个专题调研"，确定了 14 个省重点课题，并对调研成果进行评奖，评出优秀调研成果一、二、三等奖 45 篇。其中，省人大常委会第三次"百村"调研课题组的两篇子课题调研成果《畜牧业——农业结构战略性调整的一大产业》、《积极推进乡镇工业园区建设　加快农村工业化、城镇化进程》分获三等奖。此外，省人大常委会课题组撰写了《福建省人大常委会关于深化"提高为人民服务"专题调研情况汇报》，法工委课题组、第三次"百村"调研课题组、财经委课题组分别撰写了《营造良好法制环境　促进"入世"后福建经济发展》、《突出三个重点　促进农民增收》、《立足发展　做好就业与再就业工作》。

2003年，省委深化细化"四个专题调研"，确定了12个省重点课题，并对调研成果进行评奖，评出优秀调研成果一、二、三等奖39篇。其中，省人大常委会联合课题组的《坚持和完善民主制度　不断推进我省民主政治建设——"大力发展社会主义民主政治的研究"课题总报告》、省人大常委会研究室课题组的《进一步发挥地方人大及其常委会的职能作用研究》获三等奖。此外，人事代表工作室、法工委、内司委、财经委、侨（台）委分别开展"进一步发挥人大代表作用，促进决策机制的科学化和民主化"，"加强和完善地方法制建设，保障和促进社会全面进步"，"司法案件监督的现状与对策"，"如何加强执法工作，提高司法水平，确保法律严格实施"，"我省如何走新型工业化道路"，"进一步拓展福建与港澳及东盟经济的合作"子课题的调研。6月1—7日，按照省委统一部署，以张家坤为组长的调研检查组赴三明市开展了"四个专题"决策落实情况调研检查，其他常委会副主任以副组长的身份参加了相关调研检查组的活动。

2004年5月下旬至7月下旬，省委开展落实"四个专题"决策调研检查，以张家坤为组长的调研检查组对莆田市进行调研检查，其他常委会副主任以副组长的身份参加了相关调研检查组的活动。8月6日，在省委常委（扩大）会议上，张家坤代表赴莆田调研检查组作了《求真务实　加快发展　在建设海峡西岸经济区中发挥莆田的积极作用》的发言。调研检查组撰写了《紧扣发展主题　狠抓落实主调》的调研检查报告。

2. 参与省委其他重大课题调研

常委会各工作机构还参加了历年省委开展的其他重大课题调研。

2004年，内司委参加了省委"关于建立行政许可责任追究制度"的课题调研，课题总报告吸纳了内司委调研报告提出的关于进一步规范司法监督的意见和建议。2005年，研究室、法工委参加了省委关于"切实落实依法治国基本方略，为构建社会主义和谐福建提供有力法制保障"的省重点课题调研活动，侨（台）委根据省委安排，与省政协联合开展"拓展闽台农业合作繁荣海峡西岸经济区"课题调研。2007年，农经委承担了省委、省政府"关于扎实推进海峡西岸社会主义新农村建设研究"子课题中"加快发展农业保险业问题的研究"调研任务，教科文卫委承担省委关于"关于加快构建社会主义和谐社会思路的研究"子课题中"关于加快我省文化事业与文化产业发展的若干政策研究"调研任务。

（二）省人大常委会组织的重大课题调研活动

1998—1999年，省人大常委会围绕人大如何行使职权、服务和服从于党的中心工作、贯彻依法治省决议和1998年提出的《关于做好省人大工作必须坚持的几条原则意见》等开展调查研究，形成《省九届人大常委会调研材料汇编（1998.1—1999.6）》，近60万字。

2000—2002年，省人大常委会连续开展三次"百村"调研，分别以"村民自治、村财管理"、"农民增收减负"、"农业结构、畜牧业发展"为专题，共历时10个月。

2001年5月，在省九届人大常委会二十六次会议上，农经委作了《提高为人民服务质量、做好农民增收减负工作—关于福建省农民增收减负"百村"调研情况的报告》。

2003年7月，在省十届人大常委会四次会议上，省人大常委会外向型农业调研组提交了《关于我省外向型农业发展情况的调研报告（书面）》。

2004年11月，在省十届人大常委会十二次会议上，省人大常委会农业综合开发调研组提交了《关于我省农业综合开发情况的调研报告（书面）》，省人大常委会农民增收调研组提交了《关于我省农民增收情况的调研报告（书面）》，省人大常委会农村税费改革调研组提交了《关于我省农村税费改革工作的调研报告（书面）》。

2004年，省人大常委会为纪念人民代表大会成立50周年和地方人大设立常委会25周年，开展"坚持和完善人大制度，促进人大工作创新"重点课题调研。按照课题调研安排，研究室提交了《坚持和完善人大制度，促进人大工作创新——25年来我省地方人大工作情况调研报告》、《关于进一步加强和改进我省地方人大工作的报告》；人事代表工作室、法工委、农经委、财经委、环城委分别承担了"代表与选举工作25年回顾"、"认真总结立法经验，促进地方立法工作"、"总结农业法制建设经验，促进农民增收"、"计划预算审查监督工作的回顾与探讨"、"探索环保法制建设经验、促进可持续发展"子课题的调研任务。农经委调研报告被省委政研室《调研文稿》摘要刊用；财经委调研报告被《调研文稿》全文编发。

2005年和2007年，省人大常委会先后两次在全省组织开展对省委2004年作出的《关于进一步加强人大工作的决定》贯彻落实情况的调研检查。2007年8月，受省委委托，常委会党组牵头组成5个调研检查组分赴厦门、泉州、南平、龙岩、宁德5个设区的市，对贯彻落实《关于进一步加强人大工作的决定》情况进行调研检查，其他4个设区的市进行自查。9月，省委召开贯彻落实情况调研检查汇报会。

2007年，省人大常委会开展两项重点调研课题，一是在省十届人大即将届满之际，开展省十届人大常委会五年工作总结课题调研，由各委、办、室、局组成课题组，形成《促进科学发展社会和谐与海西建设，不断开创我省地方人大工作新局面》的课题调研综合报告，以及12篇总结报告。二是为贯彻实施《监督法》，研究室与办公厅、法工委一起组织开展了"关于我省贯彻实施《监督法》情况"的调研，形成了《关于贯彻实施监督法情况的调研报告》，提交省十届人大常委会三十次会议。

常委会注重调研成果的转化。不少调研成果应用于法规制定和监督措施中，一些调研成果进入常委会主任会议，被省委政研室《调研文稿》刊载，部分获奖。

三、专题调研

（一）办公厅

从2004年起，围绕中央、省委关于加强人大工作文件精神的贯彻落实，办公厅每年都开展专题调研，了解情况，总结经验做法，研究存在问题，并向常委会党组提出建议，推动和促进文件精神的落实。还承担"关于政府依法行政"、"人民意见落实反馈机制中存在的问题与对策"、"人大常委会及机关自身建设"等课题的调研任务，形成调研报告。

（二）研究室、人事代表工作室

2006年，配合全省县乡人大换届选举工作的开展，研究室与人事代表工作室组织开展了"县、乡人大换届选举工作"课题调研，形成了《关于县、乡人大换届选举工作的调研报告》。

（三）农经委

省九、十届人大期间，农经委先后开展了20项专项调研，内容包括土地延包、农业科教、农业结构调整、农民增收减负、畜牧业发展、乡镇工业园建设、对外对台农业合作、村财管理、外向型农业、集体林权制度改革、农村税费改革、农业综合开发、农民增收、农民专业合作社、被征地农民合法权益保障、沿海防护林建设和保护、村容村貌整治等。通过专题调研，向有关方面提出决策意见和建议。2004年开展的集体林权制度改革情况调研，提出进一步推进集体林权制度改革和加强生态公益林管护、建立生态公益林补偿机制的意见和建议，被省委、省政府《关于加快林业发展建设绿色海峡西岸的决定》采纳，增加了省级生态公益林管护费，省财政每年增拨1500万元，管护费由原来每亩2元提高到7元。

（四）财经委

省九、十届人大期间，财经委结合自身工作，开展了十多项专题调研，内容包括亚洲金融危机对福建省外经贸工作的影响、粮食流通体制和国有企业改革、建立财政收入稳定增长机制、中小企业发展情况、福建省地方法规设定财政条款、就业和社会保障、国有资产监管等。其中《我省地方法规设定财政条款的情况、问题及建议》的课题，在掌握地方立法设定财政条款及其执行的现状的基础上，针对有关问题进行制度分析和价值分析，参照国外财政条款设立与执行的制度和做法，归纳出地方立法设定与实施财政条款的程序规则和制度保障，得到了省领导的肯定。此外，还与省发改委联合开展"政府投资项目资金安排与实施管理"调研，与省财政厅联合开展"福建省地方财政制度建设研究"调研。

（五）教科文卫委

省九、十届人大期间，教科文卫委结合自身工作，开展了30多项专题调研活动，撰写各种调研文章百余篇。

1998年，与有关部门就软课题项目"关于福建省财政性教育经费投入的研究报告"开展调研，提出了应保证预算内教育经费在财政性教育经费中主渠道的作用等10点建议。

1999年，开展促进科教法制建设的课题调研，提出加强福建省科教法制建设的4点基本思路和5点对策建议，被省委吸纳。与省科技厅联合开展促进科技成果转化的"百家企事业"调研活动，提出7条建议，推动省政府设立科技型中小企业创新基金并成立专门机构加强管理，建立拥有1.01亿元资金的风险投资公司，设立省高新技术创业服务中心左海孵化基地等。

2003年，在防治"非典"进入攻坚阶段时开展调研，提出依法防治的6点建议。

2004年，针对代表对网吧接纳未成年人反映强烈情况，开展文化市场专题调研，明察暗访了福州市区网吧、游戏机室，听取了省公安厅、文化厅、新闻出版局、通信管理局等部门关于网吧及游戏机场所治理工作和新闻出版局关于"扫黄打非"工作汇报，将发现的问题通报有关部门。

（六）侨（台）委

省九、十届人大期间，侨（台）委先后开展了17项专题调研，调研内容包括华侨投资、华侨捐赠公益事业、侨房问题解决、侨房租赁管理、华侨农场的改革和发展、散居贫困归难侨救助、台轮停泊点管理、台商投资权益保障、闽台农业合作促进等。1998年，对福州、漳州、南平、三明等4个市7个华侨农场进行调研，并向省政府提出加快华侨农场体制改革8条建议，推动华侨农场体制改革工作。2000年和2001年分别在福清江镜、东阁进行华侨农场土地确权调研，并将调研情况提交省政府。2003年和2004年先后对莆田赤港华侨农场土地侵权案进行调研和跟踪检查，促进有关部门妥善解决了上述问题。

（七）环城委

省九、十届人大期间，环城委共开展了14项专题调研，调研内容涉及环境污染防治、生态环境与资源保护、生态省建设、城市房屋拆迁管理、村镇规划建设、流域水环境综合整治、节能减排、循环经济、物业管理、燃气管理、固体废物污染防治、风景名胜区管理、城建监察等。2005年，根据"创建资源节约型、环境友好型社会"的形势要求，开展循环经济专题调研。环城委牵头，省环保局、福建农林大学、福州大学等单位参加，成立"循环经济地方立法问题研究"课题组，就推行清洁生产、促进资源节约利用、可再生能源开发等问题进行专题调研，并编撰循环经济理论与实践论文集，其中4篇论文被收入中国循环经济发展论坛年会论文集。2006年，环城委组织召开福建省循环经济理论与实践研讨会，有关发言汇编成论文集，推广瓷都德化县、福州人造板厂、光泽圣农集团等实践经验和循环经济理念。

第四节　宣传工作

一、法制宣传

（一）决　议

1998年8月，省九届人大常委会四次会议作出《关于依法治省的决议》。决议分8部分，其中第六部分为"深化法制教育，增强公民的法治意识"。该部分共3条（第25~27条）。内容主要为：各地区、各部门、各单位要按普法规划要求，广泛深入开展法制宣传教育；全体公民、各级人大代表要认真学习《宪法》和法律，进一步增强法治意识，依法行使民主权利，履行法定义务；各级国家机关工作人员，特别是领导干部，要在学法、守法、护法和依法办事方面起表率作用，不断提高遵守法律的自觉性和依法办事的能力，各级人大常委会要把提请任命的国家机关工作人员的法律素质，作为审议的重要内容。

2001年9月，省九届人大常委会二十八次会议作出《关于进一步开展法制宣传教育的决议》。决议要求实施全省"四五"普法规划，要大力宣传社会主义市场经济法律法规、宣传与世界贸易组织相关的法律法规、宣传加强社会治安综合治理维护社会稳定方面的法律法规、宣传社会发展迫切需要普及的法律法规，为改革、发展、稳定创造良好的法制环境，要求坚持法制教育和思想道德教育相结合、依法治省与以德治省相结合，促进社会主义民主法制建设和精神文明建设。

2006年8月，省十届人大常委会二十四次会议作出《关于加强法制宣传教育的决议》。决议要求实施全省"五五"普法规划，要立足福建区位，大力加强《反分裂国家法》和维护台胞、侨胞合法权益相关法律法规的宣传教育，促进两岸关系发展，维护国家领土完整，要全面推进基层依法治理，深入开展"民主法治村"、"民主法治社区"等创建活动，要充分利用互联网平台，为公民获取法律知识提供服务等。

(二) 宣传活动

1. 举办法制讲座

省人大常委会在会议期间或前后举办各类讲座。这些讲座大都包含法制宣传内容，省九、十届人大期间共举办了20多次。讲座内容包括东南亚金融风波、加入世贸组织、关于"宪法政治"、"关于司法改革的几个问题"、"关于加强法制建设、发展循环经济"、"关于我国道路交通安全法律制度"、"关于提升自主创新能力，完善国家创新体系"、"关于财政预算监督制度的知识"，以及《归侨侨眷权益保护法》、《反分裂国家法》、《农村土地承包法》、《公务员法》、《物权法》等法律知识。省人大常委会还专门邀请全国人大常委会副委员长成思危作关于"风险投资和高科技产业"的专题报告；邀请全国人大法律委员会主任委员杨景宇在福建会堂作《宪法》知识专题讲座，省直各部门领导和干部听取了这次讲座；邀请全国人大法律委员会副主任委员、全国人大常委会法工委主任顾昂然作关于《刑法》、《刑事诉讼法》、《立法法》的法制讲座等。常委会各工作机构召开本部门工作会议时，也邀请专家学者作相关法制讲座。2005年，法工委分别与省经贸委、福建证监局举办《证券法》、《公司法》专题法制讲座。

2. 召开新闻发布会和宣传贯彻座谈会

每项地方性法规出台后，常委会有关工作机构召开新闻发布会或宣传贯彻座谈会。省九、十届人大期间，农经委召开宣传贯彻新通过的涉农法规座谈会、新闻发布会14次。1999年，内司委与省未成年保护委、省普法办、省教委、团省委联合下发关于在全省宣传《预防未成年人犯罪法》的通知，并牵头组织召开宣传贯彻座谈会等系列宣传活动。2000年，财经委召开《劳动法》颁布五周年新闻发布会。2003年，为纪念现行《宪法》颁布施行21周年，法工委、内司委与省委宣传部、省司法厅联合召开了"依法治国，执政为民"座谈会。2005年，法工委组织召开了省法学界《反分裂国家法》座谈会。

3. 开展活动日、纪念日等活动

省九、十届人大期间，农经委会同有关部门开展纪念"世界水日"、"世界气象日"、"全国土地日"等活动6次。教科文卫委在《福建省终身教育促进条例》通过后，每年与有关部门联合举办"9·28"终身教育活动日系列宣传活动。为宣传《国家通用语言文字法》，多次与教育部门开展普通话推广周现场活动。与省科协联合组织开展《科普法》、《福建省科学技术普及条例》在全省9个设区的市的宣讲活动。1997年，省人大常委会作出决定，确定榕树为"省树"、水仙花为"省花"。2001年，环境委与省绿化委等单位联合制作电视专题片，开展"省树、省花"宣传系列活动。2006年，《福建省物业管理条例》通过后，环城委组织新闻媒体举办条例宣传日活动。侨（台）委与省政府侨办、省侨联联手每年9月开展侨法宣传月活动。

4. 撰写宣传新法规文章

省人大常委会有关工作机构还组织撰写一些宣传新法规的文章在《中国人大》、《人民政坛》、《福建日报》等报刊上发表。《福建省森林资源流转条例》、《福建省实施〈土地承包法〉办法》、《福建省实施〈消费者权益保护法〉办法》等法规出台后，在《福建日报》开辟专版作了宣传。

5. 开展培训活动

财经委采取举办培训班的形式，多次对全省人大财经系统的干部进行《预算法》、《审计法》、《会计法》等法律知识的培训。2005年，法工委分别与省经贸委、福建证监局举办了《电子签名法》培训班。2005年和2006年，环城委分别举办市、县两级人大环城委工作人员首届环境与城建法律法规培训班，以及全省范围的《福建省物业管理条例》培训活动。

6. 编印法规汇编、释义

法工委于每年年末组织编印本年度的地方性法规汇编。2002年，整理编印了《人大法制工作常用法律法规汇编》、《福建省地方性法规汇编（1998—2002）》。2007年编印的《福建省地方性法规汇编（1979—2007年）》，由福建人民出版社出版。法工委单独或与财经委等编写了《福建省财政监督条例》、《福建省实施〈消费者权益保护法〉办法》、《福建省物业管理条例》、《福建省实施〈会计法〉办法》、《福建省实施〈监督法〉办法》等5部地方性法规释义，并正式出版发行。农经委、财经委、教科文卫委、侨（台）委、环城委还分别印发《农业与农村经济法律法规选编》、《预算审查监督常用法律法规和规范性文件汇编》、《教科文卫法律法规汇编》、《保护台湾同胞合法权益法律法规汇编》、《侨务法律法规选编》、《城乡规划建设法律法规汇编》等法律法规汇编资料。

二、人大新闻宣传

（一）宣传制度

1999年建立了新闻通气会制度；2002年制定了《关于新闻发布会的暂行规定》；2004年召开全省人大工作会议后，制定了《福建省人大及其常委会新闻宣传工作规程》、《关于改进会议和领导同志活动新闻报道的实施意见》。先后建立和完善了新闻宣传工作会、人大新闻奖评选、地方人大工作巡礼、奖励新闻宣传先进个人等制度，推动人大新闻宣传工作。

（二）组织报道

1. 人代会宣传报道

对于历次全国人代会，组织媒体对福建代表团的活动情况进行报道，宣传福建代表团的履职情况。历次省人代会的宣传报道，力求程序性报道准确、全面、及时，还组织媒体围绕会议的议程，挖掘"亮点"，着力搞好专题报道、深度报道。每年都有五六十家媒体参加省人代会的报道，发稿数量逐年增多，会议的主要精神通过媒体及时传播。

2. 常委会会议宣传报道

有15家中央和地方媒体参加常委会会议报道。2002年在《福建日报》第2版开辟"来自省人大常委会会议的报道"专栏，重点对常委会组成人员的审议情况作深入报道，反映地方国家权力机关议政履职的民主气氛。从2005年开始，对常委会的每一次例会都制订报道计划，增强报道计划性、实效性。还组织媒体对立法听证会作现场采访，对常委会通过的一些法规作解读性报道和专题报道，针对常委会重要工作和重大活动组织召开新闻发布会。

3. 闭会期间宣传报道

主要形式有：组织记者赴设区的市开展"地方人大工作巡礼"采访活动、举办征文活动、开辟专栏专版、撰写通讯和理论文章、发表社论等。

2000年，研究室、人事代表工作室同福建日报社合作，在《福建日报》开辟"人民代表之声"专栏，每月一期。

2005年开始与福建日报社合作开办"人大之声"专栏，每月一期，每期半版，至2007年底共出29期。

2006年，县乡两级人大同步换届选举的宣传报道工作，得到全国人大常委会办公厅新闻局的肯定。从2007年开始，组织福建省主要新闻网站参加人大工作报道。

4. 好新闻评选

省九、十届人大期间，连续10年与省新闻工作者协会联合举办福建省宣传人大制度好新闻评选活动，编辑第七至十六届人大好新闻作品选集，并推荐作品参加全国人大新闻奖评选。至2007年年底，从各新闻单位和各设区的市人大推荐的参评作品中，共评出人大好新闻作品400件，其中一等奖53件，二等奖101件，三等奖246件；《福建日报》的《来自省人大常委会会议的报道》、《人大之声》专栏、厦门电视台的《人大视点》专栏被评为好专栏。10年来，福建省参加中国人大新闻奖评选活动共有27件作品获奖，其中一等奖7件：《从疑惑走向理解》、《代表视察工作改革势在必行》、《人大代表的分量有多重？》、《代表建言　结转督办》、《第二次选举》、《在厦台商台生参与选民登记》、《一封转自人民大会堂的信》；8件作品获全国人大报刊好新闻奖，其中一等奖3件：《以普通旁听者的名义》、《丁毅黎的天空》、《"是不是就叫'进城务工农民'"》。

（三）《人民政坛》杂志

《人民政坛》杂志以宣传人民代表大会制度为主题，对福建人大工作进行全方位报道。省九、十届人大期间，共出版120期，刊载文章近4100篇，约705万字，照片约3100幅，其中，本刊记者采写的文稿约153万字，拍摄编辑照片约600幅。每期刊物发行5万册以上。

1. 特别策划

2001年，《人民政坛》杂志开始组织特别策划。至2007年，先后推出《省委书记的"海西谋略"》、《武平赶考》、《选票投向》、《典型引路激发代表履职激情》、《直击县乡人大代表换届选举》等特别策划；《监督法》通过后，组织了两期的特别策划进行解读和释疑解惑。

2. 专题专版

1998年，省委、省人大常委会分别作出关于依法治省的决定、决议后，陆续刊发有关依法治国、依法治省的专题文章和报道。2000年，先后组织了龙岩、福州、宁德、厦门等地专版，共采写编发了28篇4万多字的稿件。2003年以来先后推出的《沙县模式》、《台江经验》、《司法监督在晋江》等新闻作品。还先后开展"司法监督八闽行"、"预算审查监督报告"、"贯彻监督法"等系列报道。

3. 征文和政坛信箱

1998年，在纪念党的十一届三中全会20周年活动中，开展"我看这二十年"征文活动。

2006年，开展"我的履职故事"征文活动，组织人大代表讲述自己履职故事；增设政坛信箱栏目，回答代表关心的问题，为代表履职服务。

（四）中国·福建省人大常委会门户网站

2003年，省人大常委会办公厅建成了"中国·福建省人大常委会门户网站"。网站是人大信息资源的平台，为省人大及其常委会信息发布、法制宣传、交流互动、联系各级人大代表和市县人大服务。

1. 信息发布

包括人大通告、人大要闻、人大动态、人大法规、统计数据，以及人代会和常委会会议专题栏目等，主要发布省人大及其常委会的主要工作和活动、地方各级人大的重要动态，国家、省市通过的法律法规、决议决定、人事任免名单等。

2. 办事服务

包括社会、法制、文献资料、网上来稿、网上信访、代表工作、法律征求意见等栏目，为代表、社会大众和机关工作人员提供办事、办公等服务。

3. 互动交流

包括领导信箱、社会监督、网上调查等栏目，主要收集社情民意，联系代表、群众，反馈社会关心的重大问题，为人大工作提供意见建议。

第五节　外事活动

省九、十届人大期间，省人大常委会通过出访和接待来访，增强同外国地方议会的友好往来，宣传中国人大制度和民主法制建设，介绍福建改革开放和经济社会发展，以及海峡西岸经济区建设情况，促进对外经济文化合作。

一、出　访

省九、十届人大期间，应外国地方议会等邀请，相继有近百批次人员前往国外访问考察。省人大常委会主任、副主任组团出访的主要有：

1998年2月28日至3月15日，省人大常委会副主任王建双率福建省经贸代表团访问澳大利亚、新西兰。访问期间，分别拜会了澳大利亚塔斯马尼亚州总理、下议院议长、资源与发展局局长、新西兰政府外交贸易部副秘书长，并就发展友好省州关系，扩大经贸合作交换了意见。

1998年10月26日至11月8日，省人大常委会主任袁启彤率省人大友好访问团访问芬兰、英国。访问期间，拜会了赫尔辛基市长、市议会议长，听取了诺基亚总公司总裁关于该公司在中国的发展与福建的合作情况，双方就进一步加强合作交换了意见。此外还拜会了英国外交部中国司、伦敦库里顿市议会、英中贸易协会等，看望了旅英华人华侨和福建总商会乡亲。

1999年6月21日至7月2日，省人大常委会副主任黄贤模率省人大友好访问团访问泰国、菲律宾。访问期间，分别拜会了泰国国会副议长和菲律宾副总统，以及马尼拉市长等政府高层官员，并会见了泰国福建会馆和菲律宾华商联总会、菲中了解协会、宿务菲华各界联合会等侨团乡亲。

1999年12月23—30日，省人大常委会副主任郑义正率省人大友好访问团访问加拿大。访问期间，考察了加拿大的议会制度，会见了不列颠哥伦比亚省议会议员，还考察了加拿大的环境保护工作，并与一些在加拿大的福建华侨华人代表和同乡会人士会谈。

2000年10月30日至11月11日，省人大常委会副主任方忠炳率省人大友好访问团访问意大利、西班牙。访问期间，分别拜会了意大利萨佩罗大区议会议长、萨佩罗省地方议会主席，西班牙瓦伦西亚市议会议长和瓦伦西亚省法院院长，了解了两国地方议会和地方法院运作情况，参观了议会设施以及法院刑事庭审实况。此外，还出席了旅西福建同乡会成立大会。

2000年11月7—22日，省人大常委会副主任宋峻率省人大友好访问团访问俄罗斯、乌克兰。访问期间，拜会了俄罗斯国家杜马国际事务委员会，了解了俄罗斯议会运作情况；与乌克兰切尔卡瑟州议会和政府首脑及工商界、金融界人士进行座谈。

2001年12月8—21日，省人大常委会副主任黄松禄率省人大友好访问团访问芬兰、瑞士。访问期间，分别拜会了芬兰国家议会第一副议长及秘书长，以及芬兰科特卡市第一副市长，考察了芬兰议会制度；拜访了瑞中经济协会，就如何扩大和促进瑞中经济交流与合作交换了意见。

2001年12月27日至2002年1月8日，省人大常委会副主任童万亨率省人大友好访问团访问美国。访问期间，拜会了美国亚裔共和党全国总会第二副主席，拜访了美国华商总会及客家福建同乡会社团，向他们介绍了福建改革开放和经济社会发展情况。此外，还考察了美国硅谷和"生物圈2号"实验工程。

2002年6月13日至7月1日，省人大常委会副主任洪华生率团赴加拿大、美国考察。考察期间，参加了"公众基础的资源环境保护与管理"国际项目第四届年会，观摩了加拿大哈利法克斯市政府听证会，并现场考察了垃圾分类收集、处理过程以及垃圾循环利用等情况，为福建省环保立法提供经验和借鉴。

2002年6月20日至7月2日，省人大常委会主任袁启彤率省人大友好访问团访问德国、意大利。访问期间，拜访了德国莱法州议会和意大利米兰工业家协会，代表省委书记宋德福和省长习近平慰问当地侨领和福建华人华侨联谊总会乡亲。此次出访促成了莱法州和米兰工业家协会参加在厦门举行的"第六届中国投资贸易洽谈会"，促成了意大利威尼斯玻璃有限公司与福州开展技术合作、德国杜赛尔多夫医学院与福建协和医院开展医学交流的初步意向。

2002年7月5—16日，省人大常委会副主任施性谋率省人大友好访问团访问埃及、土耳其。访问期间，拜访了埃及亚利山大市副市长，拜会了亚利山大市商会，并参观考察了位于开罗腾塔工业区的奈色电器公司和伊斯坦布尔城市建设。

2003年12月1—9日，省人大常委会副主任林强率省人大友好访问团访问澳大利亚。访问期间，拜会了澳大利亚新南威尔士州议会议长，走访了澳洲中国和平统一促进会、澳中文化科技促进会以及多家福建同乡会社团，召开了多场侨胞座谈会。

2004年10月，省人大常委会副主任贾锡太率福建省经贸代表团访问南非、阿联酋。访问期间，会见了南非共和国国会议员，看望了海外福建乡亲；访问了阿联酋阿布扎比国家石油公司，与该公司达成原油贸易的意向，同时还宣传推介福建和中国投资贸易洽谈会。

2005年7月31日至8月11日，省人大常委会副主任谢先文率省人大友好访问团访问印度尼西亚、印度。访问期间，参加了印度尼西亚举办的郑和下西洋600周年庆典活动，拜访了印度尼西亚马迪亚省省长和印度中国工商商会，会见了印度尼西亚当地华侨社团；考察了印度的电子商务发展及相关立法情况。

2005年11月28日至12月7日，省人大常委会副主任朱亚衍率省人大友好访问团访问墨西哥、古巴。访问期间，分别拜会了墨西哥联邦议会议员、哈利斯科州议会，古巴全国人民政权代表大会，考察了福建华侨企业集团在古巴创办的合资企业，商讨合作项目。

2006年2月13—23日，省人大常委会副主任曾喜祥率省人大友好访问团访问比利时、德国。访问期间，拜会了比利时列日省议会和德国莱法州议会，会见了比利时文化旅游部部长、瓦隆大区议会主席、政府卫生部长和财经部长、列日省省长，并出席了列日国际旅游博览会和福建旅游推介会。

2006年6月，省人大常委会副主任张家坤率省人大友好访问团访问立陶宛、乌克兰、瑞士。访问期间，代表团分别拜访了立陶宛国家议会副议长、瑞士弗里堡州大国民议会副议长、乌克兰敖德萨州代州长，出席了乌克兰第三届国际投资与创新论坛，宣传推介了福建和中国投资贸易洽谈会。

2006年8月15—24日，省人大常委会副主任曹德淦率省人大友好访问团访问埃及、南非。访问期间，拜会了埃及人民议会下院常务议员，访问了埃及商会，参观了埃及农业部下属的沙漠开发示范工程DINA农场；拜会了南非国会议员和南非中华福建同乡会。

2007年6月23日至7月4日，省人大常委会副主任刘德章率省人大友好访问团访问德国、法国。访问期间，分别拜访了德国国家林业司、德国联邦技术公司、BTT公司、联邦林业科学研究所，考察了德国布兰登堡、联邦林业及林产品研究所；拜会了法国塞纳省议会。

2007年11月16—23日，省人大常委会副主任陈营官率省人大友好访问团访问墨西哥。访问期间，拜会了墨西哥哈利斯科州议会指导委员会主席，会见了在墨西哥的福建侨团。

二、接待来访

省九、十届人大期间，共接待了外国地方议会团组和其他友好团组94批1088人次。接待重要来访情况有：

1998年3月，省人大常委会副主任王建双会见澳大利亚塔斯马尼亚州议长福兰克·马蒂尔一行。

1998年4月，省人大常委会副主任王建双会见美国驻广州总领事梅可恩一行。

1998年4月，省人大常委会主任袁启彤会见泰国国会副主席松塞·杰迪索拉暖一行。

1998年6月，省人大常委会秘书长曾喜祥会见日本自治体国际化协会北京事务所所长饭岛义雄一行。

1998年7月，省人大常委会主任袁启彤会见日本冲绳县知事大田昌秀一行。

1998年11月，省人大常委会主任袁启彤会见美国纽约州美中代表团欧代仕议员一行。

1998年12月，省人大常委会主任袁启彤会见芬兰诺基亚投资有限公司总裁欧复凯一行。

1999年3月，省人大常委会主任袁启彤会见乌克兰检察代表团波捷边科总检察长一行。

1999年4月，省人大常委会副主任方忠炳会见日本长崎县驻上海事务所千岩秀树一行。

1999年5月，省人大常委会主任袁启彤会见泰国国会下院第二副议长颂萨·杰素拉暖一行。

1999年6月，省人大常委会秘书长曾喜祥会见澳大利亚驻华使馆一秘梅耕瑞。

1999年7月，省人大常委会副主任林强会见阿根廷中华针灸学会会长王钰。

1999年9月，省人大常委会主任袁启彤会见日本东海租赁会社社长塚本幸司一行。

1999年11月，省人大常委会主任袁启彤会见日本长崎县林义博议长一行。

1999年11月，省人大常委会副主任王建双会见美国俄勒冈州梅叶参议员一行。

2000年1月，省人大常委会副主任林强会见以色列ECI电讯公司总经理庞麦克一行。

2000年2月，省人大常委会主任袁启彤会见安提瓜和巴布达众议员莫尔温·约瑟夫一行。

2000年5月，省人大常委会主任袁启彤会见澳大利亚塔斯马尼亚州立法院政府代表麦克·埃尔德一行。

2000年5月，省人大常委会主任袁启彤会见美国俄勒冈州参议院议长布雷迪·亚当斯一行。

2000年5月，省人大常委会副主任童万亨会见巴布亚新几内亚东高地省省长拉法纳马一行。

2000年9月，省人大常委会副主任方忠炳会见阿根廷工商总会理事罗伯特·菲尔德曼一行。

2000年10月，省人大常委会主任袁启彤会见乌兹别克斯坦共和国总检察长拉希特容·哈米多维奇·卡德罗夫一行。

2000年10月，省人大常委会主任袁启彤会见泰国总检察长苏恰·黛巴什一行。

2000年10月，省人大常委会主任袁启彤会见乌克兰敖德萨州议会主席谢尔盖·

格里涅维茨基一行。

2001年3月，省人大常委会副主任曾喜祥会见美国驻广州总领事冯中雄一行。

2001年7月，省人大常委会副主任曾喜祥会见澳大利亚驻广州总领事寇俊生一行。

2001年7月，省人大常委会副主任黄贤模会见意大利福建海外华人华侨联合商贸考察团林朱庆一行。

2001年10月，省人大常委会副主任黄贤模会见美国全球反"独"促统联盟会访问团卢代仁一行。

2001年10月，省人大常委会主任袁启彤，副主任王建双、童万亨会见日本东海租赁会社社长塚本幸司一行。

2002年1月，省人大常委会副主任王建双会见日本友人田中誉士夫一行。

2002年4月，省人大常委会副主任童万亨会见菲律宾众议院议长何塞·德贝尼西亚一行。

2002年7月，省委书记、省人大常委会主任宋德福会见日本长崎县知事金子原二郎、议长加藤宽治一行。

2002年8月，省委书记、省人大常委会主任宋德福会见日本冲绳县知事稻岭惠一、议长伊良皆高吉一行。

2002年10月，省人大常委会副主任黄贤模会见日本长崎县町村议会议长安永美佐男一行。

2002年11月，省人大常委会副主任童万亨会见菲律宾共和国众议院议员克拉蒂一行。

2002年11月，省人大常委会副主任王建双会见哈萨克斯坦总检察长图苏普别科夫一行。

2002年11月，省人大常委会副主任王建双会见马来西亚福建同乡会会长林玉唐一行。

2003年9月，省人大常委会副主任曹德淦会见美国俄勒冈州众议院议长凯伦·米妮斯女士为团长的经贸代表团。

2003年11月，省人大常委会副主任张家坤会见英国驻华大使韩魁发一行。

2003年12月，省人大常委会副主任张家坤会见美国国会议员助手团梅珍珠一行。

2004年2月，省人大常委会副主任张家坤会见美国国会议员助手团理查德·奎克一行。

2004年9月，省人大常委会副主任贾锡太会见菲律宾众议院议长何塞·德贝内西亚一行。

2004年11月,省人大常委会副主任林强、曾喜祥会见美国国会议员助手团梅珍珠一行。

2004年12月,省人大常委会副主任张家坤、贾锡太会见莱索托王国国民议会议长莫查梅一行。

2005年1月,省委书记、省人大常委会主任卢展工、省人大常委会副主任贾锡太会见纳米比亚总检察长彭杜克尼·伊塔娜一行。

2005年3月,省人大常委会副主任林强会见安第斯议会议长乌尔基迪一行。

2005年7月,省委书记、省人大常委会主任卢展工会见美国宾夕法尼亚州众议长约翰·派卓一行。

2005年12月,省人大常委会副主任张家坤、贾锡太会见莱索托王国国民议会议长恩特洛伊·莫查斯一行。

2006年6月,省人大常委会副主任张家坤会见美国俄勒冈州议会代表团临时议长丹尼斯·里查森一行。

2006年9月,省人大常委会副主任张家坤会见法国下诺曼底大区议会主席菲律普·杜宏一行。

2006年10月,省人大常委会副主任贾锡太会见斐济共和国总检察长约翰亚·凯·耐古拉维一行。

2007年9月,省委书记、省人大常委会主任卢展工,省人大常委会副主任张家坤会见乌克兰敖德萨州议会主席尼古拉·列昂尼德维奇·斯科里克一行。

2007年9月,省人大常委会副主任刘德章会见日本冲绳县安里副知事、仲里议长一行。

2007年11月,省委书记、省人大常委会主任卢展工,省人大常委会副主任林强会见汤加议长哈咸伊·图伊安加纳一行。

2007年11月,省人大常委会副主任朱亚衍会见美国俄勒冈州众议员丹尼斯·理查森一行。

第六节 服务保障

一、规范会务程序

2005年,参照全国人大的做法,制定了《福建省人民代表大会会议工作程序》、《福建省人大常委会会议工作程序》、《关于加强为省人大常委会会议听取和审议报告、议案服务的若干规定》、《关于规范向主任会议汇报议案的若干规定》等文件,进一步规范"三会"的组织和服务保障工作。

省九、十届人大期间,规范和改进以下会务工作程序:秘书长办公会议商议提出常委会会议议题后,由办公厅统一行文"一府两院",商请做好上会议题的准备工作;在分组审议之前的全体会议上安排人事任免案的提请说明;组成人员在审议中提出的意见,由相关委室整理,经秘书长办公会议研究形成审议意见后,由办公厅正式行文交办;会议审议通过议案、法规后,正式函告提议案机关或者相关单位。

二、起草重要文稿

省人大法制委和省人大常委会各委、办、室、局承担文稿起草工作,其中综合性的文稿主要由研究室承担。省九、十届人大期间,研究室共起草文稿530余篇近500万字。重要文稿有:历次全国人代会精神传达提纲、对全国人大常委会历年工作报告(征求意见稿)的意见、对国务院历年工作报告(征求意见稿)的意见,省人大常委会历年工作报告和有关决议、常委会历年工作要点、常委会领导在常委会会议上的讲话、在历次省市人大常委会主任座谈会上的讲话,向来闽视察的全国人大常委会领导的汇报提纲、向省委的汇报提纲、常委会领导历次传达贯彻中央和省委重要会议精神的讲话,以及各专题调研报告等。研究室还参与了常委会《关于依法治省的决议(草案)》、常委会《关于密切联系群众应当坚持和完善的几项制度》、省委《关于进一步加强和改进人大工作的决定(代拟稿)》及其配套性文件《关于进一步加强宪法、法律和人大制度宣传、研究和培训工作的意见》的起草工作。此外,还完成了《中国人民代表大会年鉴》、《福建年鉴》的有关约稿,参加了《中国法制建设巡礼(福建省卷)》、《福建省志·人民代表大会志》、《福建省人大工作概览》等书籍的编写工作。

三、办公自动化与信息资料工作

(一) 办公自动化

2002年,通过"数字福建"电子政务网平台,建立了省人大代表综合信息系统、代表议案建议信息系统,实现代表建议网上交办、网上答复。

2003年,结合常委会会议厅建设,建立了省人大常委会电子会务及表决系统,实现了报到、发言、表决、存档等一系列工作完全计算机管理。

2005年,建成省人大机关电子档案系统,将省人大常委会成立以来所有纸质材料、文件录入生成电子文件,实现机关档案建设自动化、信息化。

2006年,在福建会堂建成电子会务及电子表决系统,为省人民代表大会会议服务。

2007年,完成省人大与各设区的市人大网络联网,并接入"数字福建"电子政务网平台，同时建成省、市人大会议网络视频系统。

2007年，建成省人大来信来访信息管理系统，实现省人大信访工作自动化、信息化，以及省、市人大信访件网络交办。

（二）信息资料工作

1998年7月，省人大常委会编发《人大信息》内刊，围绕民主法制和人大制度建设的主题，反映全省人大工作情况和社情民意动态。省九、十届人大期间共编发290期。资料室订阅报刊近300种，藏书约3万册。资料室收集、整理、选摘信息资料，为领导和机关提供服务。

四、其　他

（一）接待服务

省九、十届人大期间，共接待全国人大常委会委员长、副委员长89批576人次，省部级领导430批2836人次。

省人大机关于1994年2月设立省人大干部培训中心，主要为人大系统的各类会议和培训活动，以及接待市县人大和各级人大代表服务。1998—1999年被省人民政府列为省直定点会议单位。至2008年1月，共接待40多批全国人大代表福建团赴京履职和调研视察活动，12批省人代会代表团，历次省人大常委会例会，29期市、县（区）人大常委会主任培训班，8期市、县（区）人大常委会办公厅（室）主任培训班，以及各委、办、室、局各类培训和会议的食宿服务保障，服务会议达1.5万多场次，食宿人数共计百万人次。

（二）老干部工作

2003年，省九届人大结束时，省人大常委会机关有离退休人员47人（离休干部和退休干部分别为18人和29人）；2008年省十届人大结束时，有离退休人员67人（离休干部、退休干部及职工分别为14人、46人、7人）。省人大常委会机关对离退休人员政治上尊重、思想上关心、生活上照顾，重视做好就医保健工作，开展学习考察和兴趣小组活动等。离退休人员"老有所为"，省十届人大期间，有25人在省扶贫基金会、关心下一代工委、老区建设促进会、林则徐基金会等多个社团组织内任职。

（三）基本建设

省九、十届人大期间，省人大常委会机关扩建办公楼，新增办公面积一万多平方米，建成人民接待室、老干咨政综合楼；完成机关办公室重新装修；完成干部培训中心3600平方米新建工程和旧客房装修；更新改造机关安全监控系统等。

附：

一、2007年省人大及其常委会组织机构图

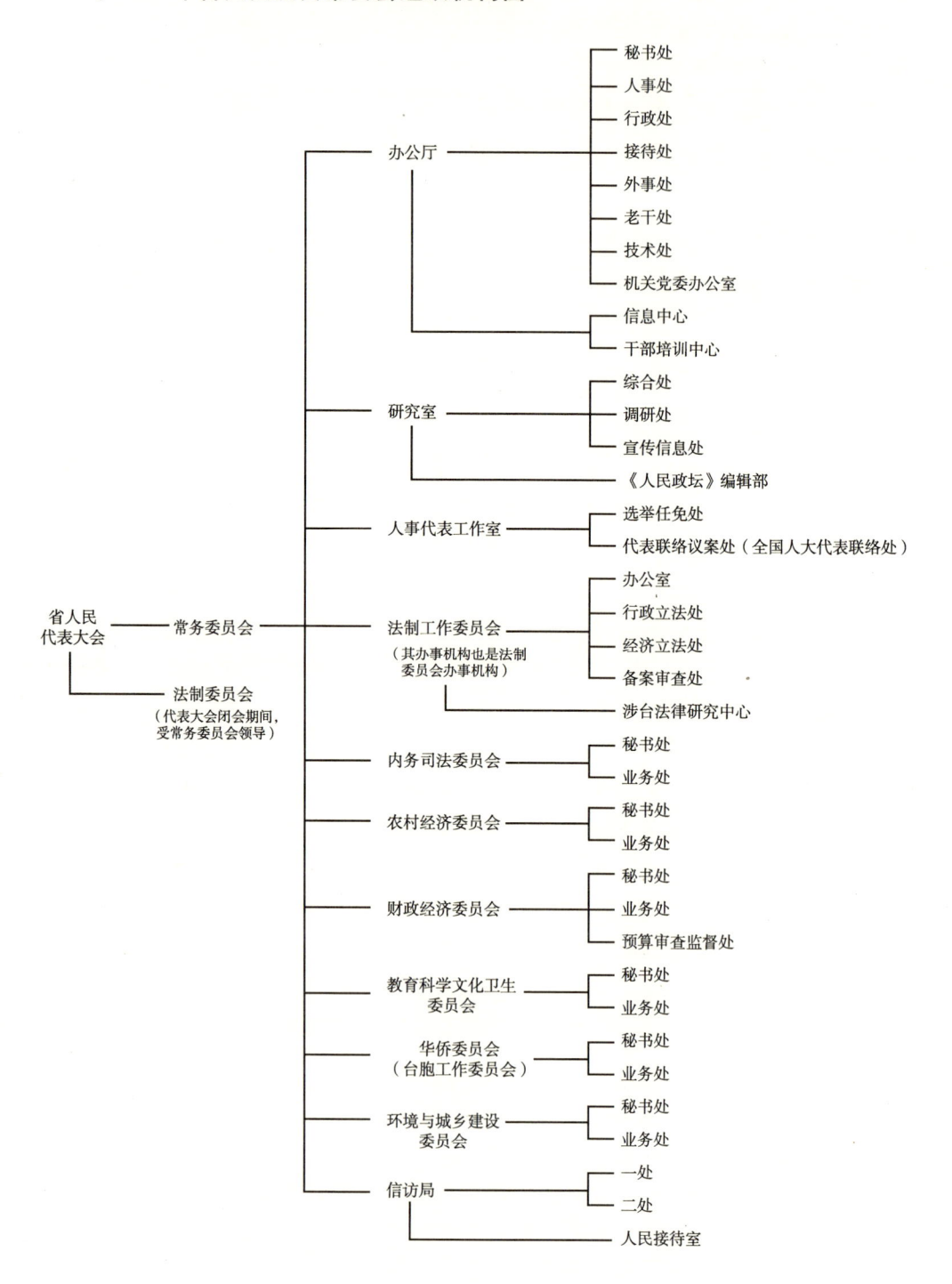

```
省人民           ┌─ 常务委员会 ─┬─ 办公厅 ─┬─ 秘书处
代表大会         │              │          ├─ 人事处
                 │              │          ├─ 行政处
                 │              │          ├─ 接待处
                 │              │          ├─ 外事处
                 │              │          ├─ 老干处
                 │              │          ├─ 技术处
                 │              │          ├─ 机关党委办公室
                 │              │          ├─ 信息中心
                 │              │          └─ 干部培训中心
                 │              │
                 │              ├─ 研究室 ─┬─ 综合处
                 │              │          ├─ 调研处
                 │              │          ├─ 宣传信息处
                 │              │          └─ 《人民政坛》编辑部
                 │              │
                 │              ├─ 人事代表工作室 ─┬─ 选举任免处
                 │              │                  └─ 代表联络议案处（全国人大代表联络处）
                 │              │
                 │              ├─ 法制工作委员会 ─┬─ 办公室
                 │              │（其办事机构也是  ├─ 行政立法处
                 │              │ 法制委员会办事    ├─ 经济立法处
                 │              │ 机构）            ├─ 备案审查处
                 │              │                   └─ 涉台法律研究中心
                 │              │
                 │              ├─ 内务司法委员会 ─┬─ 秘书处
                 │              │                  └─ 业务处
                 │              │
                 │              ├─ 农村经济委员会 ─┬─ 秘书处
                 │              │                  └─ 业务处
                 │              │
                 │              ├─ 财政经济委员会 ─┬─ 秘书处
                 │              │                  ├─ 业务处
                 │              │                  └─ 预算审查监督处
                 │              │
                 │              ├─ 教育科学文化卫生 ─┬─ 秘书处
                 │              │  委员会            └─ 业务处
                 │              │
                 │              ├─ 华侨委员会 ─┬─ 秘书处
                 │              │ （台胞工作委员会） └─ 业务处
                 │              │
                 │              ├─ 环境与城乡建设 ─┬─ 秘书处
                 │              │  委员会          └─ 业务处
                 │              │
                 │              └─ 信访局 ─┬─ 一处
                 │                         ├─ 二处
                 │                         └─ 人民接待室
                 │
                 └─ 法制委员会
                    （代表大会闭会期间，
                    受常务委员会领导）
```

二、省人大常委会秘书长、副秘书长名单（秘书长以省人大选举时间，副秘书长以常委会任免时间为准）

秘 书 长：曾喜祥（1998.1—2003.1）
　　　　　陈光普（2003.1—2008.1）
副秘书长：张振郎（1998.1—2003.1）
　　　　　李德海（2001.9—2008.1）
　　　　　赵　凯（2000.11—2008.1）
　　　　　杜成山（2000.11—　　　）
　　　　　林源森（2005.7—　　　）
　　　　　陈二南（2005.7—　　　）

三、省人大常委会委、办、室、局负责人名单（以省人大常委会任免时间为准）

办公厅

主　　任：李德海（1998.1—2003.1）
　　　　　赵　凯（2003.1—2008.1）
副 主 任：赵　凯（1993.9—2000.11）
　　　　　杜成山（1993.9—2000.11）
　　　　　林源森（1996.1—2005.7）
　　　　　郁　成（1999.3—2008.1）
　　　　　温佳禄（2001.9—　　　）
　　　　　王志明（2002.12—2005.7）
　　　　　林蔚芬（2005.7—　　　）
　　　　　林建丰（2006.12—　　　）
巡 视 员：陈二南（2007.9—　　　）
副巡视员：陈长贵（2000.11—2005.9）

研究室

主　　任：张振郎（1994.11—2003.1）
　　　　　李德海（2003.1—2008.1）
副 主 任：潘金顺（1996.1—　　　）
　　　　　许长荣（1999.3—　　　）

人事代表工作室

主　　任：陈祖辉（1998.1—2008.1）
副 主 任：李晓吾（1997.2—　　　）
　　　　　陈起辉（1997.2—2007.9）
　　　　　陆志华（2006.8—2008.1）
巡 视 员：陈起辉（2007.9—　　　）

法制工作委员会
  主　　任：毕振东（2001.1—2003.1）
      包志荣（2003.1—2008.1）
  副 主 任：徐　平（2001.1—　　　）
      游劝荣（2001.9—2008.1）
      刘启力（2006.8—　　　）

内务司法委员会（原法制委员会）
  原法制委员会
  主　　任：毕振东（1998.1—2001.1）
  副 主 任：张用惠（1996.1—2001.1）
      徐　平（1999.3—2001.1）
  内务司法委员会
  主　　任：陈元春（2001.1—2008.1）
  副 主 任：张用惠（2001.1—　　　）
      张铁军（2001.1—2005.7）
      陈鼎林（2005.7—　　　）
      陈由诚（2006.8—　　　）

农村经济委员会
  主　　任：刘钦锐（1998.1—2003.1）
      陈世泽（2003.1—2008.1）
  副 主 任：姜礼德（1993.9—1999.3）
      冯廷佺（1993.9—2004.2）
      陈竹丛（1999.3—　　　）
      陶陆军（2006.12—　　　）

财政经济委员会
  主　　任：余金满（1998.1—2003.1）
      赵觉荣（2003.1—2008.1）
  副 主 任：黄常谔（1997.2—2000.4）
      张光倬（2001.9—　　　）
      刘朝阳（2002.12—　　　）
      李玉明（2006.8—　　　）

教育科学文化卫生委员会
  主　　任：陈　奎（1990.12—2003.1）

　　　　　　朱永康（2003.1—2008.1）
　　副 主 任：程民福（1992.8—2000.4）
　　　　　　李学官（1993.9—2000.4）
　　　　　　赖祖胜（1997.2—2007.9）
　　　　　　周秀光（2001.3—　　　）
　　　　　　李在明（2006.8—　　　）
　　巡 视 员：赖祖胜（2007.9—　　　）
华侨委员会（台胞工作委员会）
　　主　　任：李伟民（1998.1—2003.1）
　　　　　　杨华基（2003.1—2008.1）
　　副 主 任：陈二南（1996.3—2007.9）
环境与城乡建设委员会（原环境委员会）
　原环境委员会
　　主　　任：吴　城（1998.1—2003.1）
　　　　　　洪长平（2003.1—2004.9）
　环境与城乡建设委员会
　　主　　任：洪长平（2004.9—2008.1）
　　副 主 任：徐　江（2006.12—　　　）
信访局
　　局　　长：林建丰（2006.12—　　　）

附　录

一、大事年表[*]

1998 年

1 月 8—17 日　省九届人大一次会议召开。会议听取和审议省政府、省人大常委会、省法院、省检察院工作报告，听取和审议计划和预算的报告，会议作出决议予以批准。会议通过《关于省九届人大常委会组成人员名额的决定》。选举袁启彤为省九届人大常委会主任，贺国强为省政府省长，陈旭为省法院院长，鲍绍坤为省检察院检察长。

1 月 18—19 日　省九届人大常委会一次会议召开。会议任免省人大常委会副秘书长和各工作机构负责人，决定任命省政府组成人员，通过《福建省人大常委会组成人员守则》。

3 月 30 日至 4 月 4 日　省九届人大常委会二次会议召开。会议通过《关于调整 1998 年计划安排的物价调控指标的决定》、《关于福建省县级人大代表选举时间的决定》。

5 月 25—29 日　省九届人大常委会三次会议召开。会议通过《关于修改〈福建省县、乡两级人大代表直接选举实施细则〉的决定》和《关于福建省县级人大代表名额和常委会组成人员名额的决定》。

5 月　省人大常委会党组总结地方人大设立常委会近 20 年的工作经验，形成《关于做好省人大工作必须坚持的几条原则意见》。中共中央办公厅、中组部党建研究室和省委办公厅先后予以摘发，并配发了按语。

5—8 月　省人大常委会对省劳动厅、省公安厅交警总队开展工作评议。

7 月 27 日至 8 月 1 日　省九届人大常委会四次会议召开。会议通过《关于依法治省的决议》。

9 月 21—25 日　省九届人大常委会五次会议召开。会议听取和审议袁启彤关于

---

[*]　由于附录三、四、五、六已分别列出地方性法规、重大事项决定决议、专项工作报告、执法检查的目录，本表在历次常委会会议的条目中，着重记录与人大建设和法制建设有关的事项。

南平灾区的考察报告，通过省政府《关于依法行政的实施规划》、省法院《关于实施依法治省决议的方案》、省检察院《关于实施依法治省决议的方案》。

12月23—25日 省九届人大常委会七次会议召开。会议听取和评议省劳动厅、省公安厅交警总队关于接受省人大常委会评议自查情况的汇报。此外，就安装汽车尾气净化器受部门利益影响问题，省环保局局长到会接受询问。之后，问题得到纠正。

1999年

1月27日至2月2日 省九届人大二次会议召开。会议听取和审议省政府、省人大常委会、省法院、省检察院工作报告，听取和审议计划和预算的报告，会议作出决议予以批准。

2月4—10日 全国人大常委会委员长李鹏到福建视察。9日，旁听厦门市法院庭审。

3月31日 在《福建日报》上公布《福建省保护商品房屋消费权益条例（草案）》。这是省人大常委会第一次通过媒体向社会征求法规草案修改意见。

4—9月 省人大常委会开展以"讲学习、讲政治、讲正气"为主要内容的党性党风教育。

4月起 省人大常委会组织编写《中国法制建设巡礼·福建省卷》，总结福建省改革开放以来在法制建设方面所取得的成就和经验。

5月30日至6月1日 省九届人大常委会十次会议召开。会议通过《关于乡级人大代表选举时间的决定》。

7月起 为适应依法治国和建设社会主义市场经济的需要，省人大常委会就现行地方性法规进行第一次全面清理。

7月27—29日 省九届人大常委会十一次会议召开。会议通过《福建省人大常委会主任会议议事规则》。

8月9日 召开省九届人大常委会十二次会议。会议通过《关于接受贺国强辞去省人民政府省长职务的请求的决定》、《关于省人民政府副省长习近平代理省长职务的决定》。

11月8—10日 召开省、市、县（区）三级人大常委会主任参加的全省人大工作座谈会，省委书记陈明义、代省长习近平出席会议并讲话。

2000年

1月3日 在新年第一个工作日，省和福州市人大常委会在福州召开各级人大代表迎新千年座谈会。会后，常委会领导分3组走访了工人、农民、知识分子和民主党派中的人大代表。

1月21—27日 省九届人大三次会议召开。会议听取和审议省政府、省人大常委会、省法院、省检察院工作报告，听取和审议计划和预算的报告，会议作出决议予以批准。会议补选习近平为省政府省长。

2月至2002年 省人大常委会连续3年开展"百村"调研。

3月28日至4月1日 省九届人大常委会十八次会议召开。会议听取和审议关于征求加强代表工作、地方立法工作、执法检查工作意见的报告。

5月23—26日 省九届人大常委会十九次会议召开。会议邀请5位省人大代表列席。此后，邀请省人大代表列席常委会会议成为制度。

7月24—28日 省九届人大常委会二十次会议召开。会议通过《关于授权法制委员会负责地方性法规草案统一审议工作的决定》。

9月 省人大常委会增设法制工作委员会，将原法制委员会更名为内务司法委员会。

10月 省人大常委会设立人民接待室。

11月15—18日 省九届人大常委会二十二次会议召开。会议通过《关于修改〈福建省各级人大常委会办理人民群众来信来访工作条例〉的决定》。

2001年

1月9—11日 省九届人大常委会二十三次会议召开。会议通过《关于提请省九届人大四次会议审议〈福建省人大及其常委会立法条例（草案）〉的议案》。

1—12月 为适应加入世界贸易组织的需要，省人大常委会对现行地方性法规进行清理。

2月4日 省九届人大常委会二十四次会议召开。会议通过关于接受宋峻、方忠炳、郑义正辞去常委会副主任职务的请求的决定。

2月7—14日 省九届人大四次会议召开。会议听取和审议省政府、省人大常委会、省法院、省检察院工作报告，听取和审议计划和预算的报告，会议作出决议予以批准。会议批准《福建省国民经济和社会发展第十个五年计划纲要》。会议通过《福建省人大及其常委会立法条例》，通过《关于设立省九届人大法制委员会的决定》和组成人员名单。

3月27—30日 省九届人大常委会二十五次会议召开。会议通过《关于加强对法律法规执行情况检查监督的规定》、《关于批准〈福州市人大及其常委会立法条例〉的决定》、《关于批准〈厦门市人大及其常委会立法条例〉的决定》。

5月28—30日 省九届人大常委会二十六次会议召开。会议听取和审议关于农民增收减负"百村"调研情况的报告。

附 录

5月 全国人大常委会委员长李鹏到福建视察。

9月16—21日 省九届人大常委会二十八次会议召开。会议通过《福建省人大代表建议、批评和意见办理工作规定》、《关于进一步开展法制宣传教育的决议》。

11月12—14日 省九届人大常委会二十九次会议召开。会议通过《关于确定福州寿山石为"省石"的决定》。

2002年

1月18—20日 省九届人大常委会三十次会议召开。会议通过《关于〈福建省人大常委会关于密切联系群众应当坚持和完善的几项制度〉的决议》、《关于接受袁启彤辞去省九届人大常委会主任职务的请求的决定》。

1月23—29日 省九届人大五次会议召开。会议听取和审议省政府、省人大常委会、省法院、省检察院工作报告，听取和审议计划和预算的报告，会议作出决议予以批准。会议补选宋德福为省九届人大常委会主任。

2月 省人大常委会公开向社会征集2002年地方立法项目，这是首次就立法项目向公民征集意见。

3月25—28日 省九届人大常委会三十一次会议召开。会议通过《关于乡级人大代表选举时间的决定》。

5月9日 省人大常委会就《福建省城市房屋拆迁管理条例（草案）》举行听证会，这是第一次举行立法听证会。

5月27—31日 省九届人大常委会三十二次会议召开。会议通过《关于修改〈福建省县、乡两级人大代表直接选举实施细则〉的决定》、《关于加强预算审查监督工作的决定》。

7月22—26日 省九届人大常委会三十三次会议召开。会议通过《关于福建省第十届人大代表选举问题的决定》、《关于接受鲍绍坤辞去省人民检察院检察长职务的请求的决定》、《关于倪英达代理省人民检察院检察长职务的决定》。

9月23—27日 省九届人大常委会三十四次会议召开。会议通过《福建省人大常委会任免国家机关工作人员条例》、《福建省各级人大常委会讨论决定重大事项的规定》、《关于加强社会保障工作监督的决定》。

10月13日 省九届人大常委会三十五次会议召开。会议通过《关于接受习近平辞去省人民政府省长职务的请求的决定》、《关于卢展工代理省人民政府省长职务的决定》。

12月 全国人大常委会委员长李鹏在福建省就全国人大常委会的工作听取意见并进行立法调研。

2003 年

1月8—15日 省十届人大一次会议召开。会议听取和审议省政府、省人大常委会、省法院、省检察院工作报告，听取和审议计划和预算的报告，会议作出决议予以批准。会议通过《关于省十届人大常委会组成人员名额的决定》、《关于设立省十届人大法制委员会的决定》。会议选举宋德福为省十届人大常委会主任，卢展工为省政府省长，陈旭为省法院院长，倪英达为省检察院检察长。会议通过省十届人大法制委员会组成人员名单。

1月16日 省十届人大常委会一次会议召开。会议任免省人大常委会各工作机构负责人，决定任命省政府组成人员。

3月17—18日 省人大常委会首次举办新当选委员培训班。

3月31日至4月1日 省十届人大常委会二次会议召开。本次会议首次邀请全国人大代表列席。

6月1—7日 按照省委统一部署，以张家坤为组长的调研检查组赴三明市开展了"四个专题"决策落实情况调研检查，其他常委会副主任以副组长的身份参加了相关组的活动。

7月28日至8月1日 省十届人大常委会四次会议召开。会议通过《关于福建省县、市、区人大常委会组成人员名额的决定》。

9月3—7日 受全国人大常委会办公厅委托，省人大常委会承办十届全国人大代表（福建）培训班。

10月14—18日 省人大常委会举办"三个代表"重要思想轮训班，150名处级以下党员、干部参加轮训。

12月起 为适应实施《行政许可法》的需要，对本省地方性法规中的行政许可事项进行清理。18日，省人大常委会召开会议进行动员和部署。

12月30日 主任（扩大）会议传达贯彻全国人大常委会立法工作会议精神。

12月 中共省人大常委会机关党组成立。

2004 年

1月8—13日 省十届人大二次会议召开。会议听取和审议省政府、省人大常委会、省法院、省检察院工作报告，听取和审议计划和预算的报告，会议作出决议予以批准。

3月 出席十届全国人大二次会议的福建代表联名向大会提交《关于建设对外开放、协调发展、全面繁荣的海峡西岸经济区的建议》。

4月21日 省人大常委会邀请全国人大法律委员会主任委员杨景宇，在福建会堂作《宪法》知识专题讲座。

4月 省人大常委会环境委员会更名为环境与城乡建设委员会，设立省人大常委会信访局。

5月下旬至7月下旬 省委开展落实"四个专题"决策调研检查，以张家坤为组长的调研检查组对莆田市进行调研检查，其他常委会副主任以副组长的身份参加相关组的活动。

8月5日 省人大常委会举行《福建省实施〈消费者权益保护法〉办法（修订草案）》立法听证会，20名陈述人和30名旁听人参加。

8月 《福建省十届人大常委会地方立法规划》报省委批准后实施。

9月13日 福建省纪念人民代表大会成立50周年、地方人大设立常委会25周年大会在福建会堂举行。省委代书记卢展工在会上作了讲话。

11月9—10日 中共福建省委召开全省人大工作会议。这是福建省地方人大设立常委会以来，省委第一次召开全省人大工作会议。会上，省委代书记卢展工作了题为《坚持和完善人民代表大会制度，努力开创福建地方人大工作新局面》的讲话。

11月14日 全国人大常委会委员长吴邦国和副委员长王兆国、盛华仁在省人大常委会机关召开"坚持和完善人民代表大会制度，充分发挥人民代表作用"的座谈会。

11月30日至12月3日 省十届人大常委会十二次会议召开。会议听取和审议省司法厅关于实施《福建省人大常委会关于进一步开展法制宣传教育的决议》情况的报告。

12月10日 省委作出《关于进一步加强人大工作的决定》。

12月10日 由省人大常委会办公厅和研究室联合举办的"地方人大前进的脚步"征文评奖活动揭晓。

12月16日 省十届人大常委会十三次会议召开。会议通过《关于接受卢展工辞去省人民政府省长职务的请求的决定》、《关于黄小晶代理省人民政府省长职务的决定》。

2005年

1—7月 省人大常委会开展以实践"三个代表"重要思想为主要内容的保持共产党员先进性教育活动。

1月14日 省十届人大常委会十四次会议召开。会议通过《关于接受宋德福辞去省十届人大常委会主任职务的请求的决定》。

1月17—23日 省十届人大三次会议召开。会议听取和审议省政府、省人大常委会、省法院、省检察院工作报告，听取和审议计划和预算的报告，会议作出决议予以批准。会议审议通过《关于促进海峡西岸经济区建设的决定》。会议补选卢展工为省十届人大常委会主任，补选黄小晶为省政府省长，补选省十届人大常委会副主任2名，选举常委会委员4名。

1月 省委决定张家坤任省人大常委会党组书记。

3月 出席十届全国人大三次会议的福建代表提出关于把建设海峡西岸经济区列入国家"十一五"规划的建议。

5月30日至6月2日 省十届人大常委会十七次会议召开。从本次会议开始，对提请常委会会议任免的省管干部，由省委组织部领导在全体会议上作人选说明。

6月1日 省人大常委会办公厅会同省委组织部、宣传部、编办、财政厅等部门联合下发了《关于加强全省各级人大组织建设和干部队伍建设的意见》、《关于地方立法工作的若干意见》、《关于进一步加强宪法、法律和人大制度宣传、研究和培训工作的意见》、《关于加强人大经费保障工作的意见》等四个配套文件，促进全省人大工作会议和省委决定精神的贯彻落实。

7月21日 省人大常委会组织在闽的全国人大代表学习贯彻中共中央转发《中共全国人大常委会党组关于进一步发挥全国人大代表作用，加强全国人大常委会制度建设的若干意见》（中发〔2005〕9号文件）。

7月25—29日 省十届人大常委会十八次会议召开。会议通过《福建省地方政府规章备案审查规定》。

8月18—19日 召开省市人大常委会主任座谈会。会议传达学习中发〔2005〕9号文件精神。

9月19—24日 在闽全国人大代表首次开展年中专题调研活动。

10月中下旬 省人大常委会分别对全省9个设区的市贯彻落实省委《关于进一步加强人大工作的决定》情况开展调研检查。11月9日，省委听取调研检查情况汇报，卢展工到会并讲话。

11月15—19日 省十届人大常委会二十次会议召开。会议通过《福建省人大常委会议事规则》、《关于修改〈福建省县、乡两级人大代表直接选举实施细则〉的决定》、《关于全省市、县、乡三级人大代表换届选举时间的决定》。

11月22日 省委转发《省人大常委会党组关于学习贯彻中发〔2005〕9号文件的实施意见》。

11月23—24日 省人大常委会召开"坚持和完善人民代表大会制度，保障和促进和谐社会建设"理论研讨会。

2006年

1月8—12日 省十届人大四次会议召开。会议听取和审议省政府、省人常委会、省法院、省检察院工作报告,听取和审议计划和预算的报告,会议作出决议予以批准。会议批准《福建省国民经济和社会发展第十一个五年规划纲要》。

4月7日 省人大常委会法工委就《福建省青年志愿服务条例》开展立法效果评估。这是省人大常委会首次启动立法效果评估。

5月22—26日 省十届人大常委会二十三次会议召开。会议通过《关于修改〈福建省人大常委会任免国家机关工作人员条例〉的决定》。

6月 省人大常委会委托各设区的市人大常委会,组织本选举单位的省人大代表开展专题调研活动。这是省人大代表首次开展年中专题调研活动。

7月10日 福建省地方政府规章备案工作座谈会在福州举行。

7月11日 全省人大代表工作经验交流会召开。

7月31日至8月4日 省十届人大常委会二十四次会议召开。会议听取和审议省政府关于"四五"普法工作情况和"五五"普法工作意见的报告。

8月30日 全省县乡两级人大换届选举工作会议召开。这次选举是2004年宪法修正案将乡镇人大任期由三年改为五年后第一次县乡两级人大同步换届选举。

9月5日 省人大常委会举行《福建省物业管理条例(草案)》立法听证会,10名陈述人和10名旁听人参加。

9月25—28日 省十届人大常委会二十五次会议召开。会议通过《关于全省各设区的市和县(市、区)人大常委会组成人员名额的决定》。

11月6—9日 省十届人大常委会二十六次会议召开。会议通过《关于提请省十届人大五次会议审议〈福建省人民代表大会议事规则(草案)〉的议案》。

11月13日 全省人大信访工作暨表彰先进集体先进工作者会议召开。

12月 省人大常委会召开学习贯彻《监督法》专题座谈会。

2007年

1月上旬 根据《监督法》规定,省人大常委会首次将听取和审议专项工作报告、执法检查计划在省内主要媒体上公布,并印发至每一位省人大代表。

1月24—29日 省十届人大五次会议召开。会议听取和审议省政府、省人大常委会、省法院、省检察院工作报告,听取和审议计划和预算的报告,会议作出决议予以批准。会议通过《福建省人民代表大会议事规则》、《关于〈福建省建设海峡西岸经济区纲要〉的决议》。会议补选省十届人大常委会副主任1名,选举常委会委员3名。

3月29日 召开全省人大信访工作座谈会。

4月起 省人大常委会开展5年工作总结课题调研活动。

4月中旬至5月下旬 省人大常委会就贯彻落实《监督法》情况开展调研。

6月 省人大常委会首次将全年监督工作的主要选项包括时间、监督选题、进度等,绘成进程表,向社会公布。

6月 省人大常委会对《法官法》、《检察官法》执法检查后的整改落实情况进行跟踪检查。这是《监督法》颁布施行后,省人大常委会组织的首次跟踪检查。

7月23日 省人大常委会召开全省市县乡三级人大换届选举工作总结会。

8月9日 省人大常委会在主要媒体全文公布《福建省燃气管理条例(修订)(草案)》,向社会公开征求意见。

8月22日 受省委委托,省人大常委会党组牵头组成5个调研检查组分赴5个设区的市,对贯彻落实省委《关于进一步加强人大工作的决定》情况进行调研检查,其他4个设区的市进行自查。9月14日,省委召开调研检查汇报会。

9月24—27日 省十届人大常委会三十一次会议召开。会议通过《关于省十一届人大代表名额分配和选举问题的决定》。

10月11日 由省人大常委会法工委、台湾法研究中心主办全国首次涉台法制建设主要成就和基本经验研讨会。

11月6—15日 省人大常委会机关举办4期学习党的十七大精神党员干部读书班。机关厅级及厅级以下党员干部和离退休老干部等300余人参加了学习。

11月26—30日 省十届人大常委会三十二次会议召开。会议通过《福建省各级人大常委会规范性文件备案审查规定》。

二、重要文件辑录

(一) 中共福建省委关于进一步加强人大工作的决定

(闽委发〔2004〕16号,2004年12月10日)

党的十一届三中全会以来,我省各级人大及其常委会在同级党委的领导下,坚持以邓小平理论和"三个代表"重要思想为指导,认真履行宪法和法律赋予的职责,在经济、政治和社会生活等方面发挥了重要作用,为推进我省改革发展稳定和民主法制建设作出了积极贡献。为了深入贯彻党的十六届四中全会精神,加强党的执政能力建设,树立和落实科学发展观,推动海峡西岸经济区的建设,更好地坚持和完善人民代表大会制度,进一步促进人大及其常委会的工作,不断推进我省社会主义民主政治建设和现代化建设进程,特作如下决定:

一、充分认识坚持和完善人民代表大会制度的重要意义

1. 坚持和完善人民代表大会制度,是充分发扬人民民主,实现人民当家作主的根本途径。人民代表大会制度是我国的根本政治制度,是人民当家作主的重要途径

和最高实现形式，是社会主义政治文明的重要制度。人民当家作主最重要的是掌握国家政权、行使国家权力。人民代表大会制度确保了人民当家作主：各级人大都由民主选举产生，对人民负责，受人民监督；各级人大及其常委会集体行使职权，集体决定问题，集中人民的共同意志，代表人民的根本利益；国家行政机关、审判机关、检察机关都由人大产生，对人大负责，受人大监督。各级党委要认真执行国家的这一根本政治制度，充分发扬人民民主，调动和发挥好广大群众的积极性、主动性和创造性，努力构建社会主义和谐社会。

2. 坚持和完善人民代表大会制度，是实现依法治国、建设社会主义法治国家的必然要求。依法治国、建设社会主义法治国家是党领导人民治理国家的基本方略，是国家长治久安的重要保障。依法治国的前提是有法可依，基础是提高全社会的法律意识和法制观念，关键是依法执政、依法行政、依法办事、公正司法。各级人大在建设社会主义法治国家中具有不可替代的作用，人大的立法、监督等职能的发挥，是实现依法治国的基本要求。各级党委要从建设社会主义法治国家的高度，深刻认识坚持和完善人民代表大会制度的重要性，充分发挥人大及其常委会在社会主义民主法制建设中的重要作用，全力推进依法治省进程。

3. 坚持和完善人民代表大会制度，是加强党的执政能力建设的内在需要。共产党执政就要领导、支持、保证人民当家作主，动员和组织人民依法管理国家和社会事务，管理经济和文化事业，实现好、维护好、发展好最广大人民的根本利益。人民代表大会制度是实现党对国家和社会事务的领导的政权组织形式。党要加强执政能力建设，就必须适应新形势、新任务的要求，不断改革和完善党的领导方式和执政方式，把依法执政作为党治国理政的一个基本方式，善于运用国家政权处理国家事务，这就客观上需要进一步坚持和完善人民代表大会制度。各级党组织要增强坚持人民代表大会制度的自觉性和坚定性，切实把这一根本政治制度坚持好、完善好。

二、进一步加强和改善党对人大工作的领导

4. 加强对人大工作的领导是各级党委的重要责任。我们党是执政党，党的执政地位是通过对国家政权机关的领导来实现的。党的领导主要是政治、思想和组织领导，通过制定大政方针，提出立法建议，推荐重要干部，进行思想宣传，发挥党组织和党员的作用，坚持依法执政，实施党对国家和社会的领导。人大是国家权力机关，人大工作是党的工作的重要组成部分。各级党委要充分认识人大工作的重要性，加强对人大工作的领导，自觉尊重人大及其常委会的法律地位，支持和保证人大及其常委会依法履行职责。

5. 各级党委要科学规范与人大的关系，协调好人大与其他国家机关之间的关系。要按照党总揽全局、协调各方的原则，科学规范党委和人大的关系，支持人大及其常委会依法履行职能。在党的领导下，各个国家机关工作的出发点和目标是一致的，但职能和分工有所不同。按照宪法和法律的规定，人大与"一府两院"是决定与执行、监督与被监督的关系。各级党委要支持人大及其常委会加强对同级"一府两院"的监督，督促"一府两院"自觉接受人大监督。各级党委要善于协调解决人大及其常委会行使职权过程中遇到的困难和问题，使人大与"一府两院"独立负责、协调一致地开展工作。

6. 各级党委要健全对人大工作的领导制度。各级党委要将人大工作摆上重要议事日程，及时了解掌握人大工作情况，认真研究解决人大工作中的重大问题和实际问题。省、市、县（区）党委每年至少听取一次人大常委会工作汇报并专题研究人大工作，每届召开一次人大工作会议。要坚持党委主要负责同志联系人大工作的制度。市、县（区）人大常委会主任可以是同级党委副书记。党委书记兼任同级人大常委会主任的，要有足够的时间和精力做好人大工作，主持日常工作的党员副主任应列席同级党委常委会议。党委召开涉及全局性的工作会议、组织重大活动和推荐干部，应要求与党政同级的人大常委会领导和机关各委、办、室负责人参加。各级党委和党员干部必须模范地遵守宪法和法律，坚持在宪法和法律范围内活动，严格依法办事。

7. 各级党委要充分发挥同级人大常委会党组的作用，善于把党的主张和意图贯彻到人大工作中去。各级人大常委会要始终坚持和依靠党的领导开展工作，自觉地把人大工作置于党的领导之下。人大常委会党组要健全向党委报告工作的制度，经常、主动地向同级党委报告工作，反映人大工作和建设中的新情况、新问题，提出工作的意见和建议。对人大常委会党组请示的问题，党委要及时研究答复。各级党委要及时向人大常委会传达党委的重要决策和重大工作部署，使人大常委会组成人员了解党委的工作意图和工作目标。人大常委会党组必须带头贯彻党的路线方针政策，贯彻党委的重大决策和工作部署，在人代会期间和常委会工作中发挥核心作用。

8. 切实加强对宪法、法律和人民代表大会制度的学习和宣传。各级党组织和党员干部要认真学习宪法、法律和人民代表大会制度的基本知识，增强民主法制观念。各级党委要把宣传人民代表大会制度和人大工作作为党的宣传工作的重要组成部分，放在与其宪法、法律地位相适应的位置，纳入宣传工作总体部署，加强和改进对人民代表大会制度和人民代表大会会议、人大常委会会议及有关重大活动的宣传报道，加大对闭会期间人大工作的宣传力度，为人大工作创造良好的舆论氛围。各级党委组织部门、宣传部门、党校、行政与司法院校要把人民代表大会制度的基本理论列入干部培训的内容。加强对人民代表大会制度和人大工作的理论研究，善于总结经验，探索规律，用科学理论指导人大工作。

三、支持人大及其常委会依法行使职权

9. 充分发挥人大及其常委会在推进依法治省工作中的重要作用。依法治省是依法治国方略在本行政区域内的具体实践。党的领导是依法治国的根本保证。人大及其常委会在贯彻依法治国方略、推动依法治省工作中负有重要职责。各级党委要认真贯彻依法治国方略，带头守法，保证执法，不断推进经济、政治、文化、社会生活的法制化、规范化；各级人大常委会要认真贯彻省委关于依法治省的决定和省人大常委会关于依法治省决议，对同级政府依法行政和法院、检察院公正司法情况开展监督检查；各级政府、法院、检察院要落实执法责任制和错案责任追究制，保证依法治省规划的落实。

10. 加强对地方立法工作的领导，支持人大及其常委会充分行使立法权。省和有立法权的设区的市，党委要加强对地方立法工作的领导，坚持把地方立法同改革发展稳定的重大决策紧密结合起来，对立法规划和重大立法项目要及时研究，提出指导意见，并协调解决立法工作中的重大问题。人大及其常委会要认真贯彻立法法，充分发挥在地方立法中的主导作用，增强立法的主动性和计划性，努力提高立法工作水平，坚决维护国家法制的统一；要围绕党和国家的工作大局，根据经济社会发展的客观需要，抓紧制定和修改与法律相配套的地方性法规，为形成中国特色社会主义法律体系作出自己的贡献；要坚持以人为本，把实现好、维护好、发展好最广大人民的根本利益作为根本出发点和归宿；要坚持科学发展观，从法规上体现统筹城乡发展、统筹区域发展、统筹经济社会发展、统筹人与自然和谐发展、统筹国内发展和对外开放的要求；要把提高立法质量摆在更加突出的位置，坚持群众路线，不断完善立法程序，提高立法民主化程度，防止和克服立法中的地方和部门利益倾向，突出地方特色，增强法规的针对性和可操作性，力求使制定的法规严谨周密、切实可行。政府及其有关部门要根据人大常委会的立法规划和年度立法计划，认真做好法规的起草和报送工作。

11. 支持人大及其常委会加强和改进监督工作，增强监督实效。加强对权力的制约和监督，是社会主义民主政治建设的重要任务。人大及其常委会作为国家权力机关的监督，是代表国家和人民进行的具有法律效力的监督。各级党委要高度重视发挥人大的监督作用，支持人大及其常委会加大监督力度，增强监督实效。各级人大及其常委会要以依法行政、公正司法为主要内容，把解决改革发展稳定中的重大问题和关系人民群众切身利益的热点、难点问题作为监督重点，积极改进和加强监督工作，坚决纠正有法不依、执法不严、违法不究的行为，坚决纠正以言代法、以情枉法、以权压法的问题，维护国家法制的尊严。要敢于监督、善于监督，不断完善听取和审议工作报告、执法检查、视察、评议、询问、质询、特定问题调查、撤职、罢免等监督形式，使监督工作逐步制度化、规范化。要加强人大信访工作，认真受理人民群众的申诉和意见，把信访工作与监督工作紧密结合起来，加强对重大违法案件的监督。支持和监督审判机关、检察机关依法独立公正地行使审判权和检察权，保障社会公平和正义。"一府两院"要忠实履行宪法和法律赋予的职责，自觉接受人大及其常委会的监督；对人大在监督工作中提出的意见和建议，要认真研究解决，切实抓好落实，及时报告落实情况。

12. 支持人大及其常委会依法行使决定权。各级党委关于国家事务的重要主张，凡属于人大及其常委会职权范围内的、需要人民一体遵行的，要作为建议向人大及其常委会提出，使之经过法定程序成为国家意志。各级人大及其常委会要根据宪法、法律和《福建省各级人大常委会讨论决定重大事项的规定》，抓住本行政区域内带有根本性、全局性、长远性的问题和人民群众普遍关注的问题，适时作出决议、决定。"一府两院"要认真贯彻执行人大的决议、决定，对依法应由人大及其常委会讨论决定的事项，要及时向人大及其常委会报告，主动提请讨论决定。

13. 支持人大及其常委会依法行使人事任免权。各级党委要认真贯彻中央关于地方党委向地方国家机关推荐领导干部的若干规定和党政领导干部选拔任用工作条例，把党管干部原则与人大依法选举任免统一起来。对应由人代会选举的干部，要提交大会充分酝酿讨论，认真听取意见，依法组织好大会选举。对应由人大常委会任免的干部，要向人大常委会党组通报推荐、免职人选的理由和有关情况。人大常委会党组及人大常委会组成人员和人大代表中的党员，要认真贯彻党委意图，带头依法办事，正确履行职责。人大及其常委会对推荐、免职人选的不同意见，同级党委应认真对待和研究，并作出说明。各级党委要努力把好推荐人选关，尊重人大及其常委会依法选举和表决的结果，支持人大及其常委会对选举或任命干部的监督。凡由人大及其常委会依法选举或任免的干部，必须在选举或任免后才能对外公布。严格控制选任制领导干部任期内的职务变动，保持应有稳定。对确需调整的，要严格按照法律程序办事。

14. 支持人大及其常委会努力做好侨台工作，积极开展对外交往活动。省人大常委会要利用自身的优势和各种渠道，加强与海外华人华侨社团的联谊，维护侨胞合法权益；加强闽台交流，做好台湾人民工作，促进祖国统一。加强与国外地方议会的交往，积极宣传我国的人民代表大会制度与我省改革开放和现代化建设的成就，增进了解，扩大交流，拓展合作领域，促进对外开放。有条件的设区的市人大常委会可结合工作需要，开展与国外友好城市议会交往活动。

四、加强代表工作，切实保障各级人大代表依法执行职务

15. 进一步优化人大代表结构，提高人大代表素质。人民代表大会是各方面代表组成的具有广泛代表性的国家权力机关，是党和国家联系群众的重要桥梁和纽带，也是人民群众表达意愿、实现有序政治参与的重要渠道。为了适应人民代表大会制度建设的需要，充分发挥人大代表的作用，必须不断优化代表的结构，提高代表的总体素质。各级党委、民主党派、人民团体在推荐人大代表候选人时，要注重

代表的政治素质和议政履职能力。换届选举时,人大常委会党组应参与提名推荐代表候选人人选的工作;对拟提名连任的代表候选人人选,应根据其履职情况确定是否再提名。

16. 支持代表执行职务,尊重代表民主权利。各级国家机关要认真贯彻地方组织法、代表法等法律法规,认真听取代表的意见,努力改进工作,重视和加强代表议案和建议、批评、意见的办理工作,切实提高办理工作质量。要尊重代表的民主权利,代表在依法执行代表职务时,一切组织和个人必须积极配合,提供真实情况,对妨碍代表执行代表职务或侵犯代表权益的行为,要依法严肃查处。

17. 关心代表的学习、工作,积极为代表执行职务提供服务和保障。各级党委、人大常委会、政府和法院、检察院都要加强同人大代表的联系,为他们联系群众、开展活动、履行职责提供方便和条件。各级人大常委会要加强代表的学习、培训工作,并形成制度,不断提高代表的职务意识和执行职务的能力。要进一步规范人大代表的活动方式,引导和发挥好人大代表依法履行职责的积极性,进一步完善代表视察、来信来访办理、代表建议意见督办、代表小组活动、常委会组成人员联系代表和代表联系选民制度。要把代表活动、培训经费列入本级财政预算,并予以落实。根据我省目前的实际情况,省、市、县、乡四级人大代表的活动经费要适当增加。代表所在单位要为代表执行代表职务提供必要的时间和物质保障。人大代表是国家权力机关的组成人员,组织人事部门应把人大代表职务写入其任职履历。

18. 人大代表要充分发挥国家权力机关组成人员的作用。各级人大代表要进一步增强责任意识,加强学习,增长本领,不断提高自身素质和履职能力,模范地遵守宪法和法律,密切与原选举单位和选民的联系,倾听群众呼声,深入了解民情,充分反映民意,广泛集中民智,自觉接受选民和原选举单位监督,全心全意为人民服务。特别是担任领导职务的代表,要积极参加代表活动,带头履行代表职责。

五、切实加强人大常委会和机关的自身建设

19. 切实加强思想建设和作风建设。各级人大常委会组成人员和机关工作人员,要认真学习马克思列宁主义、毛泽东思想、邓小平理论和"三个代表"重要思想,学习宪法法律和党的路线方针政策,学习市场经济理论和现代科技知识,不断提高政治思想水平、理论素养和工作能力。进一步改进作风,求真务实,深入实际调查研究,了解实情,讲求实效,反对官僚主义和形式主义。要解放思想、实事求是、与时俱进,积极探索做好人大工作的有效途径,不断开创人大工作新局面。

20. 进一步加强组织建设。各级党委要根据人大的性质和工作特点,把政治思想水平、审议水平和决策能力作为推荐人大常委会组成人员人选的必备条件,优化人大常委会和人大专门委员会组成人员的年龄、知识和专业结构,使组成人员中既有一定数量经验丰富的同志,也有适当数量年富力强的优秀中青年同志,其中要有一定数量的、能够任满两届、形成梯次结构的主任会议成员和常委会委员，以保证人大班子的稳定性和人大工作的连续性。要规范人大常委会组成人员的调整时限，每届原则上只在届中调整一次。要适当提高人大常委会专职委员的比例，增加经济、法律、科技、文化等方面知识层次较高的同志，充实各专门委员会和各工作机构的力量。人大常委会组成人员要根据任职条件、结构和工作需要，从人大机关干部中适当考虑一部分人选。要根据人大工作发展需要和精简效能的原则，科学设置各级人大及其常委会的内设机构，切实解决好市、县级人大常委会内部机构设置不规范和人员编制紧缺问题，保障人大常委会更好地履行职责。省、市、县（区）党政领导和省、市、县（区）直单位正职领导转到同级人大常委会任职的，行政关系仍留在原单位，离退休后由原所在单位负责管理。

乡镇人大是最基层的国家权力机关。加强乡镇人大主席团建设，是完善人民代表大会制度的重要环节。乡镇人大一般设专职主席，主席可以是党委副书记。如主席由党委书记兼任的，应设1名专职副主席，专职副主席列席党委会议。乡镇人大主席团应配备1~2名专职工作人员。适应城镇化建设的发展需要，县（市、区）人大常委会可以在街道设立派出机构，人员编制由县（市、区）自行调剂。

21. 大力加强干部队伍建设。各级党委要重视和关心人大机关干部队伍建设，把人大干部的配备、培养、交流、选拔和使用纳入党委干部队伍建设的总体规划，推进人大干部与党委、政府和两院干部的双向交流，优化人大机关干部队伍结构，增强人大机关的活力。各级党委可以选拔一些后备干部到人大锻炼，然后再到有关部门任职。

22. 重视加强机关建设。各级党委、政府要切实解决人大常委会在办公经费、办公设施、交通、通信方面存在的困难和问题。人代会、常委会的会议经费以及常委会和有关工作机构的立法、执法检查、视察、调研等活动经费，要列入本级财政预算，并予以落实。省财政每年应安排一定经费用于补助经济困难的基层人大，改善基础设施和办公条件。

各级党委、人大常委会、政府、法院、检察院和省直相关部门应根据本决定，研究制定贯彻意见或相关配套文件，认真落实决定中的各项要求。各级党委每年应组织对本决定落实情况进行检查，切实推进人大建设和人大工作。

（二）中共福建省委转发《中共福建省人大常委会党组关于学习贯彻中发〔2005〕9号文件的实施意见》的通知

（闽委发〔2005〕10号）

各市、县（区）委，省委各部、委、办，省直各委、办、厅、局、总公司党组（党委），各人民团体党组，各大学党委：

省委同意《中共福建省人大常委会党组关于学习贯彻中发〔2005〕9号文件的

实施意见》，现转发给你们，请认真贯彻执行。

中共中央转发《中共全国人大常委会党组关于进一步发挥全国人大代表作用，加强全国人大常委会制度建设的若干意见》的通知（中发〔2005〕9号），是我国人民代表大会制度建设进程中的一个重要指导性文件，对于提高党的执政能力，坚持和完善人民代表大会制度，保障人民当家作主，实施依法治国方略，具有重大的现实意义和深远的历史意义。人民代表大会制度是我国的根本政治制度。坚持和完善这一根本政治制度，是发展社会主义民主、健全社会主义法制、建设社会主义政治文明、构建社会主义和谐社会的重要内容，是全党全社会的共同责任。学习贯彻中发〔2005〕9号文件精神，要结合贯彻落实《中共福建省委关于进一步加强人大工作的决定》，支持和保证人大代表依法行使职权、充分发挥作用，切实加强人大及其常委会的组织制度和工作制度建设，使人大及其常委会更好地发挥国家权力机关、工作机关和代表机关的作用，为推进海峡西岸经济区建设和构建和谐福建作出更大的贡献。

各地各部门贯彻执行情况，要及时报告省委。

中共福建省委
2005年11月22日

中共福建省人大常委会党组关于学习贯彻中发〔2005〕9号文件的实施意见

中共中央转发《中共全国人大常委会党组关于进一步发挥全国人大代表作用，加强全国人大常委会制度建设的若干意见》的通知（中发〔2005〕9号），是我国人民代表大会制度建设进程中的一个重要指导性文件。学习贯彻好中发〔2005〕9号文件，对于充分发挥各级人大代表作用，切实加强地方人大常委会制度建设，使人大及其常委会更好地发挥国家权力机关、工作机关和代表机关的作用，积极推进海峡西岸经济区建设和构建和谐福建，具有重要指导意义。为此，提出如下学习贯彻实施意见：

一、切实加强对中发〔2005〕9号文件精神的学习宣传和贯彻落实

1. 把学习贯彻中发〔2005〕9号文件作为加强地方人大工作的一项重要任务。有领导、有组织、有声势、有实效地搞好传达、学习和宣传工作，发挥好舆论导向的作用，使全省各级国家机关和社会各界把思想统一到文件精神上来，进一步把人民代表大会制度坚持好、完善好。

2. 把学习中发〔2005〕9号文件列入人大代表和人大常委会机关干部学习培训的一项重要内容。组织我省各级人大代表、人大机关干部认真学习、深刻领会文件

精神，始终坚持正确的政治方向，坚持民主集中制，坚持走群众路线，最关键、最核心的是坚持党的领导。通过学习贯彻，进一步增强党的观念，增强依法行使职权的责任感和使命感，增强人大工作的积极性和创造性。

3. 加强对中发〔2005〕9号文件精神贯彻落实情况的督促检查。在省委领导下，本届内每年都对各地各部门学习贯彻中发〔2005〕9号文件和省委关于进一步加强人大工作的决定情况，进行一次调研检查，以推动中央和省委决策的贯彻落实。

二、进一步发挥人大代表作用

（一）保障代表的知情权，提高代表审议议案、报告的水平和效能

4. 为代表知情知政提供信息。在每次全国人民代表大会召开前，向我省的全国人大代表举行省情通报会；在省人民代表大会闭会期间，省人民政府及其有关部门、省高级人民法院、省人民检察院向在榕的省人大代表通报改革发展稳定和审判、检察工作的基本情况，并将有关材料印发其他省人大代表；省人大常委会办事机构应向代表通报常委会会议、常委会重要工作安排和重要活动情况，寄送常委会公报、本省国民经济和社会发展统计资料等；省人民政府、省高级人民法院、省人民检察院办事机构应分别向代表寄送《福建省人民政府公报》、《法院工作情况》和《闽检要况》等资料。省人大常委会印发给省人大代表的资料，同时印发给我省的全国人大代表。各设区的市人大常委会印发给市人大代表的资料，同时印发给本市的全国人大代表和省人大代表。

5. 扩大代表对省人大常委会活动的参与。省人大常委会召开会议，根据会议议题邀请相关省人大代表和我省的全国人大代表列席。改进代表列席会议的组织工作，利于代表在会上更好反映人民群众的意见和要求。省人大常委会和有关工作委员会组织开展的执法检查和专题调研等活动，邀请相关代表参加。省人大常委会审议的法规案，视情况发给相关代表征求意见。

6. 为代表深入审议各项议案和报告创造条件。省人大常委会办事机构应在代表大会举行的一个月前，将准备提交会议审议的法规草案发给代表；在大会举行预备会议前，将各项报告发给代表，请代表提前审阅。在代表审议各项议案和报告时，有关国家机关必须派相关负责人到会听取意见、回答询问，并及时研究、积极采纳代表提出的意见和建议，对议案和报告作出修改。

（二）改进代表议案工作，提高议案提出和处理的质量

7. 明确代表提出议案的基本要求和范围。依据法律规定，省人大代表提出的议案应符合三个条件：一是由一个代表团或者10名以上的代表联名向省人民代表大会提出；二是内容属于省人大及其常委会职权范围内的事项；三是属于要求列入省人大及其常委会会议议程进行审议的事项。

根据省人大及其常委会的职权，代表议案的范围主要包括：①制定、修改和解释本省地方性法规的议案；②需要由省人大及其常委会决定的有关保证宪法、法律、行政法规和全国人大及其常委会决议、决定以及地方性法规在我省遵守和执行的重大问题的议案；③应当由省人大及其常委会决定或者批准的其他事项的议案。凡属全国或者市、县（区）人大及其常委会决定的事项，各级人民政府行政管理职权范围的事项，各级人民法院和人民检察院审判权、检察权范围内的事项，政党、社会团体、企事业组织和公民个人的事务，以及其他不属于省人大及其常委会职权范围内的事项，都不应作为议案向省人大提出。

代表提出议案应有案由、案据和方案。法规案最好有具体条文和说明。

8. 规范代表提出议案的程序。代表应当深入实际，调查研究，在认真酝酿并充分准备的基础上提出议案。为保证代表有充裕时间酝酿、提出议案，除在大会会议期间提出代表议案外，符合议案基本条件、准备成熟的代表议案，也可以在大会闭会期间提出。在大会会议期间提出的代表议案，由代表团在规定的议案截止时间前送交大会秘书处；在大会闭会期间提出的议案，由设区的市人大常委会办事机构送交省人大常委会人事代表工作室，属于法规案的，依法先向省人大常委会提出；其他议案在大会会议举行时，送交大会秘书处，与会议期间提出的议案一并处理。

代表团提出的议案，应经过代表团全体会议充分讨论，由代表团全体代表的过半数通过，并由代表团团长签署。代表联名提出的议案，领衔代表应向联名附议的代表分别提供议案文本，经附议人认真审阅同意后，再签名附议；有条件集体讨论的，应当集体讨论，取得一致意见后联名提出。

对于不符合基本条件的议案，大会秘书处和省人大常委会人事代表工作室可以建议提议案人进行修改完善，或者改作代表建议、批评和意见提出。

9. 改进代表议案的处理工作。制定《福建省人民代表大会代表议案处理办法》。在处理代表议案时，要及时与提议案人联系沟通，听取意见，认真研究分析。对条件成熟、能够列入代表大会会议或者常委会会议议程的议案，应建议列入会议议程；对不能直接列入会议议程的议案，可以建议列入省人大及其常委会立法规划或者工作计划。有关机关在制定或修改相关法规时，应邀请提议案人参加相关活动，在提请审议相关地方性法规草案时，应反映吸收代表议案内容的情况，并邀请提议案人列席常委会会议参与审议。

（三）完善相关工作制度，提高代表建议、批评和意见提出及办理的质量

10. 明确代表提出建议、批评和意见的范围和程序。省人大代表应围绕我省改革发展稳定大局，围绕政治、经济、文化、社会生活中的重大问题和人民群众普遍关心的问题，在深入调查研究的基础上，对省人大常委会、省人民政府及其部门、省高级人民法院、省人民检察院和其他机关、组织的工作提出建议、批评和意见，

并注重增强针对性和可行性。省人大常委会人事代表工作室应加强与全国人大常委会办事机构沟通，加强与各设区的市人大常委会的协调，为全国人大代表和省人大代表提出建议、批评和意见提供服务。

代表建议、批评和意见可以在大会会议期间提出，也可以在大会闭会期间提出；可以由代表一人提出，也可以由代表联名提出。

凡涉及解决代表本人及其亲属个人问题的，代转达人民群众来信的，属于学术探讨、产品推介的，或者没有实际内容的，不应作为代表建议、批评和意见提出。

11. 认真负责地办理代表提出的建议、批评和意见。要严格按照《福建省人民代表大会代表建议、批评和意见办理工作规定》办理代表提出的建议、批评和意见。省人大常委会人事代表工作室对代表建议、批评和意见，应及时进行整理和研究，提出分析报告，拟定承办意见，会同省人民政府办公厅、省高级人民法院、省人民检察院等组织好交办工作。

有关机关、组织应建立健全处理代表建议、批评和意见的责任制，严格处理程序，提高处理工作的效率和水平。在大会会议期间和大会闭会期间提出的建议、批评和意见，分别于大会闭会之日起 10 日内和收到之日起 5 日内通过人大代表议案建议综合业务网进行交办。对综合性强、涉及面广、处理难度大或者问题反映比较集中的重点建议、批评和意见，承办单位主要负责人应亲自负责研究处理。需由几个部门联合承办的，应指定主办单位负责牵头，共同提出处理意见。要在认真调查研究的基础上确定处理意见，并答复代表。对能够解决的问题，应尽快解决并给予明确答复；对应该解决但一时难以落实解决措施的问题，应先向代表如实说明情况，明确办理时限，在妥善解决后再行答复；对确实不能解决的问题，应充分说明原因。省人大常委会每年应听取代表建议、批评和意见处理的工作情况的报告，并将报告印发下次省人民代表大会。

省人民政府、省高级人民法院、省人民检察院应当建立内部督促和检查制度。省人大常委会在办理期限内，对确定的重点建议、批评和意见，应组织力量跟踪督办；并组织对代表建议、批评和意见办理情况的视察检查；每年 10 月前后，对办理答复属于"已经解决或正在解决的问题"开展"回头看"活动。

（四）加强和规范代表在大会闭会期间的活动，增强代表活动的实效

12. 制定《关于加强和规范省人大代表活动的若干意见》，明确代表在大会闭会期间活动的内容和原则。代表在大会闭会期间活动主要为：根据省人大常委会的统一安排，对本级或者下级国家机关和有关单位的工作进行视察；参加省人大常委会组织的执法检查、专题调研和学习培训；应邀列席或者列席省人大常委会和设区的市人大及其常委会的会议；向省人大及其常委会提出议案和建议、批评、意见；采取多种方式听取和反映人民群众的意见等。

代表在大会闭会期间的活动由省人大常委会组织，也可以由省人大常委会委托各设区的市人大常委会组织。驻闽部队的省人大代表在闭会期间的活动，由省人大常委会人事代表工作室和省军区政治部共同安排。

代表在大会闭会期间的活动，以集体活动为主，以代表小组活动为基本形式。根据本人要求，经同级人大常委会联系安排，代表可以持代表证就地进行视察。

代表必须模范地遵守宪法和法律，保守国家秘密。要把依法执行代表职务与从事个人职业活动严格区别开来，不得借执行代表职务进行个人职业活动。代表执行代表职务活动，不得接受企事业组织、社会团体和个人出资赞助。代表对涉及本人和亲属的具体案件应当回避。

13. 改进与加强代表视察和专题调研工作。根据省人大常委会的统一安排，代表于每年第四季度进行一次集中视察，时间为一周左右，其中安排部分代表异地视察考察。视察应突出重点，抓住关键，有目的、有准备地进行。要深入实际，深入基层，深入群众，了解真实情况，增强视察的实效。集中视察期间，可以请本级或者下级国家机关负责人报告工作情况。视察后，应向有关国家机关反馈视察意见。各设区的市人大常委会人事代表工作机构应将省人大代表在视察过程中提出的建议和意见进行整理，交由有关国家机关和单位研究处理后答复代表，并将代表在视察的情况汇总报送省人大常委会人事代表工作室；属于对全省工作的建议、意见，交由省人大常委会人事代表工作室转有关国家机关和组织研究处理后答复代表。代表在视察中不直接处理具体问题。

此外，代表每年应当参加一次专题调研。专题调研可以由省人大常委会组织，也可以委托设区的市人大常委会组织。代表在专题调研结束后，应形成调研报告，交由省人大常委会人事代表工作室研究处理。

14. 坚持和完善代表小组活动制度。省人大常委会人事代表工作室要按照便于组织和开展活动的原则，协助全国人大代表组成代表小组开展活动。省人大代表由原选举单位设区的市人大常委会人事代表工作机构协助组成代表小组开展活动。上级人大代表可以参加下级人大代表小组的活动。

15. 密切代表与原选举单位和人民群众的联系。要坚持和完善《福建省人民代表大会常务委员会关于密切联系群众应当坚持和完善的几项制度》、《关于建立人大代表在基层轮流接待群众来访制度的意见》等制度，坚持开展省直单位的代表回原选举单位活动。代表可以通过由代表小组召开座谈会、电话、代表电子信箱、人大网站和发放社情民意反馈卡等多种方式，听取和反映原选举单位和人民群众的意见和要求，自觉接受人民群众的监督。联系人民群众要求真务实，讲求实效，不搞形式主义。对代表转交的人民群众申诉、控告、检举等信件和当面反映的有关问题，由省人大常委会人事代表工作室转有关机关、组织研究处理，并由有关机关、组织负责答复，省人大常委会人事代表工作室应加强督办工作。代表个人不得干预具体司法案件审理和执行。

16. 坚持和完善省人大常委会与代表联系的工作机制。进一步落实省人大常委会组成人员联系省人大代表和省人大常委会领导分工联系在闽全国人大代表等制度，认真做好各工作委员会对口联系省直省人大代表小组、代表来信来访等工作。

（五）为代表在大会闭会期间的活动提供必要的条件和保障

17. 建立为代表服务的工作机构。在省人大常委会人事代表工作室相关处加挂全国人大代表联络处的牌子，充实工作人员，在全国人大常委会办事机构的指导下，为我省的全国人大代表开展活动、履行职责提供服务。在各设区的市人大常委会人事代表工作机构内加挂省人大代表联络处（科）的牌子，充实工作人员，业务工作受省人大常委会人事代表工作室指导，工作经费由省人大常委会办事机构酌情补助。

18. 保证代表活动经费和时间。省人大代表活动经费和培训经费，列入省级预算。代表活动经费应专款专用、严格管理。代表依法参加活动，其所在单位、部门必须给予时间、工资、奖金和其他福利待遇等各项保障。

19. 依法维护代表的合法权益。尊重代表的民主权利，对妨碍代表执行代表职务或者侵犯代表权益的行为，要依法严肃查处。

三、加强省人大常委会的制度建设

20. 认真落实法律规定的立法制度，继续推进立法工作的民主化，不断提高地方立法质量。发扬社会主义民主，逐步扩大公民对立法工作的有序参与。立法工作要更好地体现最广大人民的根本利益和统筹兼顾好各方面群众的具体利益，最大限度地调动各方面群众的积极性，发挥好省人大在表达、平衡、调整社会利益和推进海峡西岸经济区建设、构建社会主义和谐社会中的作用。进一步贯彻执行立法法和我省立法条例，建立和健全公开征求立法项目和重要法规草案制度、立法论证制度、立法听证制度、立法顾问制度，完善法制委员会的统一审议制度。在立法工作中，要坚持立法为民，防止"利益部门化"和"部门利益法制化"等问题，保证制定的法规体现党的主张和人民的意志。

21. 进一步健全监督机制、完善监督制度，改进和加强监督工作，切实提高监督实效。省人大常委会在行使监督职权时，要遵循坚持党的领导、集体行使监督职权和不包办代替的原则，按照围绕中心、突出重点、讲求实效的思路，紧紧围绕党和国家工作的大局、改革发展稳定中的重大问题、关系人民群众切身利益的热点、难点问题，选准题目，抓住关键，综合运用法定监督形式，改进和加强监督工作。省人大常委会对"一府两院"的工作既要监督，又要支持，不代行"一府两院"的行政权、审判权和检察权。

加强专题工作报告的听取和审议工作,做到审议前搞好调查研究,审议时提高审议水平,审议后抓好审议意见的办理工作。加强执法检查工作,认真贯彻好《省人大常委会关于加强对法律法规执行情况检查监督的规定》,做到检查前先进行相关法律、法规等内容的学习培训,检查中深入实际、深入基层、深入群众广泛听取意见,检查后跟踪督促问题的整改。加强预算审查监督工作,明确预算审查监督的方向和重点,在坚持程序性审查的基础上,逐步向实质性审查监督推进。加强规章备案审查工作,认真贯彻《福建省地方政府规章备案审查规定》,加强主动审查,维护国家法制的统一。加强司法监督工作,推进司法机关内部启动审判监督机制和法律监督机制,畅通法律规定的再审渠道。对人民群众向省人大常委会反映的司法案件,应转交省法院、省检察院和设区的市人大常委会研究处理;有重点地选择影响大的典型案件进行重点监督,促进公正司法。

22. 规范相关工作制度,发挥专门委员会和工作委员会的作用。法制委员会对列入省人大及其常委会审议的法规案进行统一审议,提出法规草案的修改说明或者审议情况报告,并就综合性强、涉及面广、其他国家机关难于单独起草的事项提出法规案和组织起草。各工作委员会对由省政府和其他法定提案人提报的法规案,应提前了解掌握起草情况和工作动态,并在相关法规案提请省人大常委会审议时,先行组织初步审查,提出初步审查报告;相关组织起草部门应向常委会组成人员解读法规案。法规案经省人大常委会会议一审后,有关工作委员会派人参与法制委员会的统一审议。

专门委员会和工作委员会应大力加强调查研究工作,在此基础上提出省人大常委会执法检查和听取专题工作报告的建议。省人大常委会组织的执法检查,由主任会议委托工作委员会负责制定相关工作方案,并具体组织实施;常委会听取"一府两院"的专题工作报告,由工作委员会做好前期各项工作。常委会对执法检查报告和专题工作报告提出的审议意见,由相关工作委员会负责整理并跟踪督查整改情况。对"一府两院"承办的重点代表建议、批评和意见,由有关工作委员会进行督办。

完善法制委员会、工作委员会的议事制度和工作制度。常委会有关办事机构要积极为法制委员会组成人员履行职责创造条件、提供服务。

23. 建立完善现行省人大常委会的各项具体制度。根据中央文件精神,全面修订完善、梳理整合省人大常委会现行的各项具体工作制度,参照全国人大常委会新出台的工作制度,抓紧制定急需的新规定,并贯彻落实。

改进会议制度。抓紧修订《福建省人民代表大会议事规则》和《福建省人民代表大会常务委员会议事规则》,改进代表大会和常委会会议的组织工作。规范联组会议审议、公民旁听常委会会议、办理审议意见等工作,完善代表大会、常委会会议表决制度和主任会议议事规则。

健全信访工作制度。认真落实《福建省人大常委会办理人民群众来信来访工作制度》，保证人民群众的来信来访件件都登记，件件都拆阅、接访、分析归类，件件都交办，件件有回音。要把人民群众来信来访中反映强烈的热点问题和带有普遍性的问题作为人大监督工作的重点，督促有关方面及时解决。加强对信访动态的综合分析，把处理人民群众来信来访与了解社会动态、完善预测防范机制、畅通与人民群众联系渠道结合起来，做好信访件的交办、督办工作，努力提高信访工作的水平。建立省人大常委会与"一府两院"的信访联系制度，加强与市、县（区）人大信访工作的联系。设区的市人大常委会应当健全信访工作机构，县级人大常委会应当配备专门的信访工作人员，各级财政应给予必要的经费支持。要建立完善人大信访网络信息系统，建立年轻干部到信访部门锻炼制度。

建立健全培训制度。要以宪法、人民代表大会制度、国家机构的组织和运作等基本知识为基础，以法规案和各项工作报告的审议、计划和预算的审查、议案和建议批评意见的提出和处理、代表职责等为专题，有计划、有针对性地组织好对省人大代表的系统培训。制定培训大纲，建立师资队伍。通过各种形式组织我省的全国人大代表接受预算审查的专题培训。办好常委会的法制讲座，加强常委会组成人员的法制培训。

加强省人大常委会机关建设。按照"政治坚定、业务精通、务实高效、作风过硬、团结协作、勤政廉洁"的要求，大力加强机关思想、组织、作风和制度建设。巩固和扩大保持共产党员先进性教育活动成果，增强党员队伍的凝聚力和创造力。激励机关干部爱岗敬业，多作贡献。加强干部的学习和培训，建设学习型机关。把人大机关干部的培养、使用纳入干部队伍建设的总体规划，通过在岗实践、轮岗培训、挂职锻炼、脱产学习等渠道，进一步提高人大机关干部的整体素质。扩大省人大常委会机关与党委、政府、司法机关之间的干部交流，有计划地安排机关干部到基层锻炼，并形成制度。

24.从制度上保证和加强党对人大工作的领导。省人大常委会党组在省委领导下，在省人大及其常委会依法履行职责的过程中，保证党的路线方针政策和省委决策部署的全面贯彻落实。省人民代表大会会议的召开、参加全国人民代表大会主席团的建议人选和福建代表团召集人名单、人大代表换届选举有关工作、省人大及其常委会的五年立法规划、准备制定的重要法规、有关法规起草中遇到的重大问题和审议中的重大不同意见，以及监督、决定重大事项、干部任免中的重大问题等，由省人大常委会党组及时报请省委决定或者批准后再进入法定程序。省人大常委会组成人员中的中共党员，将党组织临时关系转到省人大常委会机关，组成临时党支部，受省人大常委会党组领导。省人大常委会党组就常委会行使职权中的重大问题需要党内统一认识时，通过党内组织生活，统一党员的思想认识。全体党员都要牢固树立党的观念、政治观念、大局观念、群众观念，自觉实践新时期保持共产党员先进性的基本要求，把坚定的理想信念与坚持和完善人民代表大会制度的实践统一起来，以自己的模范行动，与党外同志一道，确保党的路线方针政策在人大工作中贯彻执行。

各市、县（区）人大常委会党组以中发〔2005〕9号文件精神为依据，可参照本意见制定贯彻实施的具体措施。

（三）福建省人大常委会关于依法治省的决议

（1998年8月1日福建省九届人大常委会四次会议通过）

根据《中华人民共和国宪法》，根据党和国家关于依法治国、建设社会主义法治国家的基本方略和《中共福建省委关于依法治省的决定》，结合我省实际，作如下决议：

一、实行依法治省，逐步形成良好的法治社会秩序

1. 依法治省是依法治国方略在本行政区域的具体实施，要以马列主义、毛泽东思想和邓小平理论为指导，坚持党的领导和社会主义方向，保障人民当家作主的民主权利，依据宪法和法律，加强立法，严格执法，公正司法，强化监督，深入普法，真正做到有法可依，有法必依，执法必严，违法必究，法律面前人人平等。逐步形成良好的法治社会秩序，实现中共福建省委确定的到2010年依法治省的基本目标。

2. 宪法规定，国家的一切权力属于人民。全省人民要依法通过民主选举、民主决策、民主管理和民主监督活动，参与管理国家事务，管理经济文化事业，管理社会事务，实现社会主义民主的制度化、法律化。

3. 人民代表大会制度是我国的根本政治制度。全省各级人大及其常委会要大力加强自身建设，认真行使法定职权，把贯彻依法治国方略、加强民主法制建设作为根本任务，充分发挥国家权力机关在依法治省中的重要作用。各级人大代表要密切联系选民或选举单位和人民群众，听取和反映他们的意见和要求，代表人民的利益和意志，积极参加行使国家权力，在依法治省中作出应有贡献。

4. 各级人民政府、人民法院、人民检察院是依法治省的执法主体，要切实负起政治责任，忠于宪法和法律，认真履行职责，严格依法办事，自觉接受人民和法律的监督。

二、加强地方立法，完善地方性法规

5. 有立法权的地方国家权力机关，要认真抓好立法基础工作，加快立法步伐，提高立法质量。

6. 按照国家关于到2010年形成有中国特色社会主义法律体系的要求，省人大

常委会和福州市、厦门市人大常委会应根据实际需要，制订和编制年度立法计划、五年立法规划和到2010年的立法纲要。

7. 地方立法要围绕中心、服务大局，同改革和发展的重大决策结合起来，把发展社会主义市场经济、实施科教兴省和可持续发展战略、促进社会主义精神文明建设方面的立法作为重点。加强有关保护和开发利用海洋、森林等资源方面的立法。充分发挥我省的侨台优势，进一步完善涉台、涉侨、涉外等方面法规。

8. 地方立法要有针对性、可操作性，解决实际问题。起草和审议地方性法规，要从人民的根本利益和国家的整体利益出发，反对地方和部门利益倾向。

9. 地方立法要进一步发扬民主，坚持走群众路线，深入调查研究，广泛听取人大代表、政协委员、人民群众和各方面的意见。凡关系人民群众切身利益的重要地方性法规草案，要公布于众。起草地方性法规实行立法工作者、实际工作者、理论工作者相结合的制度。改进常委会立法审议程序，一般实行三审制，提高审议质量和效率。建立立法项目责任制，认真落实立法计划。

10. 及时修订或废止与改革开放、市场经济发展不相适应的地方性法规。加强对行政规章和规范性文件的审查，纠正或撤销与宪法、法律、行政法规和地方性法规相抵触的行政规章、规范性文件，维护社会主义法制的统一。

三、严格依法行政，提高行政执法水平

11. 人民政府是国家权力机关的执行机关，必须严格依法行政，不得滥用权力，不得侵犯公民、法人和其他组织以及在闽外籍人士的合法权益。

12. 建立重大决策的听证制度，保证决策的民主化、科学化。严格执行行政规章和规范性文件备案制度。

13. 建立健全行政执法责任制，明确执法主体，界定执法范围，确定执法责任，规范行政行为，依法行使权力，依法履行义务，把执法行为和执法效果统一起来。

14. 建立行政管理公示制度，增强行政行为的透明度；建立行政评议考核制度；严格执行《行政处罚法》、《行政复议条例》、《行政诉讼法》和《国家赔偿法》；建立决策过错、执法过错追究制，保证行政执法行为合法、公平、公正、公开。

15. 严格执行公务员制度，加强行政执法队伍建设，提高行政执法水平。

四、坚持公正司法，做到法律面前人人平等

16. 各级司法机关要坚持以事实为根据，以法律为准绳，严格依照实体法和程序法办案。严厉打击各种刑事犯罪和经济犯罪，依法调节经济关系和社会关系，维护公民、法人和其他组织以及在闽外籍人士的合法权益。

17. 积极推进司法制度改革，建立公开、公正、高效、廉洁的现代司法运行机制。

18. 任何行政机关、社会团体和个人，不得干涉司法机关依法行使职权，确保人民法院、人民检察院依法独立行使审判权和检察权。

19. 建立和完善司法人员办案责任制、错案责任追究制、司法赔偿制。坚持公正司法、文明执法，严禁刑讯逼供、非法拘禁、徇私枉法。

20. 加强司法队伍建设。严格按照《法官法》、《检察官法》和《人民警察法》等法律的要求，认真实行司法人员录用、考核、考试、培训、奖惩、任免等制度，努力建设一支高素质的司法队伍。

21. 建立健全法律服务网络，拓宽法律服务领域，充分发挥律师、公证、仲裁、基层法律服务机构及其工作者的作用，提供优质、高效的法律服务。建立各级行政区域的法律援助机构，健全法律援助制度，促进社会法律保障原则的实现。

五、强化监督机制，确保法律有效实施

22. 国家权力机关对人民政府、人民法院、人民检察院的法律监督和工作监督是宪法赋予的重要职权。各级国家权力机关要加强对法律实施的监督，维护法律尊严和社会主义法制的统一；加强对各级行政、司法机关工作人员特别是领导干部的监督，防止滥用权力。要紧紧抓住改革和建设过程中的重大问题和人民群众反映强烈的热点、难点问题进行监督。要敢于和善于运用宪法、法律规定的监督手段，加大执法检查和评议人民政府、人民法院、人民检察院工作的力度，把法律监督、工作监督和对依法选举任命的国家机关工作人员的监督结合起来，把监督和支持统一起来。

23. 检察机关要切实履行法律监督职责，坚决查处侦查、审判和刑罚执行中的违法行为。监察机关要加强行政执法监察，严肃处理失职、越权、违法行政问题。各司法机关和行政机关应当加强各自的内部监督。

24. 依法支持和保护人民群众、人民团体、民主党派和新闻媒体的民主监督和社会舆论监督。

六、深化法制教育，增强公民的法治意识

25. 各地区、各部门、各单位要按普法规划要求，广泛深入开展法制宣传教育。把法制宣传教育与依法治理实践紧密结合起来，把法制建设与精神文明建设紧密结合起来，重点加强对行政和司法机关工作人员、经济管理人员、青少年、流动人口的法制宣传教育。

26. 全体公民、各级人大代表要认真学习宪法和法律，进一步增强法治意识，依法行使民主权利，履行法定义务。

27. 各级国家机关工作人员，特别是领导干部，要在学法、守法、护法和依法办事方面起表率作用，不断提高遵守法律的自觉性和依法办事的能力。各级人大常委会要把提请任命的国家机关工作人员的法律素质，作为审议的重要内容。

七、扩大基层民主，奠定依法治省群众基础

28. 扩大基层民主，保证人民群众直接行使民主权利，依法管理自己的事情，创造自己的幸福生活，是社会主义民主最广泛的实践，是社会主义民主政治建设的基础。

29. 加强基层政权建设；健全基层群众性自治组织，完善基层民主选举制度，强化民主决策、民主管理、民主监督，实行政务公开和财务公开；坚持和完善以职工代表大会为基本形式的企事业民主管理制度，不断探索职工参与民主管理的新形式、新途径。

30. 各基层组织和单位要总结依法治理的经验，修订规划，建立和健全各项管理制度，进一步提高依法治理水平。

八、采取有力措施，扎实推进依法治省进程

31. 依法治省要在中共福建省委统一领导下有步骤、有秩序地推进。各级人大及其常委会要主动向同级党委请示、报告，及时取得领导和支持，保证依法治省健康发展。

32. 省人大常委会要加强对市（地）、县（市、区）人大常委会实施本决议的指导。市（地）、县（市、区）人大常委会应作出相应的决议。各级人大常委会要把本决议的落实作为一项重要监督内容列入议事日程，有计划地组织人大代表对本决议的贯彻情况进行视察、检查和评议。

33. 各级人民政府、人民法院、人民检察院要分别制定依法行政的实施规划和公正司法的实施方案，提交同级人大常委会审议后付诸实施。

34. 各级人民政府、人民法院、人民检察院要定期向同级人大及其常委会报告贯彻实施本决议的情况。

35. 坚持正确舆论导向，充分运用各种宣传工具，加大依法治省的宣传力度，形成全省上下实践依法治国方略的良好环境。

全省人民、各级人大代表要紧密地团结在以江泽民同志为核心的党中央周围，高举邓小平理论伟大旗帜，坚持党的基本路线，贯彻党的十五大精神，在中共福建省委领导下，以高度的政治责任感和历史使命感，振奋精神，扎实工作，大力推进依法治省进程，为实现我省跨世纪的宏伟目标而奋斗！

（四）福建省人民代表大会关于促进海峡西岸经济区建设的决定

(2005年1月23日福建省第十届人民代表大会第三次会议全体会议通过)

为了贯彻落实中共福建省委《海峡西岸经济区建设纲要（试行）》（以下简称《纲要》），促进对外开放、协调发展、全面繁荣的海峡西岸经济区建设，特作如下决定：

一、建设海峡西岸经济区，是中共福建省委以科学发展观为指导，立足富民强省，服务全国发展大局、服务祖国统一大业作出的重大战略决策。《纲要》是我省发展的蓝图，是全省干部群众集体智慧的结晶。实施这一战略决策，是贯彻落实"三个代表"重要思想的具体实践，是把握重要战略机遇期、促进区域经济发展、构建和谐社会的重要举措。全省各级国家机关要从科学执政、民主执政、依法执政的高度，按照《纲要》提出的指导思想、总体目标和主要任务，结合本地区本部门实际，准确定位，主动融入，求真务实，开拓创新，促进新一轮发展基本构想、基本思路、基本态势、基本格局的进一步形成，把我省社会主义各项事业推向前进。

二、全省各级人民代表大会及其常务委员会要根据宪法和法律赋予的职责，从海峡西岸经济区建设的实践和需要出发，适时制定和完善有关地方性法规；对本行政区域经济和社会发展的重大事项，深入开展调查研究，及时作出决定；加强法律监督和工作监督，保障《纲要》的实施；做好选举、任免工作，增强国家机关工作人员的公仆意识、责任意识和法制观念；切实支持和服务人大代表依法履行职责，充分发挥人大代表密切联系人民群众的优势，调动各方面的积极性和创造性，凝聚全省人民的智慧和力量，加快海峡西岸经济区建设。

三、全省各级人民政府及其部门要认真组织宣传、实施《纲要》，坚持以人民利益为根本，加大改革开放力度，积极落实推进项目带动、发展县域经济、加快产业集聚、壮大中心城市、提升民营经济、转变政府职能等各项举措，着力构建产业发展、基础设施、城镇建设、社会事业、对外开放、区域协作、生态环境、防灾减灾、和谐社会等支撑体系。要努力建设对人民负责的政府，认真履行政府职能，全面推进依法行政，廉洁从政，规范行政执法行为，建立健全科学民主的决策机制，提高行政效率，切实肩负起谋划发展、致力发展、服务发展的重任，实现经济社会全面协调可持续发展。

四、全省各级司法机关要按照公正司法、严格执法的要求，积极稳妥地实施司法体制改革，努力提高司法水平，加强社会治安综合治理，依法惩治犯罪，化解矛盾，维护社会主义市场经济秩序，维护公民和法人的合法权益，维护社会安定稳定，建设"平安福建"，为海峡西岸经济区建设提供有力的司法保障。

五、全省各级人民代表大会常务委员会要把本决定的落实作为一项重要内容列入议事日程，有计划地组织人大代表对实施情况进行视察、检查。全省各级人民政府、人民法院、人民检察院要定期向同级人民代表大会及其常务委员会报告实施本决定的情况。

六、全省人民要在中共福建省委的领导下，积极投身海峡西岸经济区建设，同心同德，群策群力，艰苦奋斗，扎实工作，进一步发展风正气顺、人和业兴的良好趋势，为2017年实现全面建设小康社会的宏伟目标而努力奋斗。

（五）福建省十届人大五次会议关于《福建省建设海峡西岸经济区纲要》的决议

（2007年1月29日福建省第十届人民代表大会第五次会议全体会议通过）

福建省第十届人民代表大会第五次会议经过审查，决定批准福建省人民政府提出的《福建省建设海峡西岸经济区纲要》。

会议认为,建设海峡西岸经济区,是党中央战略决策的重要组成部分,是福建服务全国发展大局和祖国和平统一大业的历史责任,是站在新的历史起点上推进福建又好又快发展的战略抉择。纲要认真贯彻落实省第八次党代会精神,全面总结实施中共福建省委《海峡西岸经济区建设纲要(试行)》取得的成效,提出的目标明确,重点突出,措施有力,符合我省经济社会发展实际,经过努力是完全可以实现的。

会议指出,本世纪头二十年是我省全面推进海峡西岸经济区建设的关键时期,必须坚持以邓小平理论和"三个代表"重要思想为指导,全面贯彻落实科学发展观,努力构建社会主义和谐社会,紧紧抓住中央继续鼓励东部地区率先发展和支持海峡西岸经济发展的重大历史机遇,围绕海峡西岸经济区建设的总体目标、发展布局和主要任务,着力实施"八大举措",持续推进"九大支撑体系"建设。要认真落实"四个关键"的工作要求,切实把握"四个重在"的实践要领,维护和发展风正气顺、人和业兴的良好趋势,继续开创海峡西岸经济区建设的新局面。

会议要求,全省各级人民政府要认真组织实施纲要,不断创新体制机制,切实转变政府职能,全面推进依法行政,求真务实,有效作为,加强协调,扎实推进,动员和组织全社会力量,确保海峡西岸经济区建设各项目标任务的落实。

会议号召,全省人民在中共福建省委的领导下,全面贯彻落实以胡锦涛同志为总书记的党中央提出的一系列重大战略决策,同心同德,群策群力,开拓创新,艰苦奋斗,在全面推进海峡西岸经济区建设中作出应有的贡献。

三、地方性法规目录*

(一)省九届人大期间

1. 制定地方性法规50项(其中1项在省九届人大期间修改,7项在省十届人大期间修改)

(1)福建省第九届人民代表大会常务委员会组成人员守则(1998年)

(2)福建省价格管理条例(1998年)

(3)福建省奖励和保护见义勇为人员条例(1998年)

(4)福建省劳动力市场管理条例(1998年)

(5)福建省初级卫生保健条例(1998年)

(6)福建省流动人口治安管理条例(1998年)

---

* 本目录法规名称采用全称。

（7）福建省气象条例（1998年）

（8）福建省无线电管理条例（1998年）

（9）福建省保护华侨投资权益若干规定（1998年）

（10）福建省重要水生动物苗种和亲体管理条例（1998年）

（11）福建省城市房屋产权登记条例（1998年）

（12）福建省实施《中华人民共和国母婴保健法》办法（1999年）

（13）福建省农业机械管理条例（1999年）

（14）福建省沿海船舶边防治安管理条例（1999年）

（15）福建省招收台湾学生若干规定（1999年）

（16）福建省人民代表大会常务委员会主任会议议事规则（1999年）

（17）福建省实施《中华人民共和国土地管理法》办法（1999年）

（18）福建省人民防空条例（1999年）

（19）福建省少数民族权益保障条例（1999年）

（20）福建省浅海滩涂水产增养殖管理条例（2000年）

（21）福建省公民献血条例（2000年）

（22）福建省实施《中华人民共和国村民委员会组织法》办法（2000年）

（23）福建省保障企业职工民主参与权利规定（2000年）

（24）福建省促进科技成果转化条例（2000年）

（25）福建省村集体财务管理条例（2000年）

（26）福建省房屋消费者权益保护条例（2000年）

（27）福建省个体工商户和私营企业权益保护条例（2001年）

（28）福建省人民代表大会及其常务委员会立法条例（2001年）

（29）福建省人民代表大会常务委员会关于加强对法律法规执行情况检查监督的规定（2001年）

（30）福建省水政监察条例（2001年）

（31）福建省公路路政管理条例（2001年）

（32）福建省禁毒条例（2001年）

（33）福建省森林条例（2001年）

（34）福建省人民代表大会代表建议、批评和意见办理工作规定（2001年）

（35）福建省人民代表大会常务委员会关于密切联系群众应当坚持和完善的几项制度（2002年）

（36）福建省法律援助条例（2002年）

（37）福建省旅游条例（2002年）

（38）福建省人才市场管理条例（2002年）

（39）福建省武夷山世界文化和自然遗产保护条例（2002年）

（40）福建省人民代表大会常务委员会关于加强预算审查监督工作的决定（2002年）

（41）福建省建设工程质量管理条例（2002年）

（42）福建省农业生态环境保护条例（2002年）

（43）福建省各级人民代表大会常务委员会讨论决定重大事项的规定（2002年）

（44）福建省海洋环境保护条例（2002年）

（45）福建省燃气管理条例（2002年）

（46）福建省人民代表大会常务委员会任免国家机关工作人员条例（2002年）

（47）福建省城市房屋拆迁管理条例（2002年）

（48）福建省人民代表大会常务委员会关于加强社会保障工作监督的决定（2002年）

（49）福建省防洪条例（2002年）

（50）福建省档案条例（2002年）

2. 修改地方性法规21项（其中6项在省十届人大期间再作修改）

（1）福建省县、乡两级人民代表大会直接选举实施细则（1998年、2002年）

（2）福建省企业职工失业保险条例（1998年、2000年）

（3）福建省城镇企业职工基本养老保险条例（1998年、2000年）

（4）福建省村民委员会选举办法（2000年）

（5）福建省人口与计划生育条例（2000年、2002年）

（6）福建省各级人民代表大会常务委员会办理人民群众来信来访工作条例（2000年）

（7）福建省保护华侨房屋租赁权益的若干规定（2000年）

（8）福建省基本农田保护条例（2001年）

（9）福建省环境保护条例（2002年）

（10）福建省华侨捐赠兴办公益事业管理条例（2002年）

（11）福建省实施《中华人民共和国渔业法》办法（2002年）

（12）福建省农业投资条例（2002年）

（13）福建省建筑市场管理条例（2002年）

（14）福建省实施《中华人民共和国归侨侨眷权益保护法》办法（2002年）

（15）福建省测绘管理条例（2002年）

（16）福建省蘑菇菌种管理规定（2002年）

（17）福建省保护华侨投资权益若干规定（2002年）

（18）福建省公证工作若干规定（2002年）

（19）福建省东山经济技术开发区条例（2002年）

（20）福建省消防条例（2002年）

（21）福建省实施《中华人民共和国工会法》办法（2002年）

3. 废止地方性法规 30 项

（1）福建省土地管理实施办法（1999 年）

（2）福建省实施《中华人民共和国村民委员会组织法（试行）》办法（2000 年）

（3）福建省人民代表大会常务委员会工作条例（试行）（2000 年）

（4）福建省人民代表大会常务委员会组成人员守则（2000 年）

（5）福建省保护妇女儿童合法权益的若干规定（2000 年）

（6）福建省加强检察机关法律监督的若干规定（2000 年）

（7）福建省八个基地建设纲要（2000 年）

（8）福建省人民政府关于农业生产若干具体政策问题的规定（2000 年）

（9）福建省人民政府关于进一步搞活农村经济的十条规定（2000 年）

（10）福建省人民政府关于农业承包期的规定（2000 年）

（11）福建省台湾同胞投资企业劳动管理规定（2000 年）

（12）福建省加强改造罪犯工作的若干规定（2000 年）

（13）福建省台湾同胞投资企业登记管理办法（2000 年）

（14）福建省商用计量器具管理办法（2000 年）

（15）福建省福建投资企业公司债券发行办法（2000 年）

（16）福建省人民代表大会常务委员会制定地方性法规的规定（2001 年）

（17）福建省人民代表大会常务委员会关于地区工作委员会工作的暂行规定（2001 年）

（18）福建省森林法实施办法（2001 年）

（19）福建省城市房屋拆迁管理办法（2002 年）

（20）福建省保障和发展邮电通信条例（2002 年）

（21）福建省财产拍卖条例（2002 年）

（22）福建省鼓励归侨侨眷兴办企业的若干规定（2002 年）

（23）福建省进出口商品检验管理条例（2002 年）

（24）福建省食品商贩和城乡集贸市场食品卫生管理办法（2002 年）

（25）福建省抵押贷款条例（2002 年）

（26）福建省图书报刊出版管理条例（2002 年）

（27）福建省经纪人条例（2002 年）

（28）福建省中等职业教育条例（2002 年）

（29）福建省外商投资企业条例（2002 年）

（30）厦门经济特区与内地经济联合的规定（2002 年）

4. 批准制定地方性法规 20 项

（1）福州市河道采砂管理办法（1999 年）

（2）福州市人民警察巡察规定（1999年）

（3）福州市人民代表大会常务委员会制定地方性法规的规定（1999年）

（4）福州市城市规划管理条例（1999年）

（5）福州市城市房屋拆迁管理办法（2000年）

（6）福州市私营企业权益保护条例（2000年）

（7）福州市城市供水管理办法（2000年）

（8）福州市城市道路建设与管理办法（2000年）

（9）福州市城市古树名木保护管理办法（2000年）

（10）福州市人民代表大会及其常务委员会立法条例（2001年）

（11）福州市私营企业工会若干规定（2001年）

（12）厦门市人民代表大会及其常务委员会立法条例（2001年）

（13）厦门市人民代表大会代表建议、批评和意见办理办法（2001年）

（14）福州市大气污染防治办法（2002年）

（15）福州市水工程管理条例（2002年）

（16）福州市长乐国际机场保护条例（2002年）

（17）福州市结核病防治条例（2002年）

（18）福州市寿山石资源保护办法（2002年）

（19）厦门市农村集体财务审计条例（2002年）

（20）厦门市海上交通安全管理条例（2002年）

5. 批准修改地方性法规9项

（1）福州市城市内河管理办法（2000年）

（2）福州市环境保护条例（2001年）

（3）福州市城市园林绿化管理条例（2001年）

（4）福州市河道防洪岸线管理若干规定（2001年）

（5）福州市经济技术开发区条例（2002年）

（6）福清融侨经济技术开发区条例（2002年）

（7）福州市保税区条例（2002年）

（8）福州市科学技术进步若干规定（2002年）

（9）福州市消防安全管理办法（2002年）

6. 批准废止地方性法规3项

（1）福州市城市房屋拆迁管理办法（2000年）

（2）福州市人民代表大会常务委员会制定地方性法规的规定（2001年）

（3）福州市城镇房产纠纷仲裁办法（2002年）

(二) 省十届人大期间

1. 制定地方性法规 29 项

（1）福建省青年志愿服务条例（2003 年）
（2）福建省人民代表大会常务委员会关于加强公共卫生工作的决定（2003 年）
（3）福建省禁止非医学需要鉴定胎儿性别和选择性别终止妊娠条例（2003 年）
（4）福建省渔港和渔业船舶管理条例（2004 年）
（5）福建省专利保护条例（2004 年）
（6）福建省红十字会条例（2004 年）
（7）福建省民族民间文化保护条例（2004 年）
（8）福建省企业女职工劳动保护条例（2004 年）
（9）福建省财政监督条例（2005 年）
（10）福建省实施《中华人民共和国消费者权益保护法》办法（2005 年）
（11）福建省遗体和器官捐献条例（2005 年）
（12）福建省终身教育促进条例（2005 年）
（13）福建省地方政府规章备案审查规定（2005 年）
（14）福建省实施《中华人民共和国农村土地承包法》若干问题的规定（2005 年）
（15）福建省人民代表大会常务委员会议事规则（2005 年）
（16）福建省事业单位人事争议处理规定（2005 年）
（17）福建省失业保险条例（2006 年）
（18）福建省海域使用管理条例（2006 年）
（19）福建省实施《中华人民共和国国家通用语言文字法》办法（2006 年）
（20）福建省体育经营活动管理条例（2006 年）
（21）福建省招标投标条例（2006 年）
（22）福建省物业管理条例（2006 年）
（23）福建省人民代表大会议事规则（2007 年）
（24）福建省科学技术普及条例（2007 年）
（25）福建省实施《中华人民共和国会计法》办法（2007 年）
（26）福建省农作物种子管理条例（2007 年）
（27）福建省实施《中华人民共和国道路交通安全法》办法（2007 年）
（28）福建省港口条例（2007 年）
（29）福建省各级人民代表大会常务委员会规范性文件备案审查规定（2007 年）

2. 修改地方性法规 24 项（其中 6 项在省九届人大期间已作修改）

（1）福建省牲畜屠宰管理条例（2003 年）

（2）福建省私营企业工会若干规定（2003年）

（3）福建省外商投资企业工会条例（2003年）

（4）福建省劳动合同管理规定（2003年）

（5）福建省社会治安综合治理条例（2003年）

（6）福建省流动人口治安管理条例（2003年）

（7）福建省特种行业和公共场所治安管理办法（2004年）

（8）福建省人才市场管理条例（2004年）

（9）福建省劳动力市场管理条例（2004年）

（10）福建省技术市场管理条例（2005年）

（11）福建省实施《中华人民共和国教师法》办法（2005年）

（12）福建省文物保护管理条例（2005年）

（13）福建省蘑菇菌种管理规定（2005年）

（14）福建省无线电管理条例（2005年）

（15）福建省农业机械管理条例（2005年）

（16）福建省森林资源流转条例（2005年）

（17）福建省实施《中华人民共和国村民委员会组织法》办法（2005年）

（18）福建省村民委员会选举办法（2005年）

（19）福建省县、乡两级人民代表大会直接选举实施细则（2005年）

（20）福建省人民代表大会常务委员会任免国家机关工作人员条例（2006年）

（21）福建省实施《中华人民共和国归侨侨眷权益保护法》办法（2006年）

（22）福建省测绘条例（2006年）

（23）福建省实施《中华人民共和国渔业法》办法（2007年）

（24）福建省燃气管理条例（2007年）

3. 废止地方性法规6项

（1）福建省禁止非医学需要鉴定胎儿性别的规定（2003年）

（2）福建省实施《中华人民共和国消费者权益保护法》办法（2005年）*

（3）福建省人民代表大会常务委员会议事规则（2005年）

（4）福建省企业职工失业保险条例（2006年）

（5）福建省人民代表大会议事规则（2007年）

（6）福建省权力机关行政机关规范性文件管理办法（2007年）

---

* 2005年通过的《福建省实施〈中华人民共和国消费者权益保护法〉办法》第62条规定：1994年省八届人大常委会十一次会议通过的"《福建省实施〈中华人民共和国消费者权益保护法〉办法》同时废止"。

4. 批准制定地方性法规 29 项

（1）福州市食用农产品质量安全管理办法（2003 年）

（2）福州市气象探测环境和设施保护规定（2003 年）

（3）福州市人民代表大会常务委员会立法听证办法（2003 年）

（4）厦门市城市规划条例（2003 年）

（5）门市砂、石、土资源管理规定（2003 年）

（6）厦门市海域使用管理规定（2003 年）

（7）厦门市华侨捐赠兴办公益事业管理条例（2003 年）

（8）厦门市归侨侨眷权益保障条例（2003 年）

（9）厦门市市政工程设施管理条例（2003 年）

（10）厦门市教育督导条例（2003 年）

（11）厦门市风景名胜资源保护管理条例（2003 年）

（12）福州市广播电视设施建设与管理若干规定（2004 年）

（13）福州市除四害条例（2004 年）

（14）福州市物业管理若干规定（2004 年）

（15）福州市预防和查处窃电行为条例（2004 年）

（16）厦门市环境保护条例（2004 年）

（17）厦门市最低生活保障办法（2004 年）

（18）厦门市无居民海岛保护与利用管理办法（2004 年）

（19）福州市风景名胜区管理条例（2005 年）

（20）福州市人民防空警报设施管理办法（2005 年）

（21）福州市人民代表大会代表建议、批评和意见处理办法（2005 年）

（22）厦门市企业工资支付条例（2005 年）

（23）厦门市统计规定（2005 年）

（24）福州市全日制民办教育若干规定（2006 年）

（25）福州市海上交通安全管理条例（2006 年）

（26）厦门市消防管理若干规定（2006 年）

（27）厦门市城市供水节水条例（2006 年）

（28）福州市中小学校学生安全防范和伤害事故处理条例（2007 年）

（29）福州市劳动争议处理若干规定（2007 年）

5. 批准修改地方性法规 12 项

（1）福州市市容和环境卫生管理办法（2003 年、2007 年）

（2）福州市统计工作管理条例（2003 年）

（3）福州市流动人口计划生育管理办法（2003 年）

（4）福州市城市停车场建设管理规定（2004年）

（5）福州市城市部分社会事业设施建设与保护规定（2004年）

（6）福州市民营科技企业条例（2004年）

（7）福州市私营企业权益保护条例（2004年）

（8）厦门市人民代表大会及其常务委员会立法条例（2005年）

（9）厦门市城市规划条例（2005年）

（10）厦门市砂、石、土资源管理规定（2005年）

（11）福州市河道采砂管理办法（2006年）

（12）福州市食用农产品质量安全管理办法（2007年）

6. 批准废止地方性法规2项

（1）福州市住宅小区物业管理办法（2004年）

（2）福州市民办全日制学校条例（2006年）

四、重大事项决定决议目录*

（一）省九届人大期间

1. 关于省九届人大常委会组成人员名额的决定（省九届人大一次会议，1998年）

2. 关于县级人大代表选举时间的决定（常委会二次会议，1998年）

3. 关于调整1998年计划安排的物价调控指标的决定（常委会二次会议，1998年）

4. 关于县级人大代表名额和常委会组成人员名额的决定（常委会三次会议，1998年）

5. 关于对城市公共消防设施配套费暂行减免的决定（常委会三次会议，1998年）

6. 关于依法治省的决议（常委会四次会议，1998年）

7. 关于批准《福建省人民政府关于依法行政的实施规划》的决议（常委会五次会议，1998年）

8. 关于批准《福建省高级人民法院关于实施依法治省决议的方案》的决议（常委会五次会议，1998年）

---

* 人代会上例行的关于各项工作报告和计划、预算的决议，略；常委会上例行的关于召开人代会、列席人员安排原则、办理代表议案，以及批准省级决算的决议决定，略。

9. 关于批准《福建省人民检察院关于实施依法治省决议的方案》的决议（常委会五次会议，1998年）

10. 关于提高企业职工失业保险费征收比例和对企业职工失业保险费、养老保险费的征收工作，可以由省人民政府暂时委托代征单位的决定（常委会五次会议，1998年）

11. 关于追认增列1998年省重点建设项目和预备重点建设项目的决定（常委会五次会议，1998年）

12. 关于莆田市涵江区三江口镇、白塘镇、国欢镇人大代表换届选举时间的决定（常委会六次会议，1998年）

13. 关于追加1998年省级支出预算的决定（常委会六次会议，1998年）

14. 关于审查《福建省人民政府关于提请调整我省"九五"重点大中型建设项目计划的议案》的决定（常委会七次会议，1998年）

15. 关于乡级人大代表选举时间的决定（常委会十次会议，1999年）

16. 关于莆田市人大代表推迟换届选举的决定（常委会十一次会议，1999年）

17. 关于莆田市人大代表名额及常委会组成人员名额的决定（常委会十一次会议，1999年）

18. 关于莆田市人大代表推迟换届选举的决定（常委会十四次会议，1999年）

19. 关于南平市人大代表推迟换届选举的决定（常委会十四次会议，1999年）

20. 关于宁德市人大代表名额及常委会组成人员名额的决定（常委会十九次会议，2000年）

21. 关于授权法制委员会负责地方性法规草案统一审议工作的决定（常委会二十次会议，2000年）

22. 关于泉州市泉港区人大代表名额和常委会组成人员名额的决定（常委会二十次会议，2000年）

23. 关于南平市人大代表名额和漳州市、泉州市、南平市人大常委会组成人员名额的决定（常委会二十二次会议，2000年）

24. 关于批准调整2000年省级预算的决定（常委会二十二次会议，2000年）

25. 关于政府工作报告及国民经济和社会发展第十个五年计划纲要的决议（省九届人大四次会议，2001年）

26. 关于福州市仓山区、晋安区、马尾区人大代表推迟换届选举的决定（常委会二十七次会议，2001年）

27. 关于南安市省新镇、永春县东关镇、将乐县水南镇人大代表推迟换届选举的决定（常委会二十七次会议，2001年）

28. 关于漳州市龙文区人大常委会组成人员名额的决定（常委会二十七次会

议，2001年）

29. 关于进一步开展法制宣传教育的决议（常委会二十八次会议，2001年）

30. 关于龙岩市人大常委会组成人员名额的决定（常委会二十九次会议，2001年）

31. 关于批准2001年省级超收追加支出的决定（常委会二十九次会议，2001年）

32. 关于确定福州寿山石为"省石"的决定（常委会二十九次会议，2001年）

33. 关于乡级人大代表选举时间的决定（常委会三十一次会议，2002年）

34. 关于《福建省人大常委会关于密切联系群众应当坚持和完善的几项制度》的决议（常委会三十次会议，2002年）

35. 关于莆田市城厢区、涵江区人大代表提前换届选举的决定（常委会三十一次会议，2002年）

36. 关于莆田市城厢区、涵江区、荔城区、秀屿区人大代表名额和常委会组成人员名额的决定（常委会三十一次会议，2002年）

37. 关于调整福建省国民经济和社会发展第十个五年计划纲要部分指标的决定（常委会三十二次会议，2002年）

38. 关于省十届人大代表选举问题的决定（常委会三十三次会议，2002年）

39. 关于福州市、厦门市、三明市和福州市仓山区、晋安区、马尾区人大常委会组成人员名额的决定（常委会三十三次会议，2002年）

40. 关于泉州市鲤城区、丰泽区、洛江区人大常委会组成人员名额的决定（常委会三十四次会议，2002年）

41. 关于诏安县梅洲乡人大换届选举时间的决定（常委会三十四次会议，2002年）

（二）省十届人大期间

1. 关于省十届人大常委会组成人员名额的决定（省十届人大一次会议，2003年）

2. 关于厦门市辖区人大代表名额和常委会组成人员名额的决定（常委会三次会议，2003年）

3. 关于县、市、区人大常委会组成人员名额的决定（常委会四次会议，2003年）

4. 关于惠安县人大代表名额的决定（常委会四次会议，2003年）

5. 关于批准2003年省级超收追加支出的决议（常委会六次会议，2003年）

6. 关于促进海峡西岸经济区建设的决定（省十届人大三次会议，2003年）

7. 关于全省市、县、乡三级人大代表换届选举时间的决定（常委会二十次会议，2005年）

8. 关于政府工作报告及国民经济和社会发展第十一个五年规划纲要的决议（省十届人大四次会议，2006年）

9. 关于加强法制宣传教育的决议（常委会二十四次会议，2006年）

10. 关于全省各设区的市和县（市、区）人大常委会组成人员名额的决定（常委会二十五次会议，2006年）

11. 关于2006年省级超收追加支出的决议（常委会二十六次会议，2006年）

12. 关于《福建省建设海峡西岸经济区纲要》的决议（省十届人大五次会议，2007年）

13. 关于省十一届人大代表名额分配和选举问题的决定（常委会三十一次会议，2007年）

14. 关于批准2007年省级超收追加支出的决议（常委会三十二次会议，2007年）

五、专项工作报告目录*

（一）省九届人大期间

1. 省政府关于当前春耕生产情况的汇报（常委会二次会议，1998年）

2. 省水利水电厅关于闽江"98·6"抗洪救灾情况的汇报（常委会四次会议，1998年）

3. 省经济贸易委员会关于福建省国有工业企业改革与管理情况的汇报（常委会四次会议，1998年）

4. 省劳动厅关于我省国有企业下岗职工再就业工作情况的汇报（常委会四次会议，1998年）

5. 省体育运动委员会关于认真贯彻《体育法》全面振兴福建体育事业的汇报（常委会五次会议，1998年）

6. 省旅游局关于我省旅游重点产业发展情况的汇报（常委会五次会议，1998年）

7. 省政府侨务办公室关于我省侨务工作情况的汇报（书面）（常委会六次会

---

* 根据《监督法》，有关计划、预算、审计、办理代表建议的报告不作为专项工作报告，不列入目录内。

议，1998年）

8. 省法院关于全省法院系统队伍教育整顿情况的汇报（常委会七次会议，1998年）

9. 省检察院关于全省检察机关队伍教育整顿情况的汇报（常委会七次会议，1998年）

10. 省政府农业办公室关于延长土地承包期工作的汇报（常委会九次会议，1999年）

11. 省政府关于实施科教兴省战略情况的汇报（常委会十四次会议，1999年）

12. 省法院关于全省法院执行工作的报告（常委会十五次会议，1999年）

13. 省发展计划委员会关于我省"十五"计划编制工作开展情况的报告（常委会二十一次会议，2000年）

14. 省农业厅关于我省乡镇企业发展情况的汇报（常委会二十二次会议，2000年）

15. 省改革开放办公室、省审批审核制度改革工作小组关于省级行政审批制度改革工作情况的报告（常委会二十五次会议，2001年）

16. 省政府关于推进我省粮食购销市场化改革的报告（常委会二十八次会议，2001年）

17. 省政府关于福建省农民增收和减负工作情况的报告（常委会二十八次会议，2001年）

18. 省司法厅关于我省"三五"法制宣传教育基本情况和"四五"法制宣传教育意见的报告（常委会二十八次会议，2001年）

19. 省政府关于我省落实"三条保障线"和就业工作情况的报告（常委会三十三次会议，2002年）

20. 省政府关于我省开展山海协作和老区、少数民族地区工作情况的汇报（常委会三十六次会议，2002年）

21. 省发展计划委员会关于我省基础设施和重点项目建设工作情况的报告（常委会三十六次会议，2002年）

22. 省经济体制改革与对外开放委员会办公室关于我省行政审批制度改革情况的报告（常委会三十六次会议，2002年）

23. 省财政厅、省农村税费改革领导小组办公室关于我省农村税费改革试点工作情况的报告（常委会三十六次会议，2002年）

（二）省十届人大期间

1. 省政府关于我省农业产业化经营情况的报告（常委会六次会议，2003年）

2. 省政府关于我省防治高致病性禽流感工作情况的报告（常委会九次会议，

2004年）

3. 省政府关于农村路网建设和车辆超限超载治理工作情况的报告（常委会十次会议，2004年）

4. 省法院关于加强基层法院建设情况的报告（常委会十一次会议，2004年）

5. 省检察院关于加强基层检察院建设情况的报告（常委会十一次会议，2004年）

6. 省政府关于我省农村税费改革试点工作情况报告（常委会十二次会议，2004年）

7. 省司法厅关于实施《福建省人大常委会关于进一步开展法制宣传教育的决议》情况的报告（常委会十二次会议，2004年）

8. 省政府关于我省农村土地征收征用情况的报告（常委会十六次会议，2005年）

9. 省政府关于我省环境保护工作情况的报告（常委会十七次会议，2005年）

10. 省体育局关于振兴我省体育工作情况的报告（常委会十七次会议，2005年）

11. 省法院关于开展审判监督工作情况的报告（常委会十八次会议，2005年）

12. 省检察院关于开展法律监督工作情况的报告（常委会十八次会议，2005年）

13. 省发展和改革委员会关于我省"十一五"规划编制情况的报告（常委会十九次会议，2005年）

14. 省水利厅关于我省"六千"水利工程建设情况的报告（常委会十九次会议，2005年）

15. 省对外贸易经济合作厅关于我省外经外贸和利用外资情况的报告（常委会二十二次会议，2006年）

16. 省政府关于我省中小企业发展情况的报告（常委会二十三次会议，2006年）

17. 省政府关于我省就业和社会保障工作情况的报告（常委会二十三次会议，2006年）

18. 省政府关于我省"四五"普法工作情况和"五五"普法工作意见的报告（常委会二十四次会议，2006年）

19. 省卫生厅关于我省农村卫生和城市社区卫生工作情况的报告（常委会二十四次会议，2006年）

20. 省法院关于规范司法行为的工作报告（常委会二十五次会议，2006年）

21. 省检察院关于规范司法行为的工作报告（常委会二十五次会议，2006年）

22. 省政府关于我省被征地农民合法权益保障情况的报告（常委会二十六次会议，2006年）

23. 省政府关于全省村镇规划建设情况的报告（常委会二十九次会议，2007年）

24. 省新闻出版（版权）局关于我省新闻出版和著作权保护工作情况的报告（常委会三十次会议，2007年）

25. 省法院关于完善审判监督制度，促进公正司法情况的报告（常委会三十一次会议，2007年）

26. 省检察院关于完善检察监督制度，促进公正司法情况的报告（常委会三十一次会议，2007年）

27. 省人民政府农村工作办公室关于我省农村村容村貌整治工作情况的报告（常委会三十二次会议，2007年）

28. 省发展和改革委员会关于我省重点建设项目实施情况的报告（常委会三十二次会议，2007年）

29. 省政府侨务办公室关于贯彻归侨侨眷权益保护法及我省实施办法情况的报告（常委会三十二次会议，2007年）

六、执法检查目录[*]

（一）省九届人大期间

1. 福建省台湾船舶停泊点管理办法（1998年）

2. 海洋环境保护法（1998年）

3. 福建省建筑市场管理条例（1998年）

4. 农业法（1998年）

5. 老年人权益保障法（1998年）

6. 促进科技成果转化法（1998年）

7. 水法、防洪法（1999年）

8. 台湾同胞投资保护法、福建省实施《台湾同胞投资保护法》办法、福建省保护华侨房屋租赁权益的若干规定（1999年）

---

[*] 执法检查组织形式包括列入常委会年度执法检查计划、常委会委托工作机构组织开展、受全国人大委托或配合开展等（根据《监督法》，常委会工作机构自主组织开展的不作为执法检查），统计口径不尽相同，本目录仅记录列入常委会会议听取和审议议程，以及书面报告的执法检查项目。

9. 大气污染防治法（1999年）

10. 福建省建设工程质量（1999年）

11. 高等教育法（2000年）

12. 产品质量法（2000年）

13. 森林法（2000年）

14. 行政诉讼法（2000年）

15. 福建省人大常委会关于依法治省的决议（2001年）

16. 残疾人保障法、福建省实施《残疾人保障法》办法（2001年）

17. 整顿和规范市场经济秩序工作情况（2002年）

18. 严打整治斗争情况（2002年）

19. 福建省促进科技成果转化条例（2002年）

20. 福建省森林条例（2002年）

21. 福建省实施《归侨侨眷权益保护法》办法、福建省保护华侨房屋租赁权益的若干规定（2002年）

22. 福建省各级人大常委会信访工作条例（2002年）

（二）省十届人大期间

1. 传染病防治法、食品卫生法（2003年）

2. 义务教育法（2003年）

3. 固体废物污染环境防治法（2003年）

4. 福建省个体工商户和私营企业权益保护条例（2003年）

5. 台湾同胞投资保护法、福建省实施《台湾同胞投资保护法》办法（2003年）

6. 归侨侨眷权益保护法、福建省实施《归侨侨眷权益保护法》办法（2003年）

7. 未成年人保护法、预防未成年人犯罪法（2003年）

8. 防震减灾法、福建省防震减灾条例（2004年）

9. 动物防疫法、进出境动植物检疫法（2004年）

10. 统计法、审计法（2004年）

11. 消防法、福建省消防条例（2004年）（视察检查）

12. 水污染防治法（2004年）

13. 福建省禁毒条例（2004年）

14. 职业病防治法、福建省职业病防治条例（2004年）

15. 职业教育法（2005年）

16. 海洋环境保护法、福建省海洋环境保护条例（2005 年）
17. 安全生产法、矿山安全法（2005 年）
18. 律师法（2005 年）
19. 劳动法（2005 年）
20. 水法、气象法、福建省气象条例（2006 年）
21. 城市房地产管理法（2006 年）
22. 科学技术进步法、福建省科学技术进步条例（2006 年）
23. 节约能源法（2006 年）
24. 法官法、检察官法（2006 年）
25. 水污染防治法、大气污染防治法、固体废物污染环境防治法（2006 年）
26. 水土保持法、福建省实施《水土保持法》办法（2007 年）
27. 文物保护法、福建省民族民间文化保护条例（2007 年）
28. 义务教育法（2007 年）
29. 跟踪检查法官法、检察官法执法检查整改落实情况（2007 年）
30. 福建省人大常委会关于加强社会保障工作监督的决定（2007 年）

编 后 记

根据省委、省政府办公厅转发的省方志委关于开展第二轮志书编纂工作意见的通知，省人大常委会组织编纂本志。

2009年9月，省人大常委会办公厅印发《编纂工作实施方案》，从常委会机关各委、办、室、局抽调人员，组成编辑室。2009年年底及2010年年初，分别提出《编写内容的具体意见》和《章节细目及简要说明》，编写人员着手编写。2010年下半年，进行总纂统稿。2011年2月，总纂稿初稿送省方志委征求意见，之后，对初稿框架进行调整。2011年6—9月，先后形成3部《征求意见稿》，多方征求意见反复修改，其间还专门征求已退休的省九、十届人大期间的各委、办、室主任意见。2011年10月，形成《送审稿》。根据《续修〈福建省志〉分志编纂工作规程（试行）》的要求，2011年11月与2012年4月分别对《送审稿》进行一审、二审。2012年7月，省方志委予以审查验收。

本志采用的资料，主要来自省人大及其常委会《公告》、《会议文件汇编》、《公报》、《会刊》，以及有关会议文件、法规汇编、调研资料汇编，各委、办、室、局档案，《人民政坛》杂志等。设区的市人大的资料由各设区的市人大常委会提供。

本志在编纂过程中，省人大常委会党组十分重视，党组会议研究了编纂工作，常委会副主任兼秘书长马潞生、张健指导编写，研究解决有关问题，省九、十届人大常委会老领导给予关心、指导。省方志委领导及审稿专家认真负责，提出许多宝贵的修改意见，省志辅导处吕秋心、刘祖陛给予热情指导。省人大常委会机关各委、办、室、局和各设区的市人大常委会积极参与；林蔚芬、陈书侨具体组织协调，并参加本志审稿；办公厅档案室、研究室调研处、资料室、《人民政坛》编辑部等部门，以及王金堤、叶莹、孙国玲、李卫民、李艳、李越、肖四香、张柏青、林丛、林昌龙、郑国锋、郑勤建、董敏、潘发斌等同志给予热情协助。此外，福建日报社、福建画报社等单位也提供了有关资料。在此，谨向所有支持、关心、指导、帮助本志编纂工作的单位和个人致以诚挚的谢意！

《福建省志·人民代表大会志（1998—2008）》编辑室
2012年8月